上海家长学校

家庭教育

发展历程、理论研究和指导服务

王伯军　等编著

上海人民出版社　上海远东出版社

图书在版编目(CIP)数据

家庭教育：发展历程、理论研究和指导服务/王伯军等编著.—上
海：上海远东出版社，2021
ISBN 978-7-5476-1768-7

Ⅰ.①家…　Ⅱ.①王…　Ⅲ.①家庭教育　Ⅳ.①G78

中国版本图书馆 CIP 数据核字(2021)第 249814 号

责任编辑　程云琦
封面设计　李　廉

本书由上海开放大学家庭教育教材开发与出版项目资助出版

家庭教育：发展历程、理论研究和指导服务
王伯军等　编著

出　　版　上海远东出版社
　　　　　(201101　上海市闵行区号景路 159 弄 C 座)
发　　行　上海人民出版社发行中心
印　　刷　江苏凤凰数码印务有限公司
开　　本　710×1000　1/16
印　　张　28.25
插　　页　4
字　　数　377,000
版　　次　2021 年 12 月第 1 版
印　　次　2021 年 12 月第 1 次印刷
ISBN 978-7-5476-1768-7/G·1122
定　　价　128.00 元

本书编写人员

王伯军　杨　晨　王松华　孙传远　应一也

顾凤佳　余小娟　陈劲良　王　芳　四朗曲珍

▎序言

一、社区治理是城市治理的基石

根据新华社 2018 年 11 月 7 日的报道,习近平总书记在考察上海市虹口区市民驿站嘉兴路街道第一分站时强调,城市治理的"最后一公里"就在社区。社区是党委和政府联系群众、服务群众的神经末梢,要及时感知社区居民的操心事、烦心事、揪心事,一件一件加以解决。老百姓心里有杆秤。我们把老百姓放在心中,老百姓才会把我们放在心中。加强社区治理,既要发挥基层党组织的领导作用,也要发挥居民自治功能,把社区居民积极性、主动性调动起来,做到人人参与、人人负责、人人奉献、人人共享。

一年后,习近平总书记又来到上海。根据新华社 2019 年 11 月 3 日的报道,习近平总书记在考察上海市长宁区虹桥街道古北市民中心时强调,城市治理是推进国家治理体系和治理能力现代化的重要内容。要推动城市治理的重心和配套资源向街道社区下沉,聚焦基层党建、城市管理、社区治理和公共服务等主责主业,整合审批、服务、执法等方面力量,面向区域内群众开展服务。要推进服务办理便捷化,优化办事流程,减少办理环节,加快政务信息系统资源整合共享。要推进服务供给精细化,找准服务群众的切入点和着力点,对接群众需求实施服务供给侧改革,办好一件件民生实事。

党的十九届四中全会提出，要健全党组织领导的自治、法治、德治相结合的城乡基层治理体系，健全社区管理和服务机制。其一，要完善和发展自治，健全基层党组织领导的基层群众自治机制。在城乡社区治理、基层公共事务和公益事业中，广泛实行多种主体共同参与的自我管理、自我监督、自我教育、自我服务，不断提高基层治理的开放性，推进基层直接民主制度化、规范化、程序化。其二，要完善和发展法治，充分发挥法治固根本、稳预期、利长远的保障作用。以法治承载道德理念、鲜明道德导向、弘扬美德义行，把社会主义道德要求体现到立法、执法、司法、守法之中，以法治的力量引导人们向上向善。其三，要完善和发展德治，教人求真、劝人向善、促人尚美。要把社会公德、职业道德、家庭美德、个人品德建设作为着力点，鼓励人们在社会上做一个好公民，在工作中做一个好建设者，在家庭里做一个好成员，在日常生活中养成好品行。要坚持德法兼治，以道德滋养法治精神，以法治体现道德理念。

二、社区教育和部分非学历教育是社区治理的源头

上海开放大学是"三教融通（学历教育、非学历教育、社区教育）"的新型大学，其中的社区教育和一部分非学历教育在社区治理中承担着源头建设的功能。从2013年5月调入上海开放大学以来，我一直分管非学历教育，并且从2014年初至2019年8月，我还分管社区教育，时常想起"扁鹊三兄弟医术谁最高"的故事。《鹖冠子》一书记载了"扁鹊与魏文王的对话"——"魏文王问扁鹊曰：'子昆弟三人其孰最善为医？'扁鹊曰：'长兄最善，中兄次之，扁鹊最为下。'魏文王曰：'可得闻邪？'扁鹊曰：'长兄于病视神，未有形而除之，故名不出于家。中兄治病，其在毫毛，故名不出于闾。若扁鹊者，镵血脉，投毒药，副肌肤，闲而名出闻于诸侯。'"（魏文王问扁鹊："你兄弟三人，哪一个最擅长医术？"扁鹊答："我大哥最擅长，二哥其次，我最不擅长。"魏文王问："为什

么?"扁鹊答:"我大哥看病,发现病害没有形成就消除了病因,所以他的名声传不出家门;二哥治病,病因刚一萌芽就消除了,所以他的名声传不出街巷;像我这样的,用针灸刺血脉,给病人吃烈性的药,用药膏敷肌肤,所以名声传得出来,在诸侯间闻名。")

这个故事告诉我们,就医生而言,医术最高的是"治未病(扁鹊大哥)",其次是"治微病(扁鹊二哥)",再次是"治大病(扁鹊本人)"。从社区治理来说,同样如此:源头建设相当于治"未病"(使社会问题自然转化,从而无须施以"药石"),以及治"微病"(发现问题苗头即刻消除,从而使社会保持健康发展);末端治理则相当于治"大病"(问题出现并伸展到全身之后才施以"药石",即使病情有所好转,身体也已受到创伤,社会基础也已受到破坏)。所以,源头建设(源头治理)更重要,社区教育和一部分非学历教育在社区治理中承担着源头建设的重要功能:通过传播社会主义核心价值观,使之成为人们日用而不觉的道德规范和行为准则;通过弘扬古圣先贤、民族英雄、志士仁人的嘉言懿行,让中华文化基因更好地植根于人们的思想意识和道德观念,形成德者有得、好人好报的价值导向;提升社区居民的生活品质和生命质量,增强老百姓的获得感、幸福感、安全感,从而让社会问题自然转化,保持社会健康发展。

三、家庭教育是社区教育和部分非学历教育的基础

党的十九届四中全会提出,要"构建服务全民终身学习的教育体系","构建覆盖城乡的家庭教育指导服务体系"。用"构建服务全民终身学习的教育体系"来定位坚持和完善教育制度的总体目标,这是第一次。"服务全民",就是教育要面向全体人民,体现公平性。"终身学习",就是教育要覆盖人的整个生命周期,体现持续性。提出"构建覆盖城乡的家庭教育指导服务体系",这也是第一次,说明家庭教育、学校教育、社会教育都很重要,而家庭教育尤其需要加强。习近平总书记就高度重视家庭教育,在 2015 年 2 月 17 日春节

团拜会上提出了"三个注重"："家庭是社会的基本细胞，是人生的第一所学校。不论时代发生多大变化，不论生活格局发生多大变化，我们都要重视家庭建设，注重家庭、注重家教、注重家风，紧密结合培育和弘扬社会主义核心价值观，发扬光大中华民族传统家庭美德，促进家庭和睦，促进亲人相亲相爱，促进下一代健康成长，促进老年人老有所养，使千千万万个家庭成为国家发展、民族进步、社会和谐的重要基点。"

2016年12月12日，在会见第一届全国文明家庭代表时，习近平总书记对"三个注重"的具体内容进行了阐述：第一，注重家庭。"家庭是社会的细胞。家庭和睦则社会安定，家庭幸福则社会祥和，家庭文明则社会文明。"第二，注重家教。"家庭是人生的第一个课堂，父母是孩子的第一任老师。孩子们从牙牙学语起就开始接受家教，有什么样的家教，就有什么样的人。家庭教育涉及很多方面，但最重要的是品德教育，是如何做人的教育。"第三，注重家风。"家风是社会风气的重要组成部分。家庭不只是人们身体的住处，更是人们心灵的归宿。家风好，就能家道兴盛、和顺美满；家风差，难免殃及子孙、贻害社会。"

古训道，"家和万事兴"。家庭是社会构成中最基本的单位，和谐家庭建设是构建社会主义和谐社会的首要任务。家庭和，则社区安；社区安，则社会宁。所以，党的十九届四中全会强调，在"构建基层社会治理新格局"中，要"注重发挥家庭家教家风在基层社会治理中的重要作用"。

四、"幼有善育"是家庭教育的"良好开端"

家庭教育伴随人的一生。幼儿是人生的开端，人生"良好开端"的关键是高质量的幼儿教养。党的十九大报告将"幼有所育"作为保障和改善民生工作的重要内容，中共上海市委主要领导在2019年上海托幼工作现场推进会上提出了"幼有善育"的更高标准。"幼有善育"中的"善"与《大学》中"三纲八目”的最后一个“纲”，即“止于至善”的“善”同义，意为恰到好处、恰如其分，无过无不及。

《论语》中的“过犹不及”是指超过了或达不到都是不合适的。为避免“过犹不及”，我们应该“无过无不及”，意即“中庸”“中和”。“中庸”“中和”的“中”不是指某一个点，而是某一片区域，是“过”与“不及”之间的某一片区域，这片区域就叫“无过无不及”。只要在这片区域内，就是恰到好处、恰如其分，符合“善”的标准。

因此，“幼有善育”指的是以儿童成长为本，恰到好处、恰如其分地教养儿童，处理好“个性”与“本性”、“游戏”与“教育”、“托育机构”与“家庭”、“家长”与“儿童”四种关系，在此基础上促进儿童健康快乐地成长。

第一种关系：“个性”与“本性”

每个儿童都是有个性的，但个性不能违背本性。对“本性”的理解可以参考《中庸》里的一句话：“天命之谓性，率性之谓道，修道之谓教”。“天命之谓性”中的“天命”是指天理。天理落在人这一物种上，它就表现为“性”，这个“性”就是人的本性。“性”是“性质”的意思，即必须符合人的“性质”、人的本性（王阳明称其为“良知”），否则你就不是“人”了。“率性之谓道”中的“率性”不是“任性”，不是任其私欲和个性而发展，而是“循性”，“循”是按照的意思，即按照人的本性（良知）来发展。由此，就是“人道”。对“人道”的理解又可以参考《传习录》中王阳明的一篇文章——《训蒙大意示教读刘伯颂等》。这篇文章明确提出“今教童子，惟当以孝、悌、忠、信、礼、义、廉、耻为专务”。“孝、悌、忠、信、礼、义、廉、耻”即“八德”，也就是“人道”的内容。值得关注的是，中共十九大中纪委工作报告也提到了这八个字，并认为是中华文明的文化基因。“孝悌忠信礼义廉耻的文化基因世代相传，为中华文明注入深厚的伦理责任和家国情怀，赋予我们民族强大的统一性、内聚力和百折不挠的品格”。“修道之谓教”中的“教”是指按照“人道”，即“孝、悌、忠、信、礼、义、廉、耻”的要求去“修身”。教育的成效评估可以与成才观一起思考。俞立中先生提出了"成才观的底线思维"，即只要符合以下三点就算成才：第一，身心健康；第二，正派诚信；第三，自食其力。可以说，做到以上三点也就符合"人道"的要求了。这个就叫"本性"，在阳明心学中叫"良知"。"个性"在原则上不能违背"本性"，"个性"是在"本性"的基础上做加法。比如说，一个人的艺术修养比较好，那么他（她）有可能成为艺术家。但是，大部分人是不太可能成为艺术家的。又比如一个人的科学思维特别发达，他（她）有可能成为一名科学家，但是绝大部分人是不太可能成为科学家的。这就是"个性"与"本性"的关系，这一关系是四种关系中最根本的关系。

第二种关系："游戏"与"教育"

儿童需要游戏，不知道儿童需要游戏的老师，是一位不合格的老师；儿童也需要教育，不知道儿童需要教育的老师，也是一位不合格的老师。关键是对"教育"的理解，不能将"教育"理解为教知识，而应该是教儿童如何做人，所谓的"做人"就需要符合"人道"的要求。《传习录》中有一则，专讲儿童的"致良知"。"洒扫应对，就是一件物。童子良知只到此，便教去洒扫应对，就是致他这一点良知了。又如童子知畏先生长者，此亦是他良知处，故虽嬉戏中，见了先生长者，便去作揖恭敬，是他能'格物'以致敬师长之良知了。童子自有童子的'格物''致知'。"（意思是：洒扫应答就是一件事，童子的良知只达到这种程度，教教他们洒扫应答，就是致他们的这点良知。又比如儿童知道敬畏师长，这也是他们的良知所在，所以，即使他们正在玩耍，见到了师长，就会过来打躬作揖，这是他们能"格物"来致"尊敬师长"的良知了。儿童自有儿童的"格物""致知"。）具体操作可以参考"游戏是载体，教育是思想"这句话，即通过"游戏"这个载体，体现教育的思想。也就是说，托育工作人员在为儿童设计游戏的时候，游戏里要体现自身的教育思想，比如要求儿童互相友善、互相关爱、互相帮助等。

第三种关系："托育机构"与"家庭"

0—6岁，特别是在0—3岁儿童教养的过程中，家庭是第一位的。家庭应树立良好的"家风"。习近平总书记特别重视"家风",他引用过《易经》中"积善之家,必有余庆;积不善之家,必有余殃"这句话来表达"家风"的重要性。从操作层面来说,家庭最好不要形成一个中心,而应形成多个中心。一个中心就是只以儿童为中心。全家人所有的关注点都在儿童一个人身上,众星捧月,儿童自然而然地就成了"家庭的中心"。这样的儿童进入托育机构后,可能会产生一些问题,因此,家庭中要形成多个中心,既以儿童为中心,也以妈妈为中心,以爸爸为中心。李玫瑾老师曾提出:宝宝很小的时候,妈妈须全力以赴来照顾他(她),做爸爸的可以偶尔拍拍他(她),或者抱一会儿,哄一下。但是爸爸们最重要的是须做到,在孩子6岁之前,当着孩子的面好好爱妈妈——也就是说不要两个人都集中照顾孩子,不要让孩子觉得他(她)是家庭的重点,形成自我中心。比如,妈妈在照顾宝宝的时候,爸爸照顾妈妈,然后妈妈还要告诉宝宝,一起帮助爸爸。由此,家中形成一个链接的关系,而不是形成一个中心的关系。这就是良好"家风"的具体表现之一。

第四种关系:"家长"与"儿童"

在教养儿童的过程中,家长起到"示范"作用。上海家长学校有句口号:"父母好好学习,孩子天天向上。""父母好好学习"不能只狭义地理解为读书,应是一个广义的理解,即"正面示范"的意思,家长只有在各方面作出正面示范,孩子才能天天向上。家长的作用绝不是"替代"儿童做事情,而是给儿童示范,指导儿童,帮助儿童。

处理好上述四种关系,对儿童的教养就比较恰如其分了,既不教育过度,又不放任自流,基本做到了"幼有善育",开启了人生的"良好开端",从而可以促进儿童健康快乐地成长。

五、立德树人是家庭教育的根本目的

立德树人是学校教育的根本目的,也是家庭教育的根本目的。在民间,称懂事的孩子为"有家教"，不懂事的孩子则被叫作"没家教"。所谓"懂事的孩子"，就是德已立的人。立其德，树其人，这个"德"怎样才能立起来？在家庭教育中，这个"德"不是被教出来的，而是由好的家风，即好的家庭氛围熏陶出来的。

曾国藩的外孙聂云台在其所写的《保富法》(撰写于1942、1943年间)一书中指出了一个历史事实：真正的"传家宝"不是给子孙留下钱财，而是留下好的家训、家教、家风；否则，必是败家。"我住在上海五十余年，看见发财的人很多，发财以后，有不到五年、十年就败的，有二三十年即败的，有四五十年败完了的。我记得与先父往来的多数有钱人，有的做官，有的从商，都是炫赫一时的，现在已经多数凋零，家事没落了。有的是因为子孙嫖赌不务正业而挥霍一空；有的是连子孙都无影无踪了。大约算来，四五十年前的有钱人，现在家产没有全败的，子孙能读书、务正业、上进的，百家之中，实在是难得一两家了。"聂云台还说："不单上海是这样，在我的家乡湖南，也是一样。清朝同治、光绪年间，中兴时代的富贵人，封爵的有六七家，做总督巡抚的有二三十家，做提镇大人的有五六十家，到现在也已经多数萧条了；仅剩下财产不多的几户文官家庭，后人还较好。就我所熟悉的来说，像曾、左、彭、李这几家，是钱最少的，后人比较多能读书，以学术服务社会：曾文正公(曾国藩)的曾孙辈，在国内外大学毕业的有六七位，担任大学教授的有三位；左文襄公(左宗棠)的几位曾孙，也以科学专业而闻名；李勇毅公(李鸿章)的孙子辈，有担任大学教授的，曾孙也多是大学毕业；彭刚直公(彭玉麟)的后人，十年前也有在上海做官的。凡是当时的钱来得正路，没有积蓄留钱给子孙的心，子孙就比较贤能有才干。其余文官比较钱多的十来家，现在后人多数都已经萧条了；武官数十家，当时都比文官富有，有十万、廿万银两的……各家的后人，也是多数衰落了；能读书上进的，就很少听见了。"

所以，好的家风是养育和教育孩子的根本，是立德树人的关键。那么好家风的形成是否一定要有文字版的家训呢？这倒不一定。我小时候就没有看到过我家有文字版的家训,但我妈妈对我的要求很严格,这其实就是一种家风,其要求的主要内容可以概括为"读书要用功,工作要认真,做人要诚实",这促使我努力读书,认真工作,为人诚实。

直到十几年前,我们老家重修家谱,我才知道,我是金庭王氏第 56 代孙,而金庭王氏的一世祖就是"书圣"王羲之,二世祖是王操之,王操之是王羲之的第六子(王羲之共有 7 个儿子)。金庭王氏有 24 字的家训,即"上治下治,敬宗睦族,敦厚退让,执事有恪,积善余庆,厥功为懋"。"上治下治",即长辈要以身作则,晚辈则安分守己;或者说处于上位的人要以身作则,处于下位的人则安分守己,其本质是上行下效,关键字是"治",这是家族和谐、天下大治的根本。要实现"治"的目标,首先要"敬宗睦族",即孝敬长辈,和睦亲族,其关键字是"孝"与"和",这是家族兴旺、社会和谐的基础。其次是"敦厚退让"和"执事有恪"。"敦厚退让",即为人要老实厚道,谦逊礼让,其关键字是"让",这是做人的根本;"执事有恪",即干事须谨慎,讲规矩,进退要有分寸,其关键字是"恪",这是做事的关键。最后是"积善余庆"和"厥功为懋"。"积善余庆",即多积德,多行善,恩泽及于子孙,所谓"积善之家,必有余庆",其关键字是"善",劝人向善;"厥功为懋",即建功立业,树立榜样,以此勉励自己和子孙努力向上,其关键字是"懋",促人向上。以"治"为目标,以"孝""和""让""恪"为措施,不断"向善向上",这是"金庭王氏家训"的宗旨。自从知道了这一文字版的"金庭王氏家训",我就更有努力的方向了。

所以,有文字版的家训,自然是最好的;没有文字版的家训,但有口耳相传的家训,也是好的;连口耳相传的家训也没有,但家庭氛围是与人为善、积极向上的,还是好的。

王伯军

上海开放大学副校长、上海市终身教育研究会会长

2021 年 5 月 6 日

目录

第二篇 ◆ 家庭教育理论研究篇

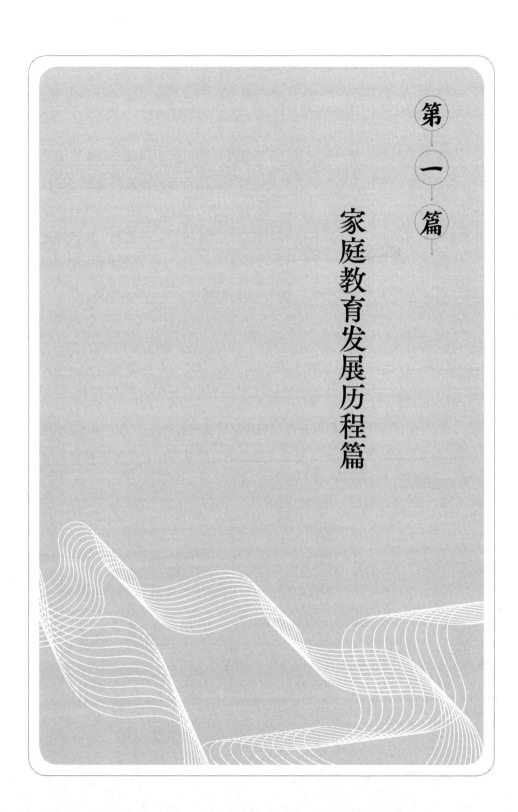

第一篇

家庭教育发展历程篇

"家庭是人生的第一所学校"，家庭教育奠定了个体成长、成才的底色，关系到家风和社会风气养成以及民族文明的传承。家庭教育发展源远流长，伴随着父系氏族时期"家庭"单位的出现，家庭中发生的交往行为就带有家庭教育的成分，世界各地的家庭教育都在一定社会环境、政治环境以及教育大环境的影响下，不断变迁、发展，形成具有鲜明民族特色的家庭教育思想体系和家庭教育实践方法体系，同时也在交互中相互借鉴、学习，创新发展，家庭教育价值观、目的论、内容以及方法科学化、民主化趋势日益增强。中华民族自古就重视家庭教育，孟母三迁、岳母刺字、颜氏家训、曾国藩家书等，无不彰显着中国家庭教育的独特魅力，诠释着中华民族良好家教家风的赓续与传承。科学的理论产生于对历史经验的有效总结与反思，建构全面、理性的家庭教育知识观和家庭教育实践方法论，有必要系统梳理国内家庭教育发展脉络，厘清发展思路，形成对国内外家庭教育发展规律的清晰认知。

第一章
我国家庭教育发展历程

第一节　我国传统家庭教育的发展阶段

一、我国家庭教育的萌芽和产生阶段：原始社会时期

　　家庭是人类社会发展到一定历史阶段的产物，家庭教育作为人类的一种社会活动，具有十分漫长而悠久的历史。中国早期马克思主义教育家杨贤江曾指出："自有人类，就有教育。"①在原始社会时期，人类在长期的劳动和生产中创造了灿烂的文化，产生了原始的教育活动。当人类社会从原始母系家庭中开始分化出来，形成一夫一妻的个体家庭，成为社会生产和社会生活的基本单位，承担起社会物质生产和人口生产两大职能的时候，家庭教育也就产生了。我国家庭教育的发展与人类历史发展进程一致，同时因为我国历史文化传统的独特性，我国家庭教育也形成了独有的发展特点。

---

① 孙培青.中国教育史[M].上海：华东师范大学出版社，2002：1.

（一）母系氏族时期

母系氏族是以母系血缘为纽带，在生产资料公有制下形成的社会生产和生活单位，人们共同劳动和消费，所有儿童属于全公社所有，由公社实施公养公育。母系氏族公社正处于我国原始社会的发展阶段，因此这一时期的教育活动也比较明显地体现了原始社会教育的基本特点，出现了家庭教育的样态和部分功能，但从教育的目的和范畴来说，仍属于部落教育或是社会教育，真正意义上的家庭教育还未成形。这一时期教育的主要功能包括为了生产劳动而进行的教育，为了延续、掌握生活习俗的教育，为了加强氏族团结、维系统治管理秩序而进行的教育，为了加强体魄而进行的教育。

（二）父系氏族时期

大约在 5 000 年前，人类进入父系氏族公社时期，在生产发展的基础上，经济发生了重要变革，农业成为主要的经济部门，手工业从农业中分离出来，得到了较快的发展。私有制的发展较为迅速，阶级分化也因此日益加深。原始社会在解体，历史即将跨入阶级社会。这一时期为了能够与阶级社会劳心与劳力分工相适应，教育也逐渐分化为培养劳心者的专门教育和教化劳力者的社会教育两种类型。

这时，私有制已产生，一夫一妻的个体家庭已成为社会基本单位，一夫一妻制家庭的出现是人类文明史上非常重要的事件，它意味着家庭承担起社会物质生产和人口生产两大职能，父母与子女之间的关系更加明确，并通过对家庭成员进行传统习俗的训练以巩固家长的统治，我国家庭教育也就萌芽于此。这一时期家庭教育主要向年轻一代传授采集野果、农耕、畜牧、狩猎等方面的经验和技能，并进行机智、勇敢、团结和社会风俗习惯、原始宗教、原始艺术以及军事方面的教育。在原始社会氏族大家庭中，任何人都享有平等地接受教育的权利，教育是大家共同的义务，这种教育形式对于社会的发展和进步起到了重要的推动作用。

二、中国古代家庭教育形成及发展阶段：夏商西周至春秋战国时期的家庭教育

　　夏商西周时期至春秋战国时期是我国社会发生巨大变革的阶段，中国社会由奴隶社会的鼎盛阶段逐渐向封建社会过渡，家庭教育在政治、社会、经济等背景的共同影响下不断改革发展。西周家庭教育在胎教、帝王家庭教育等方面取得了进展，春秋战国时期百家争鸣的社会环境下家庭教育呈现出空前繁荣的局面，这一时期的家庭教育发展在我国家庭教育发展史上具有重要意义。

（一）西周的家庭教育

　　西周是我国奴隶社会政治、经济、文化发展的顶峰，宗法制度在这一时期发展到完备程度，在礼乐文明高度发展的背景下，家庭教育有了突破性发展，出现了胎教、帝王家教、贵族家教等，我国家庭教育在这一时期逐渐形成与发展。[①]

　　宗族的首领是家长，宗族的嫡长子叫宗子，个体家庭依附和附属于宗族，宗族制度以血缘关系为基础，宗族中的尊卑长幼拥有着不同的地位，并且也表现出不同的权力和责任。[②] 宗族的成员总是聚族而居，因此有着共同的生活方式和共同的文化传统，宗族的家教主要由宗子负责，生产、生活、军事、祭祀等是宗族大家庭的主要教育内容。在宗法制度中，天子、诸侯、卿大夫、士有着明显的尊卑贵贱，在教育的形式和内容上也呈现出等级特征。帝王家庭教育主要是为了培养统治者，维护封建统治。例如周公亲自制订了《世子

---

① 马镛.中国家庭教育史［M］.长沙：湖南教育出版社，1997：8.
② 徐迎花.宗法制功能探析［J］.继续教育研究，2002（3）：91—92.

法》，由此建立了天子的家教制度，而《世子法》则成为我国古代文献记载中的第一个专门以世子(太子)为对象的法令性教育文件，具体规定了天子之家的家教制度、教育内容、方法和原则、教育目的等，[①]成为后来各个王朝皇家家教效仿的经典。在我国家庭教育发展史上，西周时期的帝王家庭教育具有开创性意义，对当时和后世家庭教育发展产生了深远影响。

奴隶主为维护贵族统治阶层，强调将贵族子弟培养成具有贵族政治道德思想和军事技能的未来统治者，贵族子弟必须接受礼、乐、射、御、书、数等"六艺"的专门教育。贵族子弟必须先经过家庭教育，才能进入学校接受学校教育，家庭教育的内容包括孝敬父母、尊敬师长、诚实礼让、饮食习惯等。《礼记·内则》记载了贵族家庭教育的相关内容："子能食食，教以右手。能言，男唯女俞。男鞶革，女鞶丝，六年，教之数与方名。七年男女不同席，不共食。八年出入门户及即席饮食"，"九年教之数日。十年出就外傅，居宿于外"。在这段描述中可以看出，儿童的家庭教育主要涉及生活技能和生活习惯的教育，如吃饭的礼仪规则、言语习惯等，而男孩与女孩的家教存在着较大的差异，要求男治外事，女治内事；男孩要应答恭敬，女孩要柔顺端庄；男子主要学习维护奴隶主阶级统治的相应知识，女子则接受女子教育，学习理麻纺织和祭祀活动，为成为"贤妻良母"做好准备。在男耕女织的社会背景下，男孩与女孩的家教差异带着深刻的西周社会男尊女卑的烙印。总体来看，西周家庭教育虽然具有明显的尊卑等级、男尊女卑等弊端，但也可以看出其家庭教育适应儿童的身心发展特点，循序渐进，具有一定的科学性。

(二)春秋战国时期的家庭教育

春秋战国时期是我国从奴隶社会到封建社会过渡的大变革时期，宗法家长制到春秋初期开始衰落，春秋末至战国初逐渐解体，而这必然会对社会和

---

① 向彬.中国古代皇室书法教育考察[J].艺术百家，2008(5)：125—136.

家庭结构的重新改组产生巨大的影响。加上春秋战国时期持续的社会动乱和政治改革,贵族阶级落寞,士阶级兴起,逐渐成为影响政治变革和教育发展的重要力量,带动了当时学术思想的大发展,出现了"百家争鸣"的繁荣景象,家庭教育也发生了重大变化。在这一时期,涌现了一大批著名的思想家、教育家,他们先进的家庭教育理念在今天仍然具有十分重要的参考价值。

春秋战国时期,周王室衰微,诸侯争霸,宗法制度土崩瓦解,同时铁器农耕的使用使生产力大大提高,一家一户为单位的小农生产逐渐涌现,促成了封建家长制的形成。在封建家长制下,家长在家庭中享有至尊的地位,掌握着教育子女、包办子女婚姻、决定家庭事务的权利,在这种制度下家庭教育也带有一定的专制色彩:一是家庭教育的单向性,在家庭教育中只能是家长教育子女,而家长没有接受教育的义务;二是家庭教育的奴性化,子女必须在任何事情上都要顺从自己的父母,以父母的意志为意志;三是家庭教育的压抑性,家长在家庭中的至尊地位使家长随意使用规定的"家法"教育子女,甚至是各类体罚性手段让子女听命。

这一时期,诸子从各自的政治立场、学术观点出发,提出了自己独特的家庭教育的观点,形成了家庭教育思想"百家争鸣"的局面,对后世家庭教育发展产生了深远影响。孔子是我国著名的教育家、儒家学派的创始人,他认为伦理道德秩序是政治的基础,而这种伦理道德是建立在父母与子女之间的血缘关系上的,《论语·为政》曾记载:"孝乎惟孝,友于兄弟,施于有政。"可以看出,孔子把孝道作为家庭教育的根本内容。同时,孔子十分重视儿童的早期教育、反对过度体罚、重视居住环境的选择等,提出"性相近也,习相远也""小则待,大杖则逃""里仁为美"的著名观点。曾子是孔子的高足,《大戴礼记》中记载了曾子的家庭教育思想,提出父母对子女的慈爱不宜显露、保护子女的自尊心、为子女创造良好的环境等理论。而孟子还首次提出了有关家庭教育的理想人格:"丈夫之冠也,父命之。女子之嫁也,母命之,往送之门","居天

下之广居，立天下之正位，行天下之大道，得志与民由之，不得志独行其道，富
贵不能淫，贫贱不能移，威武不能屈，此之谓大丈夫"。[1] 孟子这一理想人格的
论述成为中华民族宝贵的精神财富，对个体人格的发展产生了极大的教育
意义。

三、中国古代家庭教育成形阶段：秦汉时期的家庭教育

秦汉时期是我国封建中央集权制度的确立时期，也是我国古代家庭教育
的成形时期。公元前 221 年，秦始皇统一六国，结束了长期以来诸侯割据称
雄的分裂局面，建立了高度中央集权的封建君主专制国家。秦始皇统一中国
后，推行"以法为教""以吏为师"的文教政策，封建社会的家庭教育进入逐步
制度化的阶段。[2] 汉王朝建立后，汉武帝推行"罢黜百家、独尊儒术"的政策，
确立了以儒学为主导的统治思想，我国家庭教育得到快速发展，形成了独具
特色的家庭教育发展框架。[3] 这一时期，建立了以"三纲五常"为核心的儒家
伦理纲常体系，形成了以官僚士大夫为主体，包括帝王家庭教育、女子家庭教
育、胎教等在内的家庭教育框架，以后的家庭教育的发展大多是在此框架下
不断发展与完善。

（一）秦代的家庭教育

秦朝统治者采用法家的理论思想巩固封建统治，对社会生活的各个领域
产生了深刻的影响，在家庭教育方面，统治者同样使用十分强制的手段，秦朝
的家庭教育因此具有极其鲜明的特点。秦朝商鞅变法为秦国的富强和统一
全国打下了基础，商鞅变法的目的在于鼓励耕战，其家庭教育思想也深深蕴

---

[1]《孟子.滕文公下》，中华书局 1979 年版，第 2774 页。
[2] 王彩霞.当前中国家庭教育问题研究[D].内蒙古科技大学，2012.
[3] 马镛.中国家庭教育史[M].长沙：湖南教育出版社，1997：43.

含着这一目的,他提出的"壹教"的主张,即统一教化思想,摒弃仁义道德,家庭教育也是教子弟英勇善战。秦统一全国后,强制推行家庭伦理,大力推行书同文、行同伦的政策,规范家庭道德行为,并且呈现出十分严酷的特点,如"妻为逃嫁,子不得母"。同时,秦朝统治者为了提倡孝道,维护理想的家庭教育秩序,从法律上给予了家长送官惩处子弟的权利,如"殴大父母(祖父母),黥为城旦舂""免老告人以为不孝,谒杀""亟执勿失",子孙如果对父母不孝,父母就可以请官方治罪,官方也会照办,该项制度的实施对后世影响深远。

(二)汉代的家庭教育

汉朝建立后,汉武帝时期确定了"独尊儒术"的文教政策。这一时期,儒家学说成为家庭教育的基本内容,儒家的伦理道德规范也成为家庭教育的价值评判标准和价值取向,由此我国古代家庭教育中重道德、重知识的传统逐渐形成。"三纲五常"理论是董仲舒编制而成,所谓"三纲"为"君为臣纲,父为子纲,夫为妻纲","五常"为"仁、义、礼、智、信"五种道德规范,该思想从封建家庭关系的角度来推论封建政治关系,将家庭伦理关系视为封建家庭必须遵循的原则,构成这一时期家庭教育思想的基石。同时,儒家伦理纲常体系以"长幼有序"作为家庭教育的重要原则,包括家庭成员在内的人与人之间的关系是逐层受命而来的。另外,在男耕女织的生产条件下,随着汉代"三纲五常"伦理关系的确立,君权、父权、夫权更加集中,女子家庭教育理论随之形成,系统阐述了封建社会时期女子的地位、言行规范、伦理道德等,其中最具有代表性的是班昭的《女诫》和蔡邕的《女训》。

四、中国古代家庭教育成熟阶段:魏晋南北朝时期的家庭教育

魏晋南北朝时期是我国历史上连年战乱、政权频繁更替的时期,也是我国家庭教育成熟发展的重要时期。由于政局动荡,客观上导致统治者权力控

制的松弛，官学时兴时废，家庭教育为了弥补官学的不足逐渐发展起来，这也为这一时期思想文化的活跃带来了有利条件。另外，在政治动荡、社会剧烈变革的时代背景下，社会各阶层产生了极大的危机感，家庭教育越来越得到重视。士族阶层更是竭力教子以立身处世的各种社会规则、文化知识，以维护自身的利益。魏晋南北朝时期，世家大族在政权中占据着垄断地位，每个家族都非常重视家学传统，其子孙后代的教育也十分看重，其主要目的在于能够维护各个家族的特权以及在学术文化领域中的传承。这一时期家庭教育有其鲜明的特点。

一是家庭教育的参与面和受众面都十分广泛。由于社会动荡、政权更替频繁，一些有远见的帝王高度重视对子弟的教育，出现了许多典型的家庭教育事迹。曹操虽深处乱世，但时刻不忘以礼法教育子辈，并撰写了《戒子植》《内诫令》等；宋文帝刘义隆勤政节俭，关心百姓疾苦，对皇家子弟的教育也多与此有关，他曾教育皇家子弟："汝曹少长丰佚，不见百姓艰难，今使尔识有饥苦，知以节检期物。"可以看出，皇家贵族不仅重视对皇家子弟的识字等基础教育，还特别重视他们的道德教育。在女性家庭教育方面，这一时期女性接受儒家经学教育、书法等技艺教育以及专门针对女性的三纲五常、四德教育，同时女性还在家庭中及家庭外担任启蒙教师，激励着广大女性投身于家庭教育中。

二是家训盛行和系统家庭教育思想的形成。魏晋时期，家学得到了较大发展，有关家庭教育的文献大量涌现，据统计，"家训"类的文献现存有八十多篇，如诸葛亮的《诫子书》、嵇康的《诫子书》、王祥的《训子孙遗令》、陶潜的《命子十章》、孙谦的《诫外孙书》、魏收的《枕中篇》等都是古代家庭教育的名作，而颜之推的《颜氏家训》更是这个时期家庭教育的代表作，系统总结了当时的家庭教育实践经验，第一次形成了系统的家庭教育思想，并创造了"家训体"这一家庭教育文献形式。颜之推非常重视儿童的早期教育，其提出的严与慈相结合的原则、切忌偏袒的原则、注重语言规范和道德教育的原则和方法在我国家庭教育史上具有划时代的意义,今天,《颜氏家训》的思想仍然具有十分重要的参考价值。这一时期从皇室贵族到士阶层都很重视家训,并且北方少数民族政权也深受儒学文化影响,重视教育子孙。家训内容在继承传统的基础上,关注子女的日常生活教育,强调言行举止的得体;注重子女的德行和才学,重视经史典籍的学习;重视家庭的礼仪建设和信仰建设。

三是蒙学教育得到迅速发展,这一时期蒙学内容依然是以教授儒家经典为主,包括《孝经》《论语》《诗经》《春秋》等。同时也出现了时人编写的《千字文》,流传后世一千余年,该书系梁朝周兴嗣编撰,全书由1 000个单字组合而成,4字一句,共250句,句句押韵,包括了历史、地理、居住、饮食等修身方面的内容,为我国古代家庭教育的发展做出了突出贡献。

五、中国古代家庭教育繁盛阶段:唐宋元明清时期的家庭教育

隋唐时期结束了南北朝分裂的局面,中国封建社会又一次统一,在社会环境相对安定繁荣的社会背景下家庭教育进入繁盛时期。当时中国社会出现了大一统和文化繁荣的景象,特别是在文化教育领域上取得了重要突破和创新,如完成汉代以来儒家经学的总结、科举制度的确定等,促进了教育的整体发展,家庭教育也由此进入繁盛时期。

(一)唐宋时期的家庭教育

首先是帝王的家庭教育,形成了独立完整的学校体系,在隋代就已经设置了对皇室子弟进行教育的"门下坊"和"典书坊",并设立了专门的官员负责教育工作。唐代设有太子宾客,并设置詹事府统管东宫政教,并将隋代的门下坊改为左春坊,典书坊改为右春坊,在贞观年间又专为皇太子设置崇文馆,设学士官,并建有东宫图书馆,所藏大量图书为"秘书",专供皇室子弟教育使用。宋代为了加强皇太子的教育,增设詹事讲读官、太子侍读、太子侍讲官

等,并设置资善堂为皇太子及其他诸王子的肄业之所。资善堂的教官有翊善、赞读、直讲、说书等。南宋初还在东宫门内建有书院,因为书院是民间兴起的文教机构,不能体现皇家教育的特殊性,所以后来又弃书院之名改为"学新堂"。

其次,这一时期,广大庶族地主阶层和少数平民的家庭教育伴随着这一时期科举制度的推行而发生变化,即家庭教育的目的和内容逐渐与科举考试紧密结合在一起,"学而优则仕"的思想得到了极大的认可,"望子成龙"成为家庭教育的动机和目的,在家庭教育的内容上也以"四书五经"为主。同时程朱理学日渐成熟,为家庭教育发展注入了活力,在这一风气下,一些世家大族纷纷兴办家塾,或者联合数家一起建立私塾性质的学校。由此,这一时期家庭教育日益与学校教育相互渗透,也就出现了家庭教育学校化的倾向。

此外,唐宋时期的家教还有一个显著的特点,即汉代之后形成的以儒家思想为核心的封建纲常礼教在家庭教育中仍然占有重要位置。唐代以后,特别是宋代理学家朱熹等人把"礼"解释为与"人欲"对立的"天理"以后,礼教不仅有了成套的理论和实践要求,而且随着家庭教育的学校化,日渐渗透到家庭教育的实际活动中。在唐代和宋代,家范、家规、治家格言之类的礼教内容,开始丰富和完善起来,对于封建社会后期家风的形成也具有重要影响。

(二)元明清时期的家庭教育

元明清时期的家庭教育,又深深打上了我国封建社会走向衰落的烙印。当时,为了维护其专制统治,封建统治阶级从国家文教领域加强了思想控制,大兴文字狱。在家庭教育上,则强调家族族权对家庭成员的言行管教,把以修身为手段的齐家家教与国家政治秩序、社会伦理道德秩序紧密联系起来,形成了以存天理、灭人欲为核心的禁欲主义家庭教育。[1]

---

[1] 蔡岳建.家庭教育引论[M].合肥:安徽教育出版社,2010.

　　元朝是我国多民族统一发展的时期,这一时期多民族文化交融的社会环境使得家庭教育发展有其特殊性。元朝开始建立了社学。所谓社学即以社会基层组织为单位的政教合一组织,它由一定血缘关系的家或家族结合组成,在教育上主要推行封建纲常伦理教化,这一时期教育内容以思想道德教育、读书为官教育、生产生活教育为主,①而在社会教化的影响下,家庭教育依然深受封建统治阶级的控制,承袭封建伦理纲常思想,"存天理灭人欲"仍然是主流。

　　明朝开始推行里甲制度,家庭教育也呈现出社会化的特征。明朝初期,明太祖朱元璋加强对广大人民的思想控制,从而使族长、家长成为一家一族总领纲常伦理教育的合法者,通过家族族权对家庭成员进行言行管教,以修身为手段的齐家家教与封建社会统治和伦理道德紧密结合,②如果家庭成员中出现"违法乱纪""以下犯上"或者存在着"不轨"之举等,都要受到家族中的家法家规的惩罚,严重者甚至送交官府治罪。明中叶实施的乡约组织、保甲连坐等制度使得这一时期的家庭教育政治化倾向越来越明显。

　　清代继承了元明时期的家教传统,更是把家庭教育作为加强封建统治的重要措施。鸦片战争以后,我国封建社会制度和家庭制度开始解体,由此古代的家庭教育开始向近代转化。

六、中国古代家庭教育转折阶段：鸦片战争(1840 年)至中华人民共和国成立(1949 年)

　　自 1840 年鸦片战争爆发以来,中国社会逐渐由封闭走向开放,西方先进的思想和理念逐渐传入中国,诸多进步人士要求改变封建社会的腐败统治,在一系列的变革与学习西方的浪潮中,传统思想观念和教育体系受到猛烈的

---

① 柏安璇.元代教子诗研究[D].华东师范大学,2020.
② 李天燕.家庭教育学[M].上海：复旦大学出版社,2007.

冲击，并逐渐分崩离析。家庭是社会的缩影，家庭的发展与变迁离不开整个社会政治结构的变革。与社会经济政治结构的近代转型不同，思想文化领域的转型与近代化则是内涵更宽泛、持续时间更长、任务更艰巨，影响也更为深远。家庭教育作为文化传播的重要载体，在中国近代社会近代转型的大趋势下有其自身的变革特点，也有其自身发展的逻辑性和科学性。这一时期，我国家庭教育的发展既有西方先进思想的印记，也有我国传统家庭教育的特点。

（一）西方幼儿教育思想的引入

首先是这一时期对西方经典家庭教育理念和思想的引进与吸收，从鸦片战争到 19 世纪末，西方传教士对我国家庭教育产生了较大的影响。在这一时期，西方传教士在中国开设教堂、开办学校、翻译书籍等，其中传教士高一志翻译了一本名为《童幼教育》的书，向中国读者介绍了西方的幼儿教育理念，这是在中国境内最早宣传西方幼儿教育理念的专著，此后西方先进的幼儿教育理念潜移默化地引入中国，使我国对西方幼儿教育有了一个初步的了解和认识。[①]

其次，在我国半封建半殖民地社会进程中，一些先进的中国人积极学习西方及日本幼儿教育理念，成为促进我国近代家庭教育和幼儿教育转型的直接推动力。在清朝末年的维新运动中，维新人士主张改革封建旧制度，建立新的教育制度，并且开始重视儿童入学的教育。如康有为提出应当注重幼儿的胎教，并且设立"人本院"对孕妇进行教育；孩子出生后或者在家里进行教育，或者送入公立"育婴院"；3 岁后转入公立"慈幼院"接受幼稚教育；6 岁之后接受学校教育。梁启超受日本教育理念的影响，主张 5 岁以前是儿童期，这一时期接受家庭和幼稚园的教育。除了学习日本家庭教育思想，福禄贝

---

① 邹强.中国当代家庭教育变迁研究[D].华中师范大学,2008.

尔、杜威、蒙台梭利的教育思想也逐渐被引入和传播，成为影响近代时期我国家庭教育转型发展的重要内容。

（二）家庭教育法制化建设

1. 清政府制定的《蒙养院及家庭教育法》

在这一阶段，清政府还通过了我国近代以及中国教育史上第一个家庭教育法令《蒙养院及家庭教育法》。[①] 该法令主要包括以下内容：第一，该法令规定了对儿童进行家庭教育需要采用哪些形式。第二，该法令系统向家长大力宣传家庭教育的有关知识，并且要求所有开办的蒙养院都需要组织保姆学习《官编女教科书》《家庭教育书刊》等，选择《四书》等传统的家庭教育读本发至各家。第三，特别规定对子女进行教育，但只接受家庭教育。第四，该法令规定了学龄前儿童家庭教育的目的，提出根据儿童可塑性大的特点，家长和保育员要树立榜样示范，为孩子们创造良好的成长环境。第五，规定了学龄前儿童家庭教育的内容和方法，需通过做游戏尤其是集体游戏、唱歌谣、与儿童谈话、组织手技等，让儿童养成良好的习惯，并发展其智力、语言等能力。《蒙养院及家庭教育法》把家庭教育纳入整个国家的教育体系中来，具有划时代意义。

2. 民国年间的家庭教育法令

民国时期，我国政府对教育立法很重视，形成了较为完备的教育法体系，家庭教育作为教育体系的一部分，也制定了一些法令。包括《中等以下学校推行家庭教育办法》《推行家庭教育办法》《家庭教育讲习班暂行办法》《家庭教育实验区设施计划要点》等，从不同的角度对民国时期我国家庭教育的具体实施做出了规定。

（1）《推行家庭教育办法》。该法令1940年由国民政府教育部公布，全面

---

① 黄莎菲.海峡两岸家庭教育人员认证制度比较研究[J].海峡科学,2018(8)：86—89.

规划了全国的家庭教育工作，提出"各级教育行政机关应督导各级学校、社会教育机关及文化团体、妇女团体，按照本办法之规定，积极推行家庭教育"。该法令还规定了各个主体在推行家庭教育中应当承担的责任与具体工作。

（2）《家庭教育讲习班暂行办法》。1941年，国民政府颁布了《家庭教育讲习班暂行办法》，提出"推进良好家庭教育，激发民族意识，灌输家事常识，改善家政管理，促进社会进步为宗旨"。该法令对家庭教育讲习班的组织机构、工作人员、教学安排、经费设置、学籍管理等问题进行了具体布置和规范。

（3）《家庭教育实验区设施计划要点》。为配合《推行家庭教育办法》中规定的女子学校及女生数量超过学生总数半数以上的学校需要组织家庭教育委员会的相关内容，国民政府教育部制定了《家庭教育实验区设施计划要点》，指出设立家庭教育实验区的目的是"以谋推行尽利起见"，同时对家庭教育实验区的设立地点、承办机关、实验目标、实验期限、组织安排、经费设置等方面进行了详细规定。

（三）家庭教育研究初步体系化

家庭教育要走上科学化的道路，除了一般的家庭教育实践和零星的理论总结是远远不够的，必须要形成较为完备的理论研究体系。1912年中华民国成立，尤其是五四运动爆发后，西方先进的教育思潮大量涌入中国，家庭教育的研究逐渐得到学者的重视，他们把视野放于家庭教育领域，注重对家庭教育理论和实践经验的总结，形成了较为系统的家庭教育科学理论体系，对我国家庭教育的发展作出了重要贡献，其中鲁迅、陶行知、张雪门、朱庆澜、陈鹤琴等对我国近代家庭教育理论做出了重大贡献。

我国近代爱国将领、原广东省省长朱庆澜撰写的《家庭教育》一书是我国民国时期最早出现的白话文家庭教育著作，该书对于家庭教育的重要性、实施原则、教育内容等方面进行了系统的论述，在当时产生了较大的影响。同一时期，我国著名教育家陈鹤琴先生出版了《家庭教育》一书，该书融合了心理学、生理学、教育学等学科知识，并结合家庭教育的实践案例系统论述了有关家庭教育的原则，人民教育家陶行知曾评价此书为"中国出版教育专书中最有价值之著作"，"愿与天下父母共读之"。陈鹤琴先生的《家庭教育》奠定了我国现代家庭教育学的基础。

总体来看，随着西方先进教育理念的引入和国内学者的重视，近代我国家庭教育的发展逐渐从重视传统的家庭教育经验向科学化、理论化、民主化方向转变，传统家长制影响下的家庭教育观念逐渐发生转向，这种转折与变革为后来的乃至当代家庭教育的发展打下了坚实的思想基础。

第二节　我国传统家庭教育的基本思想

我国传统家庭教育在其萌芽、发展与繁荣的过程中，凝结了丰富的文化内涵和教育理念，在几千年的历史长河中蕴含的教育智慧影响着世世代代的中华儿女。作为我国家庭教育发展的典型代表，家训成为我国家庭教育的基本文献形式，这反映了家庭教育在历朝历代受到重视，并且凝结了家庭教育优秀的实践经验。总体来看，我国古代家庭教育形成的丰富理论成果，以及独特的家庭教育方法和优良传统，直至今日仍然对中国现代家庭教育具有重要的借鉴意义。

一、传统家庭教育的主要内容

（一）伦理道德教育

伦理道德教育是我国传统家庭教育的核心，深刻反映在不同发展阶段的家庭教育实践中。父子有亲、君臣有义、夫妇有别、长幼有序、朋友有信是传统社会五种基本的人伦关系，传统家庭教育的目的之一就在于教育子女如何做一个明人伦、有道德的人，成为合格的家庭和社会的成员。自汉代我国传统家庭教育思想成形后，进行伦理道德的家庭教育目标和内容根植于历朝历代家庭教育的思想与实践中，诸如孝悌之道、重义轻利、诚信为人等等。从西周起，贵族家庭就将一系列的德育内容纳入家庭教育中，孔子以仁和礼为基础的家庭教育，孟子主张家庭教育中"大丈夫"理想人格的教育，到南北朝颜之推提出知足守廉的观点，宋代司马光在《家范》中开篇就提出君义、臣行、父慈、子孝、兄爱、弟敬。除了以上士大夫和贵族阶层的伦理道德教育，我国流传甚广的《增广贤文》中就含有伦理道德教育内容。其中，孝是传统伦理的核心，也是其他伦理关系的基础，从父母命、听父母言、有事相告、老而相待，培养一个孝顺的后代保证了父母年老时能顺利过渡，是其教养子女的基本目的。

（二）生活习惯教育

不论是传统教育或当代教育，生活习惯教育一直是家庭教育中的主要内容之一，父母会对儿童的生活习惯进行言传身教，通过显性的或隐性的途径去影响孩子，包括言行举止、勤俭教育、待人接物等。孔子有云"少成若天性，习惯如自然"，行、立、坐、卧、起居、饮食习惯成为我国古代家庭教育的重点。如言行举止上，我国古代要求子女在行走坐卧、衣着饮食方面食不言，寝不语；日出而作，日落而息；要求男子其冠进，其衣逢，其容良，要求女子站立时固颐正视，平肩正背，臂如抱鼓，足闲二寸，端面摄缨等。宋代朱熹提出"古者小学教人以洒扫应对进退之节，爱亲敬长隆师亲友之道，皆所以为修身齐家治国平天下之本"。可以看出，我国古代家庭教育对儿童习惯的培养是以修身为根本。在为人处世上，宋代理学家朱熹说："中者，不偏不倚，无过不及之名。庸，平常也。"中国封建社会中的家庭教育，非常注重将"中庸之道"作为教育子女为人处世的标准，明朝高攀龙在《家训》中说："言语最要谨慎，交友最要审择。多说一句，不如少说一句，多识一人，不如少识一人。"我国古代家庭教育中也非常重视对后代进行勤俭教育，司马光认为教子之道重在"礼"，而治家之道，则重"俭"，这种勤俭持家的教育思想是我国传统家庭教育思想中的一大特色。

（三）劝学勉学教育

我国自古以来对读书人非常尊重，有较高文化素养的父母，常常让孩子很小就开始识字读诗，古代关于教子劝学勉学的格言、故事、家书、家训更是数不胜数。从我国古代流传甚广、影响颇深的《三字经》来看，其中就有20多个关于劝学、勉学、励学的故事，如"昔孟母，择邻处，子不学，断机杼"，"头悬梁，锥刺股，彼不教，自勤苦。如囊萤，如映雪，家虽贫，学不辍"。大儒朱熹出生在书香世家，在父亲的教导下学习文化知识，相传他五岁开始读《孝经》，九岁读《孟子》，再大些后，《论语》《大学》《孟子》等更是熟读。颜之推也是要求后代勤奋学习，对孩子及早施教，他自己则"吾七岁时，诵《灵光颠覆》"。在汉代，经学教育和律学教育在家庭教育中被普遍重视，汉代的教子读经热培养了一批世代相传的名儒和高官。[①] 我国古代家庭教育中劝学勉学的传统广泛体现在家训和家规中，如在《颜氏家训》中，就有专门一节"勉学"："夫明六经之指，涉百家之书，纵不能增益德行，敦厉风俗，犹为一艺，得以自资"，"伎之易习而可贵者，无过读书也，世人不问愚智，皆欲识人之多，见事之广，而不肯读书，是犹求饱而懒营馔，欲暖而惰裁衣也"，"读书之人自羲农以来，宇宙之下，凡识几人，凡见几事，生民之成败好恶，固不足论，天地所不能藏，鬼神不能隐也"。[②] 可以看出在当时整个社会对教育和学习的重视下，中华民族逐步形成了勤勉好学的优良传统。

---

① 马镛.中国家庭教育史[M].长沙：湖南教育出版社，1997.
② 佘双好.我国古代家庭教育优良传统和方法探析：从家训看我国古代家庭教育传统和方法[J].武汉大学学报（社会科学版），2001（1）：116—122.

二、传统家庭教育的方法与原则

我国传统家庭教育囿于时代制约。在家长制的前提下，儿童独立人格甚少被认同，被看作家长附属物，灌输、打骂等不当的教育方法很多，但在千年的实践与沉淀下，众多教育家在尊重儿童身心发展规律的基础上，对家庭教育方法做了深层次探讨，显示出了高超的教育艺术。

（一）宽严相济的原则

宽与严是家庭教育中的一对矛盾体，这种宽严相济的家庭教育传统源于儒家思想，孔子曾提出"为人父，止于慈"的观点，《孝经》中也提出"严父莫大于配天"的理论。司马光在《居家杂仪》中规定的家教处罚措施就包括杖责、鞭笞、放出、驱逐等。但可贵的是，司马光并不主张一味严教，主张对受教育者先施以教育，达不到预期效果之后再进行处罚，以处罚来辅助教育，做到宽严相济[①]。颜之推明确提出对儿童进行教育时需要遵循严与慈相结合的原则，"慈而不训，失尊之义，训而不慈，害亲之理，慈训曲全，尊亲斯备"，因此只有严慈相济才能达到对子女良好的教育效果。王夫之就认为，教子要严，他认为"以善柔便佞教其子弟"，[②]但这种严格，并不是非打即骂，而是要重视孩子的过错，使之认真反省。严要有余地，要有"礼"，用爱、德行来规范自己的教子行为。清代石成金则说过："严之一字，不是只在朝打暮骂。"这项教育原则反对父母溺爱子女，认为"无教而有爱"对子女的成长是百害而无益的，其不仅深刻影响着当今家庭教育，在学校教育中也成为教师教育学生的重要准则之一。

---

① 徐少锦、陈延斌.中国家训史[M].北京：人民出版社，2011：420.
② 夏剑钦.王夫之研究文集[M].石家庄：河北教育出版社，1995.

（二）循序渐进的原则

循序渐进的原则是指在家庭教育中根据子女的发展规律和不同发展时期的特点开展教育,我国在很早就已经发现儿童在不同时期的发展特点和规律,并根据这些特点进行因材施教。[①] 在西周时期,贵族阶层就根据儿童的年龄对子弟进行教育,《礼记·内则》对这一程序进行了详细介绍:"子能食食,教以右手。能言,男唯女俞","六年,教之以数与方名。七年男女不同席,不共食。八年初入门及即席饮食,必后长者,始教之让。九年教之数日。十年出就外傅,居宿于外,学书计"。在之后的不同时期中,一些教育家、思想家也在不同角度提出对儿童的教育要有层次性和阶段性。例如朱熹强调根据儿童年龄特点进行教育,小时教以洒扫,由于儿童小时候模仿能力强,好奇心重,要谨慎为儿童选择老师和朋友,再大一些,就要教儿童明辨是非,提倡根据儿童不同发展阶段,选择合适的教育内容与教育方式。汪辉祖则针对儿童不同的年龄特点,提出了不同的教育重点,早期要随事而教,导以善端,培养节俭之风,青少年时要重视知识与技能的学习,成年阶段就要学习立身处世。

（三）以身作则的原则

家庭成员在长期的生活与相处过程中,家长的言行举止和家庭环境的氛围都影响着对子女的教育。自古以来,家训、家规都强调环境塑造,父母要营造良好的家庭风气,进行榜样示范,为孩子良好、健康地成长打下基础。颜之推在对家庭教育的论述中所说"夫同言而信,信其所亲,同命而行,行其所服",意思是人们总是会相信和自己亲近的人,同样一个命令,人们也总是听从所敬佩的人。颜之推广泛使用了以身作则的教育方法,"人在年少,神情未定,所与款狎,熏渍陶染,言笑举动,无心于学,潜移默化,自然似之。"[②]在家庭

① 尚新丽,李强.我国古代的家庭教育思想[J].洛阳工学院学报(社会科学版),2001(3):26—27.
② 颜之推.颜氏家训[Z].王利器整理.上海:上海古籍出版社,1980.

中,家长无意识的活动影响着子女的行为,为此家长十分重视自身的行为举止,例如,曹操对后代严格教育,同时也以身作则,严于律己,要求后代节俭的同时自己也不用过多繁复的装饰品,被子经常拆洗缝补;汉代杨震提出以清白遗子孙,后世出了不少清白传家的世家,晋人吴隐之官居高位,却家中清俭,连冬天都少被子,[①]他的后代深受影响,清廉家风延续多代。可以看出,以身作则是我国古代家庭教育的基本原则,父母通过以身作则为子女树立良好的榜样,也为子女形成良好的行为习惯提供基础。

(四)重视早期教育的原则

重视早期教育是我国传统家庭教育的重要原则,历朝历代的家庭教育都非常重视对儿童及早施教。早在西周时期就已经出现了胎教的理念,周文王的母亲在怀孕期间注意对胎儿进行"胎教"。春秋时期孔子也提出"少成若天性,习惯成自然"的精辟见解。《三字经·训古》中提及早教说到:孕妇"目不视恶色,耳不听淫语,不出乱言,不食邪味,尝行忠孝友爱慈良之事,往往生子聪明,才智贤德过人"。[②] 后来颜之推在《颜氏家训》中提出:"古者,圣王有胎教之法,怀子三月,出居别宫,目不斜视,耳不妄听,音声滋味,以礼节之。"我国古代胎教理论后来与医学结合起来,形成了较为完备的胎教理论。我国古代家庭教育中注重早期教育优良传统还体现在家训、家规、家书上。如《颜氏家训》中,颜之推结合自己成长历程,告诫子孙:"人生小幼,精神专利,长成以后,思虑散逸,固须早教,勿失机也。"颜之推认为早期教育对儿童的发展最佳,原因在于儿童在年幼时期思想还未成熟,其可塑性很大,以及儿童期思想比较纯净,不容易受到外界的干扰,因此能够专心学习。我国传统家庭教育中的早期教育思想产生了深远影响,后世在对子女进行教育时大多遵循此原则。

---

① 房玄龄.晋书·吴隐之传[M].北京:中华书局,1982.
② 曹清,张慧.中国古代家庭教育简述[J].考试周刊,2009(46).

（五）重视因材施教的原则

因材施教是指由于人的资质秉性不尽相同,兴趣爱好和个人能力也相差甚远,因此教育者要针对教育对象的不同特点和实际情况进行教育和教学,具体到家庭教育而言,就要根据家庭成员的不同特点、个性等有针对性地施教,我国古代家庭教育中对这一原则十分重视。在宋代家庭教育中,袁采提出"性不可以强合"的思想,认为父子兄弟个性各不相同,不可强求,应该求同存异,因材施教,提出"为父兄者,通情于子弟,而不责子弟之同于己;为子弟者仰承于父兄,而不望父兄惟己之听,则处事之际必相和谐,无乖争之患"。[①] 明代许相卿在其所著《徐云村赆谋》中说道:"生子质敏才俊,可忧可喜,便思预加检防。痛抑文艺辨给,只令学礼读书,陶习谦晦慎厚性情,禁绝浮夸傲诞者游处。"

第三节　我国当代家庭教育的
发展与变迁(1949 年至今)

我国家庭教育自古以来,直至近代,甚至新中国成立前,基础上呈现的是传统家庭教育的特征,即便鸦片战争后西方家庭教育思想传入中国,传统家庭教育的理念和实践仍然占据着主导地位。随着新中国成立、改革开放政策的实施和市场经济体制的逐步确立,我国社会结构、体制和价值体系都处于转变过程中,家庭的内外部环境发生了巨大变化,引起了当代家庭教育更深层次的转型和发展,家庭教育研究越来越受到重视,家庭教育政策也逐渐发展和完备。

---

① 佘双好.我国古代家庭教育优良传统和方法探析:从家训看我国古代家庭教育传统和方法[J].武汉大学学报(社会科学版),2001(1):116—122.

一、家庭教育研究日益多样化

新中国成立以来，我国学界一直缺乏对家庭教育的系统深入研究，新中国成立前三十年，由于种种原因，家庭教育研究基本处于空白状态，家庭教育的理论与实践更多的是我国古代的家庭教育经验和方法的延续，家庭教育发展并没有发生根本性的转变。改革开放后，随着党和国家对家庭教育工作的重视和家庭教育学科的逐渐确立，我国家庭教育研究也日益深化，取得了一系列成果，在指导家庭教育实践和丰富家庭教育理论上发挥了重要作用。20世纪80年代我国多数省、市、区县陆续建立了地方性家庭教育研究会，1989年北京师范大学赵忠心教授出版了专著《家庭教育》，这是新中国成立以来第一本跨越经验层面系统论述家庭教育的著作，弥补了研究的空缺，同年我国建立了依托全国妇联的中华全国家庭教育学会（后改名为"中国家庭教育学会"），在全国范围内开展家庭教育理论研究、调查家庭教育状况以及开展家庭教育指导等。2002年，中国教育学会家庭教育专业委员会成立，与此同时，家庭教育研究也持续推进，每年都会有大量的研究论文、研究报告和专著出版。诸多学者从教育学、心理学、经济学、社会学等学科视野进行探讨和研究，研究内容包含家庭教育的基础研究（包括家庭教育的性质与功能、亲子关系、家长教育观念、家庭教育投入、家庭教育研究方法），家庭教育的应用研究（包括家庭教育内容、家庭教育方法、家长素质、家庭教育环境等），家庭教育的专题研究（包括单亲家庭子女教育、独生子女教育、家庭教育误区、留守儿童教育、外来务工子女家庭教育等）。[1] 研究方法也逐渐多样化，从理论探讨、经验总结走向实证调查、行动研究、个案研究、群体研究等多元化取向。在研究视野上，中日、中美、中俄等国际比较逐渐兴起。

---

[1] 骆风.20世纪90年代以来我国家庭教育研究进展述评[J].教育理论与实践,2005(9)：51—55.

二、家庭教育法制化进程加快

新中国成立,国内政治环境发生变化,为我国传统家庭教育发生根本性变革奠定了基础,1950年3月我国颁布了第一部社会主义婚姻法《中华人民共和国婚姻法》,其中明确指出父母对于子女的抚养教育义务,标志着我国的婚姻家庭进入新的历史时期。1954年通过的《中华人民共和国宪法》提出,"中华人民共和国妇女在政治的、经济的、文化的、社会的和家庭的生活各方面享有同男子平等的权利。婚姻、家庭、母亲和儿童受国家的保护",这为中国家庭教育的发展奠定了法律基础。1963年,经过修订,以中共中央名义颁布了《全日制小学暂行工作条例(草案)》和《全日制中学暂行工作条例(草案)》,继续要求中小学开展家长工作、推进家校合作。总体来看,这一时期,我国家庭教育仅在相关的政策中提及,还未将其作为一项独立的工作予以重视和开展。

随着改革开放和社会主义现代化建设的步伐加快,家庭教育的发展越来越受到重视,家庭教育政策的法制化进程也逐渐加快。1991年全国人大常委会颁布了《中华人民共和国未成年人保护法》,其中明确规定了家长教育未成年人的权利和义务;1992年,我国首部儿童发展行动计划《九十年代中国儿童发展规划纲要》颁布,提出将通过多种形式提升家长教育能力,开展全国性家庭教育宣传、咨询与服务工作,这是国务院以行政法规形式首次颁布的家庭教育政策,标志着政府开始主导家庭教育指导工作;之后1993年的《中国教育改革和发展纲要》和1995年的《中国妇女发展纲要(1995—2000年)》又分别对家长在家庭中应担负的责任进行了说明。1996年全国妇联、国家教委印发我国家庭教育的第一个五年计划《全国家庭教育工作"九五"计划》,提出引导家长树立正确的教子观念,掌握科学的教育方法,使家庭、学校、社会协调配合。此后随着2002年《全国家庭教育工作"十五"计划》、2007年《全国家庭教育工作"十一五"规划》、2012 年《关于指导推进家庭教育的五年规划（2011—2015 年）》、2016 年《关于指导推进家庭教育的五年规划（2016—2020 年）》等一系列规划和大纲的相继出台，为我国家庭教育事业的发展提供了更加科学全面的政策指导，[①]推进了我国家庭教育事业法制化、专业化、网络化、社会化建设。

进入 21 世纪，除了每五年的家庭教育工作规划，2010 年，全国妇联联合教育部、中央文明办等七部委首次联合发布的《全国家庭教育指导大纲》成为我国首份国家层面的科学、系统、全面的家庭教育指导性文件，该文件在家庭教育指导原则、指导内容、指导形式等方面都要求遵循家庭教育的特点和儿童身心发展规律，体现了党和国家对家庭教育事业发展的高度重视。2011 年，《关于进一步加强家长学校工作的指导意见》发布。党的十八大以来，习近平总书记曾多次就家庭教育做出重要指示，多次强调"家庭的前途命运同国家和民族的前途命运紧密相连"。教育部 2015 年专门印发了《关于加强家庭教育工作的指导意见》，文件充分阐释了家庭教育工作的重要意义，明确了家长在家庭教育中的主体责任，并提出加快形成家庭教育社会支持网络。为贯彻这一指导意见的实施，2016 年还确立了 10 个不同层级的全国家庭教育实验区，以为家庭教育工作积累实践经验。2019 年，全国妇联、教育部等九部门联合印发《全国家庭教育指导大纲（修订）》，新加入了家庭道德教育、多子女养育及互联网时代的家庭媒介教育等具有鲜明时代特征的家庭教育内容。《中共中央关于坚持和完善中国特色社会主义制度推进国家治理体系和治理能力现代化若干重大问题的决定》明确提出构建覆盖城乡的家庭教育指导服务体系。《中国教育现代化 2035》也强调，加强对家长的教育指导服务，构建学校和各级党政机关、社会团体、企事业单位及街道、社会、镇村、家庭协同育人格局，推进共同育人，进一步明确了家庭教育服务指导体系的育人

① 孙艺格，曲建武.我国家庭教育政策的演变、特征及展望[J].教育科学,2020,36(3)：91—96.

目标。

在国家相关政策的指引下,尽管我国还未出台专门的家庭教育法,但在地方层面已经开始了家庭教育立法的探索,自 2016 年以来我国已经有重庆市、贵州省、山西省、江西省、江苏省、浙江省等六个省市相继出台《家庭教育促进条例》,为我国家庭教育立法工作打下了坚实基础。2021 年,全国性家庭教育立法工作已经启动,家庭教育法已列入十三届全国人大常委会五年立法规划第三类项目,其草案已于 2021 年 1 月 20 日提请十三届人大常委会第二十五次会议审议,制定全国性家庭教育法提上了立法日程。全国人大常委会会议审议的家庭教育法草案明确未成年人的父母或者其他监护人是家庭教育的第一责任人,并规定了政府、村(居)民委员会、学校、其他有关社会公共机构等不同主体在促进家庭教育方面的责任和义务,[①]这意味着我国家庭教育正式纳入国家教育事业发展规划和法治化管理轨道(表 1-1)。

表 1-1 新中国成立以来家庭教育政策梳理

序号	时间	政策文件	发文机构
1	1950 年 3 月	《中华人民共和国婚姻法》	中央人民政府委员会
2	1963 年	《全日制小学暂行工作条例(草案)》	中共中央
3	1963 年	《全日制中学暂行工作条例(草案)》	中共中央
4	1981 年 5 月	《关于两个会议情况及 1981 年妇联工作要点的报告》(中发〔1981〕19 号)	中共中央转发
5	1982 年 12 月	《中华人民共和国宪法》(2018 年 3 月 11 日修正)	全国人民代表大会
6	1991 年 9 月	《中华人民共和国未成年人保护法》	全国人民代表大会
7	1992 年 2 月	《九十年代中国儿童发展规划纲要》	国务院
8	1996 年 9 月	《全国家庭教育工作"九五"计划》	全国妇联、国家教委

① 胡浩.我国拟立法规定必要时国家对家庭教育进行干预[EB/OL].[2021-04-01].http://www.npc.gov.cn/npc/jtjyfca003/202101/cd744b5358be4d019284b1e5be08a672.shtml.

续表

序号	时间	政策文件	发文机构
9	1997 年 3 月	《家长教育行为规范》（教基〔1997〕4 号）	国家教委、全国妇联
10	1998 年 3 月	《全国家长学校工作指导意见》（妇字〔1998〕9 号）	全国妇联、教育部
11	2001 年 5 月	《中国儿童发展纲要（2001—2010 年）》	国务院
12	2001 年 5 月	《中国妇女发展纲要（2001—2010 年）》	国务院
13	2001 年 9 月	《公民道德建设实施纲要》	中共中央
14	2002 年 5 月	《全国家庭教育工作"十五"计划》（妇字〔2002〕16 号）	全国妇联、教育部
15	2004 年 3 月	《关于进一步加强和改进未成年人思想道德建设的若干意见》（中发〔2004〕8 号）	中共中央、国务院
16	2007 年 5 月	《全国家庭教育工作"十一五"规划》	全国妇联等八部委
17	2010 年 2 月	《全国家庭教育指导大纲》	全国妇联、教育部、中央文明办联合教育部等六部委
18	2012 年 2 月	《关于建立中小学幼儿园家长委员会的指导意见》（教基一〔2012〕2 号）	教育部
19	2012 年 3 月	《关于指导推进家庭教育的五年规划（2011—2015 年）》	全国妇联、教育部、中央文明办等七部委
20	2014 年 12 月	《国务院办公厅关于印发国家贫困地区儿童发展规划（2014—2020 年）》（国办发〔2014〕67 号）	国务院办公厅
21	2015 年 10 月	《关于加强家庭教育工作的指导意见》（教基一〔2015〕10 号）	教育部
22	2016 年 2 月	《国务院关于加强农村留守儿童关爱保护工作的意见》（国发〔2016〕13 号）	国务院
23	2016 年 5 月	重庆市家庭教育促进条例	重庆市人大常委会
24	2017 年 9 月	《关于深化教育体制机制改革的意见》	中共中央办公厅、国务院办公厅
25	2017 年 9 月	《贵州省未成年人家庭教育促进条例》	贵州省人大常委会
26	2018 年 9 月	《山西省家庭教育促进条例》	山西省人大常务委会

续表

序号	时间	政策文件	发文机构
27	2018 年 9 月	《江西省家庭教育促进条例》	江西省人大常委会
28	2019 年 5 月	《全国家庭教育指导大纲(修订)》	全国妇联、教育部等九部门
29	2019 年 2 月	《中国教育现代化 2035》	中共中央、国务院
30	2019 年 3 月	江苏省家庭教育促进条例	江苏省人大常委会
31	2019 年 9 月	浙江省家庭教育促进条例	浙江省人大常委会
32	2019 年 11 月	《中共中央关于坚持和完善中国特色社会主义制度推进国家治理体系和治理能力现代化若干重大问题的决定》	中共第十九届中央委员会第四次会议
33	2021 年 1 月	《中华人民共和国家庭教育法(草案)》	全国人大提议

《中国教育现代化 2035》将家庭教育全面纳入国家教育整体现代化体系之中,力求实现学校教育与社会教育、家庭教育密切配合、良性互动。但是随着社会的变迁以及教育理念的变革,新时代家庭教育的性质、功能以及特征与方式等都产生了重大的变化,家庭教育逐渐从私人性走向公共性,家庭教育的功能也逐渐复杂化和综合化;家庭教育不仅仅是长辈向晚辈的单向教育活动,随着教育理念的发展,家庭教育逐渐表现为晚辈与晚辈之间、晚辈对长辈之间以及长辈与长辈之间多向的教育活动;家庭教育也不仅限于幼儿时期,而是贯穿人一生的教育活动。总之,我国家庭教育正在从传统家庭教育向现代家庭教育转变,随着社会环境的变化,家庭教育的地位、责任和功能也在不断地拓宽和延展,在培育个体人格和服务社会发展上发挥更大的作用。

第二章
国外家庭教育发展历程

"大教育"的理念下,家庭教育的发展与其所在的大社会环境息息相关,家庭教育是社会整体的一部分。本章以恩格斯"劳动创造人"为理论依据,苏联学者的教育"劳动起源说"为前提,分别从国外奴隶制社会、封建社会、近现代社会三个阶段大致勾画出国外家庭教育的产生、发展和演变的基本轮廓。

第一节　国外奴隶制社会的家庭教育

公元前3000年克里特文明的建立,标志着西方进入奴隶制社会。直到公元476年,西罗马帝国的灭亡标志着西方奴隶制社会的结束。

一、古希腊家庭教育

古希腊是西方文明的摇篮,在公元前3000年的晚期,克里特岛上出现了复杂的社会,也叫米诺斯社会,这是古希腊社会发展的雏形。海上贸易急剧繁荣推动了古希腊社会的早期发展,巴尔干地区和希腊半岛的居民与在地中海地区来往和贸易使得不同社会组织的居民不断融合,也让克里特岛成为地中海商业的最重要中心,后来逐步发展到希腊人建立城邦、吞并克里特岛,再到殖民地扩张。

随着古希腊城邦制度的建立,原始氏族制度在古希腊时期瓦解,古希腊工商业的快速发展使得社会阶级快速分化,再加上铁器的使用越来越普及,在这样的背景下,原来的氏族贵族所积累的土地和财富越来越多,而普通的氏族成员则流亡破产越来越严重,甚至沦为小农或者奴隶。奴隶是古希腊最主要的生产力,奴隶主要来源于战争的俘虏、因偿还不起债务的希腊人以及黑市的奴隶市场。教育的发展与社会的建立、发展息息相关,古希腊社会、文化发展的同时,古希腊人也逐步形成了较为丰富的教育理论。在古希腊众多城邦中,最具有典型性的两个城邦是雅典和斯巴达,它们之间相互对立的宪政制度充分体现了古希腊社会制度的多样性。

(一) 培养身心和谐发展的游戏化家庭教育——雅典

雅典位于阿提卡半岛,领土面积在整个希腊都排在前列。公元前 8 世纪,雅典从原始社会过渡到奴隶制社会。雅典具有优良的港湾和丰富的矿产资源,从公元前 7 世纪开始,工商业、手工业、农业都得到了迅速发展,尤其是旧社会氏族贵族占有了大量土地、人口等资源,加速了社会阶层的分化,加大了贫富差距,激化了氏族贵族与工商奴隶主之间的矛盾。但这些矛盾在雅典贵族梭伦和克里斯提尼的改革下逐渐消除,雅典的民主政治发展到了高潮。在政治民主化的背景下,雅典的自然科学和社会科学都得到了有力的发展,并形成了自己的一套体系。雅典教育不仅重视体育训练、军事训练,也重视道德教育、智育和美育,是最早形成德、智、体、美和谐发展的教育体系。

雅典和希腊其他大部分城邦一样推行"父权制"。孩子在出生以后,其是否被抚养长大决定于父亲,[①]女孩或者身体状况欠佳的儿童经常被遗弃。由

---

① 滕大春.外国教育通史(第 1 卷)[M].济南:山东教育出版社,2005:152.

于妇女的地位低,也导致了雅典的家庭教育对于男孩和女孩有本质上的区别。雅典的家庭教育主要内容是德育和体育,以游戏化教学为主要方式。雅典要求 7 岁以前的孩子在家中接受父母的家庭教育,主要的教育内容包括唱歌、讲故事、讲神话、掷骰子、玩球等儿童游戏和礼貌行为。雅典家庭会为儿童提供一些游戏场所,让儿童能够有组织地进行游戏,以期能够将孩子培养成为领袖的人才,或者是培养成可以辅助领袖的人才。雅典的儿童玩具很多,有泥制动物模型、铁环、玩具车等等。数学家契塔(Archytas)发明了拨浪鼓,这被亚里士多德认为"是一种适合幼儿心理的玩具"[①]。亚里士多德非常重视孩子的道德教育,他提出,父母不能给 5 岁以前的孩子施加任何的学习任务和强制劳动,建议父母通过游戏或者其他娱乐的方式来为儿童安排一些教育活动,以达到教育目的。

雅典的女孩不能和男孩一样在 7 岁以后进入学校教育,女孩的教育大部分都是来自母亲。母亲除了教女孩生活起居、饮食等方面的养成习惯,还要教女孩纺织、缝纫、刺绣等方面的技能。虽然家务劳动一般都是奴隶做,但是作为未来的女主人,必须了解所有的家务,并能指挥和监督奴隶。[②]

(二)培养武士的"大家庭"教育——斯巴达

荷马时代(前 1100—前 800 年)之初,南侵的多利亚人把伯罗奔尼撒半岛作为他们的根据地,经过了很长的一段时间,多利亚人镇压了当地的希洛人,并将希洛人奴役成为奴隶,终于在公元前 9 世纪左右建立了国家。沦为奴隶的希洛人数量大大多于斯巴达公民,最大达到了 10∶1 的比例,因此,斯巴达的国家制度必须以镇压希洛人为首要,这也导致增加了许多的内耗。斯巴达的制度规定公民不允许私有金银,也不允许转让自己的土地,所有的货币也都用铁制成。斯巴达公民注重身份平等,不穿戴珠宝和华丽的服饰,成年的

---

① 张法琨.古希腊教育论著选[M].北京：人民教育出版社,1994：302.
② 宋春月.奴隶在雅典教育中的作用[D].东北师范大学,2013：25.

斯巴达公民甚至经常不穿外衣,不纵容自己耽于奢侈享受或者积累大量的私有财产。正式由于这些原因,英语中的"Spartan"成为"简洁、节约和克己"等生活方式的代名词。①

为了能够巩固斯巴达公民在希洛人前的军事权威和统治地位,斯巴达推崇锻炼体格强壮的武士教育,不仅仅是男孩要接受这样的教育,斯巴达的女孩同样要进行训练。这是斯巴达与古希腊其他城邦的"父权制社会"的一个很大的差异,在斯巴达女性也可以参加体育比赛,独自在城中活动,甚至可以拿起武器来保护城邦。而且,由于斯巴达的男子经常外出远征,所以女性在家中的地位受到尊重,是一家之长。斯巴达公民的孩子一出生,孩子的父母就要带着孩子到宗族长老前检查身体,以确保孩子拥有健康的体魄,否则将被遗弃。为了让孩子生长得更健康、强壮,父母从不用襁褓来束缚新生儿。男孩从 7 岁开始就要到军营中生活,同年龄段的分成一个小队,不仅受一名 20 岁左右的青年教官管理,还需要随时接受社会上任何一个斯巴达公民的教育,甚至"鞭打"。教育这些进入军营的儿童,是每一位斯巴达公民的责任。女孩子则不需要去专门的军营中生活,但是斯巴达制度为每个女孩子也制定了严格的军事体育训练,这不仅是出于稳固统治阶级的需要,更重要的原因是斯巴达公民认为只有健康的体魄才能够生出健康的儿子,从源头上提高婴幼儿的出生质量。

二、古罗马家庭教育

古罗马的家庭教育在古罗马整个"大教育"体系中有着举足轻重的地位,特别是在其前两个历史时期:王政时代(公元前 8—前 6 世纪)和共和时期(公元前 6—前 1 世纪)。这期间,罗马人的教育大部分都是来自家庭教育。从共和后期到帝国时期(公元前 1—公元 5 世纪末),受希腊教育文化的影响,

---

① ［美］杰里·本特利,［美］赫伯特·齐格勒,［美］希瑟·斯特利兹.简明新全球史［M］.魏凤莲,译.北京:北京大学出版社,2018:172.

才建立起了许多学校。

（一）罗马共和时期的家庭教育

古罗马和古希腊一样，是"父权制"社会。父亲在家庭中有着至高无上的权利，有权利对子女进行惩处甚至是杀死。从原始公社的习俗、管理、传统形成了这样一种教育方式，即教育子女是父母的责任，不需要任何行政管理。[①] 罗马儿童7岁以前，无论男孩还是女孩都交给母亲抚养。但是到了7岁以后，男孩子主要由父亲进行教育，女孩子则在母亲的照看下受到教育。[②] 在古罗马的初期，奴隶制发展阶段还处于低级阶段，罗马人主要从事的生产劳动是农业耕作，男性还要参战。7岁以后的男孩跟着父亲学习耕作技术，学习如何丈量土地、谷物产量计算等知识技能。罗马对公民的军事训练具有一定的强制性，公民的军事知识也是来自父亲，父亲会教儿子学习掷标枪、骑马、摔跤、游泳等技能。在闲暇时候，父亲会带着儿子参加家族的各类大小活动，聆听长辈的演讲，祖先们的英勇事迹是儿童们的学习资料。罗马人希望通过这些活动让孩子养成勇敢、强健、忠诚等美德，这是罗马公民应尽的义务。在文化知识的教育上，父母或是有文化的仆人（主要是希腊的奴隶）利用史诗、寓言、民谣等对儿童进行初步的读、写教育和训练，以便培养儿童基本的读写能力。[③] 此外，罗马在公元前451年公布"十二铜表法"以后，罗马的公民被要求必须守法，罗马的儿童们被要求必须背诵其中的法律条文，以培养他们的记忆力和语言表达能力。男孩到了16岁以后正式成为罗马的公民，开始服兵役，部分贵族家庭会把16岁左右的青年人交托给朋友或显贵公民，使他们继续接受教育，学习政治、法律知识与军事技能。[④]

---

① [美]佛罗斯特.西方教育的历史和哲学基础[M].吴元训，译.北京：华夏出版社，1987：96.
② 周采.外国教育史[M].上海：华东师范大学出版社，2008：69.
③ 胡黎霞.务实·理性·创新：古代罗马教育的发展历程及其特色研究[D].东北师范大学，2008.
④ 朱家存，徐瑞.外国教育史[M].济南：山东人民出版社，2008：35.

只有在罗马的上层社会中,女孩才有机会像男孩一样受教育,培养读、写能力,学习相关文化知识。而在一般的罗马公民家庭中,母亲主要是教授女儿一些将来作为主妇所需要具备的知识和技能,以便使她们在未来成为品行端正、勤劳善良、相夫教子、善理家事的妻子和母亲。

(二)罗马帝国时期的家庭教育

罗马共和国后期,随着罗马一步步向外扩张,版图不断扩大并成为一个横跨东西方的大帝国。在扩大的过程中,罗马军队每到一个新地方,就将罗马的文化、生活方式、管理制度带过来。随着战乱的平息,在罗马帝国建立的前200年是罗马帝国的"黄金时代",也是"和平时代"。罗马统治阶级意识到教育的重要性,他们投入更多的资源去建立更多专门的学校,因此大部分儿童7岁以后的受教育方式从家庭教育转变成学校教育。也从此时开始,一些罗马家庭的教育内容开始转向宗教教育。

公元1世纪中叶,基督教的产生是罗马帝国发生的一件对西方文化教育具有深远影响的事件。早期的基督教传播并不容易,无论是文法学校还是修辞学校都渗透着对异教思想和异教神的崇拜。基督教徒家长是孩子们接受基督教教义的唯一来源,基督教徒家长带孩子去做礼拜、参加宗教活动,将一些带有宗教寓意的物品摆放在家中、装扮房间,希望通过这些方式能够让孩子更深刻领会基督教教义,信奉上帝。基督教徒在教堂庄严宣誓忠于基督教教义之后,通过给孩子以教育,让孩子的道德观念和智力水平能够达到教会的要求,最终孩子也成为基督教信徒。

第二节　国外封建社会的家庭教育

从476年西罗马帝国灭亡到1500年左右的欧洲历史,被西方史学家称为"中世纪"，封建制度的形成、发展到解体是这一时期的主线，其中从 10 世纪开始到 14 世纪为止约 400 年被看作是严格意义上的封建社会。

一、欧洲中世纪骑士家庭教育

中世纪的教派、种族、国家之间的各种纷争使得欧洲这一时期一直处于弥漫的战火之中，拥有一支强大的军队是各个国家、组织的迫切需要，骑士就是在这种环境下产生的。法兰克王国在 9 世纪后期将骑士确定为封建主级别，因此骑士不仅是武士身份，更是封建贵族。中世纪期间基督教的空前发展，使得基督教对各个封建势力的政治、文化、教育、经济等影响都极为深远，其中就包括欧洲中世纪的骑士教育。在基督教会理论家的眼里，优秀骑士思想上是以基督教思想武装起来的，行为上是以基督教观念为准则的。[①] 在这些背景下，骑士教育是一种融宗教精神和尚武精神于一体的教育骑士，目的是把封建主子弟培养成身体强健、行动敏捷、精通武艺、效忠封建制度的武士。[②] 从广泛意义上说，骑士在其被授予"骑士"称号前所接受的教育都是家庭教育，分为出生幼童阶段、侍童阶段和扈从阶段。

（一）幼童阶段

这一阶段是指骑士 7 岁以前的家庭教育。在重男轻女观念的深刻影响下，中世纪的欧洲封建贵族，尤其是有骑士身份的家族都希望自己的儿子能够延续自己的事业，继承自己的财产，成为一位身份尊贵、受人爱戴的骑士。儿子在出生以后，会被送到教堂接受洗礼，并寻求教会中威望较高且信仰虔诚的贵族来担任他的教父教母，以确保孩子能够受到很好的教会思想。封建大贵族家还会为孩子聘请精挑细选的保姆和奶妈对其进行照料，以确保孩子

---

① 倪世光.中世纪骑士制度探究[M].保定：河北大学出版社，2004：182.
② 冯增俊.当代西方学校道德教育[M].广州：广东教育出版社，1993：322.

能够强壮地长大,为以后成为骑士做准备。这期间,父母、保姆会给孩子安排一些体育游戏活动,如踢皮球、毽球、奔跑、翻跟斗,甚至让他们尝试简单的马术,培养他们的适应能力,为日后艰苦的身体训练做准备。

(二) 侍童阶段

7—15 岁期间属于侍童阶段。封建贵族会将自己的孩子送到比自己更高一级的贵族家庭中接受教育,主要从事服侍男女主人的工作。在新的家庭环境中,侍童们会学习一些上流社会的礼仪,养成对宗教的虔诚。为了训练侍童们的体能,主人会委派他人对他们进行击剑、骑马、狩猎、赛跑、游泳等方面的体育训练。对于一名骑士来说,击剑是最基本且实用的技能。主人身边如果没有剑术高明的骑士,会把孩子送到其他技艺高超的骑士身边学习。由于当时侍童们在练习击剑都是使用真的剑,防护措施也不到位,因此意外时有发生。骑士另一项必备学习技能是狩猎。通过狩猎,可以锻炼青少年骑士们的智谋、胆略以及合作能力。除此之外,一些条件更为优渥的贵族家庭,还会让青少年学习琴棋、书法、识字、音乐等内容。

(三) 扈从阶段

从 14 岁开始,贵族少年们将接受一系列的军事训练,这是少年们成为真正骑士之前的最后一个家庭教育阶段。这个阶段的主要任务是保护主人的安全,是他们的贴身护卫,因此扈从们需要进行骑术、游泳、狩猎等体能训练。同时,他们还需要接受严格的礼仪训练,表现得温文尔雅、礼节周全并殷勤地侍奉那些贵妇女主人们,[①]此外,他们还要学习吟诗,目的在于通过许多骑士文学中对骑士英雄典范的描写故事,树立榜样,引导他们向骑士英雄学习,以骑士英雄的事迹和精神来激励自己。[②]

---

① 王贺兰.当代中国青少年礼仪教育的反思与建构[D].河北师范大学,2010:58.
② 罗善瑜.人的发展:西方体育教育的历史逻辑[D].山西师范大学,2017:45.

骑士教育深受宗教思想和军事环境的影响，摒弃自然科学、哲学、文学等内容的学习，使得中世纪的欧洲出现了许多崇尚武力、彪悍勇猛、信仰虔诚而缺少知识学习，甚至目不识丁的武夫。但由于骑士教育中注重礼仪和行为举止的教育，使得欧洲人乐观的现实主义人生观和爱情观发挥了积极作用，为近代欧洲绅士教育起到了积极作用。①

二、日本"国风文化"家庭教育

平安时代（794—1172 年）是日本本土文化形成、发展的重要阶段。在日本奈良时代（710—794 年）和平安时代的前期，大唐文化对整个日本的政治、经济、教育等产生了广泛影响。但是唐朝安史之乱以后，中日之间的联系被切断。至此，日本开始在中国文化的基础上，加入日本本土特征，发展自己的"国风文化"。

平安时代中期开始，从中国摄入的儒学教育渐弱，国风教育渐盛。贵族阶层中浓厚的国风文化使得宫廷、贵族家庭非常重视孩子的教育，贵族子女的教育一般都采用家庭教育。男孩到 6 岁左右，宫廷、贵族家庭会给孩子举行一个盛大的仪式叫"始读"，相当于孩子的入学仪式。仪式之后，家长会聘请专门的教师到家中对孩子进行教育。② 学习内容上由平安时代前期的"汉学独尊"向此时"和汉兼学"转变。③ 主要涉及知识学习、道德教育、体育和艺术教育。知识上是汉学和本土知识相结合的学习内容，道德教育的目的是让孩子的行为举止得体，体育一般是通过玩各种游戏和踢球来进行身体上的锻炼，保证孩子能够健康成长，继承家庭的荣耀。在艺术教育上，日本贵族家庭尤为重视，他们不仅要学习音乐、诗歌、书法，女孩还要学习

① 王贺兰.当代中国青少年礼仪教育的反思与建构[D].河北师范大学,2010：59.
② 王树仪.国风文化对日本平安时代教育的影响[D].河北大学,2017：97.
③ 王树仪.国风文化对日本平安时代教育的影响[D].河北大学,2017：98.

弹琴。

　　日本平安时代家庭教育最鲜明的特点是贵族女子教育。在奈良、平安时代前期，学校教育普及的时候，日本女孩没有任何受教育权。到了平安时代中期，在摄关政治体制影响下，女子作为家族获得外戚政权的唯一力量，受到了贵族家庭的重视。高层贵族经常动用巨大的精力、财力和物力来教育家族女孩，力求把她们培养成贤良淑德、端庄优雅、多才多艺的女子，以博得天皇的恩宠。而一些中下层贵族家庭也会努力培养女儿，力求将女儿送到皇宫做侍从或女官。这些贵族女子成为攀附权贵的工具，同时也推动了日本女子家庭教育的进步。从五六岁开始，贵族家庭女孩就开始在家中学写字，父母字写得好的则亲自教，否则就去买一些书法家的摹本来进行模仿学习。练习书法间隙，贵族女子还会学习"和歌"。"和歌"是宫廷里皇室贵族经常性的娱乐活动，他们用"和歌"来抒发个人情感，常用于恋人间表达相思之情。贵族家庭还会请一些在弹琴、舞蹈、绘画等方面有特长的教师到家中来教授，提升她们的艺术修养。为了锻炼贵族女子的贤惠能干，她们还会学习"女艺"，包括织布、染色、裁缝等内容。

第三节　国外近现代家庭教育

　　公元 1500 年是人类史的关键性年代。[①] 地理大发现使欧洲贸易从地中海走向全世界，文艺复兴、启蒙运动让西方教育走向世俗化，使中世纪教育走向近代教育。资产阶级革命加速了欧洲封建社会的瓦解，使资本主义社会得以快速形成和发展。商品经济的快速发展带来了世界各国各类学校的兴建，社会各阶层教育子女的重心逐渐从家庭教育转向学校教育。

---

① 吴于廑，齐世荣.世界史·近代史编（上卷）[M].北京：高等教育出版社，1992：1.

一、近代英国家庭教育

在意大利文艺复兴运动、法国启蒙运动以及资产阶级革命的影响下，中世纪的骑士阶层被瓦解，骑士教育不再受到欧洲贵族的重视。随着欧洲君主专制制度的产生和发展，宫廷贵族对于骑士精神赋予了更多更新的内涵，新的骑士精神被定义成"绅士"。在欧洲各个国家贵族的眼里，对绅士的理解大同小异，大体上是举止优雅、善于处事、具备优良美德、智慧和独立判断力的人。对于绅士教育，英国具有更加系统化的思想和实践，直至今日。

近代英国"绅士教育"的主要内容包括智育、体育和德育。^① 英国从 15 世纪开始，在王室贵族子女专门的家庭教育方式引领下，和一些"绅士"教育方式的著作如 16 世纪英国教育家埃利奥特的《统治者之书》和洛克《教育漫画》的相关理论推波助澜下，英国民间贵族、乡绅也开始聘请专门的家庭教师在家中对孩子进行绅士教育。不仅洛克，英国著名诗人弥尔顿、著名化学家约瑟夫·普利斯特利都曾经担任过家庭教育教师。到了 17 世纪末，英国底层的人们也非常重视绅士教育，坚信可以通过自己努力，成为一个受人尊重的绅士。这也让绅士教育不再是贵族阶级的特权。

精英教育传统下的英国家庭，尤其是贵族家庭认为家庭教育更有利于培养绅士，家庭是实施绅士教育的最佳场所。在教育方式上，贵族家庭会在孩子 7 岁左右就开始聘请专门的家庭教师。家庭教师必须具有良好的教养，通晓礼仪，随时保持适宜的举止与礼貌。^② 学生绅士风度的形成，正是家庭教师最大的工作。家庭教师循循善诱，通过引导、鼓励学生喜爱和模仿优良的行为，帮助他们培养心智、养成良好习惯、坚守德行原则。^③ 重视儿童个体成长

① 黄思记.君子教育与绅士教育的比较研究[D].河南大学，2015：118.
② [英]约翰·洛克.教育漫画[M].杨汉麟，译.北京：人民教育出版社，2012：80.
③ [英]约翰·洛克.教育漫画[M].杨汉麟，译.北京：人民教育出版社，2012：87.

环境的绅士教育,父母也会拒绝让孩子接触仆人或者去一些底层人民聚集的区域,以免被他们的生活习惯所影响。在教育内容上,首先是道德教育,家长们认为道德教育比知识的传授要重要得多,人的外在行为是由内在的道德品质所决定,具有良好的道德品质才能与其风度翩翩的外在相匹配,甚至能够弥补外在的不足。家长和家庭教师会以身作则,给孩子以道德上的榜样,通过一些团队游戏来培养合作精神和竞争精神,讲述古典文学作品中的人物形象来帮助儿童建立荣誉感和羞耻心。在知识性内容教授上,家庭教师会教授希腊语和拉丁语,为阅读古典作品早做准备;教授艺术课程,如舞蹈、音乐;教授自然科学,包括几何学、物理学;以及哲学和政治学。世俗化的教育内容体现了贵族阶级重视绅士实际能力的培养。在体育训练上,父母或家庭教师会带着儿童一起游泳、跑步,教授他们剑术、棍棒的使用,以及掷标枪、射箭等马术。英国儿童在学习过程中经常受到体罚,父母不仅自己会对儿童进行体罚,也会授权给家庭教师帮助给予适当的体罚,以期改变儿童的坏习惯。基督教的"原罪说"有一个说法:儿童是原罪之果,其罪行须从肉体上抽打出去。儿童不经过鞭打,不能与成人为伴。[①] 这为英国绅士教育的体罚提供了依据。

二、近现代苏联家庭教育

苏维埃政权从成立之日起就非常重视国民教育事业,并着手进行了一系列全面教育改革,包括实施免费的义务教育,组织统一的苏维埃学校,增加国民教育经费,广泛建立成人教育组织,等等。这些改革不仅体现了政府、社会对教育的需求,也体现了苏联家长对教育的期待。苏联家长不仅重视学校教育,而且对家庭教育也非常重视。就像苏联教育家苏霍姆林斯基所说的:"家庭教育是树木的根须,供养着学校教育这棵大树的树干和枝叶。家庭是滔滔

---

① 援引自黄思记.君子教育与绅士教育的比较研究[D].河南大学,2015:149.

大海上神奇的浪花,从这一朵朵浪花上能够飞溅出美好。如果家庭没有孕育人世间美好事物的神奇力量,学校能做的,就永远只能是再教育了。"他坚信:"学校教育的成果是建立在良好的家庭道德的基础上的,没有孤立的学校教育。"①也因此,他创办了家长学校,向家长传授心理学和教育学的基本知识,以期建立完备的"学校-家庭教育体系"。

（一）关注家长成长的家庭教育

苏联家庭教育思想最大的一个特点是对子女成长的期待转化为对父母家庭教育知识的成长,苏联政府和教育家都希望通过对家长家庭教育知识的成长来促进子女的家庭教育,只有家长获得进步才有可能营造一个健康和谐的家庭氛围,才能够让子女获得更多的进步,尤其是在情感态度价值观方面。

1. 家长的道德准备——责任感

苏联教育家苏霍姆林斯基认为,人之所以为人,是因为有责任感。很多初为人父母的家长在遇到经营家庭、教育孩子的时候就像是文盲遇到了哲学问题,尽管这些家长可能很多在数理化、语言等学科知识上有很高的造诣。在成为家长之前,他们接受的教育都是科学知识等内容,并没有接受如何教育孩子的课程,也没有接受如何应该对配偶负责、对子女负责以及对家庭负责。所以苏联政府和教育家们都希望通过诸如家长学校的方式来引导家长建立责任感,让家长营造一种人人承担责任的环境氛围,在这种氛围下教育子女成为一个有责任感的人。这是普通学校的学习无法获得的能力。

2. 锤炼家长的精神力量

教育孩子需要付出特殊的力量,这就是精神力量。② 这里指的是家长双方对彼此付出精神力量,以此来间接影响孩子。苏联教育家对精神力量的诠释就是爱,夫妻之间的爱。在苏联家庭中,丈夫要坚守尊重妻子、珍惜妻子、

---

① ［苏］苏霍姆林斯基.给父母的建议[M].罗亦超,译.武汉：长江文艺出版社,2017：9.
② ［苏］苏霍姆林斯基.给父母的建议[M].罗亦超,译.武汉：长江文艺出版社,2017：15.

宠爱妻子的信念，要用智慧和心相信妻子既是世界上最好的女人，也是孩子最好的母亲。妻子亦如此。夫妻之间的爱情、信任、忠诚和帮助不仅是父母智慧之树常青的营养源泉，也是家长家庭教育能力提升的前提。父母作为孩子的第一任教师，孩子会从父亲如何对待母亲，母亲如何对待父亲的过程中，逐渐认识人的世界，逐渐形成关于善恶的最初观念和概念。孩子在父母彼此真诚相爱中学会了热爱生活、尊重他人，也在此境遇中塑造了诚信有担当的高尚品德。

3. 给与子女明智的爱

和其他国家的父母一样，苏联家长在进行家庭教育时都面临着一个最基本的问题：在对儿童的教育中，怎样把严格要求和关怀、严厉和抚爱，服从和自由很好地结合起来。"给予子女明智的爱"是苏霍姆林斯基关于这个问题的回答。[①] 他认为，每一个家长都应该把培养孩子的智慧、情感、意志、性格、美德以及独特个性看作是自己最伟大的事业，而且应该为此感到无可比拟的幸福。明智的父母之爱在于要善于让自己孩子看到和感受到，他们幸福生活的真正源泉在哪里。畸形的父母之爱主要包括娇宠放纵的爱、独断专横的爱、赎买式的爱。娇宠放纵的爱是一种没有理智、出自本能的爱，如母亲和女邻居在院子聊天，一旁的孩子在妈妈的眼皮底下小便，母亲却宠爱地说："您瞧我这儿子，谁也不怕。"独断专横的爱则是父母愚昧无知、专横暴虐造成的，往往使儿童从小就失去人的善良本能，再也很难相信别人。赎买式的爱则体现在一些父母坚信，家长职责是满足自己孩子所有的物质需要。孩子吃得好、穿得好、身体健康、拥有全部的课本和学习机会，就是获得了最大的幸福。物质花费成为衡量父母对子女的爱的方式，也算是用金钱的付出来赎免对孩子的教育责任。[②]

---

① [苏]苏霍姆林斯基.给父母的建议[M].罗亦超，译.武汉：长江文艺出版社，2017：99.
② [苏]苏霍姆林斯基.给父母的建议[M].罗亦超，译.武汉：长江文艺出版社，2017：103.

（二）家庭劳动教育

儿童的劳动锻炼是苏联家庭教育最重要的组成部分。乌克兰民间有一条非常明智的训诫：从孩子学会用勺吃饭的那一天起，就应该教他劳动。劳动是建立家庭成员文明关系的基础。因为家庭中的劳动经常是为了家人的幸福和快乐而劳动的，就像一根红线贯穿在整个家庭生活之中。有的苏联家长在分享自己的育儿经验时说道："我们家有一个谁都不能破坏的规矩，就是从孩子学会了走路开始就必须学着干活儿，不光为自己干，还要为别人干，经常是和别人一起干。"[1]苏联父母认为，正是在教育子女劳动的过程中，让孩子学会了勤劳、尊重、合作和热爱生活，也因此促进了家庭成员之间细腻、和谐的人际关系，建立了父母与子女之间的信任，帮助子女在健康的家庭环境中成长。

（三）义务感教育

社会主义体制决定了苏联人在教育子女时应追求共产主义，忠诚于共产主义理想，个人意愿服从社会意愿，在为社会服务中获得个人生活的幸福。义务感教育是苏联共产主义教育的核心。他们认为只有具备高度的义务感，人才能够真正理解什么是幸福，只有忠实于伟大的立项，人才能变得高尚，人的精神世界才会丰富多彩。苏霍姆林斯基研究发现，培养子女的义务感就是要让孩子意识到能够为公众利益做些什么，这是一种责任感，决定着个人与集体、他人之间的关系。义务感是人的个性的核心，是公民自我牺牲精神和对人民、对理想赤胆忠心的核心。他鼓励家长在激励孩子们承担并且履行自己的崇高义务的同时，善于帮助孩子建立义务感与思想信仰、观点、立场的联系。义务感和劳动是相互促进的，人在劳动成果中看到的自身努力越是明

---

[1] ［苏］苏霍姆林斯基.给父母的建议［M］.罗亦超，译.武汉：长江文艺出版社，2017：30.

显，义务感就越能够深入到他的心灵和意识。人在用劳动创造物质财富和精神财富的同时也在创造自己。①

三、现代日本家庭教育

经历第二次世界大战失败后的日本，采取了经济兴邦的战略。为了发展战略，日本沿袭明治时期优先发展教育的传统，及时提出了一系列的教育改革措施，目的在于清除军国主义教育，为新日本的建设提供更可靠的人才。对于日本新国民的培养，日本人认为家庭教育和学校教育、社会教育并重，以期培养一个具有丰富的人性和健全的人格。1999年4月，日本文部省颁布的《家庭教育手册》受到许多东亚国家家庭的追捧。《家庭教育手册》从"家庭是什么""家教""同情心""个性与理想""游戏"五个板块的内容指导父母如何实施有效的家庭教育，守护儿童健康成长。日本家庭教育以德育、自强教育、环保教育为主，兼具智育、体育、美育和劳育。

在德育上，日本非常重视礼仪教育。鞠躬是日本非常普遍而且重要的礼仪，日本家长们会认真地指导孩子关于鞠躬的礼仪，包括何时鞠躬、如何鞠躬、给谁鞠躬甚至是鞠躬的程度。一般来说，父母在家里要求孩子要向父母长辈鞠躬、弟弟要向哥哥鞠躬，与朋友分别或者表达感谢、抱歉时都会深深鞠躬。日本礼仪教育还表现在问候上，父母会给子女在家里定很多的规矩，比如在日常问候上，一家人吃饭时，子女在父母开始吃之前是不允许先吃饭的，而且在开始吃饭前，一般会说"我开始吃饭啦"或者"我不客气啦"。当然，日本家长对餐桌礼仪有很高的要求，这一点与我国相似，餐桌礼仪会细化到如何拿碗、吃饭的坐姿以及筷子的用法，不允许浪费食物，等等。每次出门上学前，都会跟父母说一声"我走了"，以及在回来后，会说"我回来了"。在时间观

---

① ［苏］苏霍姆林斯基.给父母的建议［M］.罗亦超，译.武汉：长江文艺出版社，2017：154—158.

念的培养上，父母会给孩子规定家中关门的时间、关灯的时间以确保孩子有很强的时间观念。在素质教育上，教育子女不要给别人添麻烦、不撒谎等社会规范也是家庭教育的必备内容。在同情心教育上，父母会通过多种方式实施爱的教育，以培养子女的同情心。比如父母以身作则给孕妇、老年人、残疾人让座或提供帮助。与子女一同读书，用书中的人物故事帮助孩子树立正确的价值观。此外，日本父母非常重视儿童的挫折教育。孩子走路摔跤时，父母会鼓励孩子自己站起来，而不是去扶他起来。父母会从小为孩子树立正确的理想观，通过倾听孩子述说自己的想法、想要达到的目标，抓住机会给孩子讲述自己、他人是如何通过长期艰苦奋斗、不断尝试失败才能达到自己的理想，让孩子对自己未来的规划有一个充分的思想准备。

自立、自强被日本人广泛认为是日本最好的品德之一。许多日本人的口头禅"不好意思，给您添麻烦了"就是最好的证明。一般情况下，日本人不愿意向别人寻求帮助，自己能克服困难完成的事情都尽力自己去做。日本家长从小就对孩子进行自立教育。在日本公园经常能看到这样的情境，日本妈妈们把孩子们放在沙地上，孩子们自己就把袜子脱了下来，放到沙坑一旁，妈妈们则自然而然地坐到长椅上聊天，过程中几乎不管孩子，包括孩子玩累了、热了想要脱衣服，只有在看到孩子实在脱不下来，才会去帮他脱。孩子在玩的时候获得自由的同时，也学会了自立。当孩子到了3岁左右，父母就会要求孩子尽量生活自理，玩具、餐具衣服等物品使用完之后，必须自己着手去收拾、管理。要求孩子学会自己穿衣服、换衣服，只有在发现孩子有很大困难的时候，才会伸手。孩子到了青年时期，日本家长会让孩子积极参加学校组织的各种社会实践活动课程，有时候是让孩子到很偏远的农村、渔村参加2周的生产劳动，一方面是想锻炼孩子生活自理、自立能力，同时也是培养孩子的吃苦耐劳精神，磨炼他们的意志，感受生活的不易和人生的艰辛。自理自立的习惯从孩童就开始养成，直到老年。这也是为什么很多年过古稀、步履蹒跚的日本老人出行时一般都不愿意接受别人的帮助，更愿意自己去完成。

日本环保教育主要体现在其非常严格的垃圾分类制度上。现代日本父母会对孩子进行非常严格的垃圾分类教育,通过教育孩子如何进行垃圾分类,配合学校一起去参观垃圾处理厂的运作,以指导孩子从小养成垃圾分类的习惯。日本人出门带一个垃圾袋是常态,以便及时收集自己产生的各种垃圾。除此之外,许多日本家长从孩子幼儿时期开始就会带着孩子经常出门,去接触自然,形成对自然的感知。通过与孩子一起种植植物,观察植物的成长,让孩子懂得生命的多彩多姿,也形成对社会环境的保护意识。

四、现代韩国家庭教育

20世纪60年代以来,韩国政府实行"出口主导型"开发经济战略,使其在短短20多年的时间里从世界上最贫穷落后的国家之一,一跃成为发达国家,创造了"汉江奇迹"。经济发展使社会竞争更加激烈,社会对人才的需求也越来越高,韩国父母认为家庭是孩子受影响最深、最直接的场所,家庭教育是帮助孩子应对社会竞争的重要方式,良好的家庭教育必须是有先进的家教理念和科学的方法作支撑。也因此在韩国现代教育体系中,很多大学都设有家庭教育专科,专门研究和发展家庭教育。韩国父母非常注重从小对孩子的伦理、道德、利益教育,以家庭礼仪为中心,孝道、和谐,为他人着想是韩国家庭教育的重点。①

(一) 文明礼仪教育

韩国的礼仪文化可以追溯到公元前1122年。中国古代商朝末期有一个贵族叫箕子,名须臾,曾官居太师,因其封国在箕地,故称为箕子。他后来因不满纣王治国无道,多次上谏最后被投入狱。商朝灭亡后,箕子被释放,他率

---

① 陈道华.韩国家庭教育[M].北京:农村读物出版社,2006:1.

领五千商朝移民东迁至朝鲜半岛北部。箕子给朝鲜半岛带去了商朝的礼仪和制度，且受到了当地人民的认可，因此被推举为国君，也因此建立了"箕子朝鲜"。[①] 韩国礼仪教育经历了几千年的演进后，在现代的韩国家庭教育中占据了核心地位。

韩国家庭礼仪教育发生在各种场合，包括餐桌上、公共场所、待人接客、网络上等等。如在餐桌礼仪教育上，一般来说在用餐时长幼有序围坐在一起，开饭前家长会教育年幼的子女挑一份桌上最好的菜送至长者面前或者用筷子夹一些在长者的碗里，以表示对长者或老人的尊敬。在外用餐时，会教育孩子让长辈先点菜，然后再自己点。当服务员给自己提供服务时，应及时表达感谢。在用餐过程中孩子出现如大声喧哗、浪费粮食、不理性消费等不文明行为时，家长会及时进行教育。韩国人认为一个有修养的人，不仅有丰富的学识，而且处处彬彬有礼，举止优雅，和蔼可亲，谈吐不凡。而提升个人修养最重要的方式就是细致之极的家庭礼仪教育。因为韩语中有"敬语"和"非敬语"的表达，所以父母在教育子女与长辈或是上级交谈时，说话一定要用"敬语"，以表示对对方的尊重，而同辈之间可以用"非敬语"。不仅如此，父母会教育子女利用外在的一举一动来传达内心对他人尊重之情，如男人之间见面同样要以鞠躬握手来作为打招呼的方式，但是女人一般不握手。当有客人登门拜访时，父母会教育子女在自己先向客人施礼后，子女应随后按照年龄大小向客人行鞠躬礼。

（二）伦理道德教育

韩国家庭伦理道德教育包括教育子女具有感恩、同情、宽容、诚实、勤俭节约、担当、讲规矩等。韩国关于感恩教育流传着一个故事。一位妈妈让女儿在每天睡前都要回忆自己一天所经历的人和事，并感恩三个人、三件事，可

---

① 杨金铭.韩国礼仪教育研究[D].哈尔滨工程大学,2016.

有一天女儿迟迟无法睡去，因为已经感谢了为自己剪指甲的奶奶，为她上课的老师，为她班做卫生的同学等等，可是还差一件事需要感谢。妈妈教女儿只要是让自己快乐的事，就应该去感谢，最后女儿开心地感谢了今天盛开的茉莉花。这位妈妈让孩子懂得常常感恩的人才会幸福、快乐，心灵才会圆满。诚实守信被韩国家长认为是成为社会人必备的品德之一，因此家长非常重视对孩子进行诚实守信的道德教育，从小就要求孩子说真话，不说假话。在做错事时要勇于承认自己的错误并能及时改进。不随意拿别人的东西，借的东西要及时还，做到言必信、行必果。

（三）品格教育

现代韩国家长特别重视孩子养成有勇气、独立、自信、自律、进取、尊重等品格的人。勇气是孩子积极进取的前提和动力，韩国家长认为自己的子女如果是一个怯弱的人，即使他再聪明、再有才华，那么在长大后终究是无法取得很好的成就。家长们会鼓励孩子去勇敢面对一些困难甚至会造成会疼痛感的情境，发现孩子身上的优点，并以此来鼓励孩子勇于克服困难。自信是孩子健康发展的基础，韩国家长认为从小培养孩子的自信非常重要，同时自身也应该对孩子的自信培养具有自信心，以此来影响孩子自信心的培养。家长会尽可能利用机会让孩子参与到自己的事情中来，让孩子"帮助大人"，成功完成事情后所获得的成就感、自豪感能够有效地培养孩子的自信心，也因为是合作完成的事情，能够在一定程度上避免孩子自满。

五、现代德国家庭教育

现代德国在经历第二次世界大战的失败后，迅速恢复国力，成为一个社会保障制度完善，具有极高生活水平的高度发达的资本主义国家，这些成功与其多元的教育模式密切相关。家庭教育在其高质量教育体系中占据了核心地位,尤其在学前教育阶段,德国人普遍认为学前教育是家庭教育的补充,而不是替代。德国是最早将父母教养儿童的义务写入宪法的国家。德国家庭法对德国家长起到了规范、约束和指导的作用,德国家长在长期的实践与传承中,形成了良好而规范的家庭教育观念。[①] 德国家庭通过对孩子童年、青少年时期的教育,培养孩子的学习能力、社会能力、个人能力等"关键能力"。[②] 德国近现代教育的基本理念和目标是培养品格完善、境界崇高的人才。家庭教育的理念是塑造完整的人格。[③] 家庭教育的内容主要包括品德教育、认知教育和社会教育。

品德教育上,现代德国经历了第二次世界大战后,为了消除纳粹精神对德国民族人格的影响,德国人非常重视孩子的人格品质。德国家长认为,要成为一个对全社会有利的人必须具备良好的品德,其中包括具备仁爱、友善、宽容、有责任感等优良品质,这些品德的教育比学科知识教育更为重要。为了达到品德教育的目标,德国父母会在家庭中营造一个和谐健康的氛围,让孩子充分感受到父母、家庭对孩子的爱,让孩子在接受爱的同时也懂得如何给予爱。有的德国父母还会通过与孩子一起养花、养宠物,通过教育孩子学会爱护动物、植物来养成善良的秉性。鼓励孩子去社会服务机构做志愿者,塑造他们的社会责任感,许多家长还会以身作则,带着孩子一起去参加社会公益慈善活动,培养子女关爱他人的习惯,学会关心和付出爱心,用行动和实践来提升孩子的道德涵养。理性施爱是德国家长普遍认同的观点,德国父母对孩子的爱注重尺度,以避免溺爱和放纵。比如当一个初中孩子提出想要组装一辆摩托车时,有条件的德国家长就会从市场上把摩托车零件、组装的书全部买回来,要求孩子在规定的时间必须组装好,否则就要为父母所花的钱

① 许晓星.德国家庭教育的特点及对我国大学生工作的启示[J].江苏第二师范学院学报,2017(4)：26—29.
② 凌红.德国关键能力培养理念及对职业教育的启示[J].中国成人教育,2011(12).
③ 朱婕.德国家庭教育的经验及对我国教育的启示[J].教育探索,2015(5).

去做兼职买单。

认知教育上，德国人特别强调直接经验的学习，他们重视根据孩子在每一阶段的身心特点，让孩子与具体事物接触，通过实践和具体感受积累直接经验。[①] 德国父母会鼓励孩子通过亲身体验去探索自然界中的事物，多参加实践活动来加深自己对世界的认知。此外，艺术实践和创造，也成为当代德国家庭教育用来提高孩子认知能力的有效手段。德国家长对孩子的艺术熏陶旨在激发他们的想象力和创造性，而不是掌握一门技艺。[②] 比如说，家长们会从小带着孩子去听一些音乐会或者看一些话剧，然后让孩子们描述出他们从音乐会和话剧中所感受到的喜怒哀乐。还有些家长会让孩子听完一首古典音乐后，描绘出脑海里出现的图景，即便是奇怪的样子。由于从小培养音乐爱好，现代德国人普遍对音乐充满了喜爱，他们认为音乐是他们健康生活的必需品。

社会教育上，德国人认为所有的人都生活在与社会中各个元素的互动中，只有学会了如何在社会中互动，才能够成为一个真正意义上的社会公民。德国家长的社会教育往往与孩子的独立教育相关，他们认为孩子在家中受到父母、长辈及兄弟姐妹的恩宠，但在 18 岁以后一定是要去独自面对社会的千奇百态，如果在 18 岁以前没有让孩子养成独立自主的能力，那么他将在社会中无法与其他同伴、同事、对象形成很好的社会互动，无法在社会上立足。为了锻炼孩子独立自主的生活能力，大部分孩子从 6 岁开始就必须要承担家中的一部分力所能及的家务劳动，如倒垃圾、收拾碗筷、修剪花木等等。通过这些劳动能让孩子直接体会到劳动带来的幸福感和获得感，也学会珍惜和尊重他人的劳动成果。德国家长在教育过程中为孩子提供各种帮助，让孩子理性地思考与生活实践相关的各种因素，从而达到让孩子从社会规范与理想观念

---

① 姜超.德国幼儿家庭教育的特点及对我国的启示[J].内蒙古师范大学学报(教育科学版),2011(12).

② 朱婕.德国家庭教育的经验及对我国教育的启示[J].教育探索,2015(5).

中自行选择被社会认可的价值取向。①

总的来说，德国家庭教育具备主体性、开放性和民主性的特点。主体性体现在德国的《基本法》强调德国的家庭教育要以实现"儿童最大利益原则"，父母必须根据子女的最大利益履行教育义务，子女有独立的人格尊严和人格权益，国家对服务权利有监督义务。② 开放性体现在德国社会提倡德国家长要善于借助家庭外部力量来培养孩子，引导孩子形成正确的价值观、世界观，德国有许多公益的艺术展会、社会实践活动等提供给有孩子的家庭使用。民主性体现在德国人将孩子的自我意愿和观念看成是孩子迈向完全独立的重要因素，且不能压制。德国的《民法典》第 1626 条规定："父母应考虑子女不断增长的能力和子女对于独立地、有责任感地实施行为的需要，根据子女能力发展状况，商讨家庭教育方式方法，并力求获得一致意见。"③此外，德国家长一般不对孩子施加惩罚。他们认为惩罚是建立在家长权威之下的，权威是父母与孩子之间相互不尊重的不平等关系的催化剂，会加速家庭内部矛盾，直至家庭教育完全失效。在他们眼里，最有效的教育来自平等关系之间的尊重、沟通、分享和传授。德国家长在平时与孩子相处的过程中，会有意识地培养与孩子具有共同的爱好，建立一种近似于友谊而又超越朋友的关系。他们会尽量彼此接近，但同时保持着一定的距离。

六、现代瑞士家庭教育

瑞士的政府和民众都非常重视学校教育和家庭教育。瑞士的学校教育事业虽然是由各个州自行管理、自筹经费，但是教育经费投入占比在世界范围内都名列前茅。瑞士家长不仅重视学校教育，而且重视家庭教育。他们认

---

① 沈国琴.德国教育目标变迁与青少年价值观之转变[J].德国研究,2011(2).
② 王葆莳."儿童最大利益原则"在德国家庭法中的实现[J].德国研究,2013(4).
③ 王葆莳."儿童最大利益原则"在德国家庭法中的实现[J].德国研究,2013(4).

为孩子个性的养成主要是受家庭教育作用所影响,尤其是在青春期以前的家庭教育。瑞士著名心理学家和心理治疗师葛安妮夫妇说,孩子从出生开始就在建立自我价值观,他们通过学习耐心、学习信赖、学习建立人际关系等来塑造自己的性格,而这大部分的学习都来自孩子的家长。因此,家长必须为孩子进行一些积极健康的人性教育,否则一旦过了青春期,就很难纠正孩子的性格。

(一)给予足够的爱和关怀,及时建立社会依恋关系

瑞士家长认为,孩子从出生开始就会依恋自己的看护者(一般是母亲),孩子对妈妈或者看护者的依恋是他形成良好性格的基础,依恋关系也是孩子学习如何成为真正的人的重要途径。这种社会依恋关系也是由婴儿与母亲之间的爱与信任构成的。正因如此,瑞士家长也特别重视自身的行为和对生活的态度,他们认为自己对生活的态度很容易被子女学会,尤其是一些不利于孩子健康成长的思想。而没有建立社会依恋关系很容易造成孩子的性格障碍,因为缺乏适当的依恋,无所依附的婴儿从小就会产生怀疑和深深的愤怒,他所感受到的全是负面的情感。缺乏积极的情感,无法建立人际关系,无法学习爱与关心,将不能达到做人的标准,会养成许多"反社会"的习性。[①]

(二)针对子女行为的鼓励式教育

瑞士家长特别重视鼓励式教育,他们坚信孩子需要鼓励就像树木需要水一样,必不可少。鼓励与表扬不同,它们最大的区别就是鼓励更多是针对行为,而表扬是针对人。瑞士家长认为,鼓励孩子是在帮助他们发现自身优点最有效的方法之一。他们鼓励孩子也非常注重方法与时机。鼓励首先就是要停止打击孩子,孩子想做许多事情,而家长什么也不让做,这就是打击。其

---

① [瑞士]葛安妮,葛碧建.0—12岁给孩子一个好性格[M].万兆元,译.贵阳:贵州教育出版社,2016:67.

次是不惩罚孩子而是利用合理后果，尤其是当孩子做了不该做的事情后，应该针对该事情产生的后果来教育孩子，而不是牵引出其他不良后果来惩罚孩子。只有这样，孩子才能在成长的道路上，勇敢地去挑战，去获得归属感和重要感。最后是把握时机，当家长与孩子发生冲突时，第一时间应该理解孩子以取得信任，再进行有效的鼓励。

（三）独立自主教育

与西方许多发达国家类似，瑞士家长也很重视对孩子的独立自主教育。瑞士的独立教育更多是从"身教"的方式，如不立即扶起摔倒的孩子、不追着孩子喂饭等等，家长们从行动上就不积极去帮助孩子，而是让孩子养成独立自主的习惯。孩子的自主性还体现在按照父母的意识去睡午觉、遵循父母的期望去学钢琴等等。当然，父母虽然不会直接去干扰孩子的自由选择，但是他们会旁敲侧击地引导孩子去做正确的事情。虽然瑞士是全世界人均收入最富裕的国家，但是家长会在孩子满 16 岁开始就鼓励他们就去做一些兼职来挣学费或零花钱，希望让孩子理解只有通过自己辛勤的劳动才能获得幸福的生活。

七、现代美国家庭教育

共同的宗教信仰将美国这个移民国家的人民思想统一在一起，并在社会发展进程中，将宗教精神与民族精神相融合。因此，现代美国家庭教育的主要内容在是宗教教育和道德教育。虽然美国是一个政教分离的国家，但是绝大多数美国人都有自己的宗教信仰（大部分是基督教），他们也因此感到骄傲。

家庭是美国子女接受宗教教育的第一现场，有信仰的父母会培养子女对宗教的虔诚，教育他们听父母的话，为孩子们能够沿着上帝指明的道路前进而使用各种各样的教育方式。首先是谈论法。宗教家庭会经常给孩子讲述耶稣的故事给他们听、阅读《圣经》中的故事，解释其中关于宗教教义的规范。当孩子在生活上有什么疑问时，尤其是道德上的问题，他们会经常用教义中的内容来回答他们的问题。通过谈论，孩子们可以更容易地接受《圣经》中的内容，其思想和行为习惯也逐渐发生转变。其次是榜样法，宗教家庭父母的信仰、日常行为本身就对儿童的思想发生了潜移默化的作用。尤其在儿童时期，孩子所接受的大部分信息都来自父母，父母的一言一行是孩童学习的对象。父母带着孩子去教堂做礼拜、参加宗教活动，让儿童对宗教有了一个更加直观的感受。最后是情境教育。一般在宗教家庭中，家长会将家庭环境布置得像教会一样，如用适合家人的神学书籍、杂志，带有宗教寓意的工艺品等等来装饰房间、客厅。此外，在父母带着孩子去参加宗教活动的时候，孩子们会充分感受到教会的宗教氛围，让子女在温馨和谐的宗教环境中学习、成长。[①]

　　受到美国 20 世纪中期兴起的新品格教育运动和 21 世纪核心素养联盟的影响，美国从社会各界到学校、家庭对道德教育的重视上升到了新的高度，并且家庭被认为是实施德育的最佳场所。对于道德教育的内容，一般认为包括六大要素：尊重、责任、宽容、诚实、合作、公民意识。[②]"尊重"品质是美国家庭道德教育的核心，它强调孩子在价值多元社会中的同理心。美国父母会非常尊重子女的生活和选择，甚至尊重他们犯错误的权利。父母希望通过营造尊重的家庭氛围，让孩子也会懂得支持并尊重他人的自由选择和个人尊严，并公正对待他人。美国父母还非常尊重孩子的个性培养，给予孩子充分的自由选择权利，他们可以做自己感兴趣的事情，即使这些事情可能和学业成绩毫无关联。当然这种权利是不违背社会道德和法律的。"责任"是培养子女有担当、敢于面对挫折的品质。美国父母会教育子女勇敢去创造、去做自己想做的事情，并且当面对自己行为所带来不良后果时，不退缩、不逃避，

---

① 李琼.美国宗教教育研究[D].武汉大学,2011.
② 王棋.美国新品格教育及其对我国青年道德教育的启示研究[D].昆明理工大学,2017.

勇于承担，达到应以为戒，不犯或少犯类似错误，不逃避责任，主动担当。在教育子女负责任的时候，美国家长严格要求自己，做一个有责任感的好家长、好公民，要求孩子办到的事情，自己首先做到，为孩子树立榜样作用。另外，"责任"也体现在社会生活中以"共同的善"为首要道德选择。美国父母会教育子女不仅要实现自己的"善"，并且应有责任有担当地将自己的"善"投身于社会、国家之中，通过帮助他人实现"善"，来实现共同的"善"。培养"宽容"的品质，源于美国是一个移民国家，不同种族的人聚集到一起，多元的文化价值观，使美国成为一个兼容并包的自由社会。因此，父母在子女成长成才过程中，教育他们具有"宽容"的品质非常重要，能够帮助他们顺利融入社会、与他人共同进步。"诚实"表现在对自己和他人能够承担自己所承诺的事情，美国父母宁可认可孩子的能力不足，也难以容忍欺骗行为。在培养孩子"诚实"品格时，家长还常常用基督教的教义来教导，以帮助孩子更好地理解"诚实"的重要性。"合作"是指在合作中学会完成共同的目标，以此带来成就感。美国父母坚信团队的力量远大于个人的能力，只有相互间积极合作才能够达到更高的目标。合作的前提是建立信任，他们认为"值得信任是幸福的，而信任他人是高尚的"。美国父母会教育子女首先学会去信任他人，然后学会让自己变得值得他人信任。"公民意识"是指有爱国主义意识、遵守法律，有社会公正信仰。①

为了更好地指导美国家长实施家庭教育，美国一些州如明尼苏达州成立了婴幼儿家庭教育计划（ECFE），目的是为该州 0—5 岁婴幼儿家庭提供家庭教育指导，婴幼儿家庭教育计划强调父母作为孩子的第一任和最持久的教师，应为孩子的发展提供最佳环境，同时重视家庭成员间关系的强化，从而增强家庭的和谐度和凝聚力。② 婴幼儿家庭教育计划明确了包括要支持儿童最

① 李阿暖.现代美国家庭道德教育的经验及启示[D].曲阜师范大学,2019.
② 刘聪.美国明尼苏达州 0—5 岁婴幼儿家庭教育指导体系建构的启示[J].陕西学前师范学院学报,2020(8).

佳的身体素质、智力、社交和情感发展，加强有效的沟通，提高父母对孩子学习、教育的参与度以及防止家庭暴力等具体目标。为了让家庭教育更有效地实施，明尼苏达州每周都会聘请专门的家长教育指导师为参加该计划的家长进行专业的指导和培训。

此外，公民教育也是美国家庭教育的重要组成部分。公民教育主要包括爱国主义教育、权利和义务观念教育以及法治教育。首先，爱国主义教育是公民教育的重要组成部分，也是核心内容。虽然美国人历来崇尚自由主义与个人英雄主义，但是美国家长会通过一些英雄事迹来为孩子进行相关的道德教育活动，引导子女渐渐产生对国家和社会的认同感与自豪感，激发爱国主义热情。因此，美国父母既注重培养子女自由与独立的品质，又注重让子女在一个"有限制的自由"的环境中发展。美国父母认为爱国主义教育是孩子成为美国"好公民"的前提。[①] 其次，美国父母从小就对孩子进行权利和义务教育，不仅父母自己会维护子女的权利，而且经常教育子女积极维护自己的权利，明白权利和义务区别。家长们希望通过权利和义务教育能够让孩子更好地实现社会化并提高社会适应能力。最后是法治教育，美国父母进行法治教育时，经常与责任联系在一起。家长们通过自己的言行潜移默化地渗透给孩子懂法、守法等公民道德意识，让孩子在行为处事方面能够积极考虑他人的感受，学会对自己的行为负责，守好法律底线，学会对他人负责，树立强烈的道德意识。

---

① 李阿暖.现代美国家庭道德教育的经验及启示[D].曲阜师范大学,2019.

第三章
家庭教育发展影响因素及发展规律

第一节　家庭教育发展的影响因素

一、宏观层面——社会因素

（一）社会性质决定家庭教育属性

家庭是社会的微观组成单位，家庭发展是社会不断进步的原始动力之一，同时社会发展的印记也终将刻画在每一个家庭生活之中。家庭教育是家庭中未成年个体由"生物人"成长为"社会人"的核心路径之一。所谓教化成功的"社会人"是指能够掌握参与其所处社会共同生活所需的知识、技能、能力与价值观的个体。以此为导向，个体在成为"社会人"过程中接受的家庭教育，包括教育目的、功能、内容与方式必然都与社会政治经济文化发展呈现同步关系。社会性质决定家庭教育发展属性，同时家庭教育也是维持社会稳定或是在社会发展转折期促进社会变革发展的重要因素。

中国古代家国一体，家庭既是经济建设基础单位又是社会教化基础组织,家庭的独立性相对缺失,家庭教育同样囿于社会发展之中,受到一定历史范畴内上层建筑和经济基础的直接影响。在这样的政治环境与社会氛围中,教育的功能与意义往往超越个体自身发展之外,推及到"齐家治国平天下"的层面,作为家庭观念和社会价值观重要输入渠道的家庭教育尤为如此,自古标立门风、建立丰功伟绩、维系现有社会统治都是中国家长和统治者赋予家庭教育的核心价值取向,现代社会中国家庭教育的目的与功能日趋多样化,但不可否认的是,外向性的家庭教育价值观仍有重要影响。我国历史上不同发展阶段,包括奴隶制社会、封建社会、半殖民地半封建社会,本质上都属于阶级社会,受当时社会主流思潮的影响,家庭教育带有浓厚的人身依附和宗法等级色彩[①],统治阶层治于人,主要学习治人之术、人伦之道以及忠君之礼,其家庭教育的功能主要在于维系现有的家庭关系和等级统治。平民和奴隶受治于人,家庭教育主要内容在于学习生存之法,同时在长期压迫中延续安分守己的思想。进入现代社会,家庭教育的目的与功能日趋多样化、民主化,成长为身心全面发展的独立个体,掌握适应社会化发展的能力,成为当前我国家庭中长者对孩子的主要教育期待。家国情怀、社会核心价值观也在家庭教育的代代传承中不断延续。

西方国家家庭教育的社会依附性同样非常鲜明,西方奴隶制社会时期,家庭教育完全秉持为城邦、为国家培养人才的观念,城邦、国家的建设所需就是家庭教育最直接的教育目标,中世纪时期西方国家宗教势力强大,其家庭教育中宗教因素一直延续至今,进入资本主义社会后,阶级间的不平等在家庭教育中蔓延,同时家庭教育也为西方社会的阶级固化贡献了力量。

(二)社会转型推动家庭教育变革

社会重大转型期,往往是思想文化发展最为繁荣的时期,战国时期的百

---

① 吴奇程.家庭教育学[M].广州:广东高等教育出版社,2019:11.

家争鸣，中世纪后期的文艺复兴，都在社会政治经济动荡中迸发出灿烂的文化。新的思想与文化作为在即将崩塌瓦解的经济基础上成长出来的新兴阶层主张的上层建筑，又进一步推进社会的变革与转型。生产力决定生产关系，生产关系发展直接影响文化、教育，在生产力和生产关系极具变革时期，文化和教育领域作为新兴阶层率先"突围"与"发难"之地，必将产生巨大震动。而在教育领域中，社会变革所带来的风吹草动又最先反映到家庭教育中，学校教育尤其是官方学校教育作为统治阶层实施政治统治的重要手段，其改革往往由当局政府主导，自上而下进行，具有滞后性，家庭教育则具有更多灵活发展空间，新兴阶层的新思想、新理念必将最先反映在自己的家庭教育中，当社会变革势不可挡之时，保守阶层的家庭也必将遵循实利原则调整家庭教育目的与内容。据此，社会发展的重大转型期也是家庭教育发展的关键转折点。

我国春秋战国时期，封建家庭关系逐渐取代奴隶制家庭关系，服务于封建家长制和封建统治的忠君、重名教、明人伦教育作为我国整个封建社会家庭教育的价值取向和核心内容，其正统地位由此确立。魏晋南北朝时期，社会动乱，门阀士族统治削弱中央专制集权，割据混战客观上促进民族大融合，佛道盛行极大地冲击儒学发展，世家大族以家训标立门风、维系统治，儿童早期蒙学受到重视，少数民族家教进一步促进了民族融合，这一时期我国家庭教育思想于乱世中逐渐发展成形。清末，封建帝制覆灭在即，传统家庭教育在西学东渐过程中逐渐发生转向，挽救时弊、经世致用、成就新人成为这一时期家庭教育的重要遵循，中国家庭教育的现代化转型由此开端。历史上社会发展的重要转型期或是大范围动荡期，往往内外部矛盾交织，体现社会发展趋势的新势力在与旧势力的博弈中逐渐走向历史的主舞台，代表新势力阶层的思想、文化与价值观挣脱了旧社会束缚逐渐成为新社会的上层建筑，而家庭教育是新社会新理念得以实现广泛传播和不断延续的核心路径之一，相对于其他路径而言，潜移默化同时又根深蒂固。家庭与家庭教育在顺应社会转型潮流中获得持续发展，同时也以自身力量夯实新社会发展的根基。

二、中观层面——教育因素

（一）学校教育引领家庭教育发展

家庭教育先于学校教育产生，早期家庭教育的职能主要是传递生存技能、生活习俗和维系群体内部的团结，家庭教育与社会教育之间没有明显的区分，伴随着生产力的发展以及劳心者与劳力者的分野，出现了脱离生产劳动，专门从事教育教学工作的场所和人员，教育目标与内容逐渐由主要的生产技能传授转变为劳心者阶层对统治人才和合格公民的培育。由此，在非正规的家庭教育、社会教育之外，规范性、制度化的学校教育发展起来，并作为一种国家统治工具得到自上而下大规模地推行，成为占据主流地位的教育形式。在长期历史发展中，学校教育和家庭教育共同致力于个体成长，学校教育以其国家意志性、集体性、系统性、制度性在个体社会化的发展过程中起到主导作用，个体对社会主流价值观和社会共同生活能力的获取主要来自学校教育。家庭作为某一特定社会中的组成单位，其主要教育职能就是配合学校教育完成个体社会化成长，并在个体个性化发展以及道德意识和生活经验的形成上发挥主要作用，由此实现国家社会、家庭和个体的协同发展。在这一过程中，代表国家意志、体现社会主流价值观、占据教育资源、拥有专业力量的学校教育，通过家长教育、家校联系等多种途径全方位作用于家庭教育，对家庭教育观念、目标、内容与方式产生深刻影响。

伴随着学校教育制度的发展完善和在线教育的大规模发展，学校教育对家庭教育的影响进一步扩大，并逐渐侵蚀家庭教育原有领域，挤占家庭教育时间与空间，[①]家长实际上成为学校教师在家庭中的教学助手，家庭教学内容多以辅导学校中遗留的知识性学习为主，顺利升学成为家庭教育核心的价值

---

① 刘利民.学校教育与家庭教育的边界[J].中国教育学刊，2017(7)：43—47.

追求，家庭教育区别于学校教育的独特价值和独立性逐渐丧失。当前，我们所倡导的学校教育、家庭教育、社会教育一体化育人网络强调三类教育相互联结，协同运行，但这一联结网络仍需在遵循三类教育自身发展规律和属性的基础上运行，三类教育理论与实践有交汇点，同时也应该有各自的教学主场地。我们在肯定学校教育对家庭教育产生影响的同时，也要明确二者实施范畴和边界，切勿让学校教育过度越界，导致家庭教育职能弱化，影响个体的全面发展。

学校教育和家庭教育之间的教育影响作用是相互的，清华大学谢维和教授认为这些年的改革比较多地集中在学校的改革，淡化至少是忽视了作为一个教育体系重要组成部分的家庭教育，疏于加强学校教育与家庭教育的联系，以至于家庭教育本身没能得到充分的重视和改善，学校教育与家庭教育之间也出现了各种不应有的分离、误解、矛盾甚至是对立，应该加强和完善学校教育和家庭教育之间的联系，把握家庭教育基本规律、独特定位和基本功能，深化家庭教育体制机制改革，实现家庭教育和整个教育深化改革的目标。①

（二）人才选拔制度制约家庭教育目标诉求

人才选拔制度是受教育者经由学习过程后所掌握的知识、技能与能力达到目标要求，从而实现在教育体系内向上流动、跨界流动或是结束系统教育学习成功进入职业世界的制度。人才选拔标准多数情况下是相对的，是在人力资源需求供大于求的情况下，按照升学、就业的质量与数量需求人为划定的分界线，达到分界线的学习者意味着顺利通过教育选拔，被认为更有可能占据社会优质资源，获得相比于"教育失败者"而言更多的社会政治、经济地位。成功通过教育选拔作为一种外在的教育目的直接影响着包括学校教育、家庭教育等各类教育的目标与内容。对于多数家庭来说，在保证家庭中年幼者健康成人的同时，协助其顺利通过所在社会的教育选拔制度，成为社会有

---

① 谢维和.家庭教育：深化教育改革的重要途径[J].人民教育，2015(21)：17—18.

用之才,就是家庭教育的核心目标之一。

"学而优则仕"是中国古代人才选拔制度导向作用最鲜明的体现。所谓"学而优"展示的是经由学习教育过程后,获得学习成效优于他人,从而成功淘汰他人顺利通过选拔机制的过程。所谓"仕"则是当时社会普遍认为的"最优"选拔结果,教育选拔制度就是通过选拔结果的目标导向和选拔过程的机制制约共同作用于各类教育教学实践过程。"学而优则仕"是我国古代针对官僚这一专门人才的选拔制度,由于在选拔过程中自上而下的官方属性以及在选拔结果上的阶层认证,相对其他各行各业而言,这一专门人才的选拔更为专业化和体系化,对家庭及家庭教育的影响也更为广泛而深刻。我国古代具体的官僚人才选拔制度如察举制、九品中正制、科举制对社会各阶层家庭教育的目的、内容及方式等都产生了重要影响,尤其是科举制大大激发了各阶层人士及其家庭对功名的追求,科举应试内容、方法与标准成为家庭授业的主要依据,童蒙培养成为科举应试教育的预备阶段,童蒙教材也及早地渗入了应试考试要求,可见,人才选拔制度对家庭教育的影响是直接的也是绝对的。国内外现行教育与人才选拔制度,如各式各样的升学考试、各行各业的资格考试等是家长们实施家庭教育最直接的指挥棒,也是家庭教育与学校教育联系最为密切的交汇点。

(三) 教育思想绘就家庭教育发展底色

教育思想是人们有关教育现象的认知与理解。教育思想具有一定的社会属性和历史属性,形成于某一特定的历史阶段和社会环境中,受到社会主流价值观的影响,在教育实践、教育经验、教育规律的总结与提炼中产生,又在与教育实践交互作用中实现双方共同螺旋式上升。在社会某一特定时期产生的认可度和普及度较高的主流教育思想,来源于最广泛的教育实践,反映了当时社会生产力发展水平和上层建筑赋予教育的使命以及各级各类教育自身的发展现状与未来趋势,最大程度上反映了社会中每个个体对教育发展的诉求与期待。主流教育思想也即教育思潮对教育实践的深刻影响作用主要通过三个渠道发生：一是主流教育思想以其自身的价值性和影响力而得以广泛传播，影响各级各类教育实践活动中施教者和受教者的观念与行为；二是主流教育思想通过影响教育决策的方式，使得教育制度制定具备该教育思潮的特征与属性，进而直接制约教育实践活动；三是主流教育思想通过在某一教育领域具体化为专门的教育思想与理论，如终身教育思想、家庭教育思想等，从而发挥对具体教育实践活动更具针对性的指导作用。对家庭教育实践活动来说，教育思想就是通过以上三个途径直接或间接地影响家长的教育观念与行为，进而对家庭教育内容与方式、方法的选取发挥导向作用。

儒家教育思想在我国古代教育领域长期占据主导地位，时至今日依旧有一定的影响，儒家教育思想对教育目的的主张，对人伦道德教育的重视，对教学相长、因材施教等教学原则与方式的提倡，对诗书礼乐等教育内容的选取无疑是我国传统家庭教育价值观、内容与方法产生的主要缘由。近代教育思想的实用主义转向以及现代教育对全面发展观、素质教育、终身教育的推崇也在逐步推动我国家庭教育发展向近代化与现代化转型。西方教育思想纷繁复杂，每个历史阶段都会形成占据相对主导地位的教育思潮，如古希腊、古罗马时期的理性主义教育思想，文艺复兴时期的人文主义教育思想，19 世纪的新人文主义教育思想，20 世纪的进步主义教育思想等，无疑都对当时当地的家庭教育活动产生了深刻的影响。无论是中国还是西方，也无论是过去或现在，合乎个体成长与成才需求和规律的家庭教育必然是在一定科学合理的教育思想的指导下产生的，而作为社会主流价值观的教育思想也必然通过"进驻"到千家万户的方式实现最深层次的渗透。

三、微观层面——家庭因素

家庭是基本的社会单位，家庭概念是场所意义上的，家庭是所有家庭活动发生的场所,是交互关系意义上,家庭是家庭所有成员间天然的和后天的各类交互关系形成的系统,也是价值意义上,家庭是家庭中个体实现社会化、家庭成员间获得心理和生理满足以及社会政治、经济、文化再生产的重要渠道。家庭的核心要素是其中的"人"以及人与人之间的交互关系,随着社会发展,社会环境中各类外在要素发生阶段性变迁,带动家庭中内部要素同频共振,内部要素发展、扩充与变异,带来了家庭地位、家庭结构与家庭关系等多方面的系统变化。以家庭教育的视角来看,家庭是家庭教育发生的主要场所与环境,家庭中这些各类要素交叉组合共同决定了家庭教育中施教一方开展教育活动的行为与观念,也在很大程度上影响了受教主体对家庭教育的参与程度与接受程度。

(一)家庭所处的社会阶级、阶层促使家庭教育分层

社会阶级和阶层是两个不同的概念,阶级是指由于社会地位不同和对生产资料关系的不同而分成的社会集团,阶级与私有制一起产生,并与剥削、矛盾、冲突、斗争紧密相联的。阶层是指因经济、政治、文化等方面社会资源的占有和支配不同而区分的不同社会群体,阶层弱化了不同群体的矛盾与冲突、剥削与斗争含义,强化了社会成员演进的层次化规律和发展趋势。[①] 阶级间是绝对对立的服务与被服务、剥削与被剥削关系,家庭教育是强势阶级维系统治的有力工具,被统治阶级则在教化中安分守己,家庭教育在目标和内容上都带有严重的阶级色彩,阶级间的不平等性在家庭教化中进一步放大。阶层间的不平等性仍旧客观存在,但对立的矛盾关系减弱,不同阶层间流动的可能性增大。不同阶层家庭教育差异性明显,但同时都带有向上流动的目标诉求。

阶级和阶层都是对社会群体进行类别划分的标识,同一阶级、阶层社会

---

① 尹焕三.社会阶层和社会阶级的内涵诠释与界分[J].齐鲁学刊,2002(6):10—15.

群体内部在社会地位、政治权利、经济水平、职业属性、社会声望等共同作用下产生思想观念和行为方式上的趋同性，由此也自然带来不同社会群体间明显的差异性，阶级、阶层内部的家庭是群体特征和属性得以展示和延续的一个重要单位，群体的价值观念和思想认同通过家庭及其家庭教育渗入到这个群体每个个体之中，家庭也在与同一社会群体趋同的过程中获得身份认同感和群体归属感。对于处于某一阶级、阶层的家庭及其家庭教育来说，所属社会群体的影响潜移默化且根深蒂固。

我国古代的帝王与平民是典型的统治阶级与被统治阶级，帝王的家庭教育实质上就是继承人教育，刘邦的《手敕太子文》、李世民的《帝范》、朱元璋的《祖训录》、康熙的《庭训格言》等，无一不是传授君王之德、君王之才与君王之道，也即统治之术，家庭教育的核心目的是巩固作为统治阶层的地位并使之不断维系下去。我国古代的平民阶级包括士农工商，家庭教育所传授的内容无外乎两类，即维系封建等级关系和家庭关系的人伦道德教育和维系生存的"守业"教育，帝王和平民的阶级属性决定了家庭教育的差异，家庭教育的差异又进一步固化了阶级间的不平等。西方资产阶级社会中资产阶级和无产阶级是两个矛盾尖锐的对立阶级，资产阶级家庭教育在不断延续着对剩余价值的追求和对无产阶级的剥削，无产阶级则在剥削和贫瘠中失去了家庭教育的权利、精力和时间，也失去了摆脱被统治的机会。我国现代社会没有阶级的对立，但确实存在阶层的划分，如中国社会科学院将当代中国社会划分为十大阶层，包括国家与社会管理者、经理人员、私营企业主、专业技术人员、个体工商户、商业服务人员、产业工人、农业劳动者、城乡无业半失业人员，阶层间和而不同，家庭所属社会阶层与家长的职业类别和占据的社会资源、经济资源、组织资源、文化资源等直接挂钩，这些要素共同作用于家庭教育环境，决定着特定阶层中家长的家庭教育观念和行为。北京大学刘保中等经过调查研究发现，当下中国家庭对子女的教育期望同时受到家庭阶层背景和家庭文化观念的双重影响。家庭社会经济地位越高，家庭对子女的教育期望越高,家庭文化观念例如重男思想对家庭教育也具有重要影响。[①]

(二)家庭结构浸染家庭教育生态

家庭结构是家庭成员之间的组合状况以及由此形成的家庭模式和类型,[②]家庭结构具体表征为家庭的人口数量、代际数量和家庭成员间的相互关系,家庭结构构建起了一个家庭基本的交往环境和心理环境,决定着个体在家庭中的角色和定位,影响着家庭中个体的行为与观念以及相互之间的交往沟通模式。由此,进一步决定由谁来主导家庭教育,并具体影响着家庭教育风格、家庭教育方式、教育主体间关系以及家庭教育实施效果。

中国传统的家庭结构是多代同堂的联合大家庭,家庭成员众多,家庭规模较大,家庭成员间关系复杂。伴随着社会政治经济的发展和家庭观念的变迁,由一对夫妇及其未婚子女组成的核心家庭取代联合家庭成为主流[③],与此同时,单亲家庭、再婚家庭、留守家庭、隔代家庭等多样化家庭结构也越来越多。在家庭规模减小,代际数量减少,家庭结构从量变走向质变的过程中,家庭权力结构逐渐由父系集权向多方民主协商转变,家庭沟通模式由单向的决策命令型向开放自由的平等交互型转变,家庭中个体的角色定位更趋多元化和适需化,家庭价值观在传承优良传统的同时更多地纳入了当前社会的价值观念,孩子成长的科学性和人格发展的独立性也在家庭中受到更多的重视。由家庭结构发展引起的家庭观念和家庭生态的系统变化进一步优化了家庭教育环境,明确了家庭教育责任主体,也使得家庭教育在内容与方式上更加民主化、科学化和多样化。

---

① 刘保中,张月云,李建新.社会经济地位、文化观念与家庭教育期望[J].青年研究,2014(6):46—55+92.
② 马克思主义百科要览[M].北京:人民日报出版社,1993:1612.
③ 张雪敏.当代中国家庭结构变化对青少年社会化影响问题研究[D].华北电力大学,2018.

（三）家长素质决定家庭教育质量

家庭教育是发生在家庭中家长与孩子之间能动性的交往活动,作为教授主体的家长与作为学习主体的孩子在家庭教育活动中相对独立,同时又是相互反馈、相互促进的交互主体,家长在与孩子的交互关系中处于相对主导地位,在主动教授或是潜在影响的过程中,以身教或是言传的形式引导孩子的知识、技能、能力与价值观的内化与生成。相较于学校的专业教师而言,家长是在家庭中施教的准专业人员,在教学内容、理念和方式上可能不及学校教师专业、系统,但从影响的深刻度、全面度和长久度上来说,家长的教育作用更甚,家长以家庭教育奠定了孩子成长、成才的基础,也在一定程度上通过习惯和价值观念养成等决定了孩子发展的高度。

家长是家庭教育的教学者,教授各类具体知识技能,同时家长自身的思想、行为、习惯也构成了家庭教育内容的重要部分,成为孩子的学习对象。从家庭教育中家长这一教学主体来看,作为家庭教育的准专业者掌握的教育专业知识、技能的情况,以及作为效仿对象自身的综合素质共同决定了家长施教水平和家庭教育效果。家长的综合素质是指家长作为一个社会成员、国家公民应该具备的各类素质,其中思想道德素质、文化素质、心理素质等要素在家庭教育中极为重要[①],家长的文化水平及由此相关的职业属性、社会地位等一定程度上影响着家庭教育资源和水平,家长如何待人接物,如何处理家庭关系,如何自处,如何面对问题与困难等则从根本上影响着孩子的思想与行为模式,这些要素相互作用与影响,共同组合形成了家长的综合素质,并由此奠定了家庭教育的基点。家长作为准专业者所应具备的教育素养产生于一般素养的基础上,是家长经由学习后获取的有关家庭教育观念、儿童成长规律、亲子关系等的系统认知,以及对家庭教育中的学情分析、教学内容设计、

---

① 吴奇程.家庭教育学[M].广州：广东高等教育出版社,2019：320.

教学方法选取、良性反馈机制形成等教学技能的系统掌握,这些知识和技能隐含于家长的一切教育行为中,并体现在孩子学习和社会共同生活中。家长的素养尤其是教育素养不是自然而然生成的,家长不是天生的教育者,教人者必须先接受教育,家长只有接受系统的家长教育,"持证上岗",才有可能成为合格的"第一任教师"。中国青少年研究中心洪明认为中国的教育问题不能简单归结为学校,而更应该反思人生"第一所学校"——家庭,因为今天学生身上存在的问题一般都是知识、技能之外的东西,比如责任意识不强、抗挫能力较差、合作精神不足等,而家庭对这些品质的培育所起到的作用往往比学校更大。所以实施家长教育,提高家长素质、培养家长教育胜任力尤为重要。①

第二节　家庭教育发展规律

一、中国家庭教育发展规律

(一)中国家庭教育价值观发展规律

中国传统哲学倡导"天人合一",推崇天作为有意志的最高权威的主宰之天和作为道德本原的伦理之天,并与宗法人伦制度联结起来,演化出封建伦理纲常,②我国传统家庭教育思想由此发轫,形成了具有中国传统文化特色的家庭教育思想体系。孟子云"天下之本在国,国之本在家,家之本在身",家国一体,家庭中每一个个体都应该具备承担国家社会职责的能力,教育则是个体修身的重要途径,所以中国历来重视教育,尤其是家庭教育,"养正于蒙",

---

① 洪明.教育改革如何从家长教育开始[J].人民教育,2017(Z3):90—92.
② 王永祥.儒家家庭教育思想研究[D].兰州大学,2017.

从家庭中起始，从幼年起始，培养为家庭、为国家社会所需的君子。家庭教育具体的价值诉求体现在三个层面上。一是个体"修身"，个体在家庭中接受教育修养自身，成长为具有德才的君子，"德"之核心在"仁"，家庭教育中尤其强调对人伦道德的遵守，"父子有亲，君臣有义，夫妇有别，长幼有序，朋友有信"五伦纲常通过家庭教育在家族中世代相传，"孝悌"成为家庭中人际关系的基本准则。所谓"才"是指能够"学而优则仕"的从政之才，家庭教育承担了理念引导和基础知识教育的内容，于个体修身而言，我国传统家庭教育核心在"德"的培养。二是"齐家"，家庭教育所承担的"齐家"主要是指教育子女传承家庭、家族优良传统（家风），维系家庭、家族内部和谐和世代发展；教育子女读书入仕，报效国家，建立光宗耀祖的丰功伟绩。三是"平天下"，我国传统家庭教育整体上推崇入仕，家国观念浓厚，无论是统治阶层家庭教育中治国方略的授受，还是平民阶层家庭教育对封建伦理的遵循，客观上都维系了封建统治。

近代社会由鸦片战争起始直至新中国建立之前，西方国家用坚船利炮打开了中国的大门，也撬动了中国腐朽的封建统治，伴随着西方入侵的加快以及洋务运动和维新运动的兴起，中国政治、经济、文化教育等相继进入半殖民地半封建社会形态，科举制度废除，封建家庭/家族关系日渐式微，西方教育思想影响范围与深度逐渐扩张，这些都使得中国传统家庭教育开始向近代化转向，家庭教育价值观念也随之呈现出了新的发展态势。帝王统治岌岌可危、商业经济蓬勃发展、科举取仕制度失势乃至瓦解，都深刻地改变了中国传统家庭教育"学而优则仕"的目标追求，父母等家庭教育施教者对"成才"目标的认知更加多元化、实用化，孩童自身全面健康成长与发展取代光宗耀祖等外向性目标，逐渐成为家庭教育主要价值追求。"立身做人"教育向来是中国家庭教育的核心内容，忠君孝亲等封建伦理纲常的灌输与代际传承是社会经济发展赋予家庭教育的重要使命，近代家庭教育在封建伦理政治崩塌中、封建家庭关系的变革中、西方教育思想的"入侵"中开始跳出人伦思想的桎梏，尊重儿童以及女性的价值与地位,并在传承中国传统优良品行教育和借鉴西方科学育儿方式的过程中,培育儿童品行操守、健康体魄和实用知识,帮助年轻一代成为国家栋梁之才。

以1949年中华人民共和国建立为起点,以1978年改革开放为节点,中国现当代家庭教育发展经历了起步阶段和快速发展阶段。新中国建立后,中国共产党带领中国人民开始探索社会主义建设道路,三大改造后社会主义制度基本确立,文化领域百花齐放,各级各类教育事业迅猛发展,中国社会整体上呈现欣欣向荣之态,后来由于操之过急,出现"大跃进"和人民公社化运动,甚至发生了"文化大革命",国家政治、经济发展进入混乱状态,高考制度被迫中断。新中国建立前30年家庭教育发展也同样曲折动荡。新中国建立初期,家庭教育逐渐由家庭这一私有领域的私有行为转变为社会主义制度下的社会行为①,培养社会接班人由政治意识进驻到家庭教育领域,成为这一时期家庭教育最崇高的理想信念,我国家庭教育在朝向民族化、科学化、社会主义化进程中经历一段平稳发展时期。国家经济文化建设进入动荡期后,家庭教育领域随即也遭受到重击,家庭关系淡漠,家庭教育发展呈现倒退趋势。改革开放以来,我国社会主义民主法治建设取得重大进展,社会主义市场经济逐步取代计划经济,城市化进程日趋加快,教育综合改革带动各级各类教育向质量、均衡发展,家庭关系、个体价值、人才培养等观念也随社会变迁发生重大转变,家庭教育价值观也在各类要素的共同作用下实现现代化转型,新时期的家庭教育在与学校教育、社会教育的协作中共同承担起培养全面发展的社会主义新人的目标,并在儿童良好品行、社会主义价值观念、爱国爱党意识养成、个性发展以及生活经验的形成中发挥奠基的作用。

总结而言,我国家庭教育价值观发展呈现出以下几个方面的趋势与特征。

---

① 邹强.中国当代家庭教育变迁研究[D].华中师范大学,2008.

1. 儿童自身的价值逐步得到发掘

在家国同构、宗法等级制度的社会与政治背景下,我国传统家庭教育中并无独立存在的个体,儿童自身独特的价值、地位及诉求更是从未进入大众视野,儿童在家庭中是子女、是兄弟姐妹,将来在社会中是臣子、是顺民,家庭教育的目始终是促使儿童在家庭或社会整体中承担起其扮演角色的职能。近代,随着宗法社会的瓦解和西方儿童教育思想的传入,儿童作为独立个体存在的价值与意义开始被发掘,儿童在家庭教育中的主体地位日益彰显,新中国成立后尤其是改革开放以来,在遵循儿童成长规律、适应儿童成长需求的基础上,顺利完成儿童个性化和社会化发展过程,实现儿童身心全面发展在新时期家庭教育价值观中占据主导地位。

2. 立德修身始终是我国家庭教育核心的价值追求

立德修身,立的是为人之德,修的是处世之道,无论是在古代或在现代这都是成人、成才之根本。家庭教育是个体品行养成最初的渠道,家长的言传身教构建了儿童道德观念和行为之基,其影响之深刻、作用之久远是任何其他教育形式都无法企及的,帮助孩子养成良好的品行是中国家长一直以来自觉或不自觉的家庭教育目标追求,只是在不同的时期,良好品行的标准要求有所差异,传统家庭教育中的品行教育以三纲五常为准,现代社会提倡社会主义核心价值观,都对家庭中品行教育起到了指引和规范作用。当然,有时代差异也有一脉相承,孝顺、诚信、友善等中华民族传统美德的养成一直是中国家庭教育的价值所在。

3. 家庭教育一直发挥着重要的政治教育功能

家庭教育作为一种教育类型,具有其特定的社会属性与历史属性,社会政治、经济、文化及教育制度发展制约家庭教育发展方向、目标及教学实践,家庭教育也以其独有优势影响着社会发展,尤其是对社会政治稳定发展有着不可取代的重要作用,古代家庭教育对学而优则仕的推崇,对耕读传家的重视,对三纲五常的遵循,现代家庭教育强调对中华传统美德的传承,强调爱国、爱党,致力于将孩子培养成为社会主义接班人,都发挥了家庭教育在维系现有政治统治和政治稳定中的重要作用。家庭是社会中最小的子细胞,从家庭教育着手培育在思想与行为上与国家建设保持一致的新人,无疑是最彻底也是最可靠的。

4. 从以品行养成为重转向促进个体的全面发展

我国古代家庭教育目标较为单一,向来以做人教育为重,致力于将孩童培养成遵守封建礼法的顺民,知仁、知礼、知义、知信、知孝等道德目标的达成是中国家庭中父母长辈对孩童成长最为殷切的期盼。德为立身之本,有德方能谈及成才,在广泛、深入推进德育的基础上,中国古代家庭的谋生及成才教育则在很大程度上受到科举制影响。近代以来,科学文化知识的传授、劳动技能的习得、美育素养及健康体魄的养成等培养目标逐渐为大家所重视,并与德育目标共同构成了"促进个体全面发展"的这一完整教育目标追求。家庭教育可能在儿童某一方面素质的养成上具有优势和条件,但在目标设定和具体实施上决不可顾此失彼,在兼顾社会和家庭发展需求、个体发展特性的基础上促进个体各方面素质全面、协调发展是家庭教育发展应有之义。

(二)中国家庭教育实践发展规律

中国传统家庭教育以德育为主,也包括部分知识技能类的教学传授。家庭德育主要包括父子有亲、君臣有义、夫妇有别、长幼有序、朋友有信等人伦道德教育,诚信、节俭、勤奋、仁爱、立志、谦虚等传统美德教育,以及忠君、爱国等家国情怀教育[①]。传统家庭教育知识教育包括常识性知识教学、人文类知识教学以及为通过人才选拔制度而准备的储备性知识教学,另外还有一些医学、书法、缫丝等专业领域的世家会通过父传子、母传女等家庭教学形式完成专业技艺的代际传承。中国古代家庭非常重视儿童早期教育,蒙童之教是

---

① 王永祥.儒家家庭教育思想研究[D].兰州大学,2017.

个体成人、成才之基，早期最为朴素也是最为有效的家庭教育方式就是父母长辈言传身教、亲身示范，孩童依样画瓢，在家长恩威并施的教化中逐渐掌握做人之理、处世之道和做事之法。经过长期发展经验总结，说理教育、启发诱导、因材施教、循序渐进、情境性教学等更为具体、更具针对性的教学方式在家庭教育领域也得到了广泛应用，极大地丰富了我国家庭教育实践。我国古代族规家训、家戒作为兼纳家庭教育思想、观念与实践的专门之著，指导并规范了家族、家庭的家庭教育行为，甚至在社会上产生广泛影响并为众多家庭所效仿，以家训为蓝本实施家庭教育活动成为我国古代特有的家庭教育方式。

进入近代社会，中国家庭教育在中国传统教育思想和西学的夹击下储旧纳新，在批判传承中国传统家教观念与行为、变革腐朽纲常束缚、吸纳西方育儿思想之中逐渐完成其近代化转型。中国家庭教育近代化转型步调基本与近代中国"西学东渐"背景下社会发展变迁的步调一致，鸦片战争后，西方列强以武力打开中国大门，首先传入中国的是西方的军事器物，而后西方政治制度、文化教育思想伴随着侵略程度的加深和中国有识之士的觉醒日渐进入中国大众视野，并融入中国人的日常学习生活中。随着西学东渐步伐的加快和程度的加深，中国家庭教育尤其是其中最先接触西方的地主阶级、民族资产阶级家庭教育中相继增加的学习内容有科学技术知识、西方语言、西方政治思想、西方文化与价值观念等[1]，与此同时，中国传统家庭教育中恪守等级观念、忽视个体存在价值的不合理的伦理教育内容以及科举制主导下的八股知识教学受到开明家庭的抵制，并随着社会开化程度的加深逐步退出中国家庭教育的主舞台。中国近代家庭教育内容在多方因素的作用下不断丰富发展，智育、美育、体育等教学内容相继占据一席之地，改变了中国传统家庭教育中伦理道德教育一家独大的局面，促进个体全面发展的教育思想在这一时期萌芽并逐渐获得社会各界的认可。近代中国家庭教育在教学方法上进一

---

[1] 南钢.我国家庭教育的近代转型[D].西北师范大学，2001.

步发展言传身教等传统优良教法,同时强调依据儿童成长规律实施针对性教学,尊重儿童兴趣和需求,尝试西方游戏教学等新式教法。家长教育在这一时期开始受到重视,家长素质被认为是影响儿童成长发展的重要因素,家庭教育学家们提出中国家长要突破传统宗法思想的桎梏,改变育人观念,提升育人能力,与学校教育通力合作,共同承担为新时代育新民的教育任务。

新中国建立后,我国教育事业百废待兴,教育发展的主要目的是改造旧教育,发展为人民服务的社会主义教育,提高人民文化水平,培养国家建设人才。教育事业的发展重心在学历教育、成人学历补偿教育及其技工培训教育等,家庭教育更多是家庭自发行为。在社会发展大环境的影响下,这一时期的家庭教育实践具有明显的政治倾向性,无论是伦理性家庭教育内容还是知识性家庭教育内容都服从国家政治建设需要,劳动教育、阶级教育、集体主义教育成为这一时期我国家庭教育的主要内容①。此后,国家建设进入动荡期后,我国家庭教育内容的政治倾向性更强,甚至脱离正常发展轨道。改革开放以后,我国家庭教育开始矫正过激的政治教化取向,并在发展方向与发展步调上与国家政治、经济、文化教育等各项事业的健康向上发展保持同频共振,家庭教育实践在促进个体全面发展和实现其社会功能上取得相对平衡。进入新时期,伴随着知识经济的兴起和教育筛选功能的强化,智育成为广大家长最为关切的教育内容,帮助孩子打好知识基础、养成好的学习习惯、培养学习能力,配合学校教育完成知识传授任务占据家长的主要精力和家庭教育的大量时间,家长望子成龙的心态导致现代家庭教育中功利性知识教学内容占比过重,非智力教学内容如道德教育、健康教育、心理教育、情感教育等则需要进一步加以突出强调。值得庆幸的是,在政府部门、学校、社会组织、家长的共同努力下,这一失衡现象正在得到矫正,家庭教育正在以丰富的、科学的教学内容供给支撑起其在新时代价值功能的实现。家长实施家庭教育的

① 邹强.中国当代家庭教育变迁研究[D].华中师范大学,2008.

方式在社会主流趋势的影响下整体上由较为极端的溺爱型或是专制型朝向民主型、科学型转变，家庭教育相关学科理论基础的系统建构也为新时期家庭教育实践的科学发展提供了指导。总体而言，我国当代家庭教育理论体系建设日趋完备，家庭教育内容与方式在传承和借鉴的基础上日趋科学化和现代化，家长教育在政府、学校、社会的多方支持下借助线上、线下多种渠道实现纵深发展，学习型家庭建设日渐成为和谐社会和美好家庭建构的共同诉求。

我国家庭教育实践发展呈现出以下趋势与特征。

1. 家庭教育内容日益丰富化

我国传统家庭教育十分重视道德伦理教育，良好道德品质的形成是家庭教育实施的主要主观目标，知识教学也带有其道德烙印，而生活与生产经验的传授往往是社会生活中家庭教育的刻板行为，缺少主观能动性。近现代社会，经济、政治变革驱动文化教育及社会生活领域产生巨大变化，科学技术成为第一生产力，以人民为中心的社会主义政治体制在社会改良与改革发展中最终确立，社会整体稳定发展，个体上升渠道明晰、畅通，家庭关系实现民主化和现代化转向，在多方需求的共同主导下，家庭教育内容日渐丰富化发展，道德品质教育仍旧在家庭教育中占据核心地位，智育在家庭教育中的占比空间提升，健康教育、情感教育、心理教育、劳动教育等关乎儿童身心全面发展的教学内容也成为家庭教育需要涉及的重要板块。

2. 家庭教育方式日益科学化

中国传统家庭教育方式如其中应用最为普遍的言传身教和榜样教学方式多数时候都是家庭生活中潜移默化的无意识行为。伴随着中国家庭教育实践经验的积累以及家训、家戒等专门书籍的总结提倡，我国家庭教育方式得以进一步丰富发展，说理教育、因材施教、循序渐进等更具针对性、更能适应儿童多样性学习需求的家庭教育方法被历代中国家长们所采用，并且流传至今。但总结而言，我国传统家庭教育原则与方式都是经验型的，缺少对实践行为背后原理、规律等的科学性总结与探索。近现代社会，西方有关家庭教育的科学认识与实践经验传入我国，我国家庭教育在借鉴国外优质经验的基础上也开始完善发展我国自身家庭教育理论体系和学科基础的建构，家庭教育实践在科学理论基础的支撑下和系统家庭教育指导服务的支持下日趋制度化、规范化发展，家庭教育方式也日趋科学化发展。

3. 家庭教育互动日益民主化

传统父系权威的宗法制社会中，家庭中个体之间的关系是不平等的，儿童和女人的价值与地位不受到社会和家庭的认可，在家庭教育中，父系家长是绝对的权威，全权决定家庭教育目标、内容和方式，教学过程中只有施教者这一教学主体，儿童仅是被动的接受者，在蒙昧时期就开始接受三纲五常式的家庭教育，从无自我意识觉醒的基础和机会。近现代社会，西方儿童教育理念传入我国，儿童自身独特的价值和地位逐步被充分挖掘，儿童不是家长的附属品和家长意识灌输的接收者，相反，家长在实施家庭教育过程中，应围绕儿童身心的个性化成长开展具体教学活动，儿童自身的发展特质和发展需求是影响家长施教行为的主导要素。在家庭中，家长和孩子都是平等、独立的个体，家庭教育则是两个平等主体间的交互活动。伴随着社会民主化进程的加快以及科学教育理论体系的发展完善，以儿童发展为中心开展家庭教育活动已经为社会各界所普遍认可，目前，大家更为关心的问题是如何更好做到在遵循儿童成长规律的基础上实施针对性教学，提高家庭教育整体效果，并进一步优化亲子关系，加强情感链接。

4. 社会因素更多地介入到家庭教育中

中国传统家庭教育是封闭式的，家庭教育发生在家庭生活环境中，由家长主导，社会政治、经济、文化发展形态决定了家庭教育的本质属性和实践模式，但是这种外界的作用与影响更多是间接的，家庭以外的政府部门、社会组织等对家庭教育的直接指导行为几乎是没有的。近代以前，在我国正规教育尚未充分发展的情况下，政府部门无精力、无意识也无能力涉足家庭教育领域，更遑论是其他社会组织要素。在家庭及个体的生存发展仍旧成为社会主要问题之时，家庭教育只能是家庭这一私人领域中用以传授年轻一代生存技能和参与社会共同生活能力的私人行为。近现代以后，尤其是我国改革开放以来，随着人民生活水平的不断提升、教育系统的发展完善、政府部门的积极作为，更多社会要素开始介入到家庭教育领域，政府部门的政策、组织与资金支持，学校的指导与协作，社会组织的关怀与参与等都为新时期我国家庭教育的科学、健康、持续发展提供了有力支撑，尤其是由政府部门、学校教师、高校学者、社会组织等共同筹划及组织实施的家庭教育指导服务活动，已经成为家长提升家庭教育素养的重要渠道。

二、国外家庭教育发展规律

（一）国外家庭教育价值观发展规律

西方国家家庭教育思想发展与其所持的儿童观相一致。西方奴隶制社会时期儿童作为"人"的独立性被忽视，儿童是父母的附属品，家庭教育以满足城邦、国家建设所需为价值导向。斯巴达尚武，其家庭教育注重军事体育训练，家庭教育的目的是为城邦所用的体格强壮的武士，雅典实施奴隶制民主政治，家庭教育的目的在于培养为城邦所用的合格的公民。中世纪奉行儿童有罪论，家庭教育完全服从封建统治需要。文艺复兴时期，人文主义思想首先在文化教育领域兴起，儿童的价值和地位获得充分认可，家庭教育价值观由此发展转向，促进儿童自身的全面发展成为家庭教育的主要目的。进入资本主义社会后，西方家庭教育领域的阶级分化加剧，资产阶级致力于通过家庭教育培养接班人，无产阶级家长既无时间、精力投身家庭教育也无家庭教育资源可用，逐渐在剥削与压迫中丧失了家庭教育的主动权。

　　东方国家如日本、新加坡、韩国的传统家庭教育价值观都不同程度地受到了中国儒家思想的影响,日本平安时代中期以前,在文化上推崇汉唐文化,在政治上模仿中国中央集权政治统治,作为中国传统文化内核以及社会政治经济发展重要基础与重要体现的儒家思想体系,自然也在日本社会各领域产生了深刻影响,日本这一时期的家庭教育发展整体上以维系封建社会、家庭礼制,维护天皇"现人神"地位,追求个体为官入仕,实现家族荣耀等为目标导向。平安时代中后期,日本政治、经济制度发生变化,国风文化随之崛起,追求文字、文化、思想、教育、艺术领域的本土化与独立性成为日本社会之共识,这一时期日本贵族实施家庭教育的主要目的是提高个体修养,维系家庭政治经济利益,培养本氏族后备力量[①]。明治维新后,日本追求"文明开化",这一时期家庭教育一方面在器物层面"西学东渐",另一方面又以政治需求为导向,遵从封建礼教,维护天皇统治,服务于富国强兵目标。第二次世界大战后日本家庭教育发展回归正轨,培育能够适应和促进新时期社会发展的独立个体成为家庭教育主要目标追求。新加坡家庭教育发展受到中西方文化的共同影响,长期殖民统治带来的西方价值观的侵蚀,使得新加坡社会个人主义盛行,20世纪60年代国家独立后,新加坡主要领导人开始主张借助传统儒家思想培育公民国家意识、家庭意识以及道德意识,以此抵御西方消极文化的影响[②],而家庭教育无疑是贯彻这一价值导向和政治导向最为彻底的渠道之一。至今,新加坡家庭教育发展仍遵循这一导向,社会主流价值主导下的家庭教育实施主要还是以培养年轻一代对国家、社会、家庭的身份认同感,帮助年轻一代掌握"为人处世"的家庭理论观念和社会价值观念以及基本行为模式为主要目标追求。韩国家庭教育发展同样深受儒家思想影响,重视礼仪教育和孝道教育,维系家庭伦理关系,培育国家意识和爱国情怀等

---

① 王树仪.国风文化对日本平安时代教育的影响[D].河北大学,2017:97.

② 赵梦雷,古再努尔·阿布都热衣木,黄红亚.新加坡家庭教育的成功经验及启示:以传统儒家孔学思想为视角[J].陕西学前师范学院学报,2017,33(2):12—17.

具有浓重儒家色彩的价值取向仍是当下韩国家庭教育实施的重要目标导向。

与儒学主导下的东亚伦理社会发展有所不同，印度国家政治经济文化教育发展，乃至家庭及个体的思考和行为模式都带有其浓厚的宗教色彩，于家庭教育而言，传播宗教教义本身就是其家庭教育目标之一，与教义相容的封建等级制度又进一步导致家庭教育分层，处于较高等级的家庭自然以维系本阶层的地位、利益、培育优秀的继承人为主要家庭教育目标追求。英国殖民统治的 200 多年间，印度社会整体上在被动与主动中走向东西方融合发展，西方教育思想、观念、方式与语言进驻印度家庭教育领域。至今，印度家庭教育一方面在保持其宗教色彩和不平等属性的同时，一方面也在吸收更民主、更科学的理论与经验，为培育适合国家建设的新人做贡献。

国外家庭教育价值观呈现出以下趋势与特征。

1. 东西方差异显著

东方尤其东亚家庭教育思想受儒家伦理思想体系影响，整体上注重培养年轻一代的共同体意识，小到家庭，大到家族、国家，隶属于其中的个体都要遵循维系群体利益与团结的秩序、礼仪与规范，能够将年轻一代培养为"称职"的一分子，参与群体共同生活，为群体的发展与荣耀贡献力量本身就是伦理社会家庭实施教育的重要目标追求。伴随着西方思想的传入和个体意识的觉醒，尊重儿童身心发展特征，注重儿童自身快乐且全面的发展逐渐成为现代家庭教育目标共识，但不可否认的是，集体意识培养始终是作为客观的政治要求或主观的价值追求，贯穿于东方家庭教育实践始终。西方国家家庭同样注重国家情怀和国家意识培养，但并不主张集体利益凌驾于个体利益之上，从"发现人"到"发现儿童"，个体身体与精神自由且独立地成长、个体权益获取与保障始终是西方社会、家庭与个体关注的核心，西方家庭教育在培养儿童个体意识，帮助儿童获得满足个体生存与生活的知识与能力的同时，也在将个体主义精神不断延续下去。无论是东方偏向社会发展的集体主义，还是西方主张个体意识的个人主义，都形成于一定的社会背景和历史背景之中，没有对错之分，二者本质上应该是互融并且互促的，过于偏向某一方都容易造成极端的后果，于家庭教育而言，促进个体的个性化发展和帮助儿童获取适应所在社会的价值观念及能力同样重要。

2. 基本与社会主流价值观发展一致

一定时期的社会主流价值观作为社会中多数成员共同遵循的观念性的上层建筑，都建立于其所在社会的经济基础之上，同时又通过影响集体、家庭及个人等社会主体价值观念和行为模式的方式，作用于社会经济发展，从而形成物质与意识相互依赖与转化的闭环。西方封建社会时期，封建经济关系产生了封建社会价值观与道德观，个体处于封建等级网络中，存在的意义不在于其自身的独立意识和独特价值性，而是作为封建社会人身依附关系中的一个单位，遵循并维系现有等级秩序。所谓封建社会道德，实质就是位卑者放弃对自己正当利益的追求，压抑他们的独立人格，对尊者"顺而不逆"，以维护家庭、家族和封建社会的稳定。封建社会价值观念主导下的封建家庭教育中自然也无独立存在的"儿童"，育儿的目的在于延续所在阶层的传统与荣耀。进入资本主义社会后，个人主义和实利主义至上，阶级分化加剧，家庭教育也呈现阶级间分化发展局面，个体自主意识和独立性的培养以及资产阶级价值观念、金钱观念等传输成为现当代西方家庭教育的重要目标追求。东亚国家古时对儒家思想文化的学习与尊崇，近现代东西方文化交汇影响下形成的国民文化及其价值观，都对教育领域包括家庭教育的价值追求起到了重要的引导作用。

（二）国外家庭教育实践发展规律

在"发现儿童"之前，西方家庭教育的内容与方式都以符合社会需要为准，由家长单方面决定，古希腊、古罗马时期，男孩在家庭中学习军事训练技能，接受理智教育和情感教育，女孩在家庭中学习纺织等技能，中世纪封建主家庭中骑士所接受的美德教育和七艺教育，本质上都将家庭教育作为国家或某一阶层教化统治的工具，教育方法以言传、身教以及在做中学为主，教育过程往往是家长单向的灌输，孩子在强制和被动中掌握社会生活能力。文艺复兴后，家庭教育开始兼顾社会需求和儿童自身发展需要，家庭教育以培养资产阶级新人为主要目的，儿童身心的健康、品格的健全、科学知识和社交礼仪的传授等都是家庭教育涉及的内容，夸美纽斯、卢梭、洛克等著名教育学家更是对家庭教育方法进行了系统探索，主张家长在民主、平等、自由的家庭关系和氛围中对儿童实施积极教育，在遵循儿童身心成长规律的过程中引导儿童全面、自然成长。这一时期，西方家庭教育虽然仍带有宗教传统和阶级意识的深刻烙印，但伴随着教育理论和实践的发展也实现了价值论、内容与方式等方面的实质性突破，并在世界范围产生广泛影响。进入现代社会，西方家庭教育一方面仍在牢不可破地延续着阶级间的差异与对立，在学校教育、社会教育不断扩张中逐渐丢失了家庭教育领地，在激化的社会矛盾和娱乐至死的社会环境中逐渐弱化了家庭教育职能，另一方面又在不断地探索家庭教育理论创新和实践优化，并在儿童的独立意识、创新精神与能力培养等方面产生了许多可供借鉴的经验。

儒家思想对东亚国家家庭教育实践的影响是深刻也是全面的。日本传统家庭教育重视伦理纲常教学，家国、家族意识及武士道精神的培养、参与社会共同生活能力的养成、传统礼节的灌输等是日本传统家庭教育的主要内容。明治维新时期，在"富国强兵"国家政策主导下，教育的主观价值是为国家、天皇培养为国征战的顺民，家庭教育作为政治思想灌输以及武士道精神养成的第一课堂，在国家的掌控和推动下获得了全面发展，儒家思想中与其政治目标相匹配的内容，包括"忠君""孝亲""报国"等思想意识以及行为模式作为国家政治教育的核心载体，也在家庭教育实践中得到了全面贯彻。第二次世界大战后，日本军国主义覆亡，日本社会在东西方文化的交汇融合中实现现代化发展，家庭教育实践中既保留了东方文化中帮助个体适应共同体生活的教育内容,如礼仪教育、待人处事教育、同理心教育等,同时也融入了西方的个体意识教育,注重儿童的个性化和独立性发展。在家庭教育方式上,日本家长同样注重榜样教学,也会放手让孩子独自干活、独立行动,以培养孩子的劳动能力、吃苦能力和自主意识等。其他东亚国家如韩国、新加坡都有浓厚的东方特色,如注重国家观念、家庭观念等共同体意识培养,注重仁爱观、孝道观、正义观教育,注重勇于奋斗、敢于担责、讲求信用、崇尚节俭等美德的培养。当然各国家庭教育也有自己独特鲜明的民族特征,如日本相对其他国家而言更重视孩子的独立能力和抗挫折能力培养,中国和韩国家庭在智力教育上则表现得更为"疯狂",这都有其深刻的生活环境要素和社会背景要素在发挥作用。南亚国家印度的家庭教育实践在蕴含东方国家底蕴的同时,也兼容了西方教育思想与观念,印度家庭的孩子具有强烈的宗教意识、共同体意识和家庭意识,相较于东亚国家而言,在思维方式和表达方式上更为西化。

国外家庭教育实践发展呈现出以下趋势与特征。

1. 家庭教育发展日益上升为国家战略

以发生场域的不同为依据,教育在大类上可以划分为学校教育、社会教育和家庭教育三个类别,家庭教育原本是其中最具有私密性的教育类型,早期家庭教育实践中牵涉的教育主体、教学资源以及教学方式一般都能够在家庭内部解决。政府部门主动介入家庭教育这一私人领域,主要有以下几个方面的考虑:一是家长自身无法应对社会发展、教育变革带来的家庭教育需求与质量的增长,需要外界提供指导与帮助;二是政府部门认识到家庭教育在提高国民素质、保障教育整体质量以及实施政治教育中的重要作用。政治目的往往会成为国家层面主动关注、指导、支持甚至管制家庭教育的最强动力,极端情况下如日本明治维新时期家庭中的军国主义教学,就是国家统治者阶层出于阶级利益考虑实施的国民教化行为,家庭教育失去了其本真意义,成为统治者独裁的工具。国家本身就是具有阶级属性的概念,国家政策的制定包括家庭教育发展政策都是基于国家的阶级属性，服务于国家的政治建设需要，这一政策制定原则在任何时期、任何国家都是适用的。但是，政治目标无论如何都不能作为主导目标凌驾于社会集体及个人发展目标之上，更不能使得多数社会主体沦为统治阶级的附庸或是统治者实现扩张的工具。于教育包括家庭教育而言，育人目标即帮助个体实现个性化和社会化成长才是最本质的价值追求，在教学实践中也应以个体成长规律为基本遵循，社会与家庭发展自然也是重要导向与影响因素，政治目标属于社会发展要素，对教育理论研究与实践探索而言应该发挥指导作用和底线作用，而并非主要的目标追求。

2. 家庭教育实践活动发展日益民主化、科学化

伴随着世界范围内社会文明的飞速发展，各类教育实践活动及其相关学科理论基础在相互作用、相互促进中逐步实现民主化、科学化发展，这是社会发展与个体发展的共同诉求，也是社会活动和教育活动发展的必然趋势。相对于其他类型教育而言，家庭教育实践活动私密性强，不可控因素多，外界要素介入更难，国家层面对家庭教育的规范与指导也相对较为迟缓。与之相对应，社会科学界有关家庭教育的理论探索也较为单薄，早期家庭教育领域理性探索主要来源于家庭教育实施主体——家长对家庭教育实践活动的经验总结以及对其中规律性要素的初步探索，总体上理性思考不足，理论体系架构也有待建立。进入近代尤其是现代社会后，社会经济发展逐步趋向繁荣稳定，学校教育逐步扩容提质甚至联结社会教育走向全纳、终身，教育及相关领域的理论研究体系逐步架构并确立其学科地位，作为完整教育网络重要一环的家庭教育开始由个体、家庭的自主行为在社会范围引起关注与重视，学校教育开始寻求与家庭教育的协作互助，教育及相关社会科学领域的研究人员开始开展家庭教育理论探索与研究，政府更是将家庭教育作为关系到国民素质提升以及国家未来发展的基础渠道在谋划与推进，与此同时，家庭自身要素包括家庭结构的优化发展、家长素质水平的整体提升，这些都为家庭教育的民主化和科学化发展创造了条件。

3. 不同地区、国家家庭教育在交汇融合中实现优化发展

文化教育领域主动而并非一方对另一方进行意识形态管控的国际交流活动一般包含实践经验交流和思想理念交流两个层面,这两个层面的交流往往相伴而生,并在融入本土化实践与理论创新活动的过程中实现特色发展。在家庭教育领域,本土就广为流传的家庭教育经验,尤其是名人名士的家庭教育实践经验和思想理念,通过口口相传或是著书立说,以家训、家书、家庭教育类专门书籍等载体传入其他国家和地区,他国在对照、检视本土家庭教育发展现状、问题的基础上,针对性地借鉴、糅合其中符合自身发展需要的先进经验与观念,改造、优化本土家庭教育实践活动甚至创造出新的实践范式。在特定时间内,受社会发展水平影响,家庭教育经验的国际交流可能是以某一国家或地区单方面对另一国家和地区产生借鉴、指导作用为主,但从长期发展来看,必然是双方相互的,中日间、东西方国家间家庭教育经验的交流都是如此。

第二篇

家庭教育理论研究篇

党的十八大以来，习近平总书记从党和国家事业发展战略全局以及促进人的全面发展教育宗旨出发，围绕注重家庭、注重家教、注重家风建设做出一系列重要指示，特别是 2021 年 3 月《习近平关于注重家庭家教家风建设的论述摘编》出版发行，积极回应了人民群众对家庭建设的新期盼和新需求，回答了新时代家庭建设的一系列重大理论和实践问题。我国家庭教育事业发展的现状和趋势均表明，新的时代，我国迫切需要开展家庭教育理论研究与创新发展。因此，梳理和重新界定新时代家庭教育概念、目的、功能，围绕家庭教育主体、内容、方法和环境来确定家庭教育的基本要素，依据相关理论建立健全家庭、学校、社会联动机制及共育模式等都显得尤为重要。

第一章
现代家庭与家庭教育

新的时代，重视家庭、家教、家风，对于每个人的发展来说都十分重要。

本章从现代家庭和家庭教育基本概念的界定入手，重点阐述现代家庭教育的内涵、特点，现代家庭教育与传统家庭教育的差异，家庭内外环境变迁对人的发展的影响，以及当今家庭教育事业发展和家庭教育研究的现状。

第一节　现代家庭概述

一、现代家庭的内涵

（一）家的含义

家，通常指的是共同生活的眷属和他们所住的地方。西汉许慎编撰的《说文解字》中说："宀（mián）为屋也"，"豕（shǐ）为猪也"，两字合写为"家"字。象形字典里显示：猪是温顺、繁殖力旺盛的动物，对古人来说圈养的生猪能提供食物安全感，继而带来生存安全感。后来，"家"的定义又有了诸多类似"港湾"的比喻意义，成为无数出门在外的人的最终归属地。

（二）家庭的含义

一个孩子呱呱坠地来到人间，首先进入的就是家庭，家庭是人生的第一个生活环境，也是孩子生活最重要的场所。对于婴幼儿期的孩子而言，由于缺乏独立生活的能力，他们不可能脱离家庭、父母而独立生存和生活，他们一步也离不开家庭。因此，家庭对于一个人的一生成长，不仅在早期，甚至终身来说，都是非常必要和重要的。

家庭还是一个历史范畴。在不同的时代、不同的文化中，家庭各方面的规定性也是不同的。

在古代西方，"家庭"一词甚至包含了"奴隶"的意思。在古罗马时期，famulus(家庭)的意思是一个家庭奴隶，而 familia 则是指属于一个的全体奴隶。古罗马人用 familia 表示父权支配着妻子、子女和一定数量的奴隶的社会机体。

在英语中，"家庭"(family)一词包含以下含义：(1)指同居或不同居的父母子女；(2)指一个人或一对夫妇的所有子女；(3)指由父母子女、伯父母以及堂表兄弟姊妹等构成的近亲团体；(4)指同一祖先的全体子孙；(5)指雇有佣人的户。德语、法语中在用法上也是如此。可见，西方家庭概念的内涵较宽泛，而且"家庭"与"家族"不分[①]。

在英文中还有这样一种说法。Family 中的 f 代表 father，m 代表 mother，i 就是我，l 指 love，y 就是 you。连在一起就是：father and mother, I love you。也就是：爸爸妈妈，我爱你们。

在中国传统文化中，"家""室""房""户""家族"等都是表示家庭概念的名称，但其中又有细微的差别。一般来说，"家庭"比较侧重于家庭成员的组成，指具有实际功能的确切的生活单位，相当于英文中的"family"。"家"(或"室")则侧重于居住地和居住场所，相当于英文中的"home"。而"家族"通常

---

① 丁文.家庭学[M].济南：山东人民出版社,1997：58.

是指同宗而非同居共财的血亲群体,常常涉及范围较大的继嗣群、系谱关系。"房"与"家族"相联系,一般是指建立在系谱关系上的成员资格,是儿子家庭相对于父亲家庭的身份。所以"房"也是父子关系的规定,它是中国文化中以父子关系为主轴的家庭文化模式的反映。至于"户"(household),是指居住在同一单元房屋的人们,更多的是户口登记上的意义。一般情况下,"家"与"户"相互联系,大多情况下是"一家"即"一户"。但也有"一家分几户"和"一户分几家"以及人户分离的空挂户现象。①

这里,我们根据词典以及学者的定义,以表 1-1 的形式梳理家庭的定义,以期总结出家庭的本质内涵。

表 1-1 有关"家庭"的定义

出处	定义	关注点
《汉语大词典》	家庭是以婚姻和血缘关系为基础的社会单位,成员包括父母、子女和其他共同生活的亲属。②	婚姻 血缘
《中国大百科全书·社会学卷》	家庭是由婚姻、血缘或收养关系所组成的社会生活的基本单位。	婚姻 血缘
赵忠心 (教育学者)	家庭是以婚姻为基础、以血缘为纽带而形成的社会生活的基本单位,是社会最微小的细胞。③	婚姻 血缘
关颖 (社会学者)	家庭的本质是家庭关系。家庭的起点和基础是婚姻,一对男女结为夫妻便建立了一个新家庭。他们生儿育女,又产生了以父母子女关系、兄弟姐妹关系为主要内容的血缘关系,以及由婚姻、血缘关系延伸的其他关系。④	家庭关系
孙本文 (社会学家)	所谓家庭,是指夫妻子女等亲属所结合之团体而言。故家庭成立的条件有三:第一,亲属的结合;第二,包括两代或两代以上的亲属;第三,有比较永久的共同生活⑤。	亲属关系

① 邓伟志,徐新.家庭社会学导论[M].上海:上海大学出版社,2006:39.
② 罗竹风.汉语大词典[M].上海:汉语大词典出版社,1989:1469.
③ 赵忠心.家庭教育学:教育子女的科学与艺术[M].北京:人民教育出版社,2001:2.
④ 关颖.家庭教育是什么:家长学习读本[M].广州:广东教育出版社,2018:3.
⑤ 孙本文.社会学原理[M].北京:商务印书馆,1935:441.

续表

出处	定义	关注点
谢秀芬 （中国台湾学者）	家庭的成立乃是基于婚姻、血缘和收养三种关系所构成，在相同的屋檐下共同生活，彼此互动，是意识、情感交流与互助的整合体①。	婚姻 血缘
杜威（教育家）	家庭是社会生活的一种形式，儿童在其中获得教养和道德训练②。	社会生活
马卡连科（教育家）	家庭是社会的一个天然的基层细胞，人类美好的生活在这里实现，人类胜利的力量在这里滋长，儿童在这里活着、成长着——这是人生的主要快乐③。	社会生活
美国人口普查对家庭的定义	家庭指的是居住在一起的，由血缘、婚姻或收养关系联系在一起的两个或两个以上的人们④。	婚姻 血缘

可见，不同学科的学者对于家庭内涵的关注点是不同的。心理学家强调家庭是人与人之间的生理结合，而社会学家则强调人的群体性，注重考察家庭关系和社会生活等。总之，家庭是由婚姻、血缘或收养关系所组成的社会生活的基本单位，是人类自然关系和社会关系的统一，是社会的细胞，也是个体与社会联系的桥梁⑤。

（三）家庭的本质特征

对家庭的本质认识是从近代才开始的。

马克思和恩格斯也曾经给家庭下过定义："每日都在重新生产自己生命的人开始生产另一些人，即增殖，这就是夫妻关系、父母和子女之间的关系，

---

① 谢秀芬.家庭与家庭服务：家庭整体为中心的福利服务之研究[M].台北：五南图书出版公司，1998.
② 杜威.学校与社会·明日之学校[M].北京：人民教育出版社，2004：7.
③ 马卡连科.马卡连科全集（第四卷）[M].北京：人民教育出版社，1957：30—31.
④ ［美］罗斯·爱什尔曼，理查德·布拉克罗夫特.心理学：关于家庭[M].徐晶星，等，译.上海：上海人民出版社，2012.
⑤ 关颖.家庭教育社会学[M].北京：教育科学出版社，2014：27.

这就是家庭。"①也就是说,家庭的本质是婚姻和血缘关系,是由夫妻、子女及其他生活在一起的近亲所组成的小团体。

伯格斯在《家庭》一书中指出家庭有四个特质:因婚姻、血缘或收养关系所组成的小团体;家庭成员通常居住在一起;家庭成员彼此互相沟通与互动,并分别扮演家庭中的角色,如父母、子女等;家庭成员彼此分享同一文化与某些独有的家族特征②。

我国学者胡航认为,家庭的本质特征有③:(1)两性结合,延续后代;(2)它是社会发展的产物,有其自身产生和发展的历史;(3)它是人类的基本群体,满足了人们的多种需要。

可见,家庭起始于两性的结合,而这种结合必须是男性和女性依据一定的法律、伦理、风俗的规定而建立起来的两性关系,亦即婚姻关系。家庭即是这种婚姻关系的产物,血缘关系由此而来,父母、兄弟、姐妹也由此而建立了一种自然的亲情关系。本质上看,无论是两性关系,还是婚姻关系、血缘关系,它们都为家庭深深刻画上了两种属性:自然属性和社会属性,家庭的本质就是这种自然属性和社会属性的统一。

(四)家庭演进过程和阶段

家庭在人类历史上经历了漫长的发展过程。恩格斯在《家庭、私有制和国家的起源》中将家庭划分为四个阶段:血缘家庭、普那路亚家庭、对偶制家庭、专偶制家庭④。在血缘家庭之前是原始的群婚制。恩格斯把人类社会划分为三个时代,即蒙昧时代、野蛮时代、文明时代。群婚制发生在蒙昧时代,对偶婚制发生在野蛮时代,专偶婚制发生在文明时代。

---

① 《马克思恩格斯全集》第1卷,人民出版社,1972年,第33页。
② 吴航.家庭教育学基础[M].武汉:华中师范大学出版社,2010:10.
③ 吴航.家庭教育学基础[M].武汉:华中师范大学出版社,2010:11.
④ 恩格斯.家庭、私有制和国家的起源[M].北京:人民出版社,2018:28—90.

具体来说，家庭发展大致经历了以下四种形式和阶段。

（1）血缘家庭。血缘家庭是建立在血缘婚基础上的家庭形式，也是人类第一种家庭形态和第一个社会组织。存在于人类由原始群向氏族公社过渡的整个时期。它是家庭形式的第一阶段。这种家庭在世界上已经绝迹。它的存在是美国民族学家 L. H. 摩尔根于 19 世纪 70 年代依据遗留在夏威夷群岛的马来亲属制和群婚的残余推论出来的。摩尔根提出的血缘家庭学说，冲破了当时流行的一夫一妻制家庭是自古就有的家庭形式的观点，并得到马克思和恩格斯的充分肯定，但也遭到一些学者的反对。百余年来，各国学者围绕着血缘家庭问题展开了激烈的争论。

（2）普那路亚家庭。普那路亚为夏威夷语，意为"亲密的伙伴"。它指的是一群同胞或血缘较远的姐妹同一群平辈但不是她们的兄弟在内的男子，或一群同胞或血缘较远的兄弟同一群平辈但不包括他们的姐妹在内的女子相互通婚。

（3）对偶制家庭。对偶婚制是原始社会成对男女在或长或短的时期内相对稳定的偶居。在对偶婚制下，一个男子在许多妻子中有一个主妻，而他对于这个女子来说，也是她的许多丈夫中的一个主夫，这对主要的丈夫和妻子在一定时期里共同生活，组成最初的对偶家庭，但这种家庭本身还很脆弱，没有自己的家庭经济，也不可能成为社会经济的细胞组织，而且婚姻关系极不牢固，可以根据任何一方的意愿而解除。这种家庭仍以女性为中心，实行族外婚的原则和女"娶"男"嫁"，夫从妇居的婚姻居住方式，妻子定居于本部族，丈夫则来自别的部族，所生子女属于母方部族，世系按母方计算。对偶婚制是继群婚制而出现的一种婚姻家庭制度，是从群婚制到一夫一妻制的过渡形式。

（4）专偶制（一夫一妻制）家庭。专偶制这种家族形态的基础就是一男一女的婚姻，并排斥与外人同居；后面这一点成为这种制度的根本要素。这完完全全是文明社会的家族，因此，它基本上是近代的产物。这种家族形态还建立了一套独立的亲属制度。

二、家庭的发展与变迁

迄今为止,人类社会经历了原始社会、奴隶社会、封建社会、资本主义社会和社会主义社会五种社会形态。在漫长的社会历史发展过程中,家庭从产生到发展经历了一系列的变迁。家庭的产生和发展是同一定历史阶段的生产力发展水平相适应的,而家庭教育则是随着家庭的发展而发展的。

中国传统社会中的家庭规模都比较大,往往以家族、大家族的形式形成村落群居。现代家庭结构特点是多以"小家庭"形式与父母分开居住,主要是核心家庭和主干家庭。到了独生子女时代,所谓"四二一"模式出现,即一个孩子、孩子的父母两个人、孩子的爷爷奶奶和外公外婆四个人。二孩时代的家庭结构就成为"四二二"模式了。

(一)家庭发展理论：家庭生命周期

家庭生命周期,或称"家庭生命循环"(family life cycle),是指一个家庭由形成、发展、扩大至衰退的过程[①]。1947年,美国学者 P. C. 格里克从人口学角度提出了家庭生命周期的概念。认为家庭有其自身的产生、发展和自然结束的运动过程。一般把家庭生命周期划分为形成、扩展、稳定、收缩、空巢和解体六个阶段。家庭在不同的生命周期阶段上有不同的内容和任务[②]。

由于时代背景变迁、家庭结构多元化等,家庭生命周期类型的划分并没有固定的模式。比较有代表性的是杜瓦尔和乌奈尔等人的分类。

1. 杜瓦尔的分类

杜瓦尔(Duvall)将家庭生命周期分成扩张与收缩两个时期、八个阶段:

① 吴航.家庭教育学基础[M].武汉：华中师范大学出版社,2010：13.
② 邓伟志,徐新.家庭社会学导论[M].上海：上海大学出版社,2006：22.

（1）扩张期

• 新婚夫妇期（夫妻结婚，尚无小孩）。

• 养育孩子的家庭（从一个孩子的出生到两岁半的养育幼儿家庭）。

• 学龄前孩子的家庭（从第一个孩子两岁半到 6 岁的学龄前子女家庭）。

• 小学年龄孩子的家庭（从第一个孩子 6 岁到 13 岁的学龄子女家庭）。

• 中学年龄孩子的家庭（从第一个孩子 13 岁到 20 岁的青少年子女家庭）。

（2）收缩期

• 孩子成年且离家的家庭（孩子陆续离家）。

• 中年父母的家庭（属中年危机期，由家庭空巢期到退休）。

• 老年父母的家庭（由退休到夫妇两人都死亡）。

2. 乌奈尔等人的分类

乌奈尔（Unell）认为随着孩子的成长与发展，父母亲的亲职生涯从初期到晚期可分成三个周期、八个阶段。

（1）第一周期：养育年幼孩子

• 公众人物时期（怀孕：从怀孕到出生，0—9 个月的妊娠期）。

• 海绵时期（婴儿期：从出生到走路，0—1 岁左右）。

• 家庭管理员时期（学步期/学前期：从学步到学龄前，1—5 岁）。

• 旅行规划员时期（学龄期：从小学到青春期，6—12 岁）。

• 火山居民期（青春期：从青春期到离家，13—17 岁）。

（2）第二周期：养育成年孩子

• 家庭重塑时期（离家到独立自主，18—24 岁）。

• 功成身退时期（从独立自主到养育下一代或照顾父母，25—49 岁）。

（3）第三周期：被孩子抚养

• 抢篮板球时期（照顾父母/从养育成年人到需要成年孩子的照顾，50 岁以上）。

杜瓦尔等提出的家庭生命周期思想在学术界产生了较大影响。杜瓦尔认为,就像人的生命那样,家庭也有其生命周期和不同阶段上的各种任务。而家庭作为一个单位要继续存在下去,需要满足不同阶段的需求,包括:(1)生理需求;(2)文化规范;(3)人的愿望和价值观①。不同阶段家庭发展任务通过表1-2可清楚地表示出来。

表1-2　家庭生命周期与家庭发展任务②

家庭生命周期阶段	家庭中的角色	家庭发展任务
1. 新婚期(没有孩子)	妻子 丈夫	• 发展相互满足的婚姻生活 • 怀孕及将成为父母的适应 • 适应彼此亲戚网络
2. 育儿期(从第一个子女出生到该子女两岁半)	妻子-母亲 丈夫-父亲 女儿-姊妹 儿子-兄弟	• 适应新子女的诞生、成长 • 发展一个可以满足的双亲、新生儿家庭
3. 学龄前期(从第一个子女两岁半到该子女 6 岁)	妻子-母亲 丈夫-父亲 女儿-姊妹 儿子-兄弟	• 以激发性、成长方式适应学龄前期子女的重要需求 • 充沛的精力适应子女需求,父母因此缺乏隐私
4. 学龄期(从第一个子女 6 岁到该子女 13 岁)	妻子-母亲 丈夫-父亲 女儿-姊妹 儿子-兄弟	• 有学龄子女的家庭以建设性方法适应社区的生活 • 鼓励子女教育上的成就
5. 青少年时期(从第一个子女 13 岁到该子女 20 岁)	妻子-母亲 丈夫-父亲 女儿-姊妹 儿子-兄弟	• 青少年在自由及责任之内取得平衡 • 发展中年父母(子女已成年)的兴趣和工作
6. 空巢期(从第一个子女到最后一个子女陆续离家出走)	妻子-母亲-祖母 丈夫-父亲-祖父 女儿-姊妹-姨、姑 儿子-兄弟-舅、伯、叔	• 成年子女离家就业、服兵役、上大学、另组新家庭等等 • 维护支持性家庭关系

---

① 邓伟志,徐新.家庭社会学导论[M].上海:上海大学出版社,2006:22.
② 周月清.家庭社会工作:理论与方法[M].台北:五南图书出版公司,2001:68;伊夫林·M.杜瓦尔.婚姻和家庭发展[M].费城:J.B.利平科特,1977:179.

续表

家庭生命周期阶段	家庭中的角色	家庭发展任务
7. 中年父母期（空巢到退休）	妻子-母亲-祖母 丈夫-父亲-祖父	• 新的婚姻关系重建 • 维护老的及年幼的亲属关系
8. 老年家庭成员（退休至双亲死亡）	寡妇-鳏夫 妻子-母亲-祖母 丈夫-父亲-祖父	• 适应丧偶及独处 • 亲近家人或适应老年生活 • 适应退休生活

总之，家庭生命周期的阶段不同，就有不同的发展任务与特质。家庭的发展任务是要成功地满足人们成长的需要，否则将导致家庭生活中的不愉快，并给家庭自身发展带来困难。

（二）家庭结构及其教育影响

1. 家庭结构的类型

家庭结构实际上是指家庭成员的构成及其相互作用、相互影响的状态，以及由这种状态所形成的相对稳定的联系模式①。实际上，人们对于家庭结构有着不同的理解，但基本都会牵涉到两个要素：一是家庭的人口要素，即家庭由多少成员组成，家庭规模如何；二是家庭代际要素，即家庭成员的代际分类是怎样的。因此，家庭结构是在婚姻关系和血缘关系的基础上形成的共同生活关系的统一体，既包括人口结构，也包括代际结构，并且是二者组合起来的统一形式。

家庭结构的分类有多种方法，如可以按照家庭的规模、家庭成员配偶的人数和对数、家庭传袭规则、家庭的权力、家庭成员的居住地、家庭的代际层次和亲属关系等划分。此处依据现代家庭结构的特点，从代际层次和亲属关系的角度进行划分，如表1-3所示。

---

① 《中国大百科全书·社会学》，中国大百科全书出版社，1991年，第104页.

表1-3　现代家庭结构类型

家庭结构类型	家庭类型释义
核心家庭	由父母及未婚子女组成的家庭。
主干家庭	由两代或两代以上夫妻组成，每代最多不超过一对夫妻，且中间无断代的家庭，如父母和已婚子女组成的家庭。
联合家庭	家庭中任何一代还有两代以上夫妻的家庭，如父母和两对及两对以上已婚子女组成的家庭，或是兄弟姐妹婚后不分家的家庭。
变异家庭	不符合通常所理解的家庭概念的生活组织形式，如夫妻家庭，指只有夫妻二人组成的家庭，包括夫妻自愿不育的丁克家庭、生育有子女但子女不在身边共同生活的空巢家庭，以及尚未生育的未育夫妻家庭。
扩大家庭	指一个核心家庭加入非直系的未婚亲属（如夫妻一方的未婚兄弟姐妹）组成的家庭。
隔代家庭	指由祖父母与孙代组成的家庭。
单亲家庭	指由父母中的一方与子女共同组成的家庭，其中包括由未婚的父亲或母亲一方与未婚子女组成的家庭；单身者由于采取人工受孕和寻找代理母亲的方式而生养子女，单身者与其子女共同组成的家庭；核心家庭中配偶的另一方因离婚、死亡、出走、分居等原因使家庭成员不全，只能由配偶的另一方抚养孩子而组成的家庭。
同性恋家庭	指两个同性基于性关系组成的家庭。
单身家庭	指只有一个人的单身家庭，包括终身不娶或不嫁的独身主义者与丧偶或离异后单独生活者等。

　　家庭结构变迁是受多种因素制约的，既有经济的、文化的，又有传统观念的影响。中国传统的家庭是父系的，一般至少包括夫妻和子女两代人，普遍存在三世同堂，甚至四世同堂、五世同堂的现象。随着社会进步和时代变迁，传统的中国家庭规模和家庭结构都发生了变化。

　　中国实施的计划生育政策，不但改变了人口发展的数量和结构，而且出现了上亿的独生子女人口，并形成了独具特点的独生子女家庭（即夫妻双方至少一方为独生子女）类型。虽然原计划生育政策已经终止，但独生子女人口以及由此产生的家庭类型必将长期影响中国的人口数量和结构，不仅形成独特的老龄化趋势，而且会长期影响中国的可持续发展。

2. 家庭结构对家庭教育的影响

我国家庭结构变化的特点是：城乡家庭规模的小型化和家庭结构的核心化。

从我国第七次人口普查数据来看，2021 年大陆 31 个省、自治区、直辖市共有家庭户 4.94 亿户，平均每个家庭户的人口为 2.62 人，比 2010 年第六次全国人口普查的 3.10 人减少 0.48 人。

家庭结构对儿童家庭教育的影响是不可忽视的。现代家庭结构多种多样，不同家庭结构对家庭教育的影响也是不同的。我们大致可以区分为健康的和不健康的两大类。

在健康的家庭中生活的孩子接受到的更多是父母良好的教育，父母能够把握和遵循子女身心发展规律和兴趣爱好，采取正确、适当的教育方式，亲子关系相处融洽。

生活在单亲家庭中的孩子，很多得不到父母完整的爱，时常会有情绪低落，缺乏安全感，不自信，也容易出现叛逆行为。生活在再婚家庭中的孩子对继父或继母的加入往往表现出强烈的抵触情绪。而在失和家庭，即便父母没有离婚，但如果父母整天争吵不断，对孩子的心灵会造成严重的创伤，孩子常常会情绪失控，或者远离群体，学习也会随之受到影响。

隔代家庭的孩子常常是被父母忽视的孩子，他们大多数时间与爷爷奶奶或外公外婆生活在一起，而与父母见面的机会比较少。孩子从祖辈那里所受到的教育，通常在思想、文化、教育态度和方式等方面，与年轻父母之间存在很大差距，这样的孩子会和小伙伴们不合群，对父母的感情容易淡薄。

当然也不能一概而论。对于单亲家庭、离异再婚家庭而言，只要家族处理得当，用心爱孩子，关心和教育孩子，积极帮助孩子疏导和调整心态，引导他们积极乐观地生活，同样会取得良好的教育效果的。实践证明，有些单亲家庭的孩子，往往比正常家庭的孩子更加坚强，也更加努力。

三、现代家庭成员及其关系

当今高离婚率成为全球性趋势。家庭矛盾冲突习以为常，"家庭危机"意识广泛深远。然而，现代家庭形式并没有因此而破裂或解体。其深层原因可谓复杂多样，我们首先要从考察家庭成员及其关系开始，以此更深入理解、认识和揭示现代家庭的奥秘。

（一）家庭成员及其互动关系

家庭成员是家庭中既比较稳固，又活灵活现的组成部分。按照家庭成员之间的人际互动，家庭成员结成的关系主要有：夫妻关系、亲子关系、兄弟关系、姐妹关系、婆媳关系、妯娌关系、祖孙关系、姑嫂关系、叔侄关系等。

宋代袁采作的《袁氏世范》共三卷，分《睦亲》《处己》《治家》三篇，内容非常详尽。《睦亲》凡 60 则，论及父子、兄弟、夫妇、妯娌、子侄等各种家庭成员关系的处理，具体分析了家人不和的原因、弊害，阐明了家人族属如何和睦相处的各种准则，涵盖了家庭关系的各个方面。

北宋司马光的《温公家范》全书 10 卷共 19 篇，它以"家正而天下定，礼乃治家之本"为宗旨，系统地阐述了父母、子女、夫妻、姑嫂等家庭的伦理关系、治家原则，以及修身养性和处世之道。

我国著名社会学家费孝通提出了三角论，认为"亲属的结构基础是亲子关系，父母子的三角"[①]。费孝通先生在《生育制度》第六章"社会结构中的基本三角"中写道："生育制度的基本结构是父母子的三角，而这三角是现在可以观察到的人类社会普遍的基本结构。"[②]"婚姻的意义就在建立社会结构中的基本三角。夫妇不只是男女两性关系，而且还是共同向儿女负责的合作关

---

① 费孝通.乡土中国[M].北京：人民出版社，2015：47.
② 费孝通.生育制度[M].上海：华东师范大学出版社，2019：94.

系。在这个婚姻的契约中同时缔结了两种相联的社会关系——夫妇和亲子。这两种关系不能分别独立,夫妇关系以亲子关系为前提,亲子关系也以夫妇关系为必要条件。这是三角形的三边,不能短缺的。"①"孩子的出世才完成了正常的夫妇关系,稳定和充实了他们全面合作的生活。这个完成了的三角在人类学和社会学的术语里被称作家庭。在概念上家庭就等于这里所说的基本三角。父母子所形成的团体,我们称作家庭。"②"在过去的历史中,人了似乎找到了一个比较上最有效(效力总是相对的)的抚育方式,那就是双系抚育(即双亲抚育。本书作者注)。在生活程度较低,每个人要耗费大部分的时间在生产工作里,再加上私有财产的制度,抚育这件与社会生存有极重关系的事务,似乎交给小团体,一男一女去负责,要较大团体为可靠和有效。在这种情形中,家庭这三角结构也成了抚育孩子的基本团体了。"③

费孝通先生把家庭中夫妻、子女称作"社会结构中的基本三角"。上海社会科学院杨雄研究员认为,如果把家庭看成一个三角形,每条边分别代表着父亲、母亲和孩子之间的关系,正常、健康的家庭关系应该是夫妻关系、母子关系、父子关系构成稳定的"等边三角形"。

家庭成员之间的关系可以从生物、经济、法律、道德等多重互动中体现出来(图1-1)。

家庭关系的理想状态应当是家庭成员相互平等合作,相互支持与援助,共同承担家庭责任。矛盾、冲突和对抗无疑对家庭是有害的。当今社会,协调和促进家庭成员之间关系,形成健康、和谐的家庭氛围尤其重要。

(二) 家庭成员构成及其对家庭教育的影响

在我国现代家庭关系中,最为普遍的关系是夫妻关系、亲子关系、祖孙关

---

① 费孝通.生育制度[M].上海：华东师范大学出版社,2019：85.
② 费孝通.生育制度[M].上海：华东师范大学出版社,2019：88.
③ 费孝通.生育制度[M].上海：华东师范大学出版社,2019：91.

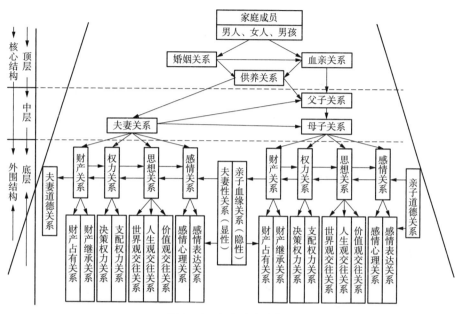

图 1-1　家庭关系结构图

资料来源：丁文.家庭学［M］.济南：山东人民出版社，1997.

系、兄弟姐妹关系，它们对家庭教育的影响最直接、最普遍、最重要。

　　近代著名教育家蔡元培先生说过："父母之爱其子也，根于天性，其感情之深厚，无足以尚之者。"①"国之本在家，家之本在夫妇。夫妇和，小之为一家之幸福，大之致一国之富强。"②"生子以后，则夫妇即父母，当尽教育之职，以绵其家族之世系，而为社会、国家造成有为之人物。子女虽多，不可有所偏爱，且必预计其他日对于社会、国家之本务，而施以相应之教育。以子女为父母所自有，而任意虐遇之，或骄纵之者，是社会、国家之罪人，而失父母之道者也。"③"兄弟姊妹之爱情，亦如父母夫妇之爱情，本乎天性，而非有利害得失之计较，杂于其中。是实人生之至宝，虽珠玉不足以易之，不可以忽视而放弃

---

① 蔡元培.中国人的教养［M］.成都：四川出版集团，天地出版社，2012：181.

② 蔡元培.中国人的教养［M］.成都：四川出版集团，天地出版社，2012：193.

③ 蔡元培.中国人的教养［M］.成都：四川出版集团，天地出版社，2012：194.

者也。"①

这些思想、道理对当今良好的家庭关系形成和家庭教育实施都有借鉴意义。

我们依据现代家庭关系中所包含的夫妻关系、亲子关系、祖孙关系和兄弟/姐妹/兄妹/姐弟关系,绘制了图1-2所示的"谷仓形"家庭关系。

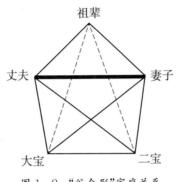

图1-2 "谷仓形"家庭关系

图1-2表明:在所有家庭成员关系中,夫妻关系最为重要。恩爱的一对夫妻决定了能够形成融洽、和谐、关爱的家庭气氛,让孩子感受到家庭的爱,从而让整个家庭处于幸福之中。和睦的夫妻关系对孩子的身心健康成长会产生多方面的重要影响。相反,夫妻关系不和,无形中会给孩子带来心理上的压力,进一步影响到孩子的身体健康和学习成绩等。其次,亲子关系是直系血亲关系中最近的一种关系,亲子关系的亲密与和谐程度直接决定了家庭教育的状态和效果。

在当今家庭教育中,父母应特别注重处理好亲子关系,以达到培养孩子具有健全的人格,成就孩子幸福人生的目标。同时,对于有两孩的家庭,父母更要学会处理好大宝和二宝之间的关系。再次,父母与祖辈、祖辈与孙辈的关系不可忽视。发挥祖孙关系中祖辈的教养作用,祖辈既不要"越

① 蔡元培.中国人的教养[M].成都:四川出版集团,天地出版社,2012:197.

权"，替代父母教养孩子，也不要"甩手"，把孩子的教育全部推给父母（表
1-4）。

表1-4　家庭关系的主要特点

家庭关系	夫妻关系	亲子关系	祖孙关系	兄弟姐妹关系
1	情爱关系	亲密性	隔代教育	平等性
2	法律关系	不可选择性、永久性	永久性	平等性
3	财产关系	继承性	继承性	平等性
4	权利关系	权利义务的特殊性	替代性	冲突与和解
5	道德关系	终身性	辅助性	成长互动性

（三）形成良好家庭关系的奥妙

良好的家庭关系的奥妙到底在哪里？

有时，家长会向专家求助说：

"孩子一天到晚离不开手机，怎么办呢？"

"孩子不愿意学习，怎么办呢？"

"孩子习惯不好，怎么办呢？"

还有些家长说，自己该说的都和孩子说了，可是孩子一点反应都没有，根本没听进去。

每位家长的育儿问题似乎都趋于一致，但是每家的问题又都各不相同。

孩子不愿意听，有可能是父母和孩子之间的亲子关系出现了问题。

当孩子在父母身上得不到所需要的情感支持的时候，比如安全感、鼓励、信心等，孩子就会自然而然拉开自己与父母的距离。这时候无论我们讲的道理有多深刻，孩子总会自觉屏蔽掉我们所传达的信息。所以，孩子很多问题的根源不在于行为上的变化，而在于父母和孩子之间关系的改善。

家庭关系是孩子成长路上和父母最重要的纽带。只有良好的关系，孩子

才愿意让你走进他的内心世界，你的引导才能对孩子起到作用，这是教育过程的基础。

但是一个家庭中明显不仅仅只有亲子关系，因为亲子关系中还包含了母子关系和父子关系，而家庭中还有夫妻关系，甚至还有我们自己与自己的关系。亲子关系是很重要，但是一个家庭中的各种关系是存在一定序位的，如果我们没有把家庭中的关系序位理顺，孩子同样也会出现问题。

有些家庭父母总是当着孩子的面吵架、冷战甚至大打出手，孩子在面对父母这样的举动时，本能地会出现害怕恐慌的情绪，进而大声哭泣。强烈的哭声可能会让父母暂时放下恩怨照顾孩子，孩子就会感受到原来自己只要哭就能让父母和好如初，于是孩子就会用这样的方式来拯救父母之间的夫妻关系。

当然，同样的场景下每个孩子的做法也不尽相同。有些孩子会选择伤害自己，从而让父母关注自己，转移他们的注意力；有些孩子可能就是玩手机，因为这是父母非常讨厌的行为，这样就能把重心转移到矫正自己的行为上来，而不是在吵架。

因此，孩子是最懂得父母心理的人，我们不能只是单单看到孩子所产生的问题，关键在于孩子行为问题背后所隐含的关于家庭关系的信息。只有明白关系的序位，改善关系，孩子的有些问题才会发生根本性的改变。如果只是用不同的方法教育孩子，没有从根源上调整家庭中的关系矛盾，要孩子改变是极其困难的事。

（四）家庭成员个体化与家庭权力关系

在中国传统的家庭主义模式中，家虽然是个长幼有序、等级分明的所在，却是一个讲究情感和礼义的地方。家的概念虽然具有伸缩性，但在传统的家庭主义价值体系中认同的就是那种从夫居的、父权的家。

家庭教育专家沈奕斐对上海中产阶层家庭的研究发现，妻子、丈夫和老人等不同家庭成员对于家庭的认同各自相异,这说明过去以父系家庭作为认同单位的家庭主义已经逐渐过时了,取而代之的是一种称之为"个体家庭"的认同模式。这种模式"既不是从父系或者整体家庭出发,也不是从核心家庭出发,而是以自己——无论是妻子和丈夫以及老人——为中心来构建家庭概念",也就是个体根据自己的需求和与他人的关系来确定家庭成员。这表明传统已经不再是一种结构,"而成为了一种可取可舍的资源"。同时这一模式也显现出妻子这一系家庭脉络的兴起,表明家庭变迁不是走向核心化,而是走向多元灵活的个体家庭模式[①]。

这种流动而多元的家庭结构和居住模式并非仅存在于大都市。有学者研究发现,近些年一些农村地区的双独子女家庭婚后出现了一种称为"两头走"的新型居住模式,这种在男方和女方两地之间不定期、有选择性地来回居住现象,既不同于传统的"分家立户"或"公婆合住"模式,也不同于"招婿入赘"。灵活变通的家庭模式使得代际之间的均衡以及家庭内部关系的调整与重构成为可能,两代人的冲突和支配减弱,年轻夫妇获得更多的自主选择权,夫妻之间也更加平等[②]。

关于家庭内部权力关系的研究,学者间还存在许多争议,有的关注冲突和张力的一面,有的则更加关注协商与协调的一面。肖索未发现在代际合作育儿的家庭内部形成了一种"严母慈祖"的分工和权力格局,即母亲作为权力中心的"育儿总管",主导儿童抚育的话语权与决策权,祖辈作为处在边缘、缺乏话语权的"帮忙者",承担着大量的儿童"生理性抚育"和家庭照料职责。当然,祖辈在这个权力运作过程中并不是完全被动的,"慈"成为他们"在以子辈为中心"的家庭中谋求话语权和地位的情感策略[③]。

———————————

① 沈奕斐.个体化视角下的城市家庭认同变迁和女性崛起[J].学海,2013(2).
② 王会,狄金华."两头走":双独子女婚后家庭居住的新模式[J].中国青年研究,2011(5).
③ 肖索未."严母慈祖":儿童抚育中的代际合作与权力关系[J].社会学研究,2014(6).

四、现代家庭的功能

（一）家庭功能的概念和类型

家庭功能就是指在一定的社会条件下，家庭对个人生活和社会发展所起的作用①。

一般来讲，家庭功能可分为以下几种：性生活与生育功能、抚养和赡养功能、情感交往功能、物质生产功能、教育功能、娱乐和消费功能、宗教和政治功能②。关颖认为，家庭的功能有：生育功能、性生活功能、经济功能、教育功能、抚养与赡养功能、情感交流功能、休息与娱乐功能。③ 丁文认为，家庭功能分为首要功能、基础功能、派生功能三个层次，每个层次又包含若干具体的功能。④

家庭的首要功能，即人类自身的生产功能，简称"人的生产功能"，包括生育、养育和教育、抚养和赡养、人的社会化四个具体功能，旨在促进人类的繁衍、生命的保全与人口的发展。

家庭的基础功能，即物质生产和消费功能，简称"经济功能"，包括物质生产功能和物质消费功能，是指家庭自产生以来，作为物质生产单位和物质消费单位对社会所发挥的作用。

家庭的派生功能，即社会生活功能，简称"生活功能"，包括经济管理功能、政治功能、文化功能、宗教功能、感情功能和性生活功能。这些功能反映了家庭作为社会的基本单位，具有满足人们多种生活需要、组织多种社会生活的功用与效能。

---

① 吴航.家庭教育学基础[M].武汉：华中师范大学出版社，2010：15.
② 吴航.家庭教育学基础[M].武汉：华中师范大学出版社，2010：16—17.
③ 关颖.家庭教育是什么：家长学习读本[M].广州：广东教育出版社，2018：6—7.
④ 丁文.家庭学[M].济南：山东人民出版社，1997：327—351.

以上各种具体功能组成具有多样性、层次性与多变性的集体功能系统，其中，家庭的首要功能在家庭的历史发展过程中最具普遍性，是绝大多数形态的家庭都具有的功能。但是随着人类社会的发展，家庭功能也是动态变化的，有些功能相对稳定，有些功能则消失或者转化了。

养育和教育功能作为家庭的首要功能，承载着人类的繁衍、进步与发展的使命。在学校教育诞生之前，家庭是人们接受教育的主渠道。到了现代工业社会，家庭教育的部分内容为学校教育和社会教育所取代，但是，家庭在生活教育、文化教育和道德教育等方面的重要性不但依然稳固，而且具有其他教育组织和教育形式难以取代的作用。因此，家庭教育功能并非全面弱化，也并未被代替，只是部分功能发生了转化。

（二）现代家庭功能的变化

由于时代与社会的变迁，社会分工越发细密，社会组织分化的结果导致家庭不再是唯一满足个人日常生活所需的场所，家庭原有的许多功能发生了或多或少的变化，有些甚至为不同类型的社会组织所取代。例如，学校教育与大众传媒部分取代了家庭的教育功能，一些社会和个人服务机构的兴起，提供了个人衣、食、住、行、育、乐、医疗保健等各方面服务，相对地也降低了家庭对个人的重要性；而家庭由于隐秘性及父母缺乏亲职知识所造成的子女管教不当、情感压抑或受虐待等负面功能，也由于有了政府及民间社会机构的介入，逐渐减轻了束缚与子女缺乏照顾所造成的不良影响。

家庭教育功能的变化主要有以下几点[①]。

1. 生育功能逐渐退化

人类家庭的生育功能逐渐变化主要表现在，家庭平均生育孩子的数量普

---

① 吴航.家庭教育学基础[M].武汉：华中师范大学出版社，2010：18—19.

遍减少，生育率大幅度下降，丁克（double income no kids，DINK）家庭数量有所增加。随着人们文化水平的不断提高，生活的不断改善，人们的生育观念发生了很大的变化，晚婚、晚育、少生的人越来越多。"养儿防老"的观念渐渐淡化，也促使家庭的生育功能逐渐退化。尤其是改革开放后几十年的计划生育政策的实施，使得我国人口增长率在下降。

2. 生产功能持久化

在自给自足的农业经济时代，生产功能是家庭的主要功能之一。到了工业时代，机器大生产代替了家庭手工作坊，家庭的生产功能逐渐弱化。但这并不意味着家庭的生产功能会随着社会的进步和发展而彻底消失。实际上，即使是在现代化程度相当高的发达国家中，也依然存在着家庭经营。可以说，家庭的生产功能作为社会经济的一种补充将会长期存在。

3. 消费功能多元化

大部分人是以家庭为主要的消费单位的。随着家庭消费水平的不断提高，人们的消费结构也在发生变化——由原来的维持温饱、满足家庭成员"吃、穿、住、行"等基本生活需要转向多元消费，越来越多的家庭投资保险、金融、证券等，使家庭消费变得日益丰富和广泛。因此可以说，家庭消费功能已朝着多元化方向发展。

4. 教育功能分化

尽管学校教育体系越来越完善，社会教育事业得到迅速发展，但是家庭教育因其特殊的作用不仅没有被代替，反而越来越受到重视。目前的家庭教育主要体现在促进儿童的全面发展、培育良好的生活习惯和个性等方面，知识技能的掌握更多地由学校来承担。

5. 赡养功能弱化

社会进步发展了福利事业，使得人们的晚年越来越得到保障。随着老龄化社会的到来，各种养老机构应运而生，承担起赡养老人的社会义务，以减轻家庭的生活压力。但是，家庭赡养老人的功能并不能完全消失，还将在今后相当长时间内发挥作用，只是相对于历史上的家庭养老功能而逐渐弱化罢了。

（三）现代家庭的社会功能

现代家庭及家庭建设日益凸显其在整个社会发展中的重要作用。而且，有时家庭在国家政策主导下，发挥了巨大的社会功能作用。例如：2020 年，我国国家卫生健康委办公厅、中国计划生育协会办公室、中国人口福利基金会联合印发《关于开展以健康家庭建设为重点深化创建幸福家庭活动的通知》（以下简称"《通知》"），要求到 2020 年年底前，各地研究制定"健康家庭建设活动"规划，纳入健康中国建设总体部署，全面启动健康家庭建设工作。

国家政策驱动家庭建设向美好生活迈进，同时，提升家庭成员素养。《通知》指出，要把"健康家庭建设活动"与爱国卫生运动、创建卫生城市（乡镇）等紧密结合，发挥好基层卫生健康服务网络作用，加强教育培训，提高基层工作人员健康宣传、健康指导、健康管理能力。

在人口与家庭发展动态监测中，将有关健康家庭指标作为重点监测内容，动态掌握，精准施策。《通知》明确，要根据不同家庭的健康状况和不同成员的健康需求，一家一策开展针对性强的健康促进活动。充分利用村居社区人口学校、计生协会员之家、健康小屋、家庭健康服务中心，提高家庭成员的健康素养等。

五、现代家庭环境对家庭教育的影响

在人的发展理论上，有"先天论"和"后天论"之争。"先天论"者认为，人们与生俱来的能力和性情决定了他们的一生：每个人的命运是由他们的DNA 决定的。"后天论"者反驳说，我们之所以能够成为真正的自己，正是因为我们所处的环境和生活对我们的影响。

一项具有里程碑意义的研究追踪了来自 39 个国家的 1 400 多万对双胞胎，对比了他们的 17 000 种特征。研究得出的结论是，基因对我们最终成为怎么样的人产生的影响约为 49%，而环境的影响约为 51% [①]。

我国近代教育家蔡元培先生说过："家庭者，人生最初之学校也。一生之品性，所谓百变不离其宗者，大抵胚胎于家庭之中。习惯固能成性，朋友亦能染人，然较之家庭，则其感化之力远不及者。社会、国家之事业，繁矣，而成此事之人物，孰非起于家庭中呱呱之小儿乎？" [②]他把家庭看作人生的第一所学校，人的所有品性最早都在家庭中养成，而且最终成就社会和国家大事的，无不与家庭的影响有关。

家庭环境有内外、软硬的区分。这里的家庭环境主要是指孩子成长的影响因素。广义上说，影响儿童发展的一切因素都可以被看作家庭环境，狭义上主要是指家长素质及其对亲子关系的影响，以及由于家长对待孩子的教养观念、态度和方式而形成的家庭生活氛围或气氛。它们在儿童的成长和发展中发挥不同的作用。这里我们将家庭外环境称作社会文化环境，家庭内环境分为物质环境和精神环境两种来加以阐述。

（一）现代家庭的物质环境对家庭教育的影响

家庭物质环境主要是指家庭物质生活条件，包括家庭的经济状况、家庭内外居住条件、生活设施等，它是影响儿童发展的物质基础。

如今，大多数家庭在子女的教育上都能提供良好的物质环境和生活条件，只是在一些农村和偏远地区，生活条件仍然很艰苦。但是，到 2020 年，我们国家已宣布完成了脱贫攻坚的艰巨任务，实现了住有所居，家庭生活条件

---

① ［英］肯·罗宾逊，卢·阿罗尼卡.什么是最好的教育［M］.钱志龙，译.杭州：浙江人民出版社，2020：51.

② 蔡元培.中国人的修养［M］.广州：金城出版社，2016：113.

得到了大大改善。一般而言,物质环境好的家庭在儿童教育方面往往占有很大优势,而物质环境差的家庭在家庭教育上存在很大缺陷和不足。因此,所有父母都在努力改善家庭生活条件,为孩子创造良好的成长环境。

首先,物质环境好的家庭可以给孩子提供良好的生活和成长环境。例如,居住条件好的家庭,孩子有自己游戏、学习和生活的空间,如单独的小房间、小床、小桌椅、小书橱及游戏区域,并且孩子的房间干净整洁、光线充足,这对孩子的健康成长非常有利。

其次,物质条件好的家庭可以为孩子提供丰富的学习资源。当今孩子的教育已不再局限于学校范围内,孩子的学习材料已不再局限于传统的书本,网络、电视、电影、手机等设备,以及各种各样的多媒体视听资料都是孩子学习的手段和内容。家庭条件好的家长可以最大限度地满足孩子的各种需求,带孩子参加各种活动,以丰富孩子的感知,促进孩子健康成长。

再次,家庭经济条件优越的父母能为孩子的教育投入更多。家庭有良好的物质条件支持的父母,无经济压力,无过度焦虑和担心,可以最大限度地满足孩子的兴趣和需求,花更多的时间陪伴孩子、关心孩子的成长,促进孩子更好地成长。相反,经济条件差的家庭,父母整日奔波劳累,无暇顾及孩子的教育,亲子关系疏离甚至产生隔阂。

当然,良好的家庭物质条件也可能是一把"双刃剑",如果家长无限制地满足孩子的所有需求,往往会造成孩子养尊处优的性格,甚至产生不良的情绪和行为。此外,一些经济条件好的家庭,父母对孩子的期望往往过高,容易造成放任型、专制型等的教养方式,对孩子的成长也是不利的。

(二)现代家庭的精神环境对家庭教育的影响

家庭精神环境主要是指家庭的心理氛围,包括家庭结构,家庭成员之间的关系,家庭氛围,父母的性格、兴趣、爱好、生活方式、教育观念和教育方式等,它是影响儿童发展的精神食粮。与物质环境相比,家庭的精神环境对孩子的影响更加巨大。

家庭氛围是一种以家为中心的情调和气氛，是家庭中长期积累的精神状态和情感意向，它在儿童家庭教育的过程中不易被察觉，是一种隐形却十分重要的影响因素①。

良好的家庭氛围对家庭教育有积极的推动作用。比如，父母关系和谐、相互尊重和关心，父母与孩子之间相处融洽、平等等，这些都有利于孩子的成长。良好的家庭氛围与父母对孩子的合理期望相关，期望过高或过低都不利于孩子的发展，家长要把握这个和谐的"度"，给孩子创造一种轻松愉快的生活氛围十分重要。

父母的性格也会影响到教育孩子的态度和方式。性格开朗的父母对子女总是表现出积极的关心和爱护，形成良好的亲子关系。这样，孩子也会受到潜移默化的影响，表现出积极、乐观和自信。相反，父母性格内向、孤僻、悲观，孩子也不会有好的性格。

父母的言行举止和生活方式也会影响到孩子。比如，如果父母经常说话粗俗，脾气暴躁，情绪波动较大，甚至厌世悲观，或者父母邋遢，懒惰，甚至还有吸烟、酗酒、赌博等不良嗜好，可想而知，长期生活在这样父母身边的孩子会是什么样了。

所以，父母要给孩子树立好的榜样，创设良好的家庭环境，确保孩子受到良好的家庭教育，健康成长。

（三）现代家庭变迁对家庭教育的影响

家庭因所处时代、社会背景和文化环境（如国度、阶层、地理环境）等发生变迁，对家庭教育会有较大影响。

我国自 20 世纪 70 年代末实施人口与计划生育政策，与社会转型一起，

---

① 李莉.儿童家庭教育指导[M].北京：中央广播电视大学出版社，2011：46.

促使我国的家庭结构、家庭关系、家庭环境、家庭教养方式等发生了巨大变化，这些变化深刻影响到我国的家庭教育。

我国国家卫健委在 2017 年发布首份《中国家庭发展报告》，对中国家庭 70 年来变迁的特点和趋势做出了系统性的分析。主要有以下三点：

一是家变小了。《中国家庭发展报告》显示，20 世纪 80 年代以来，家庭户平均规模缩小的趋势更加显著，1990 年缩减到 3.96 人，2010 年缩减到 3.10 人。根据国家统计局的数据，2012 年居民家庭户的平均规模为 3.02 人，2015 年年底居民家庭户的平均规模更是降至 2.72 人，中国已是世界上平均家庭规模较小的国家之一。

二是孩子少了。进入 21 世纪以来，中国 1 人户和 2 人户的微型家庭数量迅速增加。2000 年至 2010 年，1 人户数量翻倍，2 人户数量增加 68%。2000 年这两类家庭户占全部家庭户的 1/4，到 2010 年已接近 40%，共计 1.6 亿户。在未来一个时期，微型家庭数量将继续保持快速增长的势头，平均家庭规模将会进一步缩小。

三是老人多了。赡养老人是家庭的重要功能。目前，我国 90% 以上的老年人是在家庭中养老。随着老年人口的快速增长和老年人寿命的延长，家庭的养老需求已经进入迅速增长阶段，老年人生活照料需求也迅速上升。《中国家庭发展报告》显示，我国共有家庭 4.3 亿户左右。目前，中国有 65 岁以上老人的家庭已超过 8 800 万户，占全国家庭户的比重超过 20%。根据全国城乡失能老年人状况研究显示，2015 年失能老年人数超过 4 000 万人。

当前中国家变小了、孩子少了、老人多了，这种现状不仅带来了家庭结构的变化，对于中国的家庭关系、家庭环境、家庭教养方式，以及家庭教育质量和效果都会带来一定程度的影响，有些影响甚至会比较大。因此，认识、研究和改善中国家庭变迁对家庭教育的影响已迫在眉睫。

第二节 现代家庭教育概述

一、现代家庭教育的内涵及其拓展

　　"树木的生长依赖培育，人类的成长依赖教育。"①——法国教育家让·雅克·卢梭

（一）什么是教育？

　　教育有广义和狭义之分，从广义上讲，凡是增进人的知识和技能，发展人的智力与体力，影响人的思想观念的活动，都可以被称作是教育，因此它包括了社会教育、学校教育和家庭教育。狭义的教育则指影响人的身心发展为直接目的的社会活动，主要指学校教育，是教育者根据一定的社会要求，有目的、有计划、有组织地通过学校教育的工作，对受教育者的身心施加影响，促使他们朝着期望方向变化的活动。

　　关于教育的概念和内涵界定，目前不下几百种之多，这里仅就中外著名教育家的言说理论重点举几个例子，目的是为了对现代家庭教育的内涵有一个明确清楚的认识。

　　我国东汉时期的文学家许慎在其所著的《说文解字》一书中说："教，上所施，下所效也。""育，养子使作善也。"意思是说，教育就是年长的人对年幼的人施加影响，年幼的人跟着学，把年幼的人培养造就成年长者所希望的那样的人，即向善之人。

　　我国近代著名教育家、北京大学首任校长蔡元培先生在其著作《中国人

---

① ［法］让·雅克·卢梭.爱弥儿［M］.彭正梅，译.上海：上海人民出版社，2011：2.

的教养》中说过："教育者，养成人格之事业也。"①意思是教育重在培养人具有健全的人格。

英国教育家怀特海说："教育是教人们如何运用知识的艺术，这是一种很难掌握的艺术。"②"教育只有一个主题——那就是多姿多彩的生活。"③

德国哲学家雅斯贝尔斯在《什么是教育》一书中对教育的阐述："教育是人的灵魂的教育，而非理性知识和认识的堆积。谁要是把自己单纯地局限于学习和认识之上，即便他的学习能力非常强，那他的灵魂也是匮乏和不健全的。"雅思贝尔斯在这里明确指出，教育关系着灵魂，而不是"理性知识和认识的堆积"。

从以上几位名家对教育的解释来看，教育应该重点关注向善、人格、生活、灵魂、智慧等关键内容，而不仅仅是接受各科目知识。如此，才能培养出健全的人。

再进一步，我们想探讨一下"什么是好的教育？"关于这个问题，可以用卢梭在《爱弥儿》一书中的一段话来解释。

"我们的这种教育，或是受之于自然，或是受之于人，或是受之于事物。我们的才能和器官的内在的发展，是自然的教育；别人教我们如何利用这种发展，是人的教育，我们对影响我们事物所获得的经验，是事物的教育。因此，我们每一个人都是由这三种教师培养起来的。如果这三种教育在一个学生身上互相冲突，那么，他所受的教育就不好，而且将永远不合他本人的心意；如果在他身上这三种不同的教育相互和谐一致，都趋向共同的目标，那么，他就会自己达到他的目标，而且生活得很有意

---

① 蔡元培.中国人的教养[M].成都：四川出版集团，天地出版社，2012：119.
② ［英］怀特海.教育的目的[M].庄莲平，王立中，译注.文汇出版社，2012：8.
③ ［英］怀特海.教育的目的[M].庄莲平，王立中，译注.文汇出版社，2012：11.

义，他所受的教育就是好的。"①

卢梭的这段话告诉我们：教育者一定要遵循受教育者自身的特点、意愿和规律来施加影响，换句话说，"自然的教育"就是"好的教育"。更进一步，我们可以这样理解：适合的教育就是好的教育。

（二）什么是家庭教育？

家庭教育，有时也称为"家庭教养"或简称为"家教"。传统上认为，家庭教育是指在家庭生活中，由家长，即家庭里的长者（主要是父母）对其子女及其他年幼者实施的教育和影响。例如，《辞海》对家庭教育的解释是：父母或者其他年长者在家庭里对儿童和青少年进行的教育。不同社会有不同性质的家庭教育②。

蔡元培先生说过："家庭教育之道，先在善良其家庭。""为父母者，虽各有其特点之职分，而尚有普通之职分，行止坐卧，无可以须臾离者，家庭教育是也。③""国之本在家，家之本在夫妇。夫妇和，小之为一家之幸福，大之为一国之富强。"④蔡元培先生的话强调了父母在家庭教育中的重要作用，不仅如此，家庭幸福还关系到国家富强。

《中国大百科全书·教育》中就将家庭教育定义为：父母或其他年长者在家庭内自觉地、有层次地对子女进行的教育。⑤ 这是狭义的家庭教育。广义的家庭教育，应当是家庭成员之间相互实施的一种教育。即，在家庭里，不论是父母对子女，子女对父母，长者对幼者，幼者对长者，同辈人对同辈人，一

---

① ［法］让·雅克·卢梭.爱弥儿［M］.彭正梅，译.上海：上海人民出版社，2011：2.
② 《辞海》，上海辞书出版社，1979年，第1023页。
③ 蔡元培.中国人的修养［M］.广州：金城出版社，2016：113.
④ 蔡元培.中国人的修养［M］.广州：金城出版社，2016：115.
⑤ 中国大百科全书总编辑委员会《教育》编辑委员会.大百科全书·教育［M］.北京：大百科全书出版社，1985：140.

切有目的有意识施加的影响,都是家庭教育。[①] 同样,在《中国大百科全书·社会学》中写道:家庭教育包括父母教育子女和家庭成员之间相互教育两个方面,其中主要方面是父母教育子女。[②]

孙俊三等人认为,家庭教育就是家长(主要指父母和家庭成员中的成年人)对子女的培养教育。即指家长在家庭中自觉地、有意识地按照社会需要和子女身心发展的特点,通过自身的言传身教和家庭生活实践,对子女施加一定的影响,使子女的身心发生预期变化的一种活动[③]。

黄迺毓在其著作《家庭教育》中也指出:家庭教育强调在家庭里,家人彼此间的互动关系,也就是说,父母和子女是相互教育的,家庭里发生的许多事都直接或间接地让家人学到一些东西,家人也在日常家庭生活里接受最基础的教育。[④]

关颖在其《家庭教育社会学》中也认为:家庭教育是家庭中发生的、以亲子互动为中心的教育活动,是成年人按照期望的目标在家庭生活的各个方面、持续不断地教育和影响儿童的过程,也是家庭成员相互学习和影响的过程。[⑤]

综合众多概念界定,我们基本可以孙云晓先生的一句话来概括:家庭教育是发生在家庭组织内部的教育活动,既包括父母等年长者对年幼者有目的有意识施加的影响,也涵盖家庭成员间相互学习和影响的过程。[⑥]

从时间、空间和主体等不同层面上看,现代家庭教育的内涵均可以从广义和狭义两个方面去理解(表1-5)。

---

① 赵忠心.家庭教育学:教育子女的科学与艺术[M].北京:人民教育出版社,2001:5.
② 中国大百科全书总编辑委员会《社会学》编辑委员会.大百科全书·社会学[M].北京:大百科全书出版社,1991:104.
③ 孙俊三,等.家庭教育学基础[M].北京:人民教育出版社,1994:1.
④ 黄迺毓.家庭教育[M].台北:五南图书出版公司,1996:37.
⑤ 关颖.家庭教育社会学[M].北京:教育科学出版社,2014:32.
⑥ 孙云晓.家校合作共育:中国家庭教育的新趋势[M].北京:中国人民大学出版社,2020:24.

表 1-5　不同层面的家庭教育内涵

划分层面	狭义的家庭教育	广义的家庭教育
时间层面,仅限于上学前	指子女入学以前时期的在家教育。相当于"学前家庭教育"。意思是,子女入学以前的教育由家庭负责,子女入学以后,似乎可以将教育责任完全委托给学校。	指家庭成员之间一切直接或间接的,有意或无意的,有关身体健康、心理健康、伦理道德、生活常规、文化知识等各方面的教育影响。
空间层面,仅限于家庭内	指区别于学校和社会场所,发生在家庭环境中的所有教育活动。	
主体层面,仅限于"亲子教育",其实还有"亲职教育"（如何做父母）、"子职教育"（如何做儿女）	指父母或家庭中的其他年长者对未成年子女进行的教育,或长辈对晚辈的教育。	

二、现代家庭教育的特点

已有较多研究者总结过家庭教育的特点。赵忠心教授在比较了家庭教育和学校教育之后提出了家庭教育的优势和局限性。优势包括：广泛的群众性、强烈的感染性、特殊的权威性、鲜明的针对性、天然的连续性、固有的继承性、内容的丰富性、方法的灵活性等八个方面。局限性包括：条件不平衡、易感情用事、比较封闭等三个方面[①]。

关颖从家庭教育的社会化过程角度,列举了三个方面的基本特征：家庭教育是以亲子为中心的教育活动;家庭教育伴随家庭生活而进行;家庭教育具有教育内容的全面性。局限性有以下四个方面：家庭的客观条件制约家庭教育效果;教育者专业训练不足,家庭教育存在不可避免的盲目性;家庭人际关系的特殊性容易使家庭教育感情用事;家庭生活范围狭窄,教育内容和方式受到限制[②]。

---

① 赵忠心.家庭教育学：教育子女的科学与艺术[M].北京：人民教育出版社,2001：51.
② 关颖.家庭教育社会学[M].北京：教育科学出版社,2014：35—37.

本书综合家庭教育研究者的成果,结合笔者的思考和实践,概括出以下四个方面的特点。

(一)家庭教育特点

1. 启蒙性、先导性、开端性、基础性

家庭是孩子的第一所学校,父母是孩子的第一任老师。婴儿呱呱坠地之时,甚至在胎儿时期,就开始接受母亲的影响了,接着接受父亲的影响。家庭教育就是每个人的启蒙教育,对于后来接受的学校教育和社会教育而言,它带有先导性、开端性和基础性,家庭教育的好坏直接影响到后天接受的各种教育,以及后天的健康成长。

2. 全面性、综合性

家庭环境和父母的教育对每个孩子的影响是全面的、综合性的,绝不仅仅只影响到人的某一个方面。家庭教育的首要目的是要培养孩子成人,一是成为他自己,二是成为社会人;其次,家庭教育还要培养孩子成才,一是按照孩子自身身心发展特点和成长规律进行教育,使之成为"人才",二是按照国家和社会的要求,成为栋梁之材。

家庭教育的目的,尽管不像学校教育目的那样清晰、明确——培养德、智、体、美、劳等各方面全面发展的人,但在家庭教育者(家长)的心目中都有"一杆秤",就是家庭教育的目标和目的。从成"人"的角度看,家长都希望自己的孩子是一个身心健康发展的人,从成"才"的角度看,家长都希望自己的孩子能够成为一个品学兼优,对家庭、国家和社会有用的人。家长的期望效应至始至终、无时无刻不在影响着孩子的成长。

3. 生活性、随机性

无论是美国教育家杜威的"教育即生活",还是我国人民教育家陶行知的"生活即教育",乃至儿童教育家陈鹤琴的"活教育"理论,都强调在生活中对孩子进行教育和影响。家庭是人们生活的场所,也是绝佳的教育环境,家长

和孩子在每日生活中的相互影响就是一种教育方式。目前很多学者提出了"家庭生活教育"的概念和理论。在家庭生活中，家长的良好的榜样示范和以身作则浸润在家庭成员生活中的一点一滴，都是对孩子的最好的潜移默化教育。

4. 终身性、持续性

原生家庭对每个人的终身都会产生影响。家庭教育、学校教育和社会教育三者中，只有家庭教育是持续一生的，尤其是对孩子幼年时期的影响最大。家庭生命周期理论证明了人的一生都处于不同发展阶段的家庭中，家庭教育不仅仅指父母或其他年长者对未成年子女进行的教育活动，成年子女对其年长或年老的父辈和祖辈的影响也成为家庭教育的一部分，而且随着时代的发展越来越凸显其重要性。

5. 交互性、情感纽带、血缘关系

家庭是以婚姻为基础、以血缘为纽带而形成的社会生活的基本单位。子女与父母之间有着天然的血缘纽带关系，父母对子女的爱也是天生的、不学而会、无需回报的情感，这种情感将会持续影响孩子的成长，并依此建立亲密的、紧密的亲子依恋关系和情感依托。战国时期思想家韩非子所说的"人之情性莫爱于父母"，说的就是人与人之间的感情没有能超过父母子女之间的感情的。由此而来的生活依靠、社会关系网络等，使得孩子对父母的教育有着自然的听从和模仿，这使得家庭教育实际上发挥着得天独厚的作用。

（二）家庭教育的优势

如上述一些家庭教育专家所言，家庭教育作为一种特定的教育形式，既有优势，又有劣势。与学校教育和社会教育相比，家庭教育比较突出的优势有以下几个方面。

1. 特殊的权威性

家长在子女心目中的权威性是有效影响和教育子女的重要条件。《颜氏

家训》中说："夫子之爱，不可以狎；骨肉之爱，不可以简。简则慈孝不接，狎则怠慢生焉。"①意思是：父子之间的关系要严肃，不可以过分亲昵；骨肉之间的亲情之爱，不可以简慢不拘礼节。不拘礼节就不能做到父慈子孝，过分亲昵就会产生放肆不敬之心。这句话为父亲树立正确的权威做出了指引。

在家庭的日常生活中，家长是家庭生活的支柱，是子女生存和生活的依靠，家长通过辛苦的劳作，为社会创造财富，赢得社会的尊重。同时，家长有着较深的阅历和丰富的社会生活经验，思想成熟，熟练应对家庭内外各种事务。子女对这一切都看在眼里记在心里，从而由衷地尊重、佩服和信任长辈，因此，家长才具有较高的威望和较大的权威。但是，家长不能仰仗权威一味地发号施令，采用强制性的教育方法，而要给予子女充分的民主和自由，培养孩子的独立性和自主性，使其健康快乐地成长。

2. 内容的丰富性

家庭教育尽管不像学校教育开设许多课程，但内容却是相当丰富、无所不包的，远远超出学校教育内容所涉及的范围。家庭教育渗透于日常生活之中，"生活即教育"，家庭生活亦即家庭教育。家庭是社会的细胞和缩影，家长除了配合学校对子女进行德、智、体、美、劳等各方面全面发展教育外，还希望孩子更多地接触社会，开阔心胸和眼界，学会很多本领，以便将来更好地适应社会的发展需求。但是，现代社会的家庭教育中，家长需要防止违背孩子的发展规律和天赋兴趣，避免"揠苗助长"，让孩子过早、过多地学习。

3. 鲜明的针对性

俗话说："知子莫如父。"家长最了解自己的孩子，所以最容易有的放矢地开展针对性的教育。一般情况下，子女在父母面前表现自然，无拘无束，毫无伪装必要，跟父母都能敞开心扉谈心谈话，这也为家长了解子女言行，发现问题提供了方便。因此，在教育子女的过程中，家长比较能够及时发现问题，

---

① 颜之推.颜氏家训[M].檀作文,译注.北京：中华书局,2016：10—11.

"对症下药"，迅速疏导和解决，子女听取和接受意见也比较有效率。但家长也要防止以偏概全，谨防孩子受了委屈而无处"伸冤"，或者在说及一件事情时也把之前的"陈芝麻烂谷子"都倒出来，让孩子觉得得不到宽容而失去上进的信心和耐心。

4. 方法的灵活性

家庭教育往往不像学校教育那样有规定的课程、固定的时间以及有组织的教学形式，而是在日常的吃饭、休息、娱乐、闲聊中进行的。许多家长也会有意识地利用陪伴孩子学习和玩乐的时候，对孩子进行有目的的教育和训导，但总体方法比较灵活，不受时间、地点、内容和方式的限制。不过，现代家庭教育中，家长也需要注意不能过度教养和照料，这样反而会让孩子失去主动性和独立性，产生依赖性；不能过多地说教、唠叨和催促孩子，尤其要掌握恰当的批评和惩罚方式，以免孩子产生逆反心理，造成教育效果降低或适得其反。

（三）家庭教育的局限性

现如今，仍然有很多家长忽视在家庭生活中对其子女实施有目的的教育和影响。不过，也有越来越多的人开始关心和研究"中国式"家庭教育的优点和弊端，很多父母也开始进行深入的反思。纵观我国现阶段家庭教育，普遍存在以下几方面局限性。

1. 过度保护和溺爱

随着计划生育的普及以及人们价值观念的改变，少生优生也就成了人们的主要生育观念，因此很多家庭都出现了独生子女的局面。特别是近二十多年来，孩子在家庭中的位置越来越高。一些家长对孩子宠爱有加，对孩子几乎是百依百顺、有求必应，捧在手里怕飞了，含在嘴里怕化了。

其实，无论父母的安排多么完美，缺乏自我探索会导致孩子成年后对自我产生怀疑。与此同时，溺爱型教养与专制型教养一样，会减弱孩子的成就动机,也就削弱了孩子在学业或事业上获得成功的动力。此外,溺爱容易造成孩子自我中心、任性自私以及缺乏同情心的性格特质,会影响到他们与同伴的人际交往和亲密关系的建立,最终引发一系列心理问题。

实质上,溺爱是一种懒惰与不负责任的爱。因为溺爱孩子的父母,他们的爱指向的并不完全是自己的孩子,而是他们内心中的孩子。父母把自己的需求投射到孩子身上,通过满足孩子的各种愿望来消除内心的紧张感。这种"爱的教育"是成问题的。

2. 专制式教育

在我国,自古以来就有"棍棒底下出孝子"的教育文化。当前仍有很多家长存有这种教育思想,他们认为孩子是自己的,自己有权教育孩子,而打骂是最好的教育方式。

其实,这种打骂的粗暴教育方式,不但达不到父母想要的教育目的,反而还会使孩子形成说谎、仇视、冷漠、孤僻等心理问题。而这往往会成为孩子日后走上犯罪道路的根源,也会造成孩子离家出走、自杀等教育悲剧。现在网络报纸上的这种教育例子不胜枚举。

3. 放任式教育

在现代家庭中,许多父母开始认识到了传统教育的弊端,采取"宽松"教育方式,对孩子不溺爱、不专制、不粗暴。这种方式虽然能够让孩子自由发展,但得有"度"。古话说:"无以规矩,不成方圆。"孩子在自由发展的同时,父母也要给出必要的引导、教育和规矩,否则就成了"放任式教育",最终会害了孩子。

4. 对孩子期望过高

很多父母望子成龙或望女成凤。这种对子女期望过高的现象,已经成为一种特殊的社会病态心理。父母希望孩子能出人头地,这种心情能够理解,但是父母要把握住一个"度",不能要求过高或过严,否则会让孩子觉得目标遥不可及,严重影响孩子的性格发展和身心健康。

还有一类父母就是喜欢把自己未完成的愿望寄托在孩子身上，这其实也是一种错误的教育观念，因为这种父母是自私的，他们并不真正了解孩子的想法，一意孤行只会毁了孩子的一生。

陶行知先生曾说："教育孩子莫做人上人，莫做人外人，要做人中人。"因此，父母教育孩子要先衡量自己子女的能力和兴趣，给予适当的期望。家长应该教给孩子做平凡人的道理，培养孩子做平凡人的意识，让孩子以健康的心态直面人生，直面未来。要让孩子明白：平凡能演绎精彩，平凡人也能做大业绩。

5. 喜欢唠叨，批评多表扬少

家庭教育中有一种常见的毛病，就是家长爱唠叨。家长如果长期对孩子唠叨，教育效果则会适得其反，只会烦扰孩子，激发他的逆反心理，影响亲子关系，破坏教育效果。

心理学家认为，一个人唠叨是自己不自信的表现，唠叨与培养孩子良好个性是相反的。

还有些父母总是在意孩子身上的缺点和不足，却很少关注和表扬孩子的优点。这种教育方式很容易泯灭孩子的自信心，让孩子产生自卑感。

6. 家长不能以身作则

在孩子成长的过程中，孩子的一切行为都会模仿自己的父母。现在很多父母对孩子说教是一回事，但是自己却言行不一致，因此也起不到带头作用。

家长达不到言传身教，将会使孩子学到虚伪的不良品质，久而久之，孩子就会变得孤独、冷漠，对学习丧失上进心和求知欲，甚至对生活失去希望。

7. 片面注重孩子的考试能力

应试教育导致越来越多的父母只在乎孩子的学习成绩，而忽视孩子能力、性格、道德品质的培养，因此导致现今社会产生了很多高分低能的学生。

如果父母长期只注重孩子的考试能力，忽视其他能力的培养，可能会导致孩子丧失生活能力、思考能力、独立解决问题能力、沟通协调能力等，从而把孩子养成了一个"废人"。

8. 忽视对孩子的责任感教育

在家庭教育中有一种现象非常常见：小孩子被板凳绊倒，父母会赶紧跑过去抱起孩子，然后边拍打责怪板凳，边安抚孩子。

若孩子在这种教育环境中长大，也将学会抱怨别人和不负责任。当孩子遇到困难时，父母不必急于出面，应让孩子自己去面对问题，自己承担责任。

（四）家庭教育的根本特点

家庭教育是人生的奠基教育。我们一定要认识家庭教育的根本特点是什么，才能针对特点采取最有效的教育方法，获得最佳的教育效果。

原教育部国家督学、中国家庭教育学会副会长傅国亮先生认为：不教而教、不学而学是家庭教育最大的特点，也是最根本的特点。学校教育是"为教而教，为学而学"，有着非常明确的目的性。但是，家庭教育则完全不同。相对于学校教育而言，家庭教育有其特殊性、独特性。在家庭中，父母是不教而教，孩子是不学而学。

家庭教育是自然而然发生的，即使不教，孩子也会自发模仿。在绝大多数情况下，孩子是在很自然的状态下，在不知不觉中就从父母和周围的人那里学会了他所要学的东西，而不是刻意地去学习某些知识和能力，这就是家庭教育的"不教而教，不学而学"。

依据这一根本性特点，家长在家庭教育中要承担主体责任。实际上，我国法规政策也是这么规定的。2021年10月由全国人大通过的《家庭教育促进法》进一步明确家长在家庭教育中的主体责任。因此，当务之急要帮助家长意识到"教育孩子是父母或者其他监护人的法定职责"，认识和担当家庭中教育子女的"主体责任"。我国《教育法》中也规定：学校教师可以对学生家长提供家庭教育的指导，树立教育子女是父母人生职责的意识。宋代程颐在《教子语》中说道："人生之乐，无如读书；至要，无如教子。""爱子而不教，犹为不爱也；教而不善，犹为不教也。"

相信家长只要能够率先垂范、以身作则、言传身教，必然会产生好的教育效果。

三、传统家规家训在现代家庭教育中的延续

（一）中国传统家规家训的渊源和演变

中国有文字记载的家庭教育已有三千年历史了。《周易》中最早讲到家庭教育问题。

人类社会最原始的教育形式是公共教育，也就是社会教育。家庭教育并不是人类社会最原始的教育形式①，因为在原始社会还没有产生家庭，也就谈不上家庭教育。奴隶社会出现了家庭，也有了家庭教育，但那个时候的家庭教育主要体现在"奴隶主的家庭教育"。

中国封建社会的家庭教育代表了传统家庭教育的典型特点。在中国封建社会，家庭教育相当发达，在整个教育体系中占有极为重要的地位。中国封建社会，学前儿童的教育全部在家庭里进行。小学教育的大部分，也是在家庭里实施的。即便是那些入私塾、书馆上学的儿童，家庭教育仍是不可缺少的补充。何况，当时的许多私塾、书馆本身就是在家族内所办，实际上是扩大了的家庭教育。

在封建社会，劳动人民无权入学校读书接受教育，一生中只能接受家庭教育。就是许多书香世家，其子弟的全部教育，甚至也都是完成于家庭教育之中。封建社会的家庭教育，不仅传递了一般的生产技术、经验和伦理道德规范，而且许多专门的技艺和学问，也是通过家庭教育的途经流传下来的。

封建社会的家庭教育，带有浓重的封建色彩。如：第一，以"三纲五常"

---

① 赵忠心.家庭教育学：教子子女的科学与艺术[M].北京：人民教育出版社，2001：51.

为核心;第二,普遍实行封建家长制;第三,灌输"万般皆下品,唯有读书高"的思想;第四,灌输乐知天命、明哲保身的处世哲学;第五,贯穿男尊女卑的思想。这些带有封建思想的家庭教育观念必须摒弃,如今是要让中国优秀的传统家风家训在家庭教育中延续。

(二)传统家规家训成为现代家庭教育教科书

中国的家训文化可谓历史悠久,数千年延绵不绝。它萌芽于先秦,发展于秦汉至六朝,成熟于隋唐,盛行至宋明清。甚至于每个朝代都有流传至今的家训或古训。我国从魏晋南北朝开始,出现了一系列"家训""家诫""家教""家范"等专门论述家庭教育的著作或读本。比较有名的家训如表 1-6 所示。

表 1-6　中国历史上有代表性的家训著作

朝代	作者	家训	代表性语句
三国蜀	诸葛亮	《诫子书》	"夫君子之行,静以修身,俭以养德。非澹泊无以明志,非宁静无以致远。"
南北朝	颜之推	《颜氏家训》	威严而有慈,戒溺爱,重早教,重熏陶影响,爱子当均等原则
唐代	无名氏	《太公家教》	"得人一牛,还人一马,往而不来,非成礼也。"
南宋	司马光	《家范》	"爱而不教,适所以害之也。"
宋代	袁采	《袁氏世范》	"人之至亲,莫过于父子兄弟。而父子兄弟有不和者,父子或因于责善,兄弟或因于争财。"
明代	袁黄	《了凡四训》	"何谓敬重尊长?家之父兄,国之君长,与凡年高、德高、位高、识高者,皆当加意奉事。"
明代	姚牧顺	《药言》	"为父母者切不可毫发偏爱,偏爱日久,兄弟间不觉怨愤之积,往往一待亲殁而争讼因之。"
明代	庞尚鹏	《旁氏家训》	"居家戒争讼。凡是非之来,退一步,让三分,自然少事。"
明代	吴麟征	《家诫要言》	"知有己不知有人,闻人过不闻己过,此祸本也。"

续表

朝代	作者	家训	代表性语句
明代	温以介	《温氏母训》	"儿子是天生的,不是打成的。"
明代	高攀龙	《高子遗书》	"不仁者不可以久处。"
清代	朱柏庐	《治家格言》	"黎明即起,洒扫庭除,要内外整洁。"
清代	李毓秀	《弟子规》	"父母呼,应勿缓,父母命,行勿懒;父母教,须敬听,父母责,须顺承。"
清代	蒋伊	《蒋氏家训》	"对穷困者宜宽容,不逼租债;对族党子弟有志读书而贫不能达者要资助;积谷本为防饥,若遇灾荒,须量力济人。"
清代	曾国藩	《曾国藩家书》	"得意而喜,失意而怒,便被顺逆差遣,何曾作得主。"
清代	梁启超	《梁启超家书》	"我辈出而为国效力,以大义论之,所谓匈奴未灭,何以家为?"
现代	陈鹤琴	《家庭教育：怎样教小孩》	"教小孩要从小教起的。""做父母的不应当迁怒于子女。"

王大龙在《中国家教百年》中列举了中国百年来家庭教育的重要著作(表1-7)。

表1-7　百年来中国有代表性的家庭教育著作

作者	作者身份	家庭教育著作	出版年代
朱庆澜	曾任广东省长	《家庭教育》	1916年
徐松石	曾任沪江大学教授	《家庭教育与儿童》	1924年
熊翥高	曾任南师附小教师	《家庭教育与学校》	商务印书馆,1923年
陈鹤琴	著名儿童教育家	《家庭教育》	商务印书馆,1925年
陆伯羽	教育家	《怎样教儿童》	上海长城书局,1934年
赵忠心	北京师范大学教授	《家庭教育学》	人民教育出版社,1994年,2017年
赵刚	东北师范大学	《家长教育学》	教育科学出版社,2011年
黄河清	华东师范大学	《家庭教育学》	华东师范大学出版社,2014年

作者	作者身份	家庭教育著作	出版年代
关颖	天津社会科学院	《家庭教育社会学》	教育科学出版社,2014年
李天燕		《家庭教育学》	复旦大学出版社,2019年

（三）传统家规家训为修身齐家增智赋能

中国传统家庭的家规、家训、家风很好地体现了家庭教育的效果。

勤劳节俭是中华民族的优秀传统美德,这在历代家训中都得到鲜明的体现。无论平常百姓,还是达官贵族,无不在家训中反复叮嘱家人尚节俭、戒奢靡。几乎家喻户晓的清代学者朱柏庐的家训名篇《朱子家训》(《朱子治家格言》)仅500多字,其中涉及勤劳、俭朴的内容就有100多字,例如:"黎明即起,洒扫庭除,要内外整洁","一粥一饭,当思来处不易;半丝半缕,恒念物力维艰"等。意思是,"每天早晨黎明就要起床,先用水来洒湿庭堂内外的地面然后扫地,使庭堂内外整洁","对于一顿粥或一顿饭,我们应当想着来之不易,对于衣服的半根丝或半条线,我们也要常念着这些物资的产生是很艰难的"。

古代家训非常强调家长的以身示范。北宋时期司马光在《居家杂议》中指出:"凡为家长,必谨守礼法,以御群子弟及家众。分之以职,授之以事,而责其成功。"意思是:作为家长,一定要谨慎遵守礼法,用以管教诸多子弟及家中人员,给他们分配职责,指派事务,并督促他们把事情办理成功。

重名声、讲节操、倡导良好家风等是古代家训的一个鲜明特点。南北朝至隋朝时期的颜之推写的《颜氏家训》(合20篇)享有"古今家训,以此为祖"的美誉。《颜氏家训》是一部系统完整的家庭教育教科书,是作者关于立身、治家、处事、为学的经验总结,在传统中国的家庭教育史上影响巨大,被誉为"家教规范"。

《颜氏家训》中指出,要使家庭和睦,最要紧的是处理好父子、夫妻、兄弟这三种关系。"一家之亲,此三而已矣。""夫风化者,自上而行于下者也,自先而施于后者也。是以父不慈则子不孝,兄不友则弟不恭,夫不义则妇不顺矣。"意思是：风化教育的事，是由上而下推行的，前人影响后人。因此，如果做父亲的不慈爱，子女就不会孝顺；做兄长的不友爱，弟弟就不会恭敬；丈夫不讲情义，妻子就不会温顺。

（四）中国传统家规家训家风需要批判地继承

中国古代家训思想内涵博大精深，积淀凝聚着中华民族优秀文化的诸多精华，如：修齐治平、家国一体；励志励学、成才报国；清正廉洁、惠民爱民；正身率下、治家谨严；勤劳俭朴、力戒恶习；等等。除了这些积极因素外，还存在着一些消极因素的影响。因此，对待传统家规、家训和家风，要"取其精华、弃其糟粕"，努力克服其消极影响，批判地继承和弘扬。

在传统中国家庭关系中，非常强调亲情之爱，注重家庭和谐关系。但是，这种家庭人际关系必须要建立在平等、民主和自由的现代人权观念基础之上。

其次，要避免唯道德中心论思想，防止单方面只强调责任，包括国家责任、政治责任，而忽视仁德基本权利和自由。

再次，要杜绝官本位思想观念，防止在家庭教育中提倡"学而优则仕"、光耀门楣的官本位思想，要树立正确的权力观、利益观。

还有，有的家训中强调书中自有"颜如玉""黄金屋""千钟粟"的传统观念，一味尊崇读书做官的旧思想，歧视社会上一些基础行业；有的家训在为人处世方面强调命运无常、男尊女卑、风水迷信等观念，对此也需要加以摒除。

第三节　我国家庭教育发展现状与趋势

一、我国家庭教育研究的现状与趋势

随着近年来家庭教育越来越引起社会的广泛重视，高等院校相关专业也

多有涉及家庭教育的研究方向。但从总体上看，家庭教育课程并未被纳入师范院校相关学科建设中，即便个别学校开课，也有诸多困难和问题①。关颖等人对中国知网 2010—2014 年的 918 篇硕士和博士学位论文进行统计研究后发现多学科关注家庭教育，教育学、心理学、社会学是与家庭教育联系最为紧密的三大学科②。

中国家庭教育学会是由全国热衷于家庭教育事业的专家、学者和从事家庭教育工作的团体及个人自愿组成的非营利性、学术性社会团体，是全国家庭教育领域唯一的一级学会，业务主管单位是全国妇联。2014 年，全国妇联副主席赵东花针对构建全国家庭教育培训网络做了具体阐述："各基地主要以家庭教育指导、留守儿童关爱、社会工作方法、科学研究指导为培训方向，面向家庭教育指导者、管理者、师资队伍和基层工作骨干等开展各具特色的分类培训。"③

国家教育行政学院直属于教育部，是我国教育系统独立设置的教育干部培训院校。国家教育行政学院家庭教育研究中心成立于 2013 年，主要职责是开展家庭教育有关问题研究和学术交流、围绕家庭教育组织开展教育系统的家庭教育工作骨干培训。2007 年开始的"家庭教育指导师"培训，由中国青少年研究中心、中国青少年研究会实施，曾获得中国就业培训技术指导中心的认证。

（一）我国家庭教育研究的现状

1. 我国家庭教育研究逐年升温，对家庭教育研究的兴趣越来越浓

本研究者在 2021 年 2 月 5 日以"家庭教育"为篇名，通过中国知网查询

---

① 关颖.家庭教育指导需要专业化：我国家庭教育指导者专业化培训状况与人才队伍建设构想［R］.//孙云晓.中国家庭教育蓝皮书（2016）.教育科学出版社，2017：11.
② 关颖.家庭教育指导需要专业化：我国家庭教育指导者专业化培训状况与人才队伍建设构想［R］.//孙云晓.中国家庭教育蓝皮书（2016）.教育科学出版社，2017：13.
③ 赵东花.中国家庭教育学会第四届理事会工作报告［J］.中国妇运，2014（9）：10.

发现，2000—2020 年间的期刊论文、会议和报纸文章共有 14 589 篇，硕博士学位论文文献总数 742 篇。通过趋势图分别分析，可以看出，我国家庭教育研究基本呈逐年上升趋势，尤其是 2018 年以来上升趋势明显。这些结果表明，我国家庭教育受关注的程度明显提升，对家庭教育研究的兴趣越来越浓厚（表 1-8、表 1-9、图 1-3、图 1-4）。

表 1-8　2000—2020 年家庭教育研究趋势分析（期刊论文、会议及报纸文章）

年份	2000	2001	2002	2003	2004	2005	2006	2007	2008	2009	2010
篇数	254	235	271	301	306	469	382	480	528	565	603
年份	2011	2012	2013	2014	2015	2016	2017	2018	2019	2020	2021
篇数	614	699	812	750	936	1 019	978	1 163	1 643	1 571	1 806

资料来源：文献总数 14 589 篇；检索条件：（题名＝'家庭教育' or Title= xls（'家庭教育'））AND（发表时间 Between（'2000-01-01'，'2020-12-31'））；检索范围：总库。

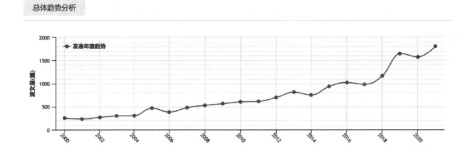

图 1-3　2000—2020 年家庭教育研究趋势分析（期刊论文、会议及报纸文章）

表 1-9　2000—2020 年家庭教育研究趋势分析（硕博士学位论文）

年份	2001	2002	2003	2004	2005	2006	2007	2008	2009	2010
篇数	4	1	4	5	11	28	32	29	41	29
年份	2011	2012	2013	2014	2015	2016	2017	2018	2019	2020
篇数	47	45	53	45	62	70	53	80	67	36

资料来源：文献总数：742 篇；检索条件：（题名＝'家庭教育'）AND（年 Between（'2000'，'2020'））；检索范围：学位论文。

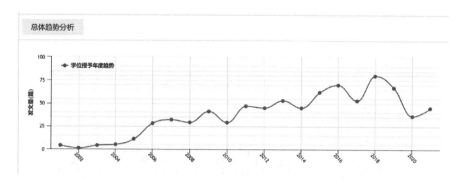

图 1 - 4 2000—2020 年家庭教育研究趋势分析(硕博士学位论文)

2. 师范大学关注家庭教育的学者专家占多数,综合性大学占比较小

师范大学的专家学者是家庭教育的主力军。以"家庭教育"为篇名,对期刊论文、会议、报纸文章、硕博士学位合计的 23 791 篇论文文献进行综合分析发现,以发文单位前 30 名为准,师范大学关注家庭教育的学者专家占多数(4/5),综合性大学占比较小(1/5),学会单位(中国教育学会)仅 1 个。

家庭教育的研究者队伍有待进一步扩大,应从师范院校走向各个研究机构、实践指导单位,甚至个人。从发文作者看,文章主要集中于赵忠心、骆风、关颖、陈建翔、孙云晓等家庭教育专家,他们基本上是在师范大学或社会学、青少年研究机构工作(图 1 - 5、图 1 - 6)。

3. 多学科关注家庭教育,主要为教育学、心理学、社会学、医学与卫生学等专业

论文涉及的学科专业主要有:教育学、心理学、社会学、医学、卫生学、文学、思想政治教育、社会工作等。其中,教育学占比最多,仅"成人教育和特殊教育"就占了 45.69% 。研究内容主要涉及家庭教育理论和现实问题,以及国外家庭教育等多个领域。

从长远看,家庭教育的研究领域应加强各个学科的"跨学科"研究,跨部门、跨机构协同创新研究,以便有效整合各方力量,开展专业化研究。

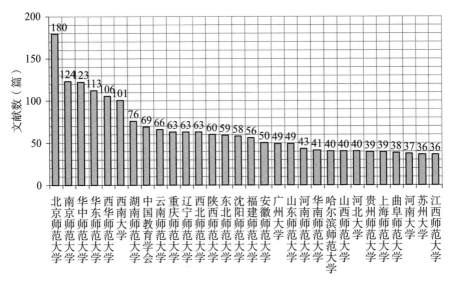

图 1-5 2000—2020 年家庭教育研究者发文单位分布

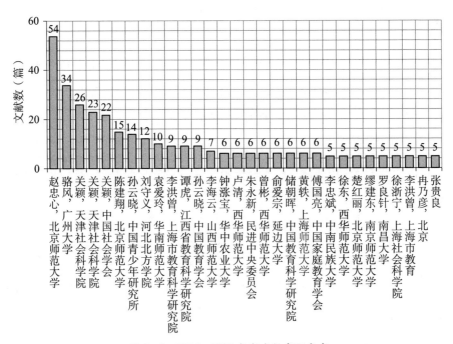

图 1-6 2000—2020 年家庭教育研究者

（二）我国家庭教育研究的特点

1. 家庭教育学的学科性质有待进一步确认和强调

我国当代著名教育家、北京师范大学资深教授顾明远先生认为：家庭教育是一门科学，"做父母的应该把家庭教育作为一门科学来研究"[①]。不仅是父母，实际上，家庭教育学这门科学是需要所有人正视和研究它的。为什么说家庭教育是一门科学呢？顾明远先生认为，第一，家庭教育涉及许多门科学。比如，它跟优生学、生理学、卫生学、营养学有关系，跟心理学、教育学、人才学、伦理学，甚至美学等也都有关系。可以说，家庭教育是一门综合性的科学。家庭教育作为一门科学，它与教育学的关系特别密切。家庭教育应该是教育学的一个重要分支。教育学中的基本规律、原则和方法，是家庭教育的重要理论基础，教育学是培养人的科学，它研究如何使儿童和青少年在德、智、体、美、劳等方面都得到发展，成为社会主义的建设者和接班人。

第二，我们说家庭教育是一门科学，还因为它自身有特定的内容、原则和方法。有些父母教育子女很有经验，但有些经验还没有上升到理论层面，因此没有被普遍地推广。家庭教育作为一门科学，它的任务之一就是要总结家庭教育的经验，摸索家庭教育的规律，然后加以宣传、推广，使父母都懂得用科学的方法教育子女。

顾明远先生在肯定家庭教育是一门科学的同时，还指出家庭教育也是一门艺术。它虽然有许多经验可以借鉴，但是，任何一个家庭和孩子，都会有自己独特的方法，也有需要探索的新问题。正如捷克教育家夸美纽斯在其《大教学论》开篇所说的那样，"教育是将一切知识交给一切人的艺术"。时至今日，教育既是科学又是艺术的界定已基本成为共识。

我国家庭教育专家赵忠心教授的著作《家庭教育学》的副标题就是"教育

---

① 顾明远.家庭教育是一门科学[M].王大龙.中国家教百年.武汉：长江出版传媒，湖北教育出版社，2017：序言.

子女的科学与艺术"。他指出，家庭教育学是一门既古老又崭新的科学①，家庭教育学的研究是一种综合性的科学研究②。研究家庭教育科学，必须从教育学、心理学、社会学、生理学、伦理学、法律学等角度去研究。

家庭教育科学的发展有一个历史过程。春秋时期的管仲，在他的《管子》一书中专门论述了奴隶社会平民阶层家庭教育状况，是我国最早谈及家庭教育问题的思想家。《论语》和《孟子》分别反映了孔子和孟子的某些家庭教育思想。战国时期的思想家韩非，在《韩非子》一书中发表了许多很有价值的家庭教育观点。西汉时期，韩婴的《韩诗外传》、贾谊的《新书》、戴圣编纂的《礼记》等著作中，都记载了中国古代家庭教育的情况和典故。

从魏晋南北朝时期开始，我国就出现了一系列家庭教育专著。北齐思想家、文学家颜之推的《颜氏家训》可以说是一本家庭教育学专著。自此以后，我国陆续出版了一系列家庭教育读本。据《中国丛书综录》记载，总共有117种之多。上起魏晋南北朝，下至民国初年，此类书籍历朝历代都有：南北朝1部，唐朝2部，宋朝16部，元朝5部，明朝28部，清朝61部，民国初年4部。这么多的家庭教育著作，是世界上任何一个国家都无法比拟的。由此可见我国古代和近代重视家庭教育和家庭教育科学理论研究的程度；同时，也说明从封建社会中期开始，我国的家庭教育科学就已经形成了自己独立的体系，具有相当高的水平。这对中国甚至世界的家庭教育理论研究来说，都是非常宝贵的。

到了近代，中国家庭教育的研究更为人们所重视，近现代的家庭教育科学理论体系开始建立。近代爱国将领、原广东省省长朱庆澜先生写的《家庭教育》一书即为明证。无产阶级文化的伟大先驱者鲁迅先生在他的《我们怎样教育儿童的》等许多著作中深刻精辟地论述了家庭教育理论问题，是我国

---

① 赵忠心.家庭教育学：教育子女的科学与艺术[M].北京：人民教育出版社，2001：12.
② 赵忠心.家庭教育学：教育子女的科学与艺术[M].北京：人民教育出版社，2001：10.

最早用马克思主义观点论述家庭教育的理论家。

我国现代著名的幼儿教育家陈鹤琴先生1925年出版的《家庭教育》一书奠定了我国现代家庭教育学的基础。中国无产阶级革命家恽代英写的《家庭教育论》在家庭教育发展史上具有重要的地位。

在我国家庭教育科学发展史上,家庭教育学的研究最初是以除家长以外的全体家庭成员为对象的;在西方则是从研究幼儿的家庭教育开始的。在我国,家庭教育理论是以"家训"的形式首先出现的;在西方国家,家庭教育理论出现的形式则是家政学。中国最早的家庭教育专著出现于三国时期。现存最早的家庭教育专著《颜氏家训》,也出现于封建社会中期。而西方国家最早出现的家庭教育专著是在文艺复兴时期,要比我国晚几百年之久。

2. 现代家庭教育学学科体系尚未建构和形成

家庭教育学是一门交叉学科。赵忠心教授认为,家庭教育学是一门交叉学科[1]。从教育科学的角度讲,教育学分为学校教育学、社会教育学和家庭教育学。家庭教育学是教育学的一个分支。从家庭社会学的角度说,家庭有生产、生活、休闲、赡养、教育、生育等功能,可分为家庭经济学、家庭政治学、家庭生活学、生育学和家庭教育学。家庭教育学又是家庭社会学的一个分支。

总体来看,我国家庭教育学的学科体系尚未建成,这也是当前研究的主要任务之一。

3. 现代家庭教育研究领域在不断丰富与深化

从前文综述可知,我国家庭教育研究是世界历史上开展最早、成果最多的。另有研究表明,我国家庭教育方面的专门书籍上起南北朝,下至民国初年就有117种之多,这是世界上任何一个国家也不能比拟的[2]。

改革开放后,我国家庭教育事业发展和研究进入了一个新的阶段,独生子女政策迫切需要社会和学校指导家长科学地开展子女教育,各地纷纷建立

---

[1] 赵忠心.家庭教育学:教育子女的科学与艺术[M].北京:人民教育出版社,2001:100—132.
[2] 吴航.家庭教育学基础[M].武汉:华中师范大学出版社,2010:6.

地方性的家庭教育研究会，越来越多的学科专家参与到研究和实践指导中。

20世纪90年代，我国家庭教育事业得到进一步发展。1991年我国颁布《中华人民共和国未成年人保护法》，全社会日益重视家庭和学校、社会开展教育合力，推动社会进步和发展。

4. 家庭教育的理论研究和实践研究需要齐头并进和紧密结合

前人的家庭教育理论大多是在自己家庭教育实践中总结出来的。陈鹤琴的《家庭教育：怎样教小孩》就是在对他的大儿子陈一鸣两年多的观察基础上总结的成果。

当前我国的家庭教育理论研究在各个方面显示了不足，需要加强对新时代社会背景下的家庭教育问题的研究，同时需要与家庭教育实践和指导密切结合。

（三）我国家庭教育研究的未来趋势

1. 家庭教育研究队伍逐步壮大，研究意识和能力逐步增强

从前文对家庭教育研究现状的分析可知，目前我国家庭教育研究者主要集中于师范大学、社会科学院和青少年研究机构。随着家庭教育专业化发展、家长对家庭教育指导需求的扩大，以及家庭教育指导专业人员队伍的扩大，家庭教育研究需要逐步壮大研究人员队伍，不断增强研究意识和能力，以满足多种多样的家庭和个体对于家庭教育指导的需求。

2. 家庭教育研究领域逐步拓宽，研究方法日益规范

教育学、心理学和社会学三大学科在家庭教育领域成为最重要的理论基础学科。相对而言，心理学所运用的研究方法比较规范，基本上能与国际对接，教育学和社会学有关家庭教育研究的方法还不够规范，真正达到学术化水准的作品还不多。

3. 家庭教育研究机构组织多样，研究成果增多，研究应用机制日益形成

随着家庭教育研究者队伍的壮大，各级各类教育机构、研究机构将逐步与家庭、社区和实践指导机构联合起来,开展有针对性的家庭教育研究和指导工作,以更好地服务家庭,促进家庭和谐、生活美满,以及青少年儿童的健康、快乐成长。

当然,当代家庭教育的研究还存在一定程度的局限性,有待进一步改进和提高,主要表现在以下方面。

其一,家庭教育属于非正式教育,儿童教育的责任主要由学校来承担,因为在现代学校教育制度产生之后,由于教育功能向学校转移,对家庭教育的系统化研究也自然地被削弱了;其二,家庭生活和家庭建设复杂多样,并不是所有家庭问题都是教育问题;其三,家庭教育很长时间以来都属于私人领域和个人经验,不利于推而广之;其四,家庭教育学科建设遭遇的另一个困惑,是学科和专业建设的分离。比如,高校目前没有家庭教育的本科专业,只有研究生的培养方向。高校在家庭教育的研究队伍方面也非常薄弱,做家庭教育研究的学者比较少,同时也缺乏系统的理论表达;其五,家庭教育的学校化倾向日趋凸显。

二、我国家庭教育发展面临的挑战

当今世界,随着社会进步与发展,各个领域都面临着新的挑战,家庭教育领域也不例外。由于社会政治、经济、文化、科技等领域的变革,家庭结构模式、父母角色地位、儿童青少年的价值观念和行为方式等都面临诸多挑战,给家庭教育发展带来了许多新的困惑和难题。

(一) 家庭结构的变化

社会的发展变化不可避免地导致了家庭结构的变化。处在转型期的中国家庭正在经历着复杂的过渡阶段,中国家庭结构形态正呈现出许多新的特点,例如：小型家庭户增多、家庭流动性增强、婚姻观和生育观转变、独生子女家庭和二孩家庭并存等。

经济的发展使得我国家庭结构及生活发生了变化。一是"4-2-1"式的家庭众多，即四位老人，父亲母亲，独生子女。这部分家庭中父母多为80后，其中大多数受教育程度较高，因此对家庭教育的要求也很高，对孩子有着较高的期望，无论在物质还是精力方面都有着更多的投入，迫切希望孩子成龙成凤。同时，又面临着与祖辈家庭教育观念的冲突以及"上有老下有小"的生活压力。

随着二孩政策的出台和实施，伴随而来的最重要的问题就是二孩家庭的教育问题。一方面是传统观念在二孩家庭中的误用，如凡事要求大孩子谦让，对大宝的冷落和疏忽等；另一方面是育儿经验的简单复制，没有做到因人而异。

年轻一代的婚姻观和生育观也在不断发生转变，这在一定程度上影响到了家庭教育。国家统计局和民政局的数据显示，2019年第三季度发布的数据中，全国离婚率高达43.53%，最高省份有70.56%。在离婚人群中，80后逐渐成为中国离婚人群的主力。在各种文化和价值观的影响下，新时代青年的恋爱观和婚姻观更加开放且多元，社会上闪婚闪离的案例不在少数，很多孩子被迫直面父母离异的危机，同时也需要重新投入重组后的家庭生活。高昂的生育成本之下，"富养""精养"的养育观念使得人们担心生得起养不起。生育过程带来的潜在风险等也影响了人们生育观的改变，由此影响家庭结构的改变。

此外，经济发展的不平衡使得流动家庭和留守儿童的比例增多。这些家庭的教育问题日益凸显。

（二）父母角色的转变

当今社会，父母的角色也在发生变化。由于经济压力的增大，很多父亲忙于工作却无暇顾及家庭，在不少城市家庭，父亲这一角色变得可有可无，他们在育儿阵地上逐渐缺失,甚至节节败退。2015年,全国妇联儿童工作部发布了第二次全国家庭教育现状调查的主要结果。该调查结果显示,近一半的家庭存在子女教育中父亲缺位的情况。

母亲代之承担起孩子的教育任务。尤其在上海、北京等大城市中,教育竞争愈来愈白热化。从孩子的出生、抚育成长到参加各种类型的辅导班和兴趣班、学习路线的设定等等,这些作为"教育经纪人"的母亲常常一手包办,以帮助子女在激烈的教育竞争中获得优势。"丧偶式育儿""爸爸去哪儿了"成为被热捧的流行词,大量的妈妈们一边控诉着孤立无援的育儿生活,一边又不得不承受起这些原本应该由双方共同承担的责任。

长此以往,母亲在家庭育儿和教育中越来越处于主导地位和起着决定性的作用,父亲的角色日益弱化。家庭教育中双方作为"合伙人"的关系逐渐演变为"教育经纪人"一方独大的局面。父亲则负责在外打拼以全面提供经济支撑,而母亲则承担主要的抚育职责,全身心投入家庭育儿,全面规划子女的未来发展,通过自身文化资本与社会资本积累来培养孩子。传统的父权制文化在城市家庭中走向式微。

然而,在孩子的成长过程中,父亲的角色非常重要。古人云"养不教父之过",父亲需要对孩子进行智慧的启迪以及为人的引导,其在家庭教育中的角色是母亲所无法替代的。父亲在家庭育儿中的角色缺失长期来看势必会影响子女的成长以及家庭的发展。

(三)价值观念的冲突

社会文化环境的变化引发的价值观念转变对家庭教育挑战极大。在当今社会,很多人把拥有的财富数量作为衡量一个人是否成功的重要标志。尤其是某些"明星""大腕儿"挥金如土的生活方式受到推崇、渲染,以及社会上各类人群和媒体对拜金主义的过度渲染,使孩子的金钱观被潜移默化地扭曲,这将对孩子形成正确的人生观和世界观产生影响。

社会文化冲突加剧不可避免地给成长中的儿童带来一些不良影响。随着西方的各种伦理思想不断涌入，与我国的德育传统发生了激烈的碰撞和冲突。儿童和青少年处于社会化的关键期，社会上一些违背伦理道德的现象，以及社会转型时期特有的道德行为和道德关系不定型的状况，在很大程度上影响着他们判断、评价善恶的标准。

现代社会，新一代社会成员主张个人独立、自由、平等的观念日益增强，家庭教育也日趋民主化。然而，一些传统的家庭文化观念并没有随着社会转型而消失，例如依然强调家族关系和血缘关系等。这些新旧观念的冲突对作为家庭教育主要承担者的父母以及家庭成员的生活具有较大影响。

（四）技术媒体的影响

对于家庭教育来说，新技术的混合作用暴露了一系列未解决的紧张、矛盾和问题。随着我国科学技术的不断发展，现代科学技术呈不断更新的发展态势。互联网时代，智能手机对学生的生活与学习产生了极为重要的影响，它开阔了学生的学习视角，为学生提供了丰富的学习材料，但同时也存在着不良信息，如网络游戏对学生的发展起到了一定的负面影响，严重阻碍了家庭教育与学校教育工作的有效开展。

随着人工智能时代的到来，传统的集中制、规模化、大一统、整齐划一的学习方式，在网络平台、慕课技术、翻转学习等技术的强有力支持下，泛在学习成为趋势，在家学习势必成为学生接受教育的重要组成部分甚至是可供选择的基本方式之一。人工智能时代，家长如何履行责任可能直接决定了学生成长的"空间"。[1] 然而，新技术在家庭教育中的作用可能并未受到足够的关注。如何教会孩子正确、有利地利用技术媒体也成为一项重要的挑战。

---

[1] 刘坚，刘启蒙.疫情打破家庭教育的舒适区[N].中国青年报，2020-03-23.

三、我国家庭教育事业的未来发展趋势

随着全社会对家庭教育的逐步重视,随着《教育部关于加强家庭教育工作的指导意见》(简称"《指导意见》")等各类政策的适时颁布,家庭教育工作的重要意义、主要内容、保障措施等都将更加明确。中共中央总书记习近平在全国教育大会上指出"办好教育事业,家庭、学校、政府、社会都有责任。家庭是人生的第一所学校,家长是孩子的第一任老师,要给孩子讲好'人生第一课',帮助扣好人生第一粒扣子"。这对于新时代家庭教育的实践发展具有极其重要的指导意义。

家庭教育无论是在儿童的成长过程中还是在人的一生中都发挥着基础性、影响终生的作用。注重家庭、家教、家风这样的理念在当前以及未来都将不断深入人心,成为社会的广泛共识。尽管如此,家庭教育仍需要进一步得到关注和支持。

(一) 逐步完善支持家庭教育发展的法律政策

近年来,全国多个省市先行先试,针对家庭教育推出地方性法规,做出有益尝试,为家庭教育的进一步推进积累了丰富的实践经验。例如,《重庆市家庭教育促进条例》规定父母或者其他监护人应当对未成年子女进行社会公德、家庭美德、生活技能、行为习惯和身心健康等教育以及法律、法规规定的其他教育。《浙江省家庭教育促进条例》要求,学校应当关注残疾、单亲、情绪行为障碍、经历重大变故、遭受侵害以及有其他特殊情况的学生,与其父母共同研究并指导开展家庭教育。《江西省家庭教育促进条例》明确中华优秀传统文化和江西地方特色文化为家庭教育的主要内容之一,并率先设立家庭教育宣传周,明确规定:县级以上人民政府应当运用各种宣传方式,营造家庭教育文化氛围。广播、电视、报刊、新媒体等应当以专题节目、专题报道、专

栏、公益广告等多种形式，开展经常性的家庭教育公益宣传，普及家庭教育知识。

目前，还有很多省市也正在探索符合自身实际情况的促进条例，积极推进家庭教育立法，通过立法促进家庭教育的发展。立法将有效促进家庭教育规范化、专业化，具有深刻的社会现实意义。通过出台家庭教育法律法规，可以推动完善家庭教育政策措施，初步构建以法律制度为基础的法律法规政策框架。

1. 明确家庭教育在国家教育体制中的地位

《中华人民共和国教育法》明确提出了要建立和完善终身教育体系，这其中就包括家庭教育在内。家庭教育伴随人的一生又在终身教育中处于起点位置，其重要地位不言自明。

明确家庭教育在国家教育体制中的地位将有助于明确家庭教育的核心内容、扩大公共服务供给、规范家庭教育行为，加强各级政府的引导和推动，从制度层面推进解决家庭教育面临的突出问题，促进家庭教育工作持续有效发展[1]。家庭教育工作规划的制定和实施需要增强权威性，强调合理性和科学性。尤其需要强调国家、社会、家长的职责，理顺三者之间的关系，从而达到优势互补，将有利于改进家长的教育观念和教育方法，以法律的形式促进家长科学地开展家庭教育，从根本上提高国民素质。

2. 推动健全家庭公共政策体系

2015年10月20日，教育部印发的《指导意见》努力推动确立"政府主导"的原则："各地教育部门要切实加强对行政区域内中小学幼儿园家庭教育工作的指导，推动形成政府主导、部门协作、家长参与、学校组织、社会支持的家庭教育工作格局。"

在制定政策、编制规划时特别要考虑广大家庭的需要和期盼，完善支持

---

① 刘峣.家庭教育不只是"家事"[N].人民日报(海外版),2021-01-21.

家庭生育、服务家庭养老育幼、家政服务提质扩容等的家庭公共政策,推动健全家庭公共政策体系。[①]

一是建立以基本公共服务为保障的普惠性家庭福利支持体系。把家庭教育纳入国民教育指导服务体系,把家庭教育工作相关的经费纳入财政基本公共支出。

二是建立健全的家庭教育管理体制,通过建立专门职能部门,由其承担相关的管理职能,加强对家庭教育发展的规划、协调、监督和指导,将家庭教育指导服务纳入公共政策体系之中。政府在这一体系中发挥主导作用,进行宏观规划与管理,社会组织发挥市场作用,并由明确的主管机构督促切实履行各项职能。

三是建立以社会管理性服务为补充的多元化家庭福利支持体系。在养老托幼、家庭关系调适、社区服务等家庭所需的领域,采取以政府主导,社会、市场多方参与的方式,增加有效供给,通过无偿或低成本的形式满足各类家庭的需求。尤其需要针对社区内的困难家庭、单亲家庭等特殊家庭提供公益服务,通过实实在在的关爱帮扶,推动各类家庭幸福指数的提升,促进社会和谐稳定。

3. 针对社会弱势群体予以政策性的倾斜

当前,我国家庭教育中对于社会弱势群体的家庭教育关注不足。我国农村地区的留守儿童、流动儿童、流浪儿童以及残疾、经济困难家庭的儿童尤其需要支持和帮助,他们的家庭教育需要给予最大的关注。农村留守儿童由于父母常年在外打工,无法经常在身边,有的甚至连见面机会都很少,他们的生活通常由年迈的老一辈照顾,家庭教育的现状不容乐观;流动儿童虽然在父母身边,但通常父母因忙于生计或者因工作而不断迁徙,不但生活不稳定而且生活学习环境也不尽如人意。这类父母通常家庭教育意识极

---

① 沈跃跃.推动社会主义核心价值观在家庭落地生根[N].人民日报,2020 - 08 - 19.

其淡薄。

重视弱势群体关乎全社会的稳定与和谐,在家庭教育相关的法律与政策中针对此类群体的保护具有非常深远的社会意义。面对这些社会弱势群体,在制定家庭教育方面的法律政策时需要对这些群体予以特别的关注,甚至给予政策性与法律性的倾斜,而非仅仅保障社会大多数人的利益、牺牲少数弱势群体的利益。

(二)广泛动员社会力量为家庭教育提供支持

在家庭教育工作格局的建立过程中,社会组织是一支重要的力量,它们需要得到扶持并发挥更大的作用。因此动员更广泛的社会力量将"家庭教育的教育"纳入基本的公共服务体系,给予家庭教育更多、更广泛的支持这一点尤为重要。要积极创设有利于社会组织发展的外部环境,促进服务家庭、儿童、青少年的社会组织发展。

1. 发挥多种资源优势建立家庭教育实践基地

家庭教育虽然不像学校教育那样属于正式、有组织的教育活动,但是提供家庭教育指导服务则属于有组织的活动,各类机构、学术组织等社会力量应成为推进家庭教育工作的重要平台。为有效发挥它们在完善家庭教育公共服务体系中的供给作用,需整合多种资源优势,建立家庭教育实践基地,强化服务功能。例如,充分利用各类社会力量的物质资源,积极组织高质量的家庭教育服务活动,提高指导服务的专业性和针对性。再如,利用公共图书馆、博物馆等公共文化服务阵地,依据不同类型、不同年龄阶段的家长教育需求,开展有针对性、系统的家庭教育讲座或亲子活动①,进一步突出家庭教育的核心和根本。

家庭教育实践基地应积极营造家庭教育文化,帮助各类家庭解决育儿过

---

① 李晓巍,刘倩倩.学前儿童家庭教育的社会支持:回顾与展望[J].河北师范大学学报(教育科学版),2021(01).

程中的困惑和难题。通过家长间彼此的分享和交流，互相学习育儿的成功经验，建立学习型组织。如此，家庭教育实践基地不但可以成为社区内甚至社区间的人际沟通网，以及家长间的交流平台，甚至可以发挥营造家庭教育文化的作用，在缓解家庭教育压力、焦虑方面大有作为，有效支持家庭教育的科学发展。

围绕提升基层治理水平，引导家庭在社区和谐、邻里和睦、爱国卫生运动等方面积极参与、发挥作用。面向广大家庭深入宣传家庭教育的重要性，发挥其积极导向作用，增强家庭及其成员的责任感和义务感，使新时代家庭教育在推动家庭建设、推进基层治理中的作用更加突出。家庭教育实践基地之间加强联动联合，通过阵地共用、资源共享、工作互促、机制互通，携手广大家庭合力建设人人有责、人人尽责、人人享有的社会治理共同体。①

2. 鼓励社会力量多形式多渠道支持家庭教育

社会支持的主要目的在于帮助缓解各种家庭教育难题，提高家庭教育的质量。当今世界变幻莫测，社会发展日新月异，家庭教育的需求和面临的挑战正在不断发生变化，家庭需要的社会支持其内容也需要不断丰富和改进。社会力量对于家庭教育的支持内容可以涉及家庭教育活动的多个层面，例如，既可以是资金支持、物质支持等有形的社会支持，也可以是情感支持、观念支持、精神支持等无形的社会支持。

家庭教育的内容必须满足不同层次家庭的高质量生活需求。新时代新发展阶段家庭教育呈现出新的特点，既要与学校教育、社会教育协同育人，又要发挥其育人的独特功能；既要传承中华传统文化的精髓，又要创新发展、不断进步。随着社会发展，各类社会公益组织、学术组织日益关注到家庭教育的重要性和存在的各类需求，并且不断推进家庭教育工作，满足了不同类型家庭的教育需求。家庭教育社会支持的内容日益多样，种类不断丰富。例

---

① 沈跃跃.推动社会主义核心价值观在家庭落地生根［N］.人民日报,2020－08－19.

如，当前很多组织通过组织物资捐赠、公益讲座等方式关注处境不利的儿童成长，并给予他们情感关怀，这类社会公益活动和教育补偿项目逐步增多，在一定程度上弥补了家庭教育在儿童早期发展的不足与缺失，有助于帮助处境不利儿童在人生早期发展阶段获得良好开端。

社会力量支持的方式也应多样化发展，由传统方式转变为传统方式和新型方式并存。当前，家庭教育工作已经形成了线上和线下相结合、传统方式和新型方式并存的多样化支持体系。随着科学技术的快速发展，人际交流方式越发丰富，将来家庭教育中社会力量予以支持的方式也会不断增多。从口耳相传到通过报纸杂志等纸质媒体进行普及，再到广播电视宣传、利用手机等移动新媒体服务平台开展微信线上交流和网络宣传等，多样化的形式已成必然趋势，传统方式和新型方式并存发展将会是支持未来家庭教育发展的主要格局。

3. 形成全社会重视家庭教育的大环境

虽然家庭教育的重要性越来越被社会各界认同，但还远远不够。部分家长或其他人群对家庭教育的认识仍然存在偏差，认为是无关紧要的事情，家庭一时的教育好坏，对孩子的影响不明显。殊不知，正是日常生活中点滴的影响才造成了孩子成年后的千差万别。因此，全社会应该加强家庭教育的宣传，形成重视家庭教育的大环境。媒体尤其应该发挥社会舆论导向的作用。家长们特别需要精神产品、文化引领，但是目前这些还比较缺乏。因此，媒体要通过多种方式，普及各类家庭教育知识，帮助家长学习科学的教育思想，树立正确的人才观、成才观，掌握科学的教育方法。

家庭教育是全社会的系统工程，需要社会各界给予高度重视。培养一代人不仅是单个家庭的事情，也不仅仅是学校的责任，这关系着我们整个国家的前途和命运，因此，在家庭教育问题上，全社会应引起重视、形成合力。只有全社会真正重视起来，对儿童、青少年予以极大关注，我们才能造就未来一代德智体美劳全面发展的合格接班人。

（三）加强家庭教育指导服务体系建设

近年来，我国高度关注家庭教育指导的发展，无论是国家层面还是地方各级部门都先后出台多项政策和指导文件，推进构建完善的家庭教育指导服务体系。2016 年 11 月，全国妇联联合教育部等部门印发《关于指导推进家庭教育的五年规划（2016—2020 年）》，规划中提出到 2020 年基本建成适应城乡发展、满足家长和儿童需求的家庭教育指导服务体系。党的十九届四中全会指出，要构建覆盖城乡的家庭教育指导服务体系，而构建覆盖城乡的家庭教育指导服务体系也是健全我国基本公共服务制度的需要，是促进我国治理体系和治理能力现代化的必然要求。

当前我国家庭教育指导的公共服务发展不平衡不充分，与经济社会发展不适应，还不能满足广大家庭日益增长的需求，亟需进一步加强和突破。

1. 健全学校家庭社会协同育人机制

党的十九届五中全会审议通过的《中共中央关于制定国民经济和社会发展第十四个五年规划和二〇三五年远景目标的建议》明确提出"健全学校家庭社会协同育人机制"。在政策引导之下，家庭教育发展有了更为明晰的方向。在儿童、青少年成长、成人的过程中，家庭教育、学校教育、社会教育，这三者缺一不可。[1] 它们相互补充、综合作用、互相渗透、互相促进、协调一致，创造一种有利于人类身心健康发展的社会环境，使人类的整体素质得到广泛提高。

一方面，有必要发挥学校的指导作用，明确家长的主体责任，研究建立学校家庭社会协同育人体系。例如，制订家校社协同育人有关文件，发挥家长学校、家长委员会、家长会等作用。以为了每一个家庭的幸福为目标，增强家长家庭教育的能力，提高家长开展科学、有效的家庭教育的责任感，构建和谐

---

[1] 李中亮,刘宁.家庭教育、学校教育及社会教育的整合发展趋势：兼议人的发展的内涵[J].现代教育科学,2009(04).

家庭。

学习型社会背景下，家庭教育活动形式必须符合各类家庭的特点。家庭教育需要突破课堂模式，通过积极开展研学实践、志愿服务等教育实践活动达到育人目标。例如，学校和社区联合开展相关的专题讲座、家庭交流分享会、家庭特色活动比拼、网络知识竞赛、学习积分兑换等活动，不断充实家庭生活。

另一方面，要明确家庭教育和学校教育之间的边界，让学校、家庭和社会教育在各司其职的同时又能形成合力。清晰的边界既有利于学校教育的开展，也有助于缓解家长焦虑，使家庭教育回归本位，促进儿童、青少年身心的全面发展。此外，为确保家庭教育指导服务机构合法、合规、合理地开展活动，引导家庭教育指导服务规范化和科学化，提升家庭教育指导工作的水准，地方政府应对家庭教育指导服务机构行使管理职权，对家庭教育指导服务机构开展活动进行适当的监督和管理。

再一方面，应以公共服务阵地作为基础，推进我国家庭教育指导服务机构设置与工作机制的发展。教育、卫生、文化体育、科技、公共信息服务等领域均可作为家庭教育指导服务的阵地。建立自上而下有效运行的工作运行机制和服务供给机制，逐步建立和完善各级家庭教育指导服务供给主体，并明确其主要任务。[①]

总之，家庭教育和学校教育、社会教育三者的有效衔接这一问题的解决将有助于家庭、学校、社会共育机制的形成。

2. 提升家庭教育指导的专业化水平

2016 年，中国青少年儿童发展中心在人民网上发布《我国家庭教育指导服务体系构建与推进策略研究》（以下简称"《研究》"），提出了我国家庭教育体系中存在的七大问题，其中一个重要问题就是家庭教育组织的相关指导

---

① 陈若葵.家庭教育指导服务体系亟待完善[N].中国妇女报,2016-06-23.

和服务水平专业化程度不足,无法为家长提供与时代同步的家庭教育指导。如何充分整合社会资源,使家庭教育指导者培训向正规化、规范化方向发展,培育一支既有理论根基又能指导家庭教育实践的队伍,是亟待解决的问题。

因此,有必要逐步引入专业化的指导服务力量,帮助和指导父母学会科学有效的教育方式,与孩子共同进步、成长,进一步提高家庭教育指导的专业化水平。只有家庭教育指导服务的质量和水平得到提升,指导服务的科学性和实效性进一步增强,才能基本满足普惠性的家庭教育公共服务需求。

家庭教育指导专业化水平的提高有赖于家庭教育培训者的专业化程度,以及具备理论基础和指导实践经验的专业队伍的培养。家庭教育工作者主要包括家庭教育指导者、管理者、研究者等家庭教育指导服务人员。2016年,中国青少年儿童发展中心发布的《研究》提出,家庭教育指导队伍建设需要进一步完善家庭教育指导教师的聘用制度和管理机制,完善相关指导人员的培养体系和职后培训制度,制定《家庭教育指导人员培养课程标准》等。因此,应支持有条件的高校开设家庭教育相关专业,加强家庭教育课程的建设,促进优质课程资源共享,为构建覆盖城乡家庭教育指导体系建设提供专业人才储备。此外,社区、学校、各类培训机构都应成为开展家庭教育的重要渠道。通过开发家庭教育课程,大力提升家庭教育培训者的专业化程度,帮助家长学习科学的教育理念和方法,引导家长学习科学的教育思想,树立正确的家庭教育理念。

3. 以需求为导向建立家庭教育监测制度

通过监测制度的建立,了解家庭教育的需求与状况,依据对监测数据的分析和研究,更好地优化家庭教育资源配置,拓宽多样化学习供给,完善各项制度和政策,努力满足家长的学习需求并促进家庭教育质量和水平的提高。科学的监测制度一方面需要对家庭教育需求和相关理论及指标进行深入研究;另一方面是对家庭教育的现状实施监测,并对监测数据进行科学分析。

建立由专家、指导服务者、专业社会工作者等组成的家庭教育舆情监测团队，组织开展舆情分析，回应热点难点问题，为家庭教育营造良好的社会环境和舆论氛围。

由此，逐步建立科学的监测评估制度，建立与经济社会发展相适应的管理体制和保障机制。逐步形成功能完善、开放共享、多渠道采集的大数据平台，促进家庭教育政策调整的良性互动机制，立足家庭教育的实际需求，为家庭教育的科学发展提供决策依据和支撑。

（四）重视家庭教育理论的研究

随着时代的发展变迁，当代社会全球化、信息化、网络化发展浪潮迅猛，由此带来整个家庭所处的外部环境翻天覆地的变化。家庭教育理论研究也不断进步，应在多方面有所作为，用更科学的方法将研究水平引向系统和规范。家庭教育学不仅要探索家庭教育的科学规律，同时家庭教育研究应越来越关注家庭教育实践中的问题，并做出相应的回应。

1. 构建有中国特色的家庭教育学科体系

虽然我国历来有重视家庭教育的传统，但是家庭教育学科体系的建设起步较晚，尚处在初创阶段。目前，家庭教育学科体系雏型虽具，但尚不完善，特别是学科体系建设的成果对家庭教育实践的影响力还十分有限。

构建我国家庭教育指导服务体系，需要将家庭教育作为一门科学的学科进行建设，在基本理论方面形成独立的话语体系，在人才队伍方面实现专业化，才有可能在指导和服务中把握正确的方向，解释和解决家庭教育实践中的种种问题。

因此，家庭教育理论研究应由"是什么"的应用研究逐渐向"为什么"的基础理论研究，构建具备中国特色的家庭教育学科体系。家庭教育的理论研究与学科建设不但要科学总结中国传统的家教思想、家教经验，使之成为有中国特色的家庭教育学科体系的有机组成部分，还要适时反映时代的变化，融入新时代的特色,以使构建的学科体系和形成的研究成果对家庭教育实践起到实实在在的指导作用。同时,要在全面总结我国家庭教育已有研究成果的基础上,重点关注家庭教育的现状和未来的发展趋势,完善有中国特色的社会主义家庭教育学科体系,凸显本土化道路。

2. 逐步推进多角度的家庭教育课题研究

"家庭教育学科科学化"问题是这一时期人们着力探讨的问题,不少学者开始借助教育学、社会学、心理学、文化学、人类学、伦理学等学科视野、方法论和研究成果来研究家庭教育问题,并试图形成新的研究范式,以建构家庭教育自身完整的理论体系。这将有益于创建有中国特色的家庭教育学科体系,提高家庭教育研究的理论水平、丰富和发展我国的教育科学理论。

针对新时期家庭教育面临的新情况和新问题,家庭教育课题研究应逐步推进,从多角度进行解读,为家庭教育实践提供理论与实证依据,使家庭教育理论研究与实证研究不断增强。家庭教育理论研究应能深度回应家庭教育实践,对日新月异、如火如荼的家庭教育实践进行科学引导、正确解释和合理批判。同时开展各类家庭教育研究,例如为职能部门制定家庭教育事业发展规划而开展的实证研究;家庭教育事业的发展支持与保障机制的研究;家庭教育管理与领导体制的研究;家庭教育事业发展的评估标准的研究等。

3. 重视家庭教育政策的前瞻性和系统性研究

改革开放以来,我国经济社会各领域的巨大成就,很大程度上得益于教育对个体心智及人力资本的开发。立足"两个一百年"伟大奋斗目标的实现,家庭教育政策研究要注重将重大教育问题放在历史长河中考量,在大趋势中把握家庭教育与政治经济社会各领域之间的关系,提出既服务当下家庭教育的解决办法,也面向未来发展的中长期战略性解决方案。

目前现有文献中关于家庭教育政策的相关研究不仅数量较少,而且对政策缺乏长期的跟踪研究，缺少系统性分析政策特点和作用的研究。未来，需要更加重视加强家庭教育政策研究的前瞻性和系统性，通过计量统计对政策进行科学评估分析的研究，以及基于长期调查的实证研究，加强家庭教育研究的系统性。

第二章
家庭教育的目的和功能

本章以家庭教育的目的和功能为主线，即家庭教育的目的是什么，家庭教育的作用是什么，通过对传统与现代的对比，提出克服传统家庭教育目的的消极因素，树立现代家庭教育的目的观；通过分析家庭教育在社会发展中的地位和作用，阐述家庭教育促进个人发展和社会发展的两大功能。

第一节　家庭教育的目的

家庭教育的目的，就是通过家庭教育活动和家庭教育的全过程，把人（主要是孩子）培养成家长和社会所需要的人。尽管家庭教育的目的不像学校教育目的那样明确、清晰，但也是实实在在存在的。

在阶级社会里，不同的家庭处于不同的地位。因此，不同阶层或地位的家庭对子女培养的规格要求也不一样。

一、传统家庭教育的目的

人类在原始社会实行生产资料公有制，以及原始的群婚制度。社会成员属于氏族公社的大家庭公有，儿童由公社施行公养公育，任何人都享有平等的受教育权利。

到了奴隶社会，私有制出现，使家庭教育打上了阶级的烙印。在奴隶主家庭中，奴隶成为奴隶主的终身附属品和私有物。奴隶主教育子女的目的就是要培养能够镇压奴隶的统治人才。

封建社会的家庭是比较稳定和封闭的经济单位、生产单位和生活单位。封建地主尤为重视家庭教育，并把它作为强权政治的工具。封建社会的许多家庭，在实施儿童教育的过程中，长辈们常常以"学而优则仕"的思想教育孩子，以求日后能够做官晋爵。封建统治阶级在家庭教育中灌输"宗法观念""伦理纲常""男尊女卑"的思想，教育的目的就是传宗接代。中国两千多年世世代代的农民，主要是靠家庭教育培养出来的。封建社会家庭教育的广泛性、深刻性，是其他任何社会所无法比拟的。封建家庭作为培育人才的重要场所，其教育功能发挥充分并达到了顶峰。

社会主义社会是以公有制为主要特征的社会，大部分生产资料为全民和集体所有。家庭教育中传授生产技能和传播系统文化知识等方面的职能大大减少。但是，家庭仍然是独立的消费单位，子女仍然需要家庭教育。子女入学前，主要是在家庭中接受教育，入学后，仍然生活在家庭中，走上社会和独立成家之后，也仍然保持与父母的密切联系，受父母的影响。父母子女之间，彼此是平等的关系。

（一）培养统治人才

中国传统家庭教育目的受"学而优则仕"思想的影响较大，非常重视子女的修身、治学，以求取功名利禄。传统家庭教育中最主要的内容是向子孙进行修身教育。修身，谓修养身心，学会做人，塑造品学兼优的完美人格。由于传统政治思想、伦理思想特别强调修身与齐家、治国、平天下的密切联系，认为只有做到身修、家齐，才能达到国治、天下平，故而古代家训几无例外，以

"修身为本",将修身提到突出的位置。家训中有关修身的内容甚为宽泛,主要包括立志、读书、待人等几个方面。

立志是修身之基,是事业成功的第一步。中国历史上广为流传的"岳母刺字"的故事,便是家庭教育中教子树立大志,建功立业的典型事例。诸葛亮在《诫子书》中说:"夫学,须静也;才,须学也。非学无以广才,非志无以成学。"①强调没有志向,就不能成就学业。《曾国藩家书·修身之道》第一条便是"勉君子应立志"②,"述立志之重要"条曰:"人苟能自立志,则圣贤豪杰何事不可为? ……苦自己不立志,则虽日与尧舜禹汤同住,亦彼自彼,我自我矣,何与于我哉!"③

在传统家庭教育中,鼓励子弟读书是家训的一大主题。提起读书,人们往往想到"学而优则仕",以为古人读书的目的无非为了做官,为了追求功名利禄。其实也并非都如此。《颜氏家训·勉学》中明确指出:"夫所以读书学问,本欲开心明目,利于行耳。"意思是说人之所以要读书求学,本来是为了开发心智,提高认识力,以有利于自己的行动。《朱子治家格言》也说:"子孙虽愚,经书不可不读。"④

古代家训强调慎于接物、谦让待人、诚实守信、与人为善。《曾国藩家书·持家之道》"情愿人占我便益"条致澄侯等三弟信中说:"兄自庚子到京以来,于今八年,不肯轻受人惠,情愿人占我的便益,断不肯我占人的便益。"告诚诸弟:"以后凡事不可占人半点便益,不可轻取人财,切记切记。"⑤

(二)齐家治国的基础

古代以齐家和治国的逻辑联系为纽带的宗法政治统治,家庭内部以父权

① 汪双久.家训金言[M].合肥:安徽人民出版社,2009:21.
② [清]曾国藩.曾国藩家书[M].北京:京华出版社,2003:5.
③ [清]曾国藩.曾国藩家书[M].长春:吉林出版集团有限责任公司,2010:88.
④ 史孝贵.古今家训新编[M].上海:华东师范大学出版社,1992:126.
⑤ [清]曾国藩.曾国藩家书家训[M].珠海:珠海出版社,2003:54.

实施家长制管理，国家最高统治者则以君权实施"家天下"的统治，父权与君权名异实同。

中国封建社会的地方行政主要以县为基层单位，同时依靠地方乡村组织。由于中国农村社会聚族而居的特点，家族成为乡村组织的基础。国家统治即依靠族权和政权的联合统治。"家之不宁，国难得安。"由此，许多政治家、思想家提出国之本在家，须先齐家的观点，并赋予家庭人口生产、物质生产、教育三重职能，使中国传统的家庭具有特殊意义。

传统家庭教育的主要目的，是向子孙进行"齐家"教育。齐家，即和睦家庭，端正门风，垂范后代，即颜之推所谓"整齐门内，提斯子孙"[1]。《大学》有言："欲治其国者，先齐其家；欲齐其家者，先修其身。"在家天下的中国古代社会，齐家既是修身的目标，又是治国的基础。因而，如何齐家便成为家庭教育的根本追求。在这方面，家训发挥了极其重要的作用。

"齐家"教育应以什么为核心内容？颜之推指出："礼为教本。"[2]司马光也认为："治家莫如礼。"[3]这里所谓的礼，即指制约家庭中父子、兄弟、夫妇为主的各种人伦关系的规范。以礼教来规范人伦，就是向子孙传授孝悌之道。关于齐家的内容，大致应包括父慈子孝、兄友弟恭、夫义妇顺，以及勤俭持家等方面。

（三）光宗耀祖和光耀门楣

如果说齐家治国是政治家为古代家庭教育制定的终极目标，那么光宗耀祖则是普通家庭实施教育的实质性动机和目的。中国古代是注重血缘关系的社会，一人犯法就会牵连整个家族。同样，"一人得道，鸡犬升天"。家庭或家族中有一个人出人头地了，不仅是个人的荣幸，整个家族都感到荣耀。正

---

① ［北齐］颜之推.颜氏家训［M］.长沙：岳麓书社，1999：1.
② ［北齐］颜之推.颜氏家训［M］.长沙：岳麓书社，1999：23.
③ 宋涛.中国传世家训（上）［M］.北京：燕山出版社，2008：327.

是由于个体与家庭这种休戚相关、荣辱与共的关系,使得家庭教育在封建社会显得格外重要。家中长辈都视子女为私有财产,希望通过家庭早日使子孙"成龙",以达到振兴家业、光宗耀祖的目的,同时,子孙们亦以身许家,把光耀门楣作为自己的奋斗目标和报答父母养育之恩的最好方式。

传统文化中"万般皆下品,唯有读书高"的思想至今依然影响着众多的家长。传统的家庭教育中充斥着功名思想,教育目的就是为了获取功名,光耀门楣。当今许多家长依然过于重视攫取功名的考试,把考大学作为子女未来的唯一出路,对孩子的学业寄予厚望,甚至是不切实际的期望。为了使自己的孩子早成才、快成才、成大才,有的家长盲目地进行"过早教育"和"过度教育",给孩子成长带来一定的伤害。

二、现代家庭教育的目的

作为家长,都要明白教育孩子的目的是什么。换句话说,就是知道要把孩子培养成为什么样的人。中外许多教育家给出了答案。

法国教育家卢梭认为,教育的最高目的在于培养自由人。在卢梭看来,自由就是自主,包括三个层面:自然自由、社会自由和道德自由。与之相应,《爱弥儿》依次论述了自然教育、社会教育和公民教育三种教育形式。在卢梭看来,"一个父亲生养了孩子,只是完成了他的任务的三分之一。他对人类有生育仁德义务;他对社会有培养社会人的义务;对国家有造就公民的义务"。[①]

罗斯·埃什尔曼在《家庭导论》一书中说:"在降临到这个世界上的所有生命中,没有比人类婴儿更孱弱的了。他们不会行走,不能自己进食,看不到哪里潜在着危险,不懂得如何寻找食物和栖身之地,甚至连翻身都不会。婴

---

① 《爱弥儿》第 3 页.

儿长大后可能成为罪犯,可能成为教师和体育明星,但无论如何,他们首先要学会满足自己的基本需要,知道如何同别人交往,学会判断哪些行为是社会所要求和允许的。总而言之,他们必须先要学会怎样做人。"

我国学者吴航、关颖等均把人的社会化看作家庭教育的基本目标[1][2]。关颖认为,家庭教育的中心任务是"教孩子做人",家长所有的努力都是为了培养孩子成为一个独立的、对社会有用的人[3]。

总体而言,我国家庭教育的总目的、总任务就是：为国家和社会培养未来的人才。具体的目的就是：教会子女如何做人[4]。也就是要把自己的子女教育成为有益于社会、有益于国家的人。

本书认为,家庭教育的目的主要在于以下三个方面。

（一）培养身心健全的人

家庭教育的目的虽不像学校教育目的那样规定得明确具体,如德、智、体、美、劳全面发展,但是家庭教育对孩子的影响也是全面的。

人的健康发展包括身心两个方面的健康发展,即心理健康和身体健康。心理健康与身体健康是相互依存、相互促进的。心理健康是身体健康的精神支柱,身体健康是心理健康的物质基础。俗话说："笑一笑,十年少；愁一愁,白了头。"心理健康能促进身体健康,反之,心理处于不健康的状态,则会导致一些身心疾病的发生。

从"成人"角度讲,家庭教育的目的就是要培养身心健全的人。在家长看来,身心健康就是全面发展。然而现实中,许多家长只关注到孩子的身体健康与安全,而忽视了他们的心理健康发展。

① 吴航.家庭教育学基础[M].武汉：华中师范大学出版社,2010：96.
② 关颖.家庭教育社会学[M].北京：教育科学出版社,2014：52.
③ 关颖.家庭教育有两个基本点[N].中国教育报,2015-11-13.
④ 吴航.家庭教育学基础[M].武汉：华中师范大学出版社,2010：97.

（二）培养品学兼优的人

品学兼优是指思想品德和学业都很优秀。该词语出自曾国藩的《致四弟·宜常在家侍候父亲》："此君品学兼优,吾所素佩。"品学兼优的标准非常符合中国传统社会和家庭对全面发展人才的渴求,每个家庭都希望自己的孩子能够德才兼备、文武双全,且对君王和父母做到"忠孝两全"。

从"成才"角度讲,家庭教育的目的就是要培养品学兼优的人。

"女子无才便是德"这一观念在中国存在了几百年,在封建社会甚至被封建家长奉为圣言。这显然是重男轻女思想作怪。然而在男女平等的今天,在一些农村,这一观念仍然影响着许许多多的家庭教育者,许多家长仍然不愿意将太多的金钱投入到女性受教育者身上。因此,现代的教育平等观念就是要男女平等地接受教育,而且每个人都要做品学兼优的人。而现实中多数家长关注孩子的学习,忽视思想品德教育,即所谓的"重智轻德"。

（三）培养对个人、家庭、社会都有用的人

《礼记·大学》开篇说:"古之欲明明德于天下者,先治其国;欲治其国者,先齐其家;欲齐其家者,先修其身;欲修其身者,先正其心;欲正其心者,先诚其意;欲诚其意者,先致其知,致知在格物。物格而后知至,知至而后意诚,意诚而后心正,心正而后身修,身修而后家齐,家齐而后国治,国治而后天下平。"这里的修身、齐家、治国、平天下既是说的顺序,也是表明培养一个人,应将这几个方面有机统一起来。

目前存在的困惑和问题是:家庭教育到底是要成就自己(成为他自己),还是成就家长,成就家庭?家长对子女期望值仍然过高,功利性仍然太强,"望子成龙","望女成凤"。有研究表明:在现代家庭中,家长最为焦急的儿童五大类别教育问题中,排在首位的是孩子的人格问题(51.5%),其次分别是行为问题(33%)、学习问题(30.5%)、人际交往问题(25%)、青春期问题

（14%），排在最后的是品德与价值观问题（11%）①。

现代家庭教育出现了一股跨国度、跨阶层、由母亲掌舵、以科学为原则、以卓越和完美为追求的潮流。母亲登上"教育前台"，变成家庭教育的掌舵手、家族竞争的总设计师、资源的动员者和现场指挥者，而家庭父权被削弱。同时，竞争性育儿方式渐成气候，表现为早教低龄化、智育倾向明显、跨阶层参与、高代价化特征，并伴随结构性的养育焦虑。

从历史社会学的视角来看，这种现象与童年观和母职观的历史变迁息息相关。现代儿童与母亲作为"纯洁和爱"的象征，经历着"神圣化"的过程。传统家庭教育的泛化性，在前工业社会开始分化，并在学校化社会渐趋专业化，使得科学育儿、追求卓越的竞争性教育逐渐成为主流教育观念。童年和母职观念的过度神圣化，渐渐导向了母职至上和完美教育理念、文凭主义，再生产了性别和阶层的不平等。这种潮流的深层危机和矛盾使长不大的成人和过度早熟的儿童，在封闭的家庭中陷入了互相依附的状态，基于焦虑和恐惧而生长出的"爱"和教育缺乏公共精神。②

第二节　家庭教育的功能

习近平 2015 年 2 月 17 日在春节团拜会上指出："家庭是社会的基本细胞，是人生的第一所学校。不论时代发生多大变化，不论生活格局发生多大变化，我们都要重视家庭建设，注重家庭、注重家教、注重家风，紧密结合培育和弘扬社会主义核心价值观，发扬光大中华民族传统家庭美德，促进家庭和

---

① 洪明.当前我国家庭教育的焦点难点问题透视：基于 600 份家庭教育咨询案例分析[J].中国青年研究，2012(11).
② 安超.科学浪潮与养育焦虑：家庭教育的母职中心化和儿童的命运[J].少年儿童研究，2020(3)：5—16.

睦,促进亲人相亲相爱,促进下一代健康成长,促进老年人老有所养,使千千万万个家庭成为国家发展、民族进步、社会和谐的重要基点。"①

家庭教育的功能主要表现在其对个人(孩子、家长)、家庭、国家、社会的作用上。若将个人发展看成是家庭教育的基础,则后面对于家庭、国家和社会的功能都是在此基础之上的。所以,家庭教育的功能总体上可以划分为两个层面:个体发展功能和社会发展功能。

一、家庭教育的个体发展功能

家庭教育促进个体发展是基于一定的理论基础的。这里的个体发展不仅指未成年人,也包括家长的发展。

儿童整体发展理论认为,儿童由心智、身体和情感几个系统组成,各个系统之间又密切相互关联,儿童的各个部分组成了一个不可分割的整体。儿童的社会-情感发展与认知发展是密切联系在一起的。有时,带孩子到早期教育机构的家长更为关注孩子的智力发展,而不太重视孩子的情感和社会能力的培养。明白这一点,无论对于家长,还是托育服务机构人员,都是有价值的。

美国心理学家马斯洛提出的需求层次理论为每一个与儿童及其家庭打交道的人提供了重要信息。该理论的基本观点认为,个体的基本需求在得到满足后才能成长。对于每一个人来说,最基本的需求是生理需求,包括空气、食物、水和休息。再往上是安全需求,满足儿童安全需求的方法之一,是让他们感到生活是可预料的。分离时孩子的啼哭是他们表达安全需求的一种方式。再往上是爱和归属的需求。任何人对社交关系的需求与食物、水、空气和休息的需求同样强烈。再上一个层级是认同的需求。自尊是认同这个层

---

① 习近平.在2015年春节团拜会上的讲话[N].人民日报,2015-2-18.

级的一部分，得到他人的认同则是另一部分。在需求层次的金字塔顶端是自我实现的需求。自我实现反映出个体的潜能得到充分展现。只有满足了这些基本需求，个体才会有可能去追求知识、努力学习和不断发展。

在早期保育和教育机构中，要真正满足儿童的需要，除了关注儿童之外，还必须关注家庭。如果教师能让父母感到被理解和尊重，那么，教师就为其家庭中的孩子提供了一种服务。如果人们认识到社会支持能减缓家长的压力，改善家庭教育功能，那么，将更有可能充分考虑家长的需求，推进以家庭为中心的教育机构的发展。

家庭教育在促进个体发展中具有促进人的全面发展的功能和需要，本书认为，家庭教育的个体发展功能具体应包含以下几个方面：(1)培养品德优良的人；(2)培养身心健康、人格健全的人；(3)培养有良好行为习惯的人；(4)培养有聪明才智的人；(5)培养有家国情怀和国际视野的人；(6)培养完满幸福的人。

美国社会学家阿尔温·托夫勒在《第三次浪潮》一书中对家庭的未来与未来的家庭做了预测。他认为，在第三次浪潮的社会中，孩子的成长过程和以往不同，所形成的人格与以往相比自然也有差异。托夫勒相信家庭会在第三次浪潮文明中担当一个重要角色。在其教育功能方面，家庭应该负起更大的教育责任。愿意在自己家里教育孩子的父母，学校要支持他们，不要把他们视为怪物和违法之徒。而且家长对学校应该有更大的影响力。他断言，未来的社会是一个以家庭为主的社会①。

二、家庭教育的社会发展功能

（一）家庭教育是履行社会职能的重要载体

家庭是社会的基本单位，是社会的细胞。根据恩格斯在《家庭、私有制和

---

① [美]阿尔温·托夫勒.第三次浪潮[M].朱志炎，等译.上海：三联书店，1983：214.

国家的起源》一书中的论述,家庭既要从事改造自然、创造物质财富的物质资料的生产,又要从事人类自身的生产,为社会提供人力资源。家庭通过人类自身生产延续生命,生儿育女、世代相传,是家庭的特殊使命。而人类自身生产,不仅仅是生产一个生物意义上的"自然人",更重要的是通过家庭养育、教育,培育具有社会性的"社会人"。可以说,家庭教育是人类再生产中必不可少的组成部分,是家庭和社会生活的基础要素。

(二)家庭教育是传递社会文明的主要方式

在全世界范围内,从西方到东方,无论是发达国家还是发展中国家,都认识到家庭教育与社会发展的相互联系和重要作用,进而把家庭文明作为社会文明建设的基础。

联合国于 1994 年推行"国际家庭年",强调家庭在现代文明社会中要发挥其提供资源和承担责任的特殊功能,强调家庭对于养育、教育、培训下一代所起的重要作用。

在我国,一系列与家庭有关的法规(如《中华人民共和国反家庭暴力法》)正在不断完善,使妇女、儿童、老年人的权益得到应有的保护,为家庭的和谐美满提供基本保证。

(三)家庭教育是提高全民素质的有效途经

家庭教育水平的高低、效果的优劣,不仅关系到每一个家庭中的孩子是否能够成才、成人和成功的问题,更关系到全民族素质和我们国家的未来。

我国 14 亿人口中有 4.3 亿个家庭户。"五好家庭""最美家庭""学习型家庭"等的评选,以及"合格家长"的塑造都有利于家长素养的提升。这是提升我国全民素养的有效途径。

第三章
家庭教育的基本要素

本章以家庭教育的基本要素为主线，以多学科理论为支撑，系统阐述现代家庭教育的主体、内容、方法和环境等诸要素，突出浅显易懂、适需适用、科学有效的原则，加强理论与实践的结合。

第一节　家庭教育主体

一、家长是家庭教育的主体

我国近代著名教育家蔡元培先生说过："养子教子，父母之第一本务也。"①传统上说，家长是家庭教育的主体。现代社会，家庭中的每一个成员都是家庭教育的主体，但父母对未成年儿童的家庭教育仍然占主导地位，应承担主体责任。

2015年10月11日，教育部印发的《教育部关于加强家庭教育工作的指导意见》（教基一〔2015〕10号）中指出，"进一步明确家长在家庭教育中的主

---

① 蔡元培.中国人的教养[M].成都：四川出版集团，天地出版社，2012：188.

体责任",家长要"依法履行家庭教育职责","严格遵循孩子成长规律","不断提升家庭教育水平"。

（一）依法履行家庭教育职责

教育孩子是父母或者其他监护人的法定职责。广大家长要及时了解掌握孩子不同年龄段的表现和成长特点,真正做到因材施教,不断提高家庭教育的针对性;要始终坚持儿童为本,尊重孩子的合理需要和个性,创设适合孩子成长的必要条件和生活情境,努力把握家庭教育的规律性;要提升自身素质和能力,积极发挥榜样作用,与学校、社会共同形成教育合力,避免缺教少护、教而不当,切实增强家庭教育的有效性。

（二）严格遵循孩子成长规律

不同年龄段的孩子都有其自身成长规律,家长需要学会"静待花开"。学龄前儿童的家长要为孩子提供健康、丰富的生活和活动环境,培养孩子的健康体魄、良好生活习惯和品德行为,让他们在快乐的童年生活中获得有益于身心发展的经验。小学生家长要督促孩子坚持体育锻炼,增长自我保护知识和基本自救技能,鼓励参与劳动,养成良好生活自理习惯和学习习惯,引导孩子学会感恩父母、诚实为人、诚实做事。中学生家长要对孩子开展性别教育、媒介素养教育,培养孩子积极的学业态度,与学校配合减轻孩子过重的学业负担,指导孩子学会自主选择。切实消除学校减负、家长增负,不问兴趣、盲目报班,不做"虎妈""狼爸"。

（三）不断提升家庭教育水平

广大家长要全面学习家庭教育知识,系统掌握家庭教育的科学理念和方法,增强家庭教育本领,用正确思想、正确方法、正确行动教育引导孩子;不断更新家庭教育观念,坚持立德树人导向,以端正的育儿观、成才观、成人观引导孩子逐渐形成正确的世界观、人生观、价值观；不断提高自身素质，重视以身作则和言传身教，要时时处处给孩子做榜样，以自身健康的思想、良好的品行影响和帮助孩子养成好思想、好品格、好习惯；努力拓展家庭教育空间，不断创造家庭教育机会，积极主动与学校沟通孩子情况，支持孩子参加适合的社会实践，推动家庭教育和学校教育、社会教育有机融合。

二、家长的自身素质

家长素质一般包括自然素质和社会素质两个方面。自然素质是指人的大脑、神经、体力等生理方面的素质；社会素质主要是指人的心理素质、思想道德素质、科学文化素质、教育素质等，其中生理素质、心理素质、品德素质、文化素质是社会成员都应具有的基本素质，而教育素质则是作为家长特定角色的特殊素质，属于家长们的一种"专业素质"①。教育观念、教育方式、教育能力是家长教育素质的必要内容。

家长自身素质是其对子女言传身教的基础和示范。要治理好一个家庭，家长先要以身作则。

中国古代家长非常重视身教的作用。《颜氏家训·治家》中说："夫风化者，自上而行于下者也，自先而施于后者也。是以父不慈则子不孝，兄不友则弟不恭，夫不义则妇不顺矣。"②在生活中很难设想那些虐待老人的人能得到孩子的孝敬。司马光的《涑水家仪》指出："凡为家长，必谨守礼法，以御群子弟及家众。"③只有家长正身率下，公正不偏，才能使家人和睦融洽，家庭秩序井然。

面对当下愈演愈烈的家庭教育焦虑，全国政协副秘书长、民进中央副主

---

① 吴航.家庭教育学基础[M].武汉：华中师范大学出版社，2010：84.
② ［北齐］颜之推.颜氏家训[M].长沙：岳麓书社，1999：26.
③ 汪双久.家训金言[M].合肥：安徽人民出版社，2009：201.

席、中国教育学会家庭教育专业委员会理事长朱永新认为，最根本的是要提升父母的基本教育素养，倡导"成人比成才更重要，幸福比成功更重要"的教育理念。

在他看来，电影《你好，李焕英》火热的背后，一个重要原因就在于它传达了家长要把幸福还给孩子的理念。有很多人考上了北大清华又怎么样，拿到百万年薪又怎么样，如果不幸福，天天搞得很紧张，那还不如幸福地活着。很多家长迷信补习，其实大数据研究已经表明，补习并不是对所有孩子都管用，有些孩子可能不补习，更有助于他们的发展。

三、家长的教养态度

（一）家长对子女的期望

"望子成龙"没有什么不好，哪个父母不这样？但问题出在标准上。大家都知道，每个孩子都是独特的、不一样的，但是我们家长总是用同一个标准，即哈佛的标准、北大的标准、清华的标准，其实就是分数的标准。事实上这个方向就错了。应该让孩子成为他自己，只有成为他自己，他才能生活得幸福，潜能才能得到发挥。父母要知道孩子最喜欢什么、最合适什么，这才是最重要的。

（二）家长对子女的爱与教育

树立家长和孩子一起成长的观念，并在生活实践中一以贯之地践行下去。现在大多数的父母在成为父母之后，就没有成长的动力了，很多家长觉得自己在职场打拼已经够累了，回到家里又要做家务，没有精力和孩子一起成长，而这样恰恰使孩子无法成长。

尊重孩子，就要尊重孩子当下的生活。在我们人类的历史上，相当长的阶段没有把儿童当作人看待。从文艺复兴以后开始看到儿童，开始把儿童当作人看，开始尊重儿童。特别是有了联合国的《儿童权利公约》以后，我们不得不把儿童当作一个人，当作一个独立的人，尊重他的人格。很多教育者对儿童的认识和理解远远不够。

我们要自觉地意识到尊重童年。童年本身是一个最神奇的阶段。有了一种对孩子当下生活的尊重，对孩子本身作为人的尊重，我们很多教育方式自然就会变化。所以在一定程度上，教育是一种信仰，一些基本理念的建立，对儿童的基本认识，或者正确的儿童观，是我们教育的一个起点，也是我们整个家庭教育的起点。

好父母不应把教育孩子当作是枯燥的责任和义务，而应该当作是自己人生的一种乐趣和享受。只有享受教育的人，才能演绎教育的精彩。对于父母来说，要进入童年的"神秘之宫"，就必须在某种程度上变成一个孩子。只有这样，孩子们才不会把父母当成一个偶然闯进他们那个童话世界之门的人。

家长要无限地相信孩子发展的潜力。每个孩子都是不一样的，家长要善于发现自己孩子的闪光点，帮助他成为最好的自己。赏识引向成功，抱怨导致失败。倘若你要孩子行，那就珍爱孩子每一次的成长机会，欣赏他们成长，欣赏他们的言行；倘若你要孩子不行，那就抱怨，指责他们吧。孩子的潜力恒大于已经实现的一切。现代科学研究早已证明，人的潜能是巨大的。

（三）家长的关心和生活照料

家长要谨防对孩子过度教养和保护，过度地关心和照顾，以及过多的干涉和限制。

帮助孩子，就要让他成为他自己。我们要让所有的孩子都成为英雄，唯一的可能性就是帮助他，让他成为他自己。家庭和学校应该是一个帮助孩子发现自己、成就自己的场所，给孩子尽可能多的空间、舞台和机会，这样才有可能让孩子成为他自己。作为父母亲来说，千万不能要求所有的孩子千篇一律,所有的孩子都成为同一个样子。帮助孩子树立自信,帮助孩子找到他自己,这才是最关键的。过度关心照顾,结果造成很多长不大的孩子。过多的限制干涉,也限制了孩子潜能的释放。

重要的是让孩子养成良好的生活习惯。叶圣陶先生说过,教育就是培养习惯,衡量教育是不是成功就看有没有形成良好的习惯。体育不是看跳多高,跑多快,打球多好,是要看有没有养成良好的健身习惯。

四、家长的教养方式

所谓家长的教养方式,一般是指父母对子女实施教育和抚养时通常运用的方法和形式,是教育观念和教育行为的综合体现[①]。家长的教养方式大致可以划分为三种类型:单向度、双向度、多向度。

单向度即采用非此即彼的分类方法。由于研究目的和方法的不同,学者们提出的教养方式的类型也有差异。爱尔德(Elder)最早将父母的管教方式分为独裁、权威、民主、平等、溺爱、放任、忽视七种类型。兰博(Lamborn)等人则将父母的教养方式分为民主权威、专断权威、纵容、忽视四种类型。然而,在现实中,有些父母的教养方式既专制又溺爱,或者既民主又放任。

采用双向度分类的学者,大多以两个相互独立的向度交互构成四个象限,来区分父母的教养方式。我国学者大多采用双向度的分类方法,如,利用“关爱”与“权威”两个向度将家长的教养方式划分为四种主要类型,即民主权威型、绝对权威型、娇惯溺爱型、忽视冷漠型。

一般而言,家长的教养方式对儿童发展的作用主要在于三个方面:情绪传导作用、性格形成作用、行为规范作用。

---

① 吴航.家庭教育学基础[M].武汉:华中师范大学出版社,2010:85.

民主权威型教养方式的家长在教育行为上注意给孩子创设理解、民主、平等、宽松的家庭环境，为孩子的发展提供广阔的心理空间，给孩子自我发展的自由。在这种教养方式下培养出来的孩子情绪稳定、乐观向上、自信、独立、爱探索、能积极主动地解决问题、直爽、亲切、宽容、忍让、大方，能和同伴友好相处，在人格等各方面均得到很好的发展。

绝对权威型教养方式的家长在教育行为上对孩子实行高压政策，要求过分严厉，过多限制，缺少宽容，奉行棍棒教育，孩子稍有不妥之处就严加惩罚。这样教育出来的孩子往往独立性和自主性较差，情绪不稳定，极易产生恐惧和逆反心理，表现为逃避、反抗、胆怯或粗暴。

娇惯溺爱型教养方式的父母在家庭中把孩子摆在高于父母的不恰当的位置上，倾注给孩子的爱抚程度很强，超过了一般的限度。过多地满足孩子的各种愿望，对孩子过分照顾和保护，对孩子有求必应。这种教养方式下培养出来的孩子依赖性强，缺乏独立性，懒惰、自私、以自我为中心，往往对父母没有感情，只知道索取。

忽视冷漠型教养方式的家长对孩子不闻不问，由于父母和孩子接触的机会少，彼此不了解，容易产生代沟和许多分歧。这种教养方式下的儿童情绪不稳定，富有攻击性，对人冷酷，自我克制力差。

朱永新教授曾经说过，要让读书成为孩子的生活方式。"你或许拥有无限的财富，一箱箱的珠宝与一柜柜的黄金。但是你永远不会比我富有，我有读书给我听的妈妈。"阅读是让孩子有丰富精神生活的重要源泉，阅读能力、阅读兴趣、阅读习惯的培养是从家庭开始的。童书把人类最美好的东西，都悄悄地藏在一个个人物、动物的命运里，借此构建起孩子的价值观。

最初的阅读是亲子共读，是父母读给孩子听，因为孩子不认字，阅读更多的是从图画入手。儿童最初是通过图画认识这个世界的。童书不仅有价值熏陶的作用，还有治愈的作用，孩子要解决什么问题，都有相应的图书，看了之后比说一万句教训的话都有用。最重要的是，儿童时期一旦养成了阅读的习惯,今后会主动找书读书。

　　父母再忙也要设法陪孩子。父母和孩子在一起吃饭,在一起说话,交流和学习无时无刻不在进行。父母在谈论政治,孩子可能今后会对政治感兴趣;父母在抱怨,孩子可能就有了抱怨的情绪。很多父母以为跟孩子多说话没有什么意义,实际上父母说的东西,即使孩子今天不懂,也会成为他大脑里的重要组成部分。更重要的是,陪伴和共同生活会决定整个家庭是否拥有共同的命运。父母再忙也应该想办法陪孩子,哪怕时间很紧张,哪怕做做样子。回到家,很多父母打游戏,看电视,这很正常,但是要想让孩子走得更好一些,就必须克制自己的行为。

　　请看下面一个案例。

　　　　最近,一位学生的妈妈给我讲述了她们家餐桌上的一场争吵。

　　　　她家租住在学校附近,因为儿子在我校上高一。妈妈经常去儿子的教室给他送饭送汤,有时没事也去看看,想了解一下儿子在校的表现。若发现儿子有不当言行,也会当场提醒儿子注意。儿子认为这样会让自己在同学面前丢面子。

　　　　午餐桌上,儿子比较严肃地对妈妈说:"今后你不要到我的教室去了!"妈妈不高兴了:"我到你教室去是关心你,你却不但不领情,还这样对我说话!"

　　　　双方据理力争,剑拔弩张,一个杏眼圆睁,一个金刚怒目,声音都提高了几十分贝。妈妈口齿伶俐,言辞犀利,儿子拙于言辞,气冲斗牛,看来难以收场。

　　　　担任大学教授的爸爸从书房里走出来,和颜悦色地对儿子说:"儿子,什么事呀,值得如此大动肝火?"并用手抚摸儿子的肩膀和后脑勺,儿子一向很敬重懂教育、有追求的爸爸,气消了一大半。

　　　　妈妈却毫不示弱,趁儿子沉默之际,大逞口舌之能。儿子难以忍受如此激烈的语言刺激，气得全身青筋暴突，热血上涌。

爸爸对妈妈说："孩子毕竟是孩子，也有他的道理。大人得理也要饶人。"妈妈不高兴了，责备爸爸："儿子对我这样无理，你不但不教育他，却还来教育我。"

结果不欢而散。爸爸安抚了一下儿子，儿子流着泪进书房学习去了。

案例中，孩子是有错，但家长的教育方式的确有问题。

其一，在孩子的同龄人面前数落他的不是，是教育之大忌；其二，即使我们大人有理，也要以适当的方式，以婉转的语言含蓄表达，点到为止即可，孩子自会明白我们的用意。孩子的有些缺点，随着年龄的增长和阅历的丰富，他会自动改正。

中学阶段的孩子，最反感不顾场合、不讲策略的说教，最需要的是理解、鼓励和呵护。同时，母亲在孩子面前不要太强势，有话慢慢说，有理小声讲，否则会摧残孩子的自尊心和自信心，影响孩子的终身发展，即通常所说的"母强子弱"。

同样的教育内容，有的家长去教，会遭致孩子反感，甚至激烈对抗；而懂教育的家长去教，却如春风化雨，润物无声，在轻松和谐的氛围中让孩子明白事理，还增进了亲子感情。笔者以为差别的根子在于家长的教育理念。

如果说具体的教育方式是术的话，那么渗透其中的以人为本、人人平等、人文情怀等理念就是道。道远比术重要，道是价值观，是大方向，是统帅全局的。如果大方向错了，术再好再多，也是南辕北辙，不仅无济于事，还贻害无穷。

因此，家长要通过学习树立正确的教育观、人才观，充分挖掘孩子的优点，尽量考虑孩子的感受，注意用语分寸，用商量的口气与孩子平等讨论，决不要居高临下地以真理拥有者自居。

为此,家长需要从以下几个方面改进教育方式。

1. 尊重理解,细心呵护

维护人的生命与精神的尊严是一切工作的出发点与落脚点。康德的"人是目的"这一光辉论断应该张贴在每一位教师和家长的办公桌上,它时时提醒我们,绝不能漠视每一个人至高无上的价值与尊严,绝不能以伤害他人的身心健康为代价去推进工作,否则,再好的工作业绩也是可耻的。

人人都希望得到他人的尊重,更何况阅历尚浅的中小学生,他们心理相对脆弱,就更需要尊重、呵护。因此,家长要把尊重孩子、理解孩子放在首要位置,说话小心翼翼,努力维护孩子的自尊。

2. 正面激励,挖掘优点

美国心理学家詹姆斯曾深刻指出:"人性最深层的需要就是渴望得到别人欣赏和赞美。"因此,人人都希望被赏识,没有人不喜欢听好话。

而中国人的传统观念往往担心优点说多了孩子会翘尾巴。殊不知你当众揭短,弄得孩子体无完肤,一点自信都没有,人家还怎么去克服缺点呢? 所以说:"优点不说不得了,优点多了缺点跑。"自信心是一个人的精神支柱,精神支柱垮了,人的发展进步无从谈起。

语言伤人比刀子还厉害,刀子只伤及肉身,语言则伤及心灵,肉体的伤口很快会愈合,而心灵的伤口却很难治愈。多少亲子矛盾、师生冲突都是因无视孩子优点、过于关注其缺点而引发的,由此造成了多少人间悲剧。

所以,扬长远比补短重要。没有一无是处的孩子,只有自以为是的家长。没有十全十美的孩子,只有求全责备的家长。

3. 含蓄提醒,委婉帮扶

孩子毕竟是孩子,需要师长引路,所以在充分肯定其优点的同时还要帮助其改正缺点。但须注意,委婉含蓄地提出一两点改进建议,一次不要提得过多。

很多家长数落起孩子来没完没了,孩子心理再强大,也难以承受如此暴风骤雨般的密集轰炸，到头来家长还责怪孩子逆反，真是岂有此理！

另外，用语亲切和缓，以商量的口吻说话，缺点尽可能私下说，含蓄说，缩小了说，场合能小则小，优点公开说，稍稍夸大了说。

一言以蔽之，孩子抗拒的不是我们的教育内容，而是我们的教育方式。教育有法，但无定法；以人为本，才是好法。家长与孩子应相互欣赏，互敬互助，在帮助孩子的同时提升自己的教育能力和人生境界。

第二节 家庭教育内容

家庭教育的内容是丰富多彩的。下面的法律中明确规定了包括家庭在内的教育内容。

《中华人民共和国家庭教育法（草案）》（征求意见稿）第十八条"家庭教育内容"规定："父母或者其他监护人应当针对不同年龄段未成年人的身心发展特点，开展理想信念、爱国主义、社会责任、道德修养、行为规范、文明礼仪，生命安全、身心健康、科学知识、生活常识与劳动技能等方面的教育，引导和影响未成年人养成优良品德、健全人格和良好行为习惯。"

《中华人民共和国未成年人保护法》已由中华人民共和国第十三届全国人民代表大会常务委员会第二十二次会议于 2020 年 10 月 17 日修订通过。其中：

第五条规定：国家、社会、学校和家庭应当对未成年人进行理想教育、道德教育、科学教育、文化教育、法治教育、国家安全教育、健康教育、劳动教育，加强爱国主义、集体主义和中国特色社会主义的教育，培养爱祖国、爱人民、爱劳动、爱科学、爱社会主义的公德，抵制资本主义、封建主义和其他腐朽思想的侵蚀,引导未成年人树立和践行社会主义核心价值观。

第十五条规定:未成年人的父母或者其他监护人应当学习家庭教育知识,接受家庭教育指导,创造良好、和睦、文明的家庭环境。

本书从爱的教育、道德教育、文化教育、"三生"教育等几个方面阐述家庭教育的内容。

一、爱的教育

(一) 什么是爱? 什么是"父爱""母爱"?

爱是天底下最美好的事物,是一种无私无畏的关心和牵挂。父母爱子女,这是人的天性,也是教育的基础。只有无私的爱,才能产生巨大的感化力量。当然,只有爱是不够的,爱子女也是有学问的、有讲究的、有原则的,不是只要爱子女就一定会产生积极的促进作用的。

父母爱孩子是为了什么?当然是为了孩子好,使孩子过得更幸福。但在实际生活中,许多父母对子女的爱,并没有使孩子过得幸福,反而还给孩子带来巨大的压力,甚至痛苦。最重要的是,父母要教会孩子如何爱别人。陈鹤琴先生也说过:"做父母的应当教育小孩子爱人。"[1]

作为父母,如何给孩子足够多的父爱和母爱?如何进行爱的教育?这里有几点重要建议[2]。

1. 夫妻性别差异影响对孩子发展非常重要

俗话说:"父爱如山,母爱如水。"父亲往往具备山一般的阳刚之气,勇敢、

---

[1] 陈鹤琴.家庭教育[M].上海:华东师范大学出版社,2013:124.

[2] 张润林.如何给孩子足够多的父爱和母爱(一)(二)原创.张大师智慧家教(微信公众号),2019-12-18.

大胆、冒险、坚持、乐观、进取是这种阳刚之气的外在形象；母亲往往具备水一般的柔情之身，温柔、体贴、善良、细心、多变、柔弱是这种柔情之身的外在形象。两种角色对孩子的成长而言都是非常重要的，缺一不可，如果长期缺乏父爱，孩子有可能患上"缺乏父爱综合征"，会出现焦虑、孤独、任性、多动、依赖、自尊心低下、自制力弱、攻击性强等行为缺陷现象，这将对孩子个性发展和今后的生活带来诸多困扰，甚至影响孩子一生的幸福。所幸的是，现在越来越多的父亲已经意识到这个问题，也没有离开家庭，父爱并没有缺失。

但是，他们并没有真正理解爸爸的角色和职责，只是扮演了妻子的助手，是孩子养育的配角。在许多男人看来，男人就要重事业，努力挣钱养家，而女人则"相夫教子"，照顾家庭，把养育孩子的责任抛给妻子，自己仅仅是配角，与孩子玩乐只是茶余饭后的一种娱乐而已，当教育孩子过程中出现一点问题时，就会责怪妻子。这不仅影响夫妻关系的亲密，还会影响和谐的亲子关系。

2. 父爱不能缺，父亲要给孩子撑起家的责任

爸爸的角色在孩子成长中的作用不仅无人可替代，而且还有其独特的优势。

首先，在孩子的心目中，爸爸是一个高大的形象，是无所不能的"英雄"，他拥有无穷的力量，当遇到困难时他能以冷静、勇敢和无畏转危为安，给孩子带来勇气和安全感，所以往往成为孩子学习和模仿的对象，孩子口中经常说："我爸爸很厉害，他什么都懂！""我爸爸力大无穷，能推着小汽车走！""我爸爸是警察，他抓了很多坏人！"

其次，爸爸往往代表权威，在与孩子的交往中，妈妈更多的是与孩子进行身体和语言的沟通，而爸爸则喜欢与孩子进行运动和游戏，并在运动和游戏中立规则守规则，如果孩子违规了，爸爸往往会马上指出孩子的错误，并告诉孩子"为什么不能这样做，应该要怎样做"，让孩子明白做什么事都有一个对错的衡量规则，形成规则意识。同时在运动和游戏中，爸爸的粗犷和力量会给孩子的游戏生活带来无限的乐趣，还会对孩子的身高、体重和动作的灵活

性等方面有很大的提高。

再次,爸爸广泛的社会活动会开阔孩子的眼界,丰富孩子的社会生活,促进孩子的社会性发展。最后,爸爸角色还有利于孩子性别角色的正常发展,孩子正是通过爸爸妈妈的差异对比才逐渐了解到男女之间的性别差异。当然,爸爸角色对孩子的重要性,远远不止这些。

现如今,年轻的爸爸不能以生活和工作为由,把养育孩子的责任全抛给妻子,而应该与妻子一起共同承担养育孩子的责任,这不仅有助于孩子形成健康人格,促进孩子社会化发展,而且还会大大缓解妻子的压力和减轻妻子的负担,有利于增进夫妻感情,丰富夫妻生活,促进家庭的幸福和稳定。这样一来,夫妻之间的争吵也就不会发生,孩子也不会受到伤害。

3. 母爱要智慧,母亲要给孩子更多温暖和快乐

作为母亲,妈妈就是孩子的安全港湾。一首《世上只有妈妈好》唱出所有孩子的心声,唱出了世间最伟大的爱,还唱出了妈妈的无私奉献。孩子是妈妈身上掉下来的肉,谁家妈妈不疼爱孩子呢? 可是,对于既要把孩子照顾好又要把家料理好,还要把工作做好的职场妈妈而言,很容易在各种角色冲突中迷失自我,进而影响夫妻关系和孩子的身心健康。生活中许多年轻妈妈正是因为工作、生活的劳累,以及公司员工、妻子、妈妈等角色变换的心理疲惫,才导致在丈夫的不理解下爆发,发生争吵,影响家庭和谐。所以,对于职场妈妈而言,要做好妈妈角色,就要做智慧型妈妈。

第一,不要把工作上的事和心情带回家。女人一般感情细腻,做什么事情都容易"较真",所以许多时候在工作上还没有完成的事,或者在工作上有什么烦心的事,往往会把工作上的事带回家做,或者把心情带回家,这样自然就会增加心理的紧张度,一旦孩子"调皮"一点,或者有不合时宜的举措,就会触发那绷紧的神经,就会出现过激的不理智的言行,俨然是"怨妇"的形象,不利于孩子身心健康,家庭和睦。所以,尽量不要把工作的事带回家做。确实没办法,也要等孩子睡着后再做,以减少矛盾的冲突。如果心情不好,就要学

会心理暗示，不断地提醒自己，以免不良情绪导致不良后果。

第二，合理安排有限的时间。时间作为不可逆的稀缺资源，对于职场妈妈来说显得更加重要，许多时候就是因为总感觉时间不够用才会着急、才会紧张，也才导致不必要的烦躁心理，影响夫妻关系和亲子关系。职场妈妈要学会时间管理，既要有计划性也要让时间有弹性，不能把每分每秒都安排得满满的，就像艺术上的"留白"一样，要让时间"留有余地""留有空间"才能游刃有余，不会出现忙乱的景象。此外，还要把有限的时间去做最重要的事，细致入微是女人的典型优点，但有时也会"颇受其累"，要学会抓大放小，把有限的时间放在最重要的事情上，而且重要的事先做。

第三，让丈夫和孩子一起承担家庭事务。家庭事务繁杂，会占用妈妈许多精力和时间，其实，妈妈不必事必躬亲，不要忘记了家里还有丈夫和孩子，他们也是家庭一员，应该而且可以承担必要的家庭事务，完全可以把家庭事务分一些给他们去承担，这样不仅减轻自己的压力，更重要的是使他们也具备家庭意识，有利于增强家庭责任感和归属感，使家庭更加其乐融融。当然，尽量使用电器设备和钟点工也不失为一种好方法。

（二）什么是"爱的教育"？

《爱的教育》是意大利作家亚米契斯耗时 10 年创作完成的。全书采用日记体的形式，讲述了一个叫安利柯的四年级小男孩的成长故事，因此书名又叫《一个意大利四年级小学生的日记》。内容主要包括发生在安利柯身边各式各样感人的小故事、父母在他日记本上写的劝诫启发性的文章，以及老师在课堂上宣读的精彩的"每月故事"。每章每节，都把"爱"表现得精细深入、淋漓尽致，大至国家、社会、民族的大我之爱，小至父母、师长、朋友间的小我之爱，处处扣人心弦。而那众多丰满的人物也给我们留下了深刻的印象，比如怀有侠义之举，且让安利柯深以为傲的好友卡隆；品学兼优、助人为乐的班长代洛西；虚荣狭隘的瓦梯尼；傲慢无礼的诺卑斯；还有朴实可爱的"小石匠"；坚强不息的克洛西……整部作品语言朴实、流畅，洋溢着博大的人道精神和温馨的人性之美，使作品于细微处见真情，平凡中寓崇高。可以说，作者用爱的钥匙，打开了人们的心扉，用爱的眼光和笔触给我们传达了美好的生活和心灵。

《**爱和自由**》是中国著名幼儿教育家与心理学专家孙瑞雪的一本专著，该书以爱和自由为立足点，强调爱孩子要有科学的方法，即在充分了解儿童成长规律的基础上给孩子充分的爱、自由、选择。

孙瑞雪老师告诫父母们：你以为你爱孩子，你想象你可以爱孩子，你认为这就是爱孩子，和你真的爱孩子是有差别的。也许，你需要停下来看：你是不是基于你的想法、你的恐惧、你的焦虑、你的习性来爱的。这可能就意味你其实是更爱你的想法，更爱你的恐惧，更爱你的焦虑，更爱你的习性。

爱就是爱，恐惧就是恐惧，焦虑就是焦虑，认为就是认为，一切如是。我们要学会从一切如是中将爱剥离出来，你的孩子才真正可以收到爱的礼物。因为我们一生能够给予孩子的只有一样，那就是爱！

"爱的教育"其实是一种"关系的教育"。在家庭中，家庭成员之间的关系好不好，特别是夫妻关系好不好，直接关系到孩子能不能得到安全、平静、温暖和幸福，对身心影响极大。越来越多的研究和事实证明，夫妻之间彼此关爱，关心对方的感受，愿意为对方付出爱与忠诚，这种夫妻关系不仅使双方感受到婚姻的满足感和幸福感，而且还会给孩子带来心理安全感、幸福感，使孩子心情愉快，积极向上。同时，夫妻之间的相处之道还会让孩子体会到什么是爱、什么是关怀和理解，进而学习如何与人相处。所以，夫妻之间应该互敬互爱、互信互勉、互帮互让、互谅互慰，相互尊重和理解，家庭也就非常温馨、充满亲情和宽松愉快，孩子就会感到特别安全、温暖和幸福。如果夫妻之间闹矛盾,三天一小吵,五天一大吵,那么受伤害的不仅是夫妻双方,更是孩子。

（三）如何进行"爱的教育"？

日本的早期教育学者木村久一在其《早期教育与天才》一书中以"父爱是天空,母爱是大地"[①]为题,着重从以下几个方面提出了"爱的教育"的建议：

- 爱心教育对天才的诞生非常重要
- 你是孩子什么样的朋友
- 让孩子吃得更轻松愉快
- 孩子的听力培养在母亲的腹中就要开始
- 用"翻译家"的游戏教孩子语言
- 坚持一下,再坚持一下
- 孩子的自尊心就像娇嫩的花朵
- 我相信你能做好
- 培养孩子的心理承受能力
- 让孩子学会控制情感

现在的生活中,一方面经济条件好了,另一方面孩子数量少了,催生出很多"以孩子为中心的家庭模式"。这样的家庭中,所有的家庭成员目标一致、齐心协力,恨不得替孩子操办完一切杂务。提前做好早餐,等到了孩子起床吃饭的时间,把不冷不热的饭菜端到孩子面前。趁孩子吃饭的时间,给孩子收拾好书包文具,水杯里装上温度正好的开水。孩子吃完饭,碗一推就扭头出门,父母提着书包紧跟着出门送孩子上学……等到目送孩子进入校门,父母才长舒一口气,开始切换成自己的生活模式。一位教育界知名人士曾经说

---

① ［日］木村久一.早期教育与天才［M］.唐欣,译.南京：凤凰出版传媒集团,江苏人民出版社,2009：173—195.

过：要把每个孩子培养成活生生的人，而不是学习的机器，否则他们在未来不但无法和机器竞争，更无法适应残酷的社会竞争。孩子是人，是一个社会的人，而不是学习机器。作为父母，如果不想让孩子在未来的社会竞争中碰得头破血流，应该尽早认识到以下五点。

1. 过多地帮助孩子，实际上是孩子成长路上最大的阻碍

爱孩子，本是最美好的感情。只是很多时候，父母容易爱得太深、用力过猛，恨不得为孩子铺就一生的坦途，却忘记了，宽容过头是纵容，宠爱过头是溺爱。在溺爱中长大的孩子，只懂得照顾自己的感受，不能体谅别人的辛苦，也没有学会爱的能力。我们过多地帮助孩子，实际上是孩子成长路上最大的阻碍，剥夺了孩子勇于尝试的机会，剥夺了孩子自己去感受的机会，剥夺了孩子自己在成长路上犯错的机会。如果只是一味地把自己所谓的"好想法、好思路"强加给孩子，让孩子的一切都按照自己给铺好的路走，却不考虑和顾及孩子的想法和感受，结果往往会阻碍了孩子的成长。爱他，就要学会放手，温室里长不出参天大树，要提前让孩子慢慢学会自己面对生活。

2. 爱孩子，就要让他从小接受劳动的锻炼

杨绛的父亲说：教育孩子独立，胜过当考试第一名。可生活中有很多爱子心切的父母，哪里会舍得让孩子动手，家长排队轮着伺候。口渴了，水杯送到手边；房间乱了，自有人收拾；等到大一点，学业那么繁重，兴趣班那么多，哪有时间去忙活这些琐碎繁杂的生活小事？很多时候，我们以为自己是在爱孩子，为孩子包揽一切家务事，但这样做反而是害了孩子！相比知识的学习，实际生活能力的训练更是教育中不容忽视的根本。无数事实证明：所有的家庭教育中，做家务是很重要的一项教育。孩子做家务的能力，常常被父母低估和忽视。但它对孩子的成长来说，却影响深远。哈佛大学学者曾做过一项调查，得出了这样一个结论：爱做家务与不爱做家务的孩子相比，成年之后，就业率为 15∶1，而犯罪率为 1∶10。爱做家务的孩子，拥有更高的心理健康指数和家庭幸福指数。甚至在学业上，常做家务的孩子也往往表现得更加优异。孩子最初在家庭中学会的解决问题的能力、自律的习惯，以及热爱生活的态度，这些将伴随他们的一生，成为他们获取幸福必备的最重要品质。

3. 爱孩子，就不要害怕孩子受到挫折和失败

痛苦和挫折是人生成长中的必修课。孩子的成长需要"爱"，但爱的本质、爱的艺术、爱的表达不仅仅是给予，不仅仅是满足，更不是百般迁就，不是让孩子永远地感受"快乐"。生活阅历告诉我们：人生中的生与死，离与别，快乐与痛苦，成功与失败，从来都是成双成对地出现的。成长中的孩子也必须经历"成对"的教育，必须让他经历心理上的一种痛苦、克制、忍耐。适当地让孩子受一些挫折教育，是孩子人生的必修课。如果一个孩子，在成长的路上，只能接受快乐，不能承受一点点痛苦，问题是很严重的。生活中，有很多孩子，作业写不完，就哭；小伙伴玩游戏输了，就发脾气："我再也不和你们玩了！"……这些都是因为父母在生活中以孩子为中心，一味地迁就孩子，处处让着孩子的结果。台湾著名绘本作家几米在《我不是完美小孩》中说："世界愈悲伤，我要愈快乐。当人心愈险恶，我要愈善良。当挫折来了，我要挺身面对。我要做一个乐观向上，不退缩不屈不挠不怨天尤人的人，勇敢去接受人生所有挑战的人。"

4. 爱孩子，就要逼他努力学习

有人说过："废掉一个孩子最好的方式，就是让他用喜欢的方式过一生。"父母再爱孩子，也要舍得让他受读书的苦。小孩子对于人生、对于未来的认知并不全面，更不会有什么理性的规划和思考。这个时候，如果父母因为心软，一味地追求所谓的快乐教育，在该读书的年龄让孩子享受过多的自由与没有营养的快乐，那么等到孩子处处碰壁的那一天，父母一定追悔莫及。这个世界上，没有一条路是人生捷径，但读书却是真正相对轻松的那条路。要知道，在目前这个时代，读书依然是绝大多数孩子改变命运的最有效的方式。有远见的父母，都会狠下心来，让孩子在该吃苦的年龄不享福，在该学习的年龄不放纵，在该努力的年龄不放弃。

5. 有管有教有罚，才是对孩子最好的爱

父母未必都会望子成龙、望女成凤，但每个家长都会希望自己的孩子有一天能变成一个成熟独立的大人，能过上自己喜欢、受人尊敬的生活。可是真正的自由都很"贵"，要想让孩子未来的生活尽可能顺畅平坦一些，就要让孩子建立基本的规则意识。因为，社会永远不会像家庭和学校那样，处处充满温暖和阳光，你可以溺爱你的孩子，但社会不会。小时候你不好好管教孩子，等他将来长大了，残酷的社会生活会替你狠狠地管教他。"父母之爱子，则为之计深远。"正确的教育方式，就应该是有管有教有罚，让孩子有所畏惧，知道斤两。

总之，父母对子女的爱的教育要做到：爱而有教，理性施爱与理性施教相互统一。

二、道德教育

道德品质教育不仅是学校教育，而且是家庭教育的核心内容。古希腊哲学家亚里士多德有句名言："遵照道德准则生活就是幸福的生活。"[①]我国古代思想家、教育家孔子的伦理学说中，"仁"是最高的美德和一切美德的总和。

英国哲学家、教育家洛克在 1693 年发表了《教育漫话》一书，全面阐述了他的教育思想，就是要为国家培养绅士，并详细制定了绅士教育的性质、目的、内容与方法。他提出绅士教育应在家庭中实施，《教育漫话》就成为提倡早期家庭教育的教育学名著。全书主要分为三部分。第一部分论述身体保健，他认为："人生幸福有一个简短而充分的描述：健全的心智寓于健康的身体。"洛克对儿童的体育、养护等问题提出了不少具体而颇有价值的意见。主张儿童用冷水洗脚或洗澡，多过露天生活，多呼吸新鲜空气，衣着不可过紧，

---

① ［英］怀特海.教育的目的[M].庄莲平，王立中，译注.上海：文汇出版社，2012：84.

饮食要清淡，不喝烈性饮料，早睡早起，睡硬板床，不宜滥用药物，注意运动锻炼等。

《教育漫话》的第二部分论述道德教育，这是最重要的内容，洛克绅士教育除了体育外，可归纳为"德行、智慧、教养、学问"，其中前三项与德育有关。他说："一个人或者一位绅士应具备的各种品性之中，我将德行放在首位，视之为最必须的品性；他要有存在价值，受到敬爱，被他人接受或容忍，德行乃是绝不可缺少的。"第三部分论述智育，认为智育处于一个较次要的地位，一个德者或者智者远比一个大学者更为可贵。他说："学问固然不可少，但应居于第二位，只能作为辅助更重要的品质之用。"可见，洛克是最看重道德教育的。

（一）什么是道德教育？

广义上说，道德教育是一种"成人教育"，包括情感道德教育、成为自己的教育，成为社会人的教育。品德教育也包含在道德教育的范围之内。

党的十八大以来，习近平总书记就家庭教育作出一系列重要指示，特别指出家庭教育最重要的是品德教育，是如何做人的教育。为深入贯彻落实习近平总书记的重要指示精神，强化品德教育在家庭教育中的核心地位，适应新时代家庭教育发展的新需求，2019 年，全国妇联、教育部等九部委对《全国家庭教育指导大纲》进行了修订，增添了家庭道德教育等重要内容。

许多研究者也认为，家庭教育要着眼于孩子的品德教育与智慧成长。婴儿的成长和社会化过程是从出生起，从模仿父母开始的，所以从这个意义上讲，家庭教育是起始教育，是始于生命之初的教育。而学校教育是在入学之后才开始的，比家庭教育晚了六七年。心理学研究表明，人的性格、品德和行为习惯在 6 岁之前就已基本形成，这六七年的家庭教育是对一个人的奠基教育，它既早于学校教育更早于社会教育，它是唯一的，是最重要的。

品德教育、做人教育是家庭教育的主题和方向。品德教育最主要的是要教导孩子善良和负责任,这也是家庭教育最基本的内容。但是目前的家庭教育包括整个基础教育来说,长期被忽略的就是品德教育、人性教育。这也是目前很多教育乱象的根源之一,比如校园欺凌等。相对于品德教育和做人教育,现在的很多家长更关注的是孩子的智力发展,可以理解这是家长的正常需求,但对孩子的智力开发应符合科学的规律。而且从促进孩子的健康成长角度来看,家长更应着眼于孩子的品德教育和智慧成长。

(二)"有教养"是家庭道德教育的集中体现

教养是一个人成功的基本因素,需要从小开始培养。父母的家庭教育方式影响着孩子一生的发展。在孩子成长的每一步,都需要关注孩子的教养问题。

当你带着孩子出门,给孩子带上小书包、小水壶的时候,别忘了给他带上教养。有教养的人在哪里都会受到尊重,而没教养的样子,真的很丑。

案例故事:

周末,几个朋友在饭店吃饭,旁边一桌坐着两个家庭聚餐,都是六七岁的孩子,一会儿拿筷子敲碗制造噪声,一会儿满店乱跑追逐打闹。

周围的人因为被影响了进餐而纷纷侧目,他们的父母却忙着聊家长里短,并不在意。

服务员上菜时,其中一个孩子将菜汤泼到服务员身上,事后坦白就是为了好玩,服务员对此非常生气。

这时,孩子的母亲不仅没有歉意,反而埋怨道:"哎哟,你下班洗洗不就行了么,这么大人了怎么还跟孩子一般见识。"转头对孩子说:"你不好好学习,将来就像她一样,当个服务员。"

这个故事告诉你,孩子为何会缺乏教养。这位母亲出门之前,肯定忘了给孩子带上教养，因为她本身就没有这样东西。

在缺乏教养的人身上，都有着一个共同点：以自我为中心，把粗暴当勇敢、愚昧当质朴、可笑当幽默，口无遮拦当随性直爽。

案例故事：

孩子班上有个同学，是一个残疾的小男孩，天生并不灵敏。除了身体上的缺陷之外，似乎大脑的发育和接受新事物的能力也比较弱。他每一次考试成绩都不大理想。

可是，他却是班上人缘最好的。

在学校里，他有很多朋友，外出秋游的时候，总是有很多同学争先恐后想帮他推轮椅；每到他生日，有很多同学给他礼物；他们也会邀请他去参加同学的生日聚会。

为什么？原因是：

他对谁都很有礼貌。他懂得爱人也爱己，他懂得接受时礼貌，拒绝时也彬彬有礼。

他为人不贪心。不贪心别人对他的爱，不贪心别人的玩具，他不会觉得自己残疾而应该享受更多的爱，他常常一跛一跛地去参加集体活动，和那些快迟到了的同学说：没事，我自己慢慢过去就成。他知道自己应该得多少，也知道别人应该得多少。

他懂得分享。每次母亲给他的糖，他都会带到学校，分给同学吃，倒并不一定有多昂贵，也并不会多好吃，但是分享中建立的感情却难能可贵。

前些日子在路上碰到他，看到他和一个保安室门口的大叔聊天。后来，保安室门口的大叔说：这样一个有素质的男孩，根本不用担心生计，走到哪里，都有人愿意帮助他。

这个男孩子并没有传统意义上的优秀，不一定能够成为职场精英，也可能取得不了所谓的成绩。但是因为他的为人,也就是教养,使他过得并没有那么孤单。

一个人的能力决定了他飞得高不高,一个人的教养则决定了他飞得远不远。

有教养的孩子,才最美丽。

如何把教养带给你的孩子?[①] 这里提出一些建议。

见人微笑问好。微笑是最美好的表情,每一个孩子都应该学会微笑,大大方方地打一声招呼,给别人留下美好的印象,爸爸妈妈一定要教给孩子。

大度懂分享。孩子有了好吃的好玩的,要教导他跟爸爸妈妈一起分享,也要和好朋友一起分享。

信守承诺。"那本书我借你""下次一起吃饭",这些脱口而出的话都是小小的约定,信守承诺则会给对方留下真诚、守信的好印象。

不在背后说人坏话,别不负责任地议论是非。即使让你觉得难以理解的地方,也要尊重别人的不同。

不随便动他人物品。别人的东西随便用,还要带回家,这样的孩子真的让大人很尴尬。我们要告诉孩子:在拿别人东西之前,一定要获得对方的同意。

别人的东西,不要轻易做负面评价。比如去人家家里说"你家好小啊",人家新买的衣服"这颜色好难看啊"。只要人家自己觉得好就行了。

当遇见别人会发生窘迫时,用自然的方式帮忙化解。当别人遭遇尴尬,比如说话说不下去的时候,不妨帮他说几句,或者给他一个台阶,避免他的尴尬,别人自然会感激你。

他人讲话,要认真聆听,别打断。我们不只要放下手上的事情,眼看对

---

① 孩子,我允许你不优秀,但不允许你没教养![EB/OL].[2021 - 03 - 03].https://www.sohu.com/a/228282057_120074.

方,耳听对方,还要懂得适时回应,不武断评价。保持好奇与尊重,客观判断,深入倾听。

懂得说"谢谢"。例如吃到别人给的好吃的点心,不止一句"谢谢",还可以传达"这个味道很好"的具体感受,会让对方感到你的感谢不是一句客套。

有礼貌应该是对所有人的,无论是上司、长辈、餐饮服务员或是路边捡垃圾的老者。

在电影院等需要安静的公共场合,不要大吵大闹。

吃饭时不发出声、不随意转盘、不翻菜、有公筷使用公筷。公共场合不吃气味大、碎屑多的东西。

吃完东西自己收拾餐具,餐馆就餐时也尽量将食物残渣收拾到碟子里,便于服务员收拾。

留意坐姿,在公共场所应该有文明美观的坐姿。

穷养、富养,不如教养!

其实,一次礼貌的让座,一句贴心的问候,一身整洁的衣服,一手端正的笔迹,都是孩子教养好的表现。一个好的家庭门风必然养出有气质、有教养的孩子。

对于父母而言,当你每天讨论穷养、富养的时候,其实都不如教养来得实在。

(三) 培养孩子的责任感是家庭教育的核心任务[①]

澎湃新闻报道过这样一件事:四川广安市友谊实验中学学生张某某放学后骑自行车回家,不小心剐蹭到路边一辆黑色轿车。她主动写下道歉信,留下自己的姓名和电话,表示愿意赔偿车主损失。车主看到道歉信后,不仅没让她赔偿,反而表扬了她一番。张某某说,自己闯祸后,有路人让她先走。

---

① 孙云晓,中国青少年研究中心家庭教育首席专家、二级研究员,国务院妇儿工委办公室儿童工作智库专家。https://www.sohu.com/a/403379918_120064932.2020 - 06 - 22.

她离开后，觉得"心里不踏实，很愧疚"，就返回去写下了道歉信。

对此，很多网友点赞，称赞这是温暖人心的新闻。其实，真正温暖人心的是张某某所表现出的负责精神。

今天，互联网技术和人工智能的快速发展，缩小了人与人之间在工作能力，如体力、反应能力、计算能力、信息搜集能力等方面的差距，当代社会越来越看重一个人的内在品质，特别是责任感。从某种意义上来说，一个人负责任的程度决定了他在社会上的重要程度，负责，甚至可以改变人生的命运。

美国品德教育联合会主席麦克唐纳曾说："能力不足，责任可补；责任不够，能力难补；能力有限，责任无限。"这句话可通俗地理解为：一个人的能力再强也是有限的，但责任感却是无限的；如果能力不够，有高度的责任感就可以弥补；但如果责任心不强，即使能力再强，也无法弥补这方面的缺陷。

时下，一些孩子缺乏责任感成为父母们越来越头疼的问题。我们需要反思的是：少年儿童为什么会缺乏责任感？实事求是地说，家庭教育严重忽视责任感培养，是孩子"害怕承担责任"的主要原因。家庭教育的根本任务是教孩子学会做人，而孩子是否具备责任感是检验家庭教育成败得失的关键标准之一，因为少年儿童成长的过程就是社会化的过程，而责任感是社会化发展的核心内容——有责任感的少年儿童才能真正长大，才能适应集体生活与社会需要。

那么，父母哪些教育方式容易导致孩子丧失责任感呢？

（1）给孩子过度的物质满足。随着经济的快速发展，人们的生活水平不断提高，物质匮乏的时代早已过去，但很多父母如今仍然偏重于对孩子的物质满足。孩子不经过任何努力和付出就能得到自己想要的东西，甚至还没张嘴要，父母已早早为他们准备好了。长时间处在这种环境中，孩子很容易把得到的一切视作理所当然，从而缺乏责任心。

（2）对孩子过度保护。现在的父母普遍注重孩子的安全，恨不得时时刻刻守护在孩子身边，甚至和孩子外出时都用绳子拴在一起。保护孩子没有错，只不过有的父母做得有些"过"，插手了本应由孩子自己负责的事情。比如，饭太烫，父母吹凉了送到孩子嘴边；担心户外奔跑危险，赶紧拦下来把孩子抱在怀里；怕做家务伤着，干脆连碰都不让孩子碰。结果是什么呢？父母不仅挡住了所有可能伤害孩子的危险，也挡住了孩子该做的事情和锻炼的机会。这样成长起来的孩子，必然缺乏独自面对问题和解决问题的能力，也难有独自承担后果的勇气，又怎么能养成独立负责的习惯呢？

（3）对孩子过度控制。很多父母喜欢根据自己的意愿，随心所欲地安排孩子的生活，从穿衣吃饭，到兴趣爱好，方方面面都要管。孩子要做什么、不要做什么，自己根本做不了主。他们失去了自我选择的权利，也就没有了自我思考的能力，成了父母的"傀儡"，无法对自己负责。在这种环境中长大的孩子，往往会迷失自我——他们没有机会尝试对错，自然也就不懂得如何去选择。他们长大之后，很容易因缺乏深入思考而做出"不负责任"的选择，等闯了祸又会因为缺乏担当的勇气而选择逃避责任。

人的责任感是逐步发展的，由家庭开始到学校提升再到社会深化。显然，家庭是最重要的基础。少年儿童从关心自己到关心家人，再到关心家庭以外的人，这是一种持久的生活实践，也是深刻的情感体验。少年儿童由此而明确自己和他人的关系，知道自己该承担什么样的责任，这种生活经验会影响其学校生活和社会生活。

那么，父母该如何培养孩子的责任感呢？

第一，凡是孩子能够做到的事情，大人不要替他去做。这是著名教育家陈鹤琴先生的观点。孩子只有在实践的过程中，才能体会到许多事情是与自己切身相关的。父母要鼓励孩子自己穿衣、洗澡、吃饭、整理书包、收拾玩具、叠衣服等等。孩子开始做不好，也不要指责，而要鼓励和指点。做事的过程，也是学习和提高自身技能的过程，而技能的提高是孩子承担责任的能力支撑。

第二，培养孩子必要的生活技能和社交能力。随着孩子一天天长大，父母还要培养孩子理财、人际交往等能力。比如，让孩子学会做饭、学会洗衣服、学会合理购物、学会与左邻右舍友好相处、学会组织集体活动等等。在这些活动中，孩子会感受到生活的丰富多彩，也会体会到负责任的重要性，这会使孩子更有能力适应新环境。

第三，在家庭决策中尊重孩子的参与权。无论国际法还是中国法律，都赋予18岁以下的任何人参与权，与儿童有关的事务他们都有权利参与。实际上，只有儿童自身参与的事情，他们才更愿意去做。所以，家庭的许多决策，都可以让孩子适当参与，这样会使孩子更具有责任感。

第四，引导孩子学习好榜样，不断提升社会责任感。首先，父母要成为孩子的榜样。一般来说，多数父母是有责任感的，无论是养育孩子、做家务还是尽职尽责地工作。以防控新冠肺炎疫情的艰难历程来说，其中所体现的最为感人的优良品德就是人的崇高的责任感。新冠肺炎的"厉害"无人不知，却有一批批医护人员（许多已为人父母）义无反顾地驰援武汉，他们身上体现的就是救人于水火之中的强烈责任感。许多父母虽然没有上前线，但坚守各自的工作岗位，或者自觉遵守政府规定在家隔离，这都是为防控疫情在尽自己的一份责任。

2020年2月5日，《北京晚报》报道了北京同仁医院医生白澎在武汉写给10岁儿子的一封信："我为什么要第一批冲上去？因为爸爸是一名医生，而且是呼吸内科的医生。来这里，是爸爸的职责，是一名医生的天职。""爸爸一直苦于找不到合适的方法，让你明白什么叫'担当'。这次，就是一个最好的机会，爸爸要用自己的实际行动让你明白，什么是应有的担当。"

我们有理由相信，爸爸的这封信可能影响孩子的一生，这也是最好的父教。过去，社会一直批评父教缺失，防控疫情的特殊经历，可能会改变许多父亲的形象，因为他们敢于担当社会责任。

总之，父母们要把培养孩子的责任感作为家庭教育的核心任务，并且努力把责任感发展为认真负责的习惯，因为只有养成习惯，责任感才能化为稳定甚至是自动的行为。

三、文化教育

文化教育，属于一种"成才"（"成材"）教育，或者说是"望子成龙"教育。

文化教育的概念非常宽泛，因为文化就是一个十分宽泛的概念。本书所说的文化教育主要指三个方面的内容：中华优秀传统文化教育，包括传统文化知识和儒家文化思想；家风家训的传承，包括家庭文化氛围的影响、父母的以身作则和榜样示范等；儿童学习和智育，包括学校教育在家庭中的延续，如完成家庭作业等，也包括父母施加的教育影响。

《教育的目的》是英国教育家怀特海于 1929 年发表的代表作。他说："在古代的学校里，哲学家们渴望传授智慧，而在现代的大学里，我们卑微的目标却是教授各种科目。从古人向往追求神圣的智慧堕落为现代获取其各个学科的教材知识，标志着在漫长的时间里教育的失败。"①

"虽然智力教育的一个主要目的是传授知识，但是智力教育还有另外一个要素，模糊且伟大，而且更重要——古人称之为'智慧'。没有一些基础知识，你不可能变得聪明；你轻而易举地获取了知识，但未习得智慧。"②

"智慧是掌握知识的方法。它涉及知识处理，确定有关问题时所需知识的选择，以及运用知识使我们的直觉经验更有价值。这种对知识的

① ［英］怀特海.教育的目的［M］.庄莲平，王立中，译注.上海：文汇出版社，2012：41.
② ［英］怀特海.教育的目的［M］.庄莲平，王立中，译注.上海：文汇出版社，2012：42.

掌握就是智慧,使可以获得的最本质的自由。"①

　　怀特海告诉我们,孩子的教育最重要的并不仅仅是传授和学习知识,更重要的是要掌握智慧。在今天看来,智慧可以理解为综合性的分析和解决问题的能力,要学习科学的思维方式,学会批判性的思考、创造性的思考,当然还要将学、思、行紧密结合起来。

　　因此,当今家长应特别注意避免"重智轻德"的功利化思想。现在的很多家长,只要孩子考得好,奖励就来了,甚至告诉孩子不要把自己的学习方法教给其他的孩子,不要把自己的好书借给其他的孩子。孩子渐渐地变得越来越自私,越来越只关注自己,甚至对家人都不关注,这样的孩子能走多远呢? 如果教育不关注人的品格发展,这样的教育肯定走不远。

　　当然,培养孩子的非智力因素也是十分重要的,它也是智育的范畴。非智力因素主要包括兴趣、爱好、情感、意志、性格等个性心理品质。父母要重视培养孩子一定的兴趣爱好、愉快的情绪、对事业的热爱、对挫折的忍受和意志力、刻苦勤奋的好学精神、活泼的性格、宽阔的胸怀、自信心、远大理想和目标,这些对儿童智力发展都有促进作用。

　　古代典籍《学记》也有许多关于治学的方法,今天家长仍可以借鉴。例如:

　　"玉不琢,不成器;人不学,不知道。""今之教者,呻其占毕,多其讯,言及于数,进而不顾其安,使人不由其诚,教人不尽其材。其施之也悖,其求之也佛。夫然,故隐其学而疾其师,苦其难而不知其益也。虽终其业,其去之必速,教之不刑,其此之由乎!""学者有四失,教者必知之。人之学也,或失则多,或失则寡,或失则易,或失则止。此四者,心之莫同

――――――――――――
① [英]怀特海.教育的目的[M].庄莲平,王立中,译注.上海:文汇出版社,2012:42—43.

也。知其心然后能救其失也。教也者，长善而救其失者也。"

四、生命教育、生存教育、生活教育

生命教育、生存教育和生活教育简称"三生教育"①。"三生教育"是通过教育的力量，使教育者接受生命教育、生存教育和生活教育，认知生命价值，增长生存智慧，培养生活信仰，树立正确的生命观、生存观、生活观，实现人生幸福的认知和行为过程。

学校教育中提出的"三生教育"与家庭略有不同。广义上说，家庭中的"三生教育"可以归属为生活教育，强调在家庭生活中潜移默化地受到教育和影响，它可以包括生命教育、生活习惯、生活能力、生存能力、劳动教育、体育、美育等各个方面的教育。

（一）生命教育

严格来说，生命教育应包括生命和死亡两个方面的教育。

1. 生命教育

人的生命是非常宝贵的。习近平总书记在抗疫表彰大会上说："人的生命是最宝贵的，生命只有一次，失去不会再来。"因此，对于家庭而言，要不惜一切代价保护孩子的生命，并在孩子的生命成长过程中教会他珍惜生命、热爱生命、关爱生命。北京师范大学资深教授顾明远先生认为，生命教育不仅仅关注个人的生命，而是要尊重一切生命。

健康是生命的基础。一个人没有健康，还能做什么？习近平总书记在全国教育大会上再一次提出"健康第一"的号召，具有很强的针对性。健康，不

---

① 李兴华，尹松波."三生教育"的哲学思考[J].国家教育行政学院学报，2009（5）：14—18.

只是生理的健康,还有心理的健康。一个健康的人,包括身体、心理两个方面。身体健康了,心理不健康更加可怕。

当前许多家长只知道让学生学习知识,重智轻体、重智轻德,忽视情绪能力的培养,使孩子养成不良的习惯、扭曲的心理。儿童的自我中心、性格孤僻、缺乏同情心和宽容心,都是不良教育的结果。这种情况十分令人担忧。

家长要加强对孩子的生命教育。教育我们的孩子尊重生命、尊重人类、尊重他人、尊重自然、保护环境。生命教育不仅仅关注个人的生命,而是要尊重一切生命。人类要保护大自然,保护动植物,遵循自然规律,坚持可持续发展。保护自然就是保护人类自己。尊重生命、尊重自然,是一个现代文明社会的人所应有的品质。

教育对个体来说,提高生命的质量,就是使个体通过教育,健康发展,提高生存能力,从而能够生活得有尊严和幸福;提升生命价值,就是使个体通过教育,提高思想品德和才能,从而能够为社会、为他人做出有价值的贡献。人都要实现"人生价值"。人生价值是什么? 就是要对社会、对人类、对自然做出一点贡献。人的价值总是体现在与他人、他事的关系中。在人类社会中,孤立的自我价值是不存在的。

对于小孩子来讲,生命教育最重要的是要为各个孩子设计适合他们发展的学习环境,使他们养成良好的行为习惯,培养他们自我感知、自我控制、尊重生命、尊重他人以及与人交往沟通的能力和开朗活泼的性格。每个家庭都要重视孩子全面健康的发展,科学育人。

2. 死亡教育①

"死亡教育"似乎是一个非常沉重的话题,许多人通常会避而不谈,甚至觉得应该是中国人的一种"避讳"。而实际上,死亡教育与生命教育同样重要,很多教育家、哲学家都专门强调过这个问题。

———————————

① 本节参考:"死亡"教育,我们还要继续回避吗? 来自微信公众号"不输在家庭教育上"2021 年 1 月 18 日。

意大利儿童教育家蒙台梭利说过："死亡教育是生命教育的一部分，只有正确认识了死亡，才能更好地理解生命的意义，更加尊重生命、热爱生活。"

《死亡教育》一书的作者邹余华教授曾说过这样一段话："家长不对孩子进行死亡教育，并不代表他们懂得生死。孩子们通过不正当的渠道在潜意识里获得的对死亡的认知，注定是不全面的、偏激的，甚至是畸形的。"

（1）死亡教育是让孩子热爱生命并敬畏生命

教会孩子如何面对死亡，也决定了他如何面对生命。正确的生死教育，能够让孩子对生命有敬畏，从而完善孩子的人格发展。

在那些没有接受过死亡教育的孩子看来，死亡是他们抵抗父母的手段，是逃避惩罚的方式，唯独缺少的是对于生命的尊重。

对于死亡的逃避意识，使得我们的孩子在童年时期承担了太多不必要的恐惧，更使得我们的孩子在长大时候，失去了对于生命意义的追寻。

一个对生命没有丝毫敬畏之心的孩子，不敢想象未来的人生将会如何。

缺乏死亡教育的孩子，一旦遇到挫折，就很容易自残，甚至是自杀，对生命完全没有敬畏之心。

（2）缺乏死亡教育，往往比死亡本身更可怕

一位著名的节目主持人说过："中国人讨论死亡的时候简直就是小学生，因为中国几乎没有真正的死亡教育。"

父母们不愿跟孩子谈论死亡，有的是害怕孩子一时接受不了残酷的真相，有的则是认为小孩没必要懂那么多，长大就自然明白了。

但实际上，父母忽视对孩子进行死亡教育，后果往往比死亡本身更可怕。因为这很容易让孩子走向两个极端，其一是孩子把生死当作儿戏，缺乏对生命的敬畏。缺乏死亡教育，还容易使孩子走向另一个极端，那就是对死亡极度恐惧和抗拒。

父母们以为隐瞒死亡的真相是对孩子的保护，避免让他们接触如此沉重的概念，从而给幼小的心灵带来负面影响。

但其实,"死亡"跟"新生"一样,是生命中至关重要的一个环节,我们每个人都需要面对。

一味地刻意欺瞒,会让孩子对它的认知产生偏差,反而不利于成长。

每一个孩子都值得我们呵护和关爱,每一个孩子也需要我们用心讲述死亡的含义。

(3) 如何正确地理解"死亡"?

在中国人的日常生活中,春节和重大节日不能说"死"字。"死亡是一件很不吉利的事。"这个观念已经深入大部分人的内心,好像我们不提起它,它就永远不会发生。

死亡其实是生命的回照,是生的反面,也是生的补充。

我们是时候该转换观念了。因为逃避的态度并不会让孩子感到好受,反而有可能导致悲剧性后果。孩子因为好奇而尝试死亡的滋味,或者因为疏导不畅而留下心理阴影,或者因为太轻视死亡而在遭遇挫折时选择自杀,都是死亡教育缺失的表现。

在节目"爸爸去哪儿了"里,夏克立对女儿夏天的死亡教育堪称范本。

他跟女儿说狗狗年纪大了,活得并不开心。在女儿问狗狗去了哪里的时候,没有回避而是直接告诉她:狗狗去世了,有一天爸爸也会离开。

在女儿无法接受时告诉她,人到了年纪都会去天堂,那里很漂亮,人们会回到最开心的年纪。

夏天听了之后很安慰,变得没那么难过了,也就慢慢地接受了狗狗去世的事实。

用孩子能接受的方式讲述死亡,适当地给他们安全感,孩子才能慢慢接受死亡,学会正视死亡、尊重生命、快乐生活。

在国外，死亡教育从幼儿园起开始普遍实施。有些学校不仅作为一门单独课程来上，还渗透到生物课、科学课、社会课等各个学科。

学校还和一些养老院、临终关怀机构合作，老师会带着孩子去这些机构，为临终者送上祝福，在开展死亡教育的同时也是情感教育的培养。

有研究显示，在资讯尤其发达的今天，孩子从三四岁就会接触到死亡的概念。没有天生就懂得尊重生命的孩子，用正确的方式让孩子认知死亡和生命的关系，非常有必要。

如果遇到植物、宠物、亲人朋友的死亡，家长没有必要对孩子隐瞒，应该用孩子能理解的方式，给孩子安慰，让他们感到安全。

用分离来表述死亡，就是一个很好的方式。学习如何和孩子谈论死亡很难，但开放、诚实地讨论死亡，会远比让孩子独自去理解这件事情要好。

(4) 如何给孩子进行"死亡教育"？

首先，父母应保持积极态度，正向引导。

父母只有自己对生命和死亡有正面的认识，才能引导孩子。李玫瑾教授说："孩子的感觉，很多时候是由父母的态度决定的。"如果父母不用积极的态度面对，总是回避，孩子不仅对生死没有界限感，还会增加困惑和恐惧，甚至会无意识地做出漠视生命的行为。

心理学家皮亚杰在研究儿童对死亡的认知时发现：在2到7岁的时候，孩子对死亡所产生的焦虑既是短暂的，又会一再发生。孩子害怕的并不是死亡本身，因为死亡对他们来说是陌生的，是无法想象出来的；他们害怕的是分离，害怕被抛弃。所以在孩子幼年阶段，我们跟孩子谈死亡时，首先就应该给予孩子足够的安全感。我们应该利用生活中合适的场景主动向孩子做科普，而不是等到他们提问时再手足无措地应付。

其次，利用大自然或绘本等让孩子感知生死规律。

父母可以通过读绘本等方式科学普及生死知识，比如绘本《一片叶子落下来》《汤姆的外公去世了》都是给孩子讲死亡、讲生命发展规律的很好的工具。让孩子知道每个生命都会死，不管是爸爸妈妈，还是小动物、花草树木。

　　一次有位知名作家带儿子去看枫叶。漫山遍野的红枫在秋风的吹拂下纷纷扬扬地飘落，场面蔚为壮观。他的儿子第一次看到如此壮丽的画面，高兴得连蹦带跳。作家告诉儿子：这世上没有永不凋零的树叶，每个人也总有一天会离开这个世界，死亡，和出生一样，都是很自然的事。死亡是一场告别，虽然避免不了伤感，却依然可以像枫叶一般美丽。

　　就这样，他用春风化雨般的讲述给孩子上了一堂很有意义的死亡教育课。他的儿子后来在作文中写道："自从那一天开始，我就对死亡没有之前那么害怕了，因为爸爸的话让我感受到死亡是生命的另一种延续。"我们总以为孩子还小，不懂事，但正是由于年幼，他们能用清澈的眼睛看世界，用更积极乐观的心态面对死亡。

再次，接纳孩子恐惧的情绪，给予足够安全感。

当孩子对死亡表现出恐惧时，我们要正面这种恐惧，这是死亡教育的前提。并让孩子知道，爸爸妈妈会永远爱着他。只有给到孩子足够的安全感，孩子才能慢慢接受死亡。

让孩子逐渐体验离别等难过的情绪，坦然和孩子分享自己悲伤的心情，引导孩子热爱生活，珍惜时光。对生命最好的尊重，不是闭口不谈死亡，不是一味夸大死亡，而是我知道终点在哪里，也珍惜路上遇到的风景。

当你的孩子和你聊起死亡时，你可以把《科学松鼠会》中的这段话讲给他听：如果每个人都是一颗小星球，逝去的亲友就是身边的暗物质。哪怕再也见不到，但引力仍在。纵使再不能相见，爱过的人仍是我们所在的星系未曾分崩离析的原因，是我们宇宙之网永恒的组成。

亲爱的孩子，希望你明白：死亡是生命中必须经历的，谁都逃离不了。尽管它留下的会有伤心难过，但是生命的逝去不代表爱的分离，那些温暖的记忆将是陪伴你好好生活下去的动力。哲学家萨瓦特尔说："认识死亡，才能更好地认识生命。"

我们正视死亡这个话题，是为了让孩子对生命有所敬畏，我们谈论"死"，是为了让孩子重视"生"。对孩子来说，死亡教育其实是一场最好的生命意义教育。

（二）生存教育

1972 年，埃德加·富尔向联合国教科文组织递交了一份研究报告，即"富尔报告"。1979 年"富尔报告"在中国被译为《学会生存：教育世界的今天和明天》。该书的基本设想是：通过受教育权的民主化实施终身教育，以使每个人有机会获得生存技能，并"使人日臻完善，人格丰富多彩，表达方式复杂多样，作为各种角色承担各种不同的责任"，即获得个性充分发展。这就是"学会生存"的基本含义。

书中还有一句很精辟的话："未来的学校必须把教育对象变成自己教育自己的主体，受教育的人必须成为教育他自己的人，别人的教育必须成为这个人自己的教育。"

抗击挫折是生存教育的重要环节。有的父母心甘情愿地为孩子受累、吃苦，恨不得替他生病、读书，把前进路上的一切障碍都为他扫除。过度的爱护、保护，造就的不是顶天立地的大丈夫，而是怯弱、退缩、心胸狭隘的小男人。孩子就像飞蛾一样，必须经过磨练才能真正地展翅飞翔，在激烈的社会竞争中生存下来。如果父母总是在孩子出现困难时，帮助他或者甚至完全代替他处理所有问题，那渐渐地，孩子就会产生一种对父母的依赖感，认为所有问题都应该由父母解决，自己什么也不需要做。未来社会的竞争越来越激烈，人类面临的压力越来越巨大，尤其是在全球经济一体化的社会环境下，要在竞争中取胜，除了具有丰富的大脑、多元的知识、坚强的意志力以外，更需要健康的体魄和强大的心理。

教育的使命就是使人学会生存,无论是学校教育还是家庭教育都要把着眼点从外部的"教"转向内在的"学",借以充分发掘每个人的所有潜力和才能,以适应未来、创造未来。

这本书让我们记住:"人永远不会变成一个成人,他的生存是一个无止境的完善过程与学习过程。人和其他生物的不同点主要就是由于他的未完成性。事实上,他必须从他的环境中不断学习那些自然和本能所没有赋予他的生存技术。为了求生存和求发展,他不得不继续学习。"

2021年3月5日,十三届全国人大四次会议在人民大会堂开幕,国务院总理李克强作政府工作报告,其中明确提到"持续推进健康中国行动"。这表明,为了更好地生存,中国每个家庭都必须开展健康教育。为此,要注重家庭的关爱与支持。家庭成员之间要互相关爱身心健康,尊老爱幼,构建和谐、平等、信任、宽容的人文环境,采取积极有效措施预防和制止家庭暴力、歧视和性骚扰等。家长要以身作则,守护孩子茁壮成长。家长要带动和帮助孩子养成健康习惯;加强家庭陪伴与情感支持,关注孩子心理健康;保障睡眠时间,控制近距离用眼和视屏时间,积极引导孩子进行户外活动或体育锻炼;随时关注孩子健康状况,及时咨询专业人士或带其到医疗机构检查。

(三)生活教育

英国教育家怀特海说过:"教育只有一个主题——那就是多姿多彩的生活。"①

与学校教育不同,家庭教育是非制度化的教育,与生活高度一体化,是发生在生活世界的教育。

但在今天的家庭生活中,家庭教育的重心指向了父母对孩子的课业辅导,偏重于对科学文化知识学习指导。2017年中国儿童中心编写的《中国儿

---

① [英]怀特海.教育的目的[M].庄莲平,王立中,译注.上海:文汇出版社,2012:11.

童参与状况报告（2017）》显示，"从家庭中亲子沟通的内容来看，48.4% 的中小学生每天都会跟父母谈论学习，34.5% 的中小学生每天都由父母辅导学习；从校外活动参与的内容来看，48.9% 的中小学生都参加了和学校考试内容密切相关的补习班，小学生参加补习班的比例为 49.2%，初中生是 51.7%，高中生是 45.9%"。学习已经成为中小学生生活的主要内容，儿童的成长被知识教育淹没，家庭教育成为成绩与分数的附庸，极大弱化了家庭对一个人的情感性、生活性的塑造。这些对儿童的健康发展极为不利，因此，加强对家庭生活教育的研究刻不容缓。

1. 家庭生活方式影响孩子的教育效果

英国教育家斯宾塞的一句名言是："为我们的完美生活做准备是教育应当履行的职能。"①

美国教育家杜威认为："成年人与未成年人的成就不同，这就是教育未成年人变得必要而且必须。""不但社会生活本身的延绵不断需要教育和学习，而且共同生活过程本身也具有教育作用。这种共同生活，既扩充又启迪经验；既激发又丰富想象；对言论和思想的正确性和生动性承担着责任。"②

人民教育家陶行知先生的教育思想集中体现在生活教育理论上。他提出"生活即教育""社会即学校""教学做合一"三大主张。他说："有生命的东西，在一个环境里生生不已的就是生活。比如一粒种子一样，它能在不见不闻的地方发芽、开花。"③

生活方式是生活主体同一定的社会条件相互作用而形成的活动形式和行为特征的复杂有机体，基本要素分为生活活动主体、生活活动条件、生活活动形式三部分。就生活活动主体而言，有个人、群体和社会三个层面，家庭生

---

① ［英］乔伊·帕尔默.教育究竟是什么？ 100 位思想家论教育［M］.任中印，诸惠芳，译.北京：北京大学出版社，2008：157.
② ［美］约翰·杜威.民主主义与教育［M］.陶志琼，译.北京：中国轻工业出版社，2017：6.
③ 方明.陶行知教育名篇［M］.北京：教育科学出版社，2005：152.

活主体属于一种小型的群体。人们的具体劳动条件、经济收入、消费水平、家庭结构、人际关系、教育程度、闲暇时间占有量、住宅和社会服务等条件的差别,使同一社会中不同的阶级、阶层、职业群体以及个人的生活方式形成明显的差异性。同一个家庭中的成员往往生活方式比较相近,但也会有很大差别。

　　家庭生活方式是生活方式的分支系统,基本也由三个基本要素构成:家庭生活活动主体、家庭生活活动条件、家庭生活活动形式。

　　一个人从呱呱坠地就生活在家庭里,在此后的生命周期中,家庭成为人的最基本的生活单位,这个生活单位是由婚姻关系、血缘关系以及其他收养关系、特殊仪式关系等组成的生活共同体。每个家庭成员在对资源、照顾、责任和义务的共享中,分享着生活需要的满足和生活机会的获得。①

　　生活与教育密不可分。陶行知先生说的话最为简洁明了:

　　　　"是生活就是教育;

　　　　是好生活就是好教育,是坏生活就是坏教育;

　　　　是认真的生活就是认真的教育,是马虎的生活就是马虎的教育;

　　　　是合理的生活就是合理的教育,是不合理的生活就是不合理的

　　教育;

　　　　不是生活就不是教育;

　　　　所谓之'生活',未必是生活,就未必是教育。"②

　　关颖也论述了家庭生活方式的育人作用:家庭生活方式对儿童具有习

---

① 徐春莲,郑晨.屋檐下的宁静变革——中国家庭 30 年[M].广州:广东高等教育出版社,2008:61.

② 陶行知.教育的真谛[M].武汉:长江出版传媒,长江文艺出版社,2013:41.

惯养成作用；对儿童认识社会的桥梁作用；对儿童品格形成具有渗透作用①。

2. 家庭教育的重点是培养孩子的生活自理能力

我们能够满足孩子今天的物质需求，但是，我们无法代替孩子去创造他们未来的生活。爱孩子，就要从小培养孩子独立的生活自理能力。

一个具有生活自理能力的孩子，大部分都是有责任担当、富有爱心、懂得孝顺的孩子。孩子在生活自理能力的培养训练中，能体会到"一粥一饭，当思来之不易；半丝半缕，恒念物力维艰"的道理，在日后的生活中，才会更加珍惜和父母在一起的日子，珍惜自己的生活，也会把自己的日子过得舒心如意。培养孩子的自理能力，需要做到以下几点。

（1）从小培养，从小事做起

锻炼孩子从小做起。孩子成长的每一个阶段，都有孩子可以独立完成的一些任务，就如第一次拿勺子吃饭，第一次如厕，等等。

如果怕孩子摔着，你总是不放心让孩子自己走路；怕耽误孩子的学习，你总是挑起为孩子洗衣服、收拾孩子房间的任务；怕孩子打开煤气灶有危险，你总是不让孩子尝试去做一次喜欢吃的蛋炒饭。父母如果怕这怕那，其实就是对孩子的溺爱。

作为父母，培养孩子的生活自理就要从小事开始，比如擦桌子、整理书包、拖地、洗碗，即便孩子做得不好，也要指导孩子去学习。

（2）积极鼓励，家长参与和指导

孩子在家庭中如果不喜欢动手去做自己喜欢的事情，或者不能主动参与生活自理，那一定是父母对孩子的约束太多，担心孩子做不好。

孩子只有在日常的家庭生活中多多参与，反复练习，才会锻炼自己的能力，才会成长为你所羡慕的那个别人家的孩子。

（3）有效陪伴，善于沟通与合作

---

① 关颖.家庭教育社会学[M].北京：教育科学出版社，2014：287—289.

家庭劳动实践中最有效的办法就是合作。比如：春节前卫生大扫除，全家总动员；准备年夜饭，每人准备一道或几道拿手菜；聚餐结束，一起收拾残局。每一项任务可以提前讨论，充分征求孩子的意见，分工明确，愉快合作。

平时生活中，可以让孩子和父母一起买菜、帮助择菜，在这过程中父母进行指导，共同完成一项任务。

尤其是阖家团圆的日子，分工合作的过程中，也是父母和孩子沟通交流、拉拉家常的好时机，不要等到假期结束，孩子要上学了，才感觉到还没有和孩子好好说说话，陪陪孩子。

（4）学会放手，允许孩子犯错误

《规矩的背后是自由》一书中有这样一段话："没有经历过任何挫折，没有在错误中吸取经验教训、得到完善和成长的孩子，到最后会留下很多没有及时解决和消化的问题，这些问题会在某一时间铺天盖地而来，以至于他们根本不知道该如何应对。而那些从小父母就给予自由空间和犯错的孩子，早已经在处理事情的经过中成长和独立起来。"

孩子2岁的时候学习洗自己的袜子，肯定是洗不干净的，但是，一定要让孩子去做。孩子洗完之后，妈妈可以偷偷地帮助孩子再洗一次。

只要父母不抱怨、不批评，而是用鼓励、赏识的心态陪伴孩子，越是孩子做不好的时候，越要让孩子能够体会到参与某项活动的意义和价值所在，也正是在不断的犯错中，孩子的各种生活能力才切实得到锻炼和培养。

每一个孩子都带着父母的美好愿望而来，父母期望孩子能够健康快乐地成长，期望孩子未来的生活幸福美满。我们能够满足孩子今天的物质需求，但是，我们无法代替孩子去创造他们未来的生活。

爱孩子，就培养孩子终身有益的好习惯；爱孩子，就放手让孩子面对挫折，挑战困难；爱孩子，就从小培养孩子独立的生活自理能力。

当孩子远离我们独自生活的时候，我们做父母的真的可以放心了，因为，我们相信，即便未来我们孩子的物质生活不富裕，他们也有能力过好属于自己的生活。

3. 家务劳动教育的目的是让孩子拥有幸福生活的能力

2020 年 3 月,中共中央、国务院印发《关于全面加强新时代大中小学劳动教育的意见》(以下简称"《意见》")。《意见》强调劳动教育是中国特色社会主义教育制度的重要内容,要全面贯彻党的教育方针,坚持立德树人,把劳动教育纳入人才培养全过程,贯通大中小学各学段,贯穿家庭、学校、社会各方面,把握育人导向,遵循教育规律,创新体制机制,注重教育实效,实现知行合一,促进学生形成正确的世界观、人生观、价值观。

劳动,以身体力行的方式获取知识,几乎是人类文明起源发展的最主要手段,劳动教育曾是我国学校教育的传统,是培养德智体美劳全面发展人才的关键一环。曾经有很长一段时期,几乎所有的大中小学校都开设了劳动课。

但在今天,劳动教育已成为最受忽视的教育,据调查,72% 的学生认识到体力劳动和脑力劳动都是劳动,56.2% 的学生认为社会上没有最低贱的劳动,但只有 6.8% 的学生愿意将来做一个有技术的工人或农民,随着学段的升级,这个比例还呈下降趋势[①]。可见,现实情况并不乐观。

劳动不能简单理解为洗衣、做饭、打扫卫生,体现为教育,它是知识的躬身修行;体现于社会生产,它是创造真实价值的手段。

当教育回归到实际的劳动实践,比如杜威和陶行知所主张的烹饪、缝纫、家用电器维修、农作物种植与培管、小制作、小发明等与他们的实际生活密切相关而又力所能及的实际操作,学生的生长也就与生活紧密地联系起来,他们的创造力被激活,他们的生命力被唤醒。

在这种良性的激发下,学校朝着"教育即生活""社会即学校""教学做合一"的美好方向发展。

---

① 中国网教育频道.劳动教育的重要目的：让孩子拥有幸福生活的能力[EB/OL].(2020－05－02).http://www.360doc.com/content/20/0502/22/17791250_909869818.shtml.

第三节　家庭教育方法

家庭教育实施的真正主体是家长,家长要掌握正确、科学、合适的教育方法,才能产生良好的教育效果。

一、榜样示范法

榜样示范是指父母躬行身教,以自身良好的思想品德行为以及典型人物的优良道德风范,影响教育子女,塑造子女人格的一种教育方法。

父母以身作则,身教重于言教,这是中国家庭教育的优良传统,也是家庭教育的最好方法之一。傅国亮先生认为,"以身作则、言传身教是家庭教育最根本的方法"。青少年儿童有强烈的好奇心和求知欲,善于观察和模仿学习,父母的言行以及与子女的亲密关系,使得父母的榜样示范最容易被模仿和接受。

父母要做到严于律己、言行一致、言传身教相结合。孔子曰:"其身正,不令而从;其身不正,虽令不从。"[1]"苟正其身矣,于从政乎何有? 不能正其身,如正人何。"[2]这些都说明,做人要首先从自己开始,自己做好了,才能给别人做出榜样,作为青少年儿童的父母,更应该懂得这个道理,并给孩子做出好的表率。

家长不仅要给子女做好榜样示范,还要躬行实践,指导孩子正确地说话和做事。希望孩子成为什么人,家长首先做什么人。苏联教育家克鲁普斯卡娅指出:"对双亲来说,家庭教育首先是自我教育。"身教言传,是宝贵的民间

①《论语·子路》。
②《论语·子路》。

智慧。因为子女的教育是从模仿双亲开始的，"孩子是父母的影子"。儿童社会化的过程，就是向成人学习的过程，所谓"有其父必有其子"。

在当今信息化社会，言传身教作用更有特殊意义。有人说，五六十年代是读写一代，80年代是视听一代，当代孩子是网络一代。孩子获得信息的渠道多元化、快速化，但是身教仍然没有过时，具有"事实胜于雄辩"的功能。

二、环境熏陶法

环境熏陶是指家长有意识地创设一个和谐、温馨、优美的家庭生活环境，使子女在其中受到潜移默化的影响，以培养子女优良的思想品德、高尚的道德情操和良好的行为习惯。

家庭作为孩子第一个生活环境和成长的场所，无时无刻不在发挥潜移默化的作用，尤其是对孩子的生活习惯、思想品德、道德情操、行为规范方面的影响极为深刻。中国古代就特别重视家庭生活环境对人的影响。"孟母三迁"就是一个很好的例子。墨子和荀子曾分别以"染于苍则苍，染于黄则黄"和"蓬生麻中，不扶自直"来形象地概括家庭环境对人的巨大影响。

我国近代教育家陈鹤琴说："小孩子生来大概都是好的。到了后来，或者是好，或者是坏，这是环境的关系。环境好，小孩子就容易变好，环境坏，小孩子就容易变坏。"

利用环境熏陶法教育孩子，需要注意以下几点。

第一，美化家庭生活环境。家长要根据一定的家庭条件来美化家庭生活环境。风格优雅、整洁美观、舒适宜人的家庭生活环境有利于陶冶孩子的情操，促使子女养成良好的生活习惯。例如，家具的购置、摆放，房间的装饰等都应将实用性和艺术性结合起来，追求高雅的情趣。家长布置家庭生活环境时，最好也让孩子参与，让孩子动手，特别是布置孩子自己的房间时，应充分发挥孩子的主动性和创造性。

第二,创设和谐的家庭生活。家庭成员尤其是父母和睦,会产生巨大的教育力量。每个家庭成员之间都要自尊、自爱、自重,严格要求自己,互敬互爱,自觉按照正确的道德行为规范行事,使子女过上幸福、愉快、温暖、轻松、和谐的家庭生活,并从中学会如何做人、如何爱人,如何处理人与人之间的关系。在和谐的家庭生活环境中成长,孩子一般会成为性格开朗、心地善良、富有同情心、朝气蓬勃、具有优良的道德品质和行为习惯的人。

第三,追求高尚的精神情趣。家长的道德修养和情操以及文化品味,对子女的学习、生活和精神追求具有直接、明显的导向作用。生活在精神生活丰富、情趣高雅、知识领域宽广的家庭中,子女将在不知不觉中受到陶冶和感染,生活情趣也会更加丰富多彩,文化道德素养也自然得到提升。

三、价值引领法

父母不仅要给孩子做榜样示范,更需要做孩子价值观形成的重要引领者。

家长首先要全面学习家庭教育知识,系统掌握家庭教育科学理念和方法,自觉地用正确思想、正确方法、正确行动教育引导孩子;不断更新家庭教育观念,坚持立德树人导向,以科学的育儿观、成人观、成才观引导孩子,使他们逐渐形成正确的世界观、人生观、价值观;不断提高自身素质,以身作则,时时处处给孩子做榜样,以自身健康的思想、良好的品行影响和帮助孩子养成好思想、好品格、好习惯。总之要做到"家长好好学习,孩子天天向上"。

中国青少年研究中心副主任孙云晓长期致力于少年儿童发展及教育研究,他发现,在孩子成长过程中,家庭的作用越来越重要,其中价值观是一个核心问题,"家庭教育中最大的失误是价值观的失误"。

孙云晓深深地体会到,对孩子的成长来讲,父母的"解释风格"是一个非常关键的指标。其实，父母每天，甚至每时每刻都在做孩子行为的解释工作。积极的解释导致乐观，消极的解释导致悲观，而最核心的解释就是价值观问题。

孙云晓在一次讲座中遇到一位妈妈。这位妈妈对女儿的解释非常有水平。女儿曾到美国参加夏令营，带了 300 美元。有的同学带了几千美元，花钱大手大脚。不敢随便花钱的女儿遭到同学的嘲笑，很沮丧。后来，妈妈对女儿的遭遇表示理解，同时问女儿："同学的钱是自己挣的吗？""拿着父母的钱在国外挥霍是很光荣、很时尚的吗？""学生应当比什么？"通过深入聊天，女儿很快意识到"学生应当比品格、比努力"，很快释然。

每个母亲、父亲都是价值观的引领者，差别就在于是积极的引领还是消极的引领。社会号召广大家庭践行社会主义核心价值观，就为家庭教育找到了最核心的导向。倡议书呼吁广大家庭幸福贵和，传承家庭美德。大力倡扬夫妻和睦、孝老爱亲、科学教子、勤俭节约、邻里互助的家庭文明新风，崇尚文明健康的生活方式，使每个家庭都沐浴在和煦家风的温暖之中，以实际行动促进家庭和谐、邻里和善、社区和美。

现代人学历越来越高，收入越来越多，但是学历和收入并不能决定是否能够把孩子教育好。教育素质由教育观念、教育方式、教育能力三个要素组成。从这个角度讲，广大家庭都要成为学习型家庭，广大父母特别需要提高自身的教育素质，与孩子一起成长。

孙云晓特别提醒广大父母，教育孩子不能走极端，"虎妈""狼爸"的教育方式是偏颇的，完全放任的教育方式也不可取。根据国内外大量研究，实现主动性和自制力两个要素的平衡是最理想的教育模式。既要培养孩子的主动性发展，又要提高自制力水平。这应当是教育追寻的方向。[①]

---

① 中国青少年研究中心副主任孙云晓：父母是孩子价值观的引领者，应与孩子一同成长，2014年 10 月 15 日，来源：中国妇联新闻。

四、有效陪伴法

每个孩子的成长都离不开父母的陪伴。什么样的陪伴才是有效的、高质量的？

家庭教育其实就是一种生活，一种态度。父母会生活，自己生活得有意义，对自己的生活满意，才会有更多的力量去影响下一代。因此可以说，好的家庭教育就是好好生活、认真生活。

高品质的陪伴是父母完全属于孩子，没有电话和电视的干扰，不管是用身体游戏还是其他方式，安下心来好好陪着孩子，并不需要 24 小时绑在一起，即使一天只有一个小时就够。

近几年，从教育界到心理学界都普遍认识到过于严苛的教育对孩子造成的不利影响，很多家长也受了影响，转变了教育的模式，有的管束孩子比原来少了，有的干脆走了极端，当起了所谓的"放手父母"。孩子不想上兴趣班，那就顺其自然；孩子学习成绩上不去，没事，说不定我们孩子后劲儿大；锻炼身体坚持不下来，其实小胖子也挺好。

父母看起来很尊重孩子，孩子感觉很舒服，父母也不会太累，这样亲子关系也不会有太多冲突，似乎都是好处，那么现实中果真如此吗？

案例故事：

在我的咨询中，曾经做过一个初三男孩的个案。父母带孩子咨询的原因是，孩子现在脾气特别暴躁，经常对父母恶言相向，还时常不想去学校。父母感觉很委屈，说从小到大都很尊重孩子。孩子想去上兴趣班，父母就给他报名，中途他不想学了，父母就说那就算了，学费白花也认了。考试考得不好，父母总是说没事，下次努力考好就行了。他提什么要求也都尽量满足他。只是父母比较忙，确实比较少管他。开始一切还好，但是从初二开始，他就不太爱跟父母沟通，后来父母跟他说话，他就很容易发怒，父母一头雾水，不知这孩子怎么了。

在跟孩子的咨询过程中，我发现孩子对父母充满了怨恨。他说父母根本就没尽到做父母的责任，也感觉不到他们真心关心自己，他们看似按照自己的意愿，可是，那时自己不懂什么，小孩子毕竟还是贪玩的。正因为他们懒得管，以至于自己现在没有一项特长。马上要中考了，自己文化课不太好，深圳的中考竞争很激烈，本来之前如果某项兴趣爱好能坚持下来，还有希望以特长生考上高中，现在感觉彻底没戏了。孩子说到这些时充满了无望和忧伤。虽然后来在不断地探讨、澄清过程中，孩子情绪得到释放和缓解，认知也有所调整，可以重新建立信心开始行动，但是孩子在这个过程中的损失却是令人痛心的。①

教育不是件容易的事，对孩子过于严苛，如果超过了孩子所能承受的极限就会适得其反。如果过于疏懒，孩子就会错失很多发展健全人格和能力的机会，到最后导致孩子在学习以及生活中的挫败感。在这个过程中，父母的学习成长以及投入是非常必要的。

首先，作为家长，要了解我们教育孩子的目的，也就是我们要把孩子教育得怎样就算尽了责任。我们认为，最基本的应该是，孩子长大后，能独立生存，自食其力，有正常的人际关系和亲密关系，能尽到他们的家庭责任和社会责任，身心健康。

如果要做到这些，孩子从小在人品、人格和能力上的培养是非常必要的。比如，在品格上，要做到与人为善，诚实，感恩。在人格方面，要注重希望、意志、目标、能力等方面的发展。在能力方面，要加强学习能力、生活能力、社交能力、情绪管理能力、适应环境的能力等。但凡涉及这些，父母都一定要

---

① 李雨蒙.教育需要陪伴去唤醒[J].中国妇女,2021(1).

重视。

其次,了解孩子在不同阶段生理和心理发展的特点。这一点,家长可参照著名心理学家艾里克森的人格发展阶段理论,相信能够帮助父母在孩子合适的年龄去发展他们相应的人格和能力。

再次,发现孩子的特点,采用合适的沟通和鼓励方式。就拿上面的案例来说,如果孩子放弃兴趣爱好,父母首先要了解孩子为什么想放弃:是因为被老师批评了,还是觉得练习太枯燥?是因为自己能力不够,还是方法不对?针对孩子的情况,再给孩子一些积极建议和鼓励,继续尝试一下。如果最后孩子尽了最大努力还是感觉很挫败的话,那就可以放弃了。其他方面也是如此,先了解原因再帮助孩子做分析,看看孩子是否可以再尝试,最后再做决定是否放弃。

最后,给孩子独立思考和发展能力的空间。在一些具体的事情上,只要不违背一些大的原则,父母都可以试着让孩子自己去尝试。这时,家长可以保持距离地观望,在孩子需要的时候也要及时给予帮助,不过多干涉,但不是完全不管。

五、教育惩戒法

在我国传统教育观念中,教师惩戒学生就如同父母教训不听话的儿子一样,是天经地义的事情。对于封建社会的家庭而言,"棍棒下面出孝子""不打不成器""打是亲,骂是爱"等观念做法甚至成了"天经地义"的事。直到 20 世纪八九十年代以后,随着西方的一些教育理念的引入以及国民权利意识的增强,人们才开始对教育惩戒产生疑问,并进一步地进行探究如何将教育惩戒与"体罚"等过度的惩戒区别开来。在赏识教育兴起之后,严苛的教育惩戒被认为是非人道、反教育、落后教育方式的代名词。

古今中外的教育家,绝大多数是反对体罚孩子的,古罗马著名教育家昆体良(约 35—100 年)就极力反对体罚。在传统的家庭教育中,打孩子似乎是每个家庭司空见惯的事情。如今,无论在学校还是在家庭中,打孩子已经被法律法规严令禁止了。

打孩子,专业领域更多的叫法是体罚。父母体罚孩子,即父母通过引起儿童身体的不适或疼痛来阻止儿童重复某种行为,达到纠正行为或教育的目的,具体包括用手或物体打屁股、打耳光、拧等方式。

首先我们想通过一些研究结果来弄清楚关于体罚的现象和原因。国内外对打孩子现象的科学研究很多,研究结果也有差异。比如国外调查发现,母亲打孩子的情况明显多过父亲。而国内专家认为,中国父亲打孩子的情况明显多过母亲。

(一) 孩子为什么会被父母打

1. 做了危害自己安全的事,孩子更容易被打

山东师范大学心理学院曾经做过一项研究,把孩子的违规分为三类:谨慎违规、道德违规和社会习俗违规。研究者从山东潍坊枣庄等四个城市选取396 名父母进行调查,他们发现,在谨慎违规情况下,孩子被打的情况最多,比如孩子做了类似"拿着铁丝去触碰电源"或"下河游泳"这样危害自己安全的事,这时父母最倾向用简单直接的方式快速制止。而对道德违规的情况(比如说脏话),下手的概率就小一些,而对社会习俗违规(比如男孩穿裙子),孩子被打的情况最少。

儿童犯错时,父母会对儿童做出正确行为的能力进行评估,如果他们认为犯错是因为能力不及,通常不会下手打,而当他们认为孩子有足够能力预见和控制行为结果时,就会倾向于武力性管教。

与国外研究还有一点不同,在社会习俗违规方面,中国的年长父母比年轻父母更容易打孩子。研究者认为这可能是受中国传统文化(如"不打不成器""棍棒出孝子")的影响更深的缘故。

2. 家庭社会经济地位越低,父母打孩子越频繁

研究发现,家庭的社会经济地位与父母体罚的频繁性之间呈显著负相关,家庭社会经济地位越低,父母打孩子就会越频繁,这个比例随着社会经济地位的提高而下降。不过也有研究者指出,不管社会经济地位如何,年轻父母(18—29岁),对4岁儿童动手的比例都很高。

体验积极情绪的父母,比体验消极情绪的父母更容易接受儿童的错误行为,而对孩子感到心烦和失望的父母,更容易动手打。当父母体验到愤怒或受挫感时,实施冲动性惩罚的行为更多。

当父母追求短期社会化目标时(比如期末考试成绩),比追求长期社会化目标(比如未来找个理想职业),更容易采取暴力方式。

平时赞同体罚的父母打孩子的比例,比平时不赞同体罚的父母要高四倍。

最常打的三个部位,依次是屁股、手、胳膊。研究者发现,父母打孩子最常见的三个部位依次是:屁股(69.63%),手(21.7%),胳膊(18.2%)。

男孩被打得更多。2—4岁时,男女儿童被打的差别不大;六七岁开始,男孩被打的普遍性、频繁性和严重性均显著高于女孩。

总体上,父母体罚的普遍性、频繁性和严重性随孩子上学后年级的升高而降低。美国研究者认为,4—5岁的孩子被打的比例最高,6—17岁时稳定下降。较温和的方式(比如手打屁股)较多发生在童年早期(2—4岁),而严重的方式(比如使用工具器械),在童年中晚期更普遍(5—12岁)。

3. 儿时经常挨打的父母更容易打孩子

研究指出,父母体罚具有代际传递性,这是因为"父母对体罚的态度在体罚的代际传递中起部分或完全中介作用"。也就是说,儿时被打的经历与细节,一方面可能直接影响父母当前打孩子的行为,也可能通过改变他们对待打孩子的态度,而产生间接影响。

"体罚会使儿童认为使用暴力是正当的,因为儿童倾向于把他们所经历

的人际交往内化为自己的行为准则。"——《国外关于体罚危害的研究及启示》中写道。美国一项针对200名低收入母亲的研究发现,有70%打孩子的母亲在小时候挨过打。

此外,还有一些情况导致父母会打孩子,如专制型父母比权威型父母更容易打孩子;家庭规模越大,孩子越容易被打。

夫妻关系是父母体罚发生的重要关系背景,夫妻关系紧张的父母,更可能打孩子。有研究者认为,单身母亲或离婚母亲比完整家庭中的母亲更容易对孩子实施暴力。而另一部分研究者则认为不是这样,因为单身母亲对压力型婚姻的摆脱,抵消了她们离婚后面对的其他压力。

儿童的遗传特征(特别是气质)能够影响父母体罚,其中胆汁质或多动症儿童会挨更多的打。

(二)父母如何行使家庭教育惩戒权

我国新颁布的《家庭教育促进法》提出,未成年人的父母或者其他监护人在实施家庭教育过程中,不得对未成年人有性别、身体状况等歧视,不得有任何形式的家庭暴力,不得胁迫、引诱、教唆、纵容、利用未成年人从事违反法律法规和社会公德的活动。

《家庭教育促进法》提出,不得有任何形式的家庭暴力,这一条款遭到不少网友的质疑。虽然老一辈信奉的"棍棍棒棒出好人"的观念逐渐遭到世人的摒弃,但在教育子女方面,仍有很多人认为适当的体罚、打骂孩子,也是一种必要的家庭教育手段。现实中,对孩子经常使用暴力的家长并不多见了,但将打骂孩子作为惩罚孩子的"撒手锏"的家长仍不少。

网友质疑"不得有任何形式的家庭暴力",就暴露出很多人对家庭教育仍然没有正确的认识,不少家长还不具备正确的家庭教育观念,在教育子女的问题上,不能正确应对。

草案提出,不得有任何形式的家庭暴力,这一条款并没有问题。任何情况,都不应使用暴力,不管是何种形式的家庭暴力,或是会对孩子身体带来痛苦与伤害,或是会侵犯孩子的人格尊严,对处于成长期的孩子来说,家庭暴力对他们还很可能带来不可逆的伤害。所以,反对任何形式的家庭暴力,正是对为人父母的底线要求。

但网友的质疑也让人看到,很多人还陷在家庭教育的误区之中。现在提出家长在实施家庭教育过程中不得有任何形式的家庭暴力,会让不少家长感觉手足无措,束缚住了手脚。所以,在不准家长做什么之后,还要让家长知道自己应该做什么,要让家长掌握家庭教育的正确方式。也就是在拿走家长手中的"棍棒"之后,还要交给家长必要的"家教戒尺"。

这就像教育部印发的《中小学教育惩戒规则(试行)》,为学校及教师的"教育惩戒权"进行了明确而细致的规定。如以击打、刺扎等方式直接造成身体痛苦的体罚;辱骂或者以歧视性、侮辱性的言行侵犯学生人格尊严……这些行为教师不能做,规定了教师对违规学生可以采取哪些具体的惩戒措施。对家长来说,也有必要明确他们的"家庭教育惩戒权",让家长用好手中的"家教戒尺",厘清家长的权责边界,加强家长的家庭教育指导,比如此前有地方试点建立"家长持证上岗"制度。

通过明确家长的"家庭教育惩戒权",重视家庭教育指导,避免家长陷入家庭教育的误区,才能让家长扮演好自己在家庭教育中的角色,承担起自身责任,当好孩子的"第一任老师"。

2020年12月29日,教育部制定颁布了《中小学教育惩戒规则(试行)》。这是我国第一次以部门规章的形式对教育惩戒作出规定,系统规定了教育惩戒的属性、适用范围以及实施的规则、程序、措施、要求等,为教师依法依规进行教育惩戒提供了依据,也厘清了惩戒与体罚之间的边界,对惩戒的实施范围作了更明确的界定。在今后的实施和探索过程中,要建立健全教育惩戒的实施、监管和救济机制,让学校和教师会用、敢用、慎用教育惩戒,让家长和社会理解、支持、配合学校及教师的教育和管理,共同实现立德树人的目标。

第四节　家庭教育环境

　　家庭环境是父母与孩子共同生活,对孩子施加教育影响的重要因素。家庭环境是孩子最早接触的场所,家庭环境质量的好坏直接决定家庭教育的优劣,进而影响儿童能否全面、健康地发展。

　　家庭环境包括家庭物质环境和家庭精神环境两个方面。家庭物质环境主要是指家庭物质生活条件,包括家庭地经济状况、家庭物理环境(如居住条件、生活设施)等。家庭精神环境主要是指家庭的心理氛围,包括家庭结构,家庭成员之间的关系,家庭情感氛围,父母的性格、兴趣、爱好、生活方式、教育观念和教育方式等。孩子在家庭中成长,受到这两种环境的综合影响。

　　18世纪法国启蒙思想家爱尔维修曾经这样说过:"人初生时都一样,但今天我们看到的人是各种各样的,有伟大的人也有平庸的人,有好人也有坏人。产生这些差别的原因就在于人们的生长环境不同,尤其是人们小时候的生长环境不同。而任何一个平凡的孩子,只要受到合适的教育就能成为不平凡的人。"

　　教育界一直存在着两种截然不同的观点,一种是以著名教育家卢梭的《爱弥儿》为代表,认为同样的环境产生完全不同的孩子是因为这些孩子的先天不同。而另外一种说法是以著名教育家裴斯泰洛奇为代表的,他认为人的差异主要源于他们接受的教育和成长的环境不同。卢梭强调天赋,得到不少人的支持,而裴斯泰洛奇强调后天的教育环境,却很少得到认可。

　　日本教育家木村久一引用威纳博士的观点,认为天才儿童的家庭环境概括起来有以下六种[①]:

①［日］木村久一.早期教育与天才［M］.唐欣,译.南京:凤凰出版传媒集团,江苏人民出版社,2009:174.

（1）天才儿童在家庭中占有"特殊的地位"：他们常常是家庭中的第一个孩子，或者是独生子女。

（2）天才儿童生长在"丰富多彩"的环境中。

（3）天才儿童的家庭是以儿童为中心的：父母几乎将所有精力都用在早期教育上。

（4）天才儿童的父母内驱力强：他们不仅率先垂范，定出高标准，而且对孩子成就的期望值很高。但是，如果父母过分热心，喜爱孩子的成就胜于喜爱孩子本身，天才儿童就有产生逆反心理和半途而废的危险。

（5）父母给孩子相当多的自由。

（6）有最益于潜能发展的家庭环境：一方面将高期望值与激励相结合，另一方面还将高期望值与儿童的教育相结合。

"凡是出自造物主之手的东西，都是好的，而一到了人的手里，就全变坏了。"[1]法国教育家卢梭在《爱弥儿》一书中对教育采取始终如一的自然主义教育方法。他坚持说，孩子生来善良，只是环境使他变得邪恶。他主张只是来自感觉，儿童应当积极地与秩序良好的环境接触，在与环境的互动中学习。

一、家庭经济生活状况与家庭教育

社会经济地位（socioeconomic status，SES）是结合经济学和社会学关于某个人工作经历和个体或家庭基于收入、教育和职业等因素，相对于其他人的经济和社会地位的总体衡量。当分析一个家庭的社会经济地位时，这个家庭的收入、家庭劳动力的教育程度，以及劳动力的职业会被当作一个整体纳入考量范围。个人或家庭的社会经济地位可以分成三类：高社会经济地位、中社会经济地位、低社会经济地位。通过评估一个人或一个家庭在收入、教

---

① 卢梭.爱弥儿[M].彭正梅,译.上海：上海人民出版社,2011：1.

育、职业在其中一个或多个因素上的表现，我们可以把他们归类于一个社会经济地位类别。在某些情况下，社会经济地位评估会包含第四个因素：财富。财富是两代人之间的过渡，也是家庭的积累收入和储蓄。

（一）家庭社会经济地位是影响孩子发展的重要因素

已有研究表明，与社会经济地位较低家庭的孩子相比，社会经济地位较高家庭的孩子在学业表现方面更优秀，会获得更多的教育资源，这种差异在义务教育的第一年就很显著，且随着年级增加会不断扩大。以儿童早期语言社会化为例，SES 高的父母会使用更丰富、更复杂的词汇，以及更抽象的概念来与孩子交流，这会帮助孩子发展出更强的语言能力。

社会科学领域的研究普遍认为，家庭社会经济地位是影响儿童及青少年发展的重要因素。家庭为其子女提供经济、文化和智力资源，高收入家庭比低收入家庭更能够担负起教育的成本和物质保障，如居住条件、学习环境、学习费用等，同时，受教育程度较高的父母，能够为子女创造更多教育文化资源上的优势，以促进子女的学业发展和教育成就。①

（二）家庭社会经济地位影响家长参与质量和孩子发展水平

家长参与是一种重要的家庭社会资本，受到家庭社会经济地位的影响，也会对儿童的早期发展产生影响。由于社会阶层和家庭环境的差异，不同社会经济地位的家庭在参与子女教育上呈现出明显的差异。如国内学者刘丽伟等人发现，高社会经济地位的家长在语言与认知活动上的参与水平显著高于低社会经济地位的家长。国外实证研究也发现家长参与对儿童早期发展有着显著的预测作用。国内已有研究也发现，家长参与子女的早期读写活动和认知活动等家庭教育活动能够有效预测学前儿童的入学准备水平。可见，

---

① 转引自：刘保中,等.家庭社会经济地位与青少年教育期望：父母参与的中介作用[J].北京大学教育评论,2017-04-28.

家庭的社会经济地位越高,家长的参与程度和参与质量也会逐渐提升,而高水平的家长参与行为可以有效地促进儿童入学准备技能的获得。

研究发现,家长参与对儿童入学准备的提升有一定的影响,要想提升处境不利家庭儿童的入学准备,家长和教师应注重提升家长参与的水平和质量。家长参与能够有效地降低风险因素,即使家长的家庭经济条件有限,不能提供丰富的教育资源等物质环境,也可以通过努力提高自身的知识储备和教育修养,为儿童创造积极向上的学习型家庭氛围。在无法改变家庭社会经济地位的情况下,提升家长的参与程度,改善家长的参与质量可以弥补家庭背景上的弱势对儿童早期发展的消极影响。①

(三) 家庭社会经济地位影响孩子学习成绩和自我效能感

近些年,"寒门难再出贵子"不断引发社会热议。家庭社会经济地位对学业成绩的影响机制可以通过家庭投资模型和家庭压力模型进行解释。对于缺乏物质投资能力的家长,情感投资可以作为补偿物质投资缺失的手段。亲子沟通是情感投资中至关重要的部分。父母的工作压力、家庭冲突会使得亲子互动更多表现为惩罚、拒绝及权威行为,亲子沟通将主动性减弱、缺乏耐心,进而会导致学生产生学业问题。

家庭社会经济地位还可以通过学生学业自我效能感对学业成绩产生影响。学业自我效能感是个体头脑中关于自己能够完成某项任务的观念。低家庭社会经济地位的学生,会内化社会的消极刻板印象,自我感觉并不适合学术领域。低学业自我效能感会使得学生面对学业困难产生消极态度,从而强化了低社会经济地位学生难以在学校取得良好表现的恶性循环。同时,良好的亲子沟通会使学生的学业体验更加深刻;亲子沟通少会造成学生学习信心不足。

---

① 夏小英.家庭社会经济地位与儿童入学准备的关系:家长参与的中介作用[J].当代教育论坛, 2020(5):64—73.

研究发现，家庭社会经济地位、亲子沟通、学业自我效能感均与数学学业成绩关系密切；亲子沟通、学业自我效能感分别在家庭社会经济地位与数学成绩之间起部分中介作用；家庭社会经济地位通过亲子沟通影响学业自我效能感，进而对学生数学成绩产生积极影响，这其中学业自我效能感完全中介了亲子沟通对数学成绩的影响。[①]

由此，对父母而言，要重视亲子沟通，让亲子关系稳定发展。"与孩子交流学习问题""给孩子读书或听孩子朗读"这类学习上的亲子沟通，可以帮助孩子增强认知资源和活动，不仅能让学生在面对学习任务时更有信心、培养他们的学习兴趣，同时也会发展学生的认知技能。"给孩子规定看电视/玩游戏的时间""与孩子一起观看并讨论电视节目"这类行为管理与引导的亲子沟通，可以让孩子更好地了解家长的标准，也能够及时得到家长的帮助。

对于学生而言，提升学业自我效能感有如下路径：要为自己树立明确而具体的阶段性学习目标，逐步看到自己在学习上所取得的进步；要正确归因成功与失败，遇到学业暂时失败，要将其归结为努力不够或学习方法不当等可控性因素，而不是由于家庭贫困等不可控因素，相信以后通过努力或改进学习方法一定能取得成功；最后要时刻保持开朗积极、乐观向上的健康心态，勇于面对困难、挫折和挑战，不逃避，不退缩，不轻言放弃。

二、家庭成员关系与家庭教育

（一）家庭关系及其内涵

家庭关系，又称家庭人际关系，是家庭成员之间根据自身的角色在共同生活中形成的人际互动关系，是家庭的本质要素在家庭人际交往中的表现形

---

① 陈依婷，杨向东.家庭社会经济地位对数学成绩的影响：亲子沟通和学业自我效能感的链式中介模型[J].应用心理学，2020，26(1)：66—74.

式,是家庭成员之间一切社会关系的总和①。家庭关系如何,直接反映出家庭成员之间联系的紧密程度、影响程度、家庭的稳固程度等,并以不同的方式对家庭教育产生影响。

对家庭教育影响较大的家庭关系主要有夫妻关系、亲子关系、祖孙关系三种。

夫妻关系在家庭中处于核心地位,是家庭的起点和基础,被称为家庭第一关系,也是家庭中的基本关系。由夫妻关系产生亲子关系,然后再衍生出其他家庭关系。

亲子关系就是父母与子女的关系。亲子关系是以血缘和收养为基础的,亲子关系在家庭中是直系血亲中最近的一种关系。亲子关系是不可选择的、永久的、有特定权利和义务的。

祖孙关系是指祖父母或外祖父母与孙子女或外孙子女的关系。虽然我国的家庭规模已有很大的变化,但祖孙关系的亲密程度并未发生根本性的变化,反而随着独生子女政策的推进,祖孙之间包含着越来越多的关爱和依恋。从代际关系来看,祖孙关系是隔代关系,属直系血亲,祖孙之情胜过亲子之情在我国是一个非常普遍的现象。

(二) 家庭关系与家庭教育

1. 夫妻关系与家庭教育

良好的夫妻关系是对孩子进行教育时形成合力的必要前提。国外研究者认为,夫妻之间的爱情对创造幸福家庭以及培养出具有情绪安定性格的孩子是最为重要的。

不同类型的夫妻关系对家庭教育的效果是不同的。粘黏型的夫妻关系中,父母彼此依赖性强、独立性差,夫妻间情感黏结,没有界限。夫妻关系应

---

① 吴航.家庭教育学基础[M].武汉：华中师范大学出版社,2010：78—84.

该是一种既相互独立又相互合作的关系。如果没有完整的自我，往往会造成亲密关系的真空，从而造成对孩子童年的剥夺，将孩子视为小大人，用孩子去填补自身在亲密关系上的欠缺。冲突型的夫妻关系中，父母常常发生分歧，双方敌对、争吵、紧张，冲突不断。这种不良的夫妻关系会导致子女内心产生严重的焦虑和矛盾，孩子多疑、敏感、心神不定、无所适从，严重的会形成变态人格，出现反社会行为。健全型的夫妻关系中，父母双方具有一定的平等意识，无条件的奉献精神，夫妻之间的角色明确，双方都各负其责。

夫妻关系本身就是一个实实在在的教育因素。丈夫爱护妻子，妻子体贴丈夫，会给家庭尤其是孩子带来良好的影响：家庭成员之间充满了人情味，使孩子从小就感受到家庭的温暖，懂得爱护别人、关心别人、尊重别人；家庭气氛和谐愉快，是孩子各种能力得以发展的最佳环境。相反，夫妻冲突则会给彼此，尤其给孩子造成许多负面的影响，有些影响甚至是不可弥补或挽回的。

2. 亲子关系与家庭教育

亲子关系往往在很大程度上反映出家庭关系或家庭氛围的状态。

亲子之间的角色关系直接影响着儿童的成长。父母亲是影响下一代成长和发展的关键人物。父母与子女之间的关系也有不同的状态，正确处理好相互之间的角色、地位、职责是十分重要的。亲子之间的心理关系是比较重要的，要看父母在子女心目中的实际心理地位，父母如何将自己的情感有效传达给孩子等。在孩子的成长过程中，父母与教师的地位在逐渐发生着变化，即父母作为重要他人的角色在逐渐减弱，教师和同伴关系等重要他人的地位逐渐上升。

亲子之间的关系如果不融洽，对孩子的影响将是多方面的、深远的。因此，父母在孩子成长过程中需要不断地调整、调适亲子关系，以求达到平衡、和谐。下面通过一个案例故事了解和体会家庭关系与家庭教育应有的状态。

案例故事：

我家没有"教育霸权"①

经常有些家长向我诉苦,和孩子处理不好关系,尤其是家里有青春期的孩子。其实,人与人之间产生摩擦均源于关系定位的失衡,父母与子女的关系同样如此。因此,父母要想解决家庭教育中产生的问题,首先要思考如何定位和孩子的关系。很多家长心里有一个固有的观念:我生你、养你、教育你,你就得听我的。而实际上这是一种"教育霸权",没有把孩子当作一个独立的生命个体来尊重。

儿子小时候活泼好动,十分淘气,常常是一副吊儿郎当的模样,做出一些让人哭笑不得的事。比如,有一次把邻居家放在门口的新皮鞋拿了丢在垃圾箱里,搞得我向人家赔钱又赔不是。还有一次,把爷爷刚买来的金鱼拿到冰箱里冷冻,把爷爷气了个半死。为此,我经常唠叨他教育他,有时也免不了骂他,但他是"左耳进,右耳出",一转身就忘了,有时还会和我顶嘴,待会儿,说不定又做出一件让人更头疼的事来。

在儿子七岁那年,我和他共同做了一件事,从那以后,儿子变化很大,我才发现原来父母有一副倾听的耳朵是多么重要。那一天,我刚下班回家,儿子就心急火燎地跑过来说:"妈妈,你能帮我一个忙吗?爷爷养的那只小鸟死了,我想给它举办一个葬礼。""那你要妈妈帮什么忙呢?""我想给小鸟写封信,请妈妈帮我写。""哦,没问题。要不,妈妈和你一起为小鸟举行葬礼吧。"

儿子很高兴。于是我和儿子把小鸟放进一个小盒子里,然后埋在楼下的花坛里,堆起一个小小的土包,再用一些树枝小草做成花环把土包围起来。我还找了一块小木板,在上面写上"美丽的小鸟,安息吧"作为小鸟的墓碑。然后,按照儿子的意思,教儿子写了一封悼念小鸟的文章。"可爱的小鸟,还记得你刚到我们家的模样,在笼子里扑腾扑腾乱窜,每

---

① 胡波.我家没有"教育霸权"[J].中国妇女,2019(3).(该文经删减)

天上学前看着叽叽喳喳的你，我都要和你说会儿话，你给我带来了很多的快乐！现在，再也听不到你的吵闹声，看不到你跳来跳去的欢快身影，以后，放学回来，你听不到我说话了，我好难过啊……"儿子读着读着，放声大哭起来。这哪里是只鸟啊！分明是孩子的一个知心朋友。原来，小孩子的内心世界是多么的丰富啊！我摸着孩子的头说："儿子，别难过，让小鸟在花下长眠吧！以后，你把妈妈当作你的好朋友，把每天对小鸟说的话对妈妈说吧。""你会像小鸟那样听我说吗？""那当然了。"那天，孩子和我说了很多很多的话，学校里和小朋友之间的矛盾，对老师的不满，他最喜欢的朋友，每天他放学后干些什么等等，我只是静静地听着，没有打断他。

从那天起，我像那只小鸟一样成了儿子忠实的听众，儿子也变得越来越懂事。每天儿子放学回来见到我，第一句话就是："妈妈，你想先听好消息还是坏消息。"接着，就给我说一天的见闻。我不知不觉走进了孩子的心灵，和他成了无话不谈的朋友。一转眼，孩子读大学了，而我们这种沟通的习惯却一直保持下来。

通过这件事，我体会到孩子不仅仅是我们的孩子，更是我们的合作者，平等的对话者。所以，要用耳朵去倾听他的喜怒哀乐，心怀喜悦地见证他们的成长。因此，当儿子走出北大校门，告诉我要去卖米粉，我表达的只是尊重！当母亲把这样一份永存的礼物——一副倾听的耳朵和一颗开放的心，给予她的孩子时，我相信孩子这一生会感知到生命更多的奇妙美好。

三、家庭生活方式与家庭教育

（一）家长普遍通过常态化的生活方式进行家庭教育

新时代的家庭生活方式呈现出诸多新特点，如：注重物质生活和精神生

活的平衡,"健康第一"的生活观,生态型的生活方式,终身学习的生活方
式等。

家庭生活方式还通过消费、闲暇、劳动、交往等多种方式表现出来,家长
也正是通过这些常态化的生活方式进行家庭教育的。所谓生活浸润,就是将
子女教育与日常生活密切结合起来,朝着目标潜移默化地发生影响和变化。

我国改革开放四十余年来,人们的生活水平显著提高,家庭消费结构中
必要消费资料的比重逐渐下降,享受和发展性消费资料所占比重逐年上升。
这为提升家庭教育质量起到了积极的促进作用。但一些家长在消费上也会
盲目攀比,认为再穷也不能穷孩子,导致许多不适宜的消费倾向。

随着闲暇生活时间的增多,人们逐渐摆脱功利的束缚,寻求价值的追求,
满怀对生活的热情,充满着对美好生活的向往已经成为当今社会家庭休闲方
式的主旋律。很多家长开始明白闲暇对孩子教育和发展的重要性,教会和带
领孩子合理利用闲暇时光等逐渐成为家庭生活的必要选择。

家庭交往方式是家庭成员处理人际关系的方式。与孩子社会化进程密
切相关的家庭交往主要是家庭内部的夫妻交往和亲子交往。和谐、亲密的夫
妻交往有利于父母角色的扮演,对亲子关系的正常运转有明显的推动作用;
充满矛盾甚至破裂性的夫妻交往则会对孩子发展造成难以弥补的伤害。如
今,家庭内夫妻双方在孩子的教育问题上,更乐于合作分工,从各自的角度出
发给孩子更多的关心、支持和引导,使亲子关系随之出现平等、民主、开放的
特点。

"家长教育孩子最大的优势和能力就是生活教育,而今天的家庭教育有
一个特别大的误区,就是出现了一种反教育、反生活的倾向,很多父母只关注
孩子的学习成绩,而认识不到生活教育本来是父母最擅长、最具能力、最具优
势的教育。"中国青少年研究中心家庭教育首席专家孙云晓认为,家庭教育指
导者要给父母赋能,就是帮助父母明白,能不能把孩子教育好,不取决于父母
的收入、学历和社会地位,而取决于由教育理念、教育方式和教育能力这三个

要素构成的教育素质，家庭教育工作者的任务就是提高父母的教育素质。

（二）好的家庭生活方式就是好的家庭教育

好的家庭教育应建立在适合孩子身心发展的生活方式上。在共青团中央中国青年网家庭教育特聘专家张春梅女士看来，孩子日常生活中需要注意养成以下四个良好的生活方式[①]，它们对于任何人来说几乎都是合适的和需要做到的。

1. 早睡早起

很多家长会有这样的困扰，比如说孩子早上不起床，不想去幼儿园，烦躁，和家长发脾气。如果家长也着急上班，这时候家里就有一种紧张的气氛。结果大多是孩子没吃上早饭，家长很生气，孩子送到幼儿园也一直哭，最后家长很不放心地离开。还有一些上小学、上初中的孩子们，也是这样，早上慌手慌脚地起来，早饭也吃不好，在爸爸妈妈的催促声中开始了一天的生活。

适合孩子，也适合我们的生活方式就是要早睡、早起。

早睡，在中医里讲，10 点左右就要上床了，最迟不要超过 11 点。冬天的时候可以更早一些，在 9 点多就要开始洗漱上床了。睡眠，是完成人一天收纳的过程，把一天中学到的知识、本领，通过漫长的夜晚进行运化和吸收。这就像冬藏，藏好了第二年开春才有东西能生发出来。早睡，第二天早上孩子们才能神清气爽地起床，早饭也有胃口吃，一天的生活在一个精神饱满、心情愉悦的状态下开始了。爸爸妈妈也愉快地开始一天的工作。这都跟前一天晚上早睡觉有关系。

早起，也非常重要。很多父母在抱怨孩子做事拖拉时，常常会用早上穿衣服、吃饭等事项来举例，而实际上孩子不会像大人那样具有很高的效率、雷厉风行的作风，孩子的状态是在当下的，是慢悠悠的。如果想早上起来一切

---

① 张春梅.好的家庭教育就是好的生活方式[EB/OL].[2017 - 05 - 22].https://www.sohu.com/a/14257126 - 663003.

都从从容容的,那么我们就应该早些起床,给孩子预留充足的时间,实际上也是为我们自己创造出更放松的生活状态。当不是被压力追着走时,我们的心境更平和,会想出更多的办法与孩子相伴度过一个有爱的早晨。

2. 清淡饮食

最适合孩子的饮食,就是不吃乱七八糟的零食,不喝碳酸饮料,少吃油腻食物等,就是以蔬菜五谷为主的清淡饮食,以及少量的肉食。饮料可以没有,孩子以喝白开水为主。

三顿饭按照孩子一天的生活节奏走,晚饭尤其要清淡。肉生燥,太多的肉食对孩子的消化系统来说是一个负担。很多无肉不欢的孩子,他们在性情上也是偏燥的。

在目前的生活条件下,很少有人会因为营养不良而生病,孩子们生病主要来自饮食不调。所以,给孩子一顿丰盛的早餐,一顿清淡的晚餐,既满足了孩子的营养发展,也不会造成消化负担。孩子的身体好了,心情也会好,脾气也会好,这是相辅相成的。

3. 适量运动

很多爸爸妈妈都不是很喜欢运动,因为上班确实很辛苦,回家又要忙家务,没有心情再去运动了。所以,对于孩子来说,常常也是运动不足的状态。很多家长常常是通过给孩子报很多兴趣班,比如篮球班、足球班等,来弥补孩子的运动量。其实最好的运动,是每天爸爸妈妈带着孩子一起去散步。

另外,早上起来,带孩子去外面慢跑半个小时也很好,一家人身心舒展,也不会让孩子出大汗。这种微汗,对孩子来说,是适合他们身心发展的,对我们自己也是。

全家建立一种共同运动的习惯,一点点地养成家庭运动的节奏,这样对孩子也好,对我们大人也是非常好的。现在很多父母担心的问题,比如小胖墩的问题、视力的问题、注意力不集中的问题,常常跟孩子运动量不够有关。

4. 心平气和

很多家长因为孩子而发脾气，心里有火，而且很难克制自己。实际上，我们父母应该先做好自己的身心调理。有的家长，比如说开春之后，脾气变得很大，因为肝火生发出来了。肝火旺的家长，对孩子的肝火也会有影响。因为我们朝孩子发脾气，孩子心里就会由于憋闷而不舒服。我们自己的身心状态好了，孩子的身心自然就好了。

上面提到的四点——早睡早起、清淡饮食、适量运动、心平气和，听起来好像特别简单，但是做到确实不容易，需要每个家庭的努力，有时需要好几个月甚至几年的时间，才能把这些生活方式落实到每天的生活中。

对孩子好的，就是对我们自己好的。因为我们对孩子的这份爱，让我们有了改变的动力。以养育孩子为出发点，去调理我们的生活方式，对我们来说，何尝不是一种重新生活呢？

四、家庭文化环境与家庭教育

家庭文化是一定社会历史条件下的家庭成员在长期的共同生活中所形成的家庭物质生活和家庭精神生活的思想观念、价值取向和行为准则，是对家庭成员共同的物质文化生活的环境、氛围、方式等方面的反映，是家庭物质文化和家庭精神文化的总和，是社会文化的重要组成部分。

文化有先进和落后之分，家庭文化也是如此。先进家庭文化则是依循人类社会发展的根本规律，有利于生产力的发展，有利于国家建设，有利于改善家庭成员的物质生活和精神生活的进步的家庭文化。

先进家庭文化包括先进家庭物质文化和先进家庭精神文化两个方面。先进家庭物质文化是指融现代化气息与中华民族优良传统于一体的家庭物质生活水平，先进家庭精神文化包括与时俱进的家庭生活方式，互相尊重、互相信任、团结和睦、互相帮助的家庭人际关系、邻里关系和符合国家法律、社会道德规范的有利于家庭成员成为"四有"公民的现代家政、家教、家风。先进家庭物质文化与先进家庭精神文化之间存在着相互影响、相互依存的辩证统一的关系。前者是形式，它影响着后者的存在和发展；后者是内容，它决定着前者的存在形式，所以建设先进家庭文化既要建设先进家庭物质文化，又要建设先进家庭精神文化，要"两手"同时抓，"两手"都要硬。

（一）中国传统家训文化环境及其影响

传统家训文化对中华民族基因的塑造和民族精神的延续产生了深远影响。从本质上说，优秀传统家训文化是中华优秀传统文化的重要组成部分，也是社会主义核心价值观的重要精神要素和文化来源。弘扬和传承传统家训文化有利于培养家庭美德和良好家风，有利于营造积极向上的社会风气，增强人们对社会主义核心价值观的心理认同和价值感知[①]。

1. 传统家训文化承载着中华民族传统文化的血脉

中国古代的家庭不是现代意义上的两代人组成的家庭概念，而是超过两代并且由血缘关系为纽带的小家庭组成的大家族。这些家庭往往是一个族群居住在一个村落或几个村落中，通过拜祭共同的祖先和遵守族规而融于一体。因此，传统家训实质上就是一个家族繁衍生息过程中以口头或者文献记载为形式的道德规范和训诫。

传统家训体现着中华民族对传统文化的弘扬和传承，倡导人际间的伦理道德。传统家训重在立德，重视亲情伦理教化，进而衍生出"移孝作忠"的忠君思想。在忠君思想下，古人家训产生了家国情怀。随着时代发展，传统家训又由家族血亲伦理推广到"民胞物与"的万物伦理，从而实现"天下为公"的人伦夙愿。

---

① 刘晓云.让传统家训文化重焕生机[J].人民论坛,2017(9)(中)：140—141.

2. 传统家训能够涵养社会主义核心价值观

传统家训文化根植于中华传统文化沃土，为培育社会主义核心价值观提供文化滋养。中华优秀传统文化是中华民族的根基，在培育社会主义核心价值观过程中要传承优秀传统文化，而传统家训文化作为传统文化的独特组成部分，其中的优秀部分体现着中华民族对世界万物的体察和应对，包含着人们对家国情怀的领会和感悟，也传承着社会发展所需要的道德情操和思想智慧。

中国古人对个人成长与家庭建设和社会责任之间的关系有过精辟的总结——"修身、齐家、治国、平天下"，个人修为与家庭美德和良好家风建设是国家治理的基础，是个体承担对国家社会发展更大责任的先决条件。传统家训文化就是基于培养国家社会发展和繁荣家族事业所需要的人而形成的育人思想和智慧，这种思想和智慧对今天的家庭美德和家风建设具有启迪和教育作用，是传承中华民族精神基因的重要体现。

传统家训文化倡导家和万事兴，让当代人能更好地理解家庭和睦的重要性。传统家训文化倡导勤俭家风和廉洁作风，这对当代家庭美德的建设有重要借鉴意义。

因为传统家训与社会主义核心价值观在内容上高度统一，所以经过时代转化可以让传统家训的精华为时代发展所用，成为培育社会主义核心价值观的有效道德载体。

3. 让传统家训发挥润物细无声的作用

传统家训文化在当代的价值不可忽视，教育工作者选择其中具有教育意义的资源作为各级学校教育的重要内容，文化宣传者可以将其中具有历史借鉴意义的资源作为文艺作品创造的原型，社会管理部门也可以梳理其中有关社会治理的内容作为城市管理的文化载体，政府部门可以将其中为官从政的廉洁内容为党员干部加强自身建设的必修课。总之，通过宣传让民众知晓，进而让传统家训发挥润物细无声的作用。

（二）中国家风建设与家庭教育

1. 家风的内涵及其传承

按照《现代汉语词典》的解释，家风就是"门风"，是代代积淀和传承的"道德准则和处事方法"①。有学者从狭义角度界定，认为家风是家庭或家族世代相传所沿袭下来的、能展现该家族成员的"精神风貌、道德品格、审美情趣、气质气度与素质风采的家族文化传统风尚"②。当然，也有学者直接将家风与家训、家规等同，认为家风离不开"家规的约束和家训的指引"③，并直接将系列"显性"的看得见、摸得着，甚至是口口相传的家训视为家风④。也有学者从文化视角较为详细地将"家庭文化"分为表层文化、中层文化和深层文化，家风渗透、体现在家庭文化的方方面面⑤。鉴于此，家风甚至可以理解为家庭的价值共识、家庭核心价值观，甚至是家庭共同信仰⑥。

家风经过时代的变迁，其内涵演变为一个家庭或家族在世代繁衍过程中逐渐积淀演进而成的较为稳定的价值观念、生活方式、行为习惯、文化氛围、精神风貌的总和，它通常以生活经验、实践智慧等形式蕴含于家训、家规、家谱等文献之中，也以实践理性的样态渗透在家庭成员的日常生活之中⑦。简而言之，家风是在家庭或家族中形成的一种较为稳定的价值观念、思维方式以及行为方式。

---

① 中国社会科学院语言研究所词典编纂室.现代汉语词典：第6版[M].北京：商务印书馆,2012.
② 吴直雄.穿越时空千百载,积淀凝铸好家风：论"凿齿之风"对习氏良好家风形成的影响[J].社会科学论坛,2015(1).
③ 吴潜涛,刘函池.中华优秀传统家风的主要表征及其当代转换与发展[J].中国高校社会科学,2018(1).
④ 郝亚飞,李紫烨.中国古代家风建设及当代启示[J].河北大学学报（哲学社会科学版）,2015(1).
⑤ 颜琳,傅立群.传承、弘扬、培育良好家风[N].杭州日报,2015-06-01.
⑥ 王珏.让"家风"成为一种信仰[N].光明日报,2015-04-11.
⑦ 党刘栓.涵养传承优良家风是弘扬社会主义核心价值观的有效途径[J].理论导刊,2015(6)：79—82.

2. 家风传承与社会主义核心价值观的培育融为一体

社会主义核心价值观的培育是一项艰巨的系统工程，它要求我们把社会的道德要求融于家庭生活中，从日常小事、琐事做起，使家庭成员在潜移默化中接受道德教育。如前所述，家风是家庭价值观的体现，它根植于每个人的日常生活中，对每个家庭成员都具有潜移默化的影响①。

从内容上讲，传统优良家风主要包括以下三个方面：一是以培育良好品行和人格为主要内容的个人道德教育（修身），主要包括立德、立志、勤学；二是以兴家立业为主要内容的家庭道德教育（齐家），主要指遵守家法族规，注重仁爱孝悌、勤俭持家、宽厚谦让、守诚信、以和为贵等；三是以忠君报国为主要内容的道德理想教育（治国），主要指爱国、清正廉明、重视民本等。家风的载体形式主要有两种：一种是家规、家训、家书等，著名的如《颜氏家训》《朱子家训》《曾国藩家书》等；另一种是家长的言传身教以及身体力行的影响力，虽未形成系统的规范，但依旧具有强而有效的约束力。

习近平总书记提出："一种价值观要真正发挥作用，必须融入社会生活，让人们在实践中感知它、领悟它。要注意把我们所提倡的与人们日常生活紧密联系起来，在落细、落小、落实上下功夫。"家风就是这样一种载体，在实际生活中的细节之处、微小之处对家庭成员的内心世界不断进行引导，使每个家庭成员逐渐形成对社会主义核心价值观的自觉认同并认真践行。把传承优良家风作为切入点，从人们日常生活的实际出发，只有家家户户形成优良的家庭风气，才能由个体到家庭，由家庭到国家、以点带面，营造良好的社会风尚，形成有利于培育和践行社会主义核心价值观的生活氛围。

3. 传承优良家风需要一代代家庭成员的共同努力

家长不仅要立家训、明家礼，而且要带头践行，谨言慎行，以身作则，为孩子树立榜样，帮助孩子树立正确的人生观、世界观、价值观。因此，在家庭道

---

① 韩晓谦，姚佳彤.论优良家风涵养社会主义核心价值观[J].广西社会科学，2017(12)：28—32.

德教育中,父母长辈作为教育者必须要修身正己,为子女后代做道德的楷模。《论语》说:"其身正,不令而行。其身不正,虽令不从。"①孟子也曾说过"吾未闻枉己而能正人者也"②。这些都说明家长以身示范的重要性,及其对良好家风传承的重大责任。

(三)家庭文化活动与家庭教育

案例故事:

精神生活滋养家庭幸福③

　　涂涂画画,写写粘粘,八开的《家庭周报》见证一个家庭的温暖岁月。顾伟一家践行家庭美德,传承文明家风,当之无愧成为 2018 年全国五好家庭。

　　几十年来,顾伟一家人不间断地撰写、编辑这份《家庭周报》。全家人既是这份报纸的作者、编辑,也是读者,渐渐地读者圈还扩展到了周围的亲戚朋友。写写画画的这些报纸,凝结着一家人的爱与梦想,记录着生活的点滴,成为他们家庭文化与家风的载体。

　　《家庭周报》见证"家史"。2018 年 5 月,音乐作曲家顾伟家庭荣膺"全国五好家庭"。能获此殊荣,是这一家人想象不到的。顾伟退休之前是民主党派民进党丹东市委秘书长。办一份家庭报的想法萌生于 31 年前的那个夏天。当时,顾伟一家三口租住在丹东市郊一个 6.6 平方米的小房子,儿子顾然 6 岁了,却没能找到学前班读书。一天,顾伟看到儿子在纸上依葫芦画瓢抄写"丹东日报"四个字,当了 13 年教师的他灵机一动,便对儿子说:"你都已经 6 岁了,能不能给咱家办个家庭报呢?"谁知

---

① 陈晓芬,徐儒宗.论语大学中庸译注[M].北京:中华书局,2011:153.

② 杨伯峻.孟子译注[M].北京:中华书局,2007:225.

③ 杨华.精神生活滋养家庭幸福[J].中国妇女,2019(4).(文字有删减)

小顾然毫不犹豫地抬头就说："我能!"妈妈高丽华在一旁笑道："你懂啥叫办报? 字还不会写呢就要办报。"第二天,顾伟给儿子买了六色画笔,将彩纸裁成八开大小,由儿子涂涂画画、写写粘粘后,1990 年 6 月 10 日,顾家的第一期"家庭报"便出炉了。

最初他们决定把"家庭报"办成旬报,十天一期。后来又商量改成月报,但顾伟见儿子出完第三期"家庭报"后,隔了三天又出了一期,便问他："你能不能办成一周一期的周报?"儿子答："我能!"于是,顾家的"家庭报"便从第四期开始正式定为《家庭周报》,用来刊登顾家一周的重要事件,设有"家庭新闻""亲友消息""绘画园地""算数天地""外语角"等栏目。

在顾伟眼中,儿子一直是个努力认真的孩子。顾然 10 岁那年,一次放学回家后问爸爸："我今天能不能不写作业?"顾伟纳闷地看着儿子反问道："你说行不行?"顾然便灰头土脸地回房间边抹眼泪边将作业写完。第二天,顾伟去叫儿子起床,看见儿子右手腕肿了两寸高,急忙和妻子一起带他去医院就诊,拍片结果是儿子的胳膊摔骨折了,要打石膏。两天后,顾伟和妻子外出感叹道："又该办报了。"妻子听后急忙说："你别提这茬了,孩子胳膊都断了。"谁知两人回到家一看,儿子已经用左手将新一期《家庭周报》办好了。顾伟了然,《家庭周报》已经成了儿子生活中的"习惯"。

顾然小学期间,老师要求写日记,一次他在日记中写道："明天就是《家庭周报》第一百期了……"老师看到后,便在班里问同学们信不信,大家纷纷表示不信。回家后儿子告诉了顾伟,他便将一百期的《家庭周报》装订成册签上名字,并写上"百尺竿头,更进一步"的评语,让儿子拿到学校请老师和同学们作点评。大家看到后,纷纷给顾然送上了彩笔、手工贺卡等小礼物,还为他准备了"顾然《家庭周报》一百期庆祝会"的惊喜,让顾伟一家很感动,顾然更是大受鼓舞。八年后,顾然完成 400 期《家庭周报》后,为了不影响他中考,全家人商量决定停刊一段时间。"只停了两周,感觉我家历史都要中断了。"顾伟说。后来又由他接力编辑《家庭周报》。就这样漫长的 31 年里,《家庭周报》已经成为顾伟一家日常生活的要事,成为一种精神财富,这份《家庭周报》也为社会留下了一份普通家庭在改革开放中的生动历史见证和文化标本。

由顾伟家庭故事案例可见:

1. 精神生活是家庭幸福的内核

顾伟家四代教师,百年读书传家。"再困难也要让孩子读书!"这是顾伟母亲常说的话。顾伟和妻子省吃俭用、藏书万卷,真正实现了几辈人成为书香之家的梦想。儿子顾然硕士研究生毕业后在辽宁省特殊教育高等师范学校当教师,如今也已成了家。顾然决定在儿子 4 岁的时候,让他有意识地接触《家庭周报》,尽早接力这份家传报纸。

持之以恒地做好一件事,是顾家的传统。顾伟还有坚持 42 年写日记的习惯,就连住院做手术期间,日记也不曾间断。"录音机可以记录声音,DV 可以记录影像,但日记本更能够深入细微地记录思想和灵魂。"令他欣慰的是,儿子顾然从小学一年级起,也养成了天天写日记的好习惯。儿子大学学的是英语专业,因此顾伟便建议他用中英双语来写日记,儿子坚持至今。

父子有时会交流,发现他们在日记里,记下了很多共同做的事。比如,一家人用天文望远镜观测海尔-波普彗星,至今他们都记忆犹新。顾伟小时候在海报上看到了天文望远镜的介绍,便对天文学产生了兴趣,后来一家人都爱上了天文观测。1992 年,他们家买了台 150 倍的天文望远镜,此后的日全食、月全食、日偏食、月偏食等,他和儿子都没错过。1997 年,海尔-波普彗星来到离地球最近的位置,辽宁的冬天寒冷刺骨,半夜 12 点顾伟一家穿着厚重的大衣,搬着天文望远镜到旷野观测彗星,"宽大明亮并带有弧度的白色尘埃彗尾,仿佛一片巨大的翅膀,笔直的幽蓝色离子气体彗尾若隐若现,与尘埃彗尾组成一个大'V'字,壮观极了。"而还是小学生的顾然,也在日记中兴奋地记下了这件难忘的事。第二天,顾然将观测记录投稿给丹东的报纸,发表后受到很多天文迷的欢迎。

2. 科学爱好成为家庭文化的一部分,积极上进是家庭正能量

顾伟总是说:"人一定要承认智力差别,同样的智力看毅力。"智力一般的人,只要多努力,保有一颗上进心,同样可以取得智力成果,甚至超过很多聪明的人! 受父亲影响,顾然从小就有志向,有追求。

2016 年当选"全国书香之家",2017 年当选"全国最美家庭",2018 年当选"全国五好家庭",顾伟一家持续 31 年办《家庭周报》,充实的精神生活,有趣的家庭活动,丰富的文娱才艺,温馨有爱的氛围,让这个家在岁月的长河中风雨同舟,日子越过越美好。

第四章
家庭教育与学校教育、社会教育的联动

本章以生态系统理论为支撑,详细阐述家庭教育在家庭自身系统、教育生态系统、社会生态系统中的地位和作用,以及促进我国教育事业发展的基本策略。

第一节　家校社联动的概念与意义

在大教育的环境背景下,众多研究者一致的看法是学校与家庭、社区的联动发展是大教育观的基本内涵与目标之一,具有重要的意义。

一、家校社联动的概念

(一)家庭-学校联动

"家庭-学校合作"是一个宽泛的概念,在英语中有多种表达方式:"parental involving/involvement"(家长参与),"parent participation"(家长参与),"home-school cooperation"(家校合作),"educational intervention"

（教育介入）。在我国也有多种表达方式，如家校联络、家校联系、家校沟通、家校协调等。尽管表达方式多种多样，但在实际工作中其内涵基本相同。[①]

美国问题学生研究高级专家范德格里夫特（J. A. Vandegrift）和亚利桑那州立大学莫立森公共政策研究所的研究顾问格林（A. L. Greene）在他们的《对家长参与的再思考》一文中谈道，人们对家长参与学校教育最普遍的一种看法是，家长积极地参与学校主办的活动（如家长会议），或以孩子和其他人能观察到的方式来帮助孩子学习（如陪读、帮助孩子完成家庭作业）。这种普遍的看法包含两个要点。一是家长对孩子的教育从财力、精力、感情上给予支持。他们要保证孩子的学习和生活必需品，为孩子交纳学习费用，并花费一定的时间、精力来督促、协助学校对孩子进行教育。他们鼓励孩子，具有同情心，相信并理解孩子，对孩子及其教育具有高度的责任感和奉献精神。二是家长在支持的过程中是积极的，要有实际行动。这两点的融合便形成了一个"参与型家长"。

家长参与学校教育是一种双向活动。一方面，家长要向学校提出自己对孩子教育的看法，以及对学校为孩子提供的一切做出反应；另一方面，学校要视家长为促进其孩子学习过程中的积极合作者，要保证使家长了解其孩子在学校生活的方方面面，认真考虑家长提出的意见和建议，并对家长的教育方式和与学校合作的方法进行指导。家长参与既包括家长与学校合作的实际活动，也包括家长与教师之间的交流与相互学习。以学校为中心的家长参与活动和以家庭为中心的家长教育方法指导是家长参与学校教育的两个方面。[②]

综上所述，家校联动可划分为"家长参与"和"家长教育"两个方面。家长参与既包括家长在家庭为支持子女的教育所做的工作，也包括家长在学校和社区为支持子女的教育所做的工作。家长教育指学校或有关社会机构及人

---

① 李彩旻.美国学校、家庭、社区合作的实践模式研究[D].华东师范大学,2010.
② 马忠虎.基础教育新概念：家校合作[M].北京：教育科学出版社,1999：158.

员,为提高家庭教育的科学性、针对性、时效性对家长进行的理论、内容、方法等方面的指导。家校合作是家长参与学校教育,学校指导家庭教育,互助互惠的双向合作活动。

(二) 学校-社会联动

学校是从事教育活动的专门机构。然而对于社会的概念却是众说纷纭,莫衷一是。大的社会由无数个小的社区构成,希莱利综合分析了 94 种社区定义后指出:"除了人包含于'社区'这一概念内之外,有关社区之性质,则无完全相同的解释。"由此可见,"社区"的定义还是未能统一,因此,社会的定义也未完全统一。由社区的内涵阐释可知,社会应当包括地域、人群与组织三要素,人们并无异议。所以,我们可以把社会理解为由聚居在一定地域内,互相联系着的具有共同成员感、归属感的人群组成的社会生活共同体。

美国的教育家认为,学校是社会极为重要的有机组成部分,学校和社会应该是双向互动与合作的关系。这种互动与合作主要表现为社会对学校的支持与帮助,以及学校对社会的开放和服务。我国社会教育种种界说具有代表性的观点中,从青少年教育角度定义社会教育的有"社会教育是以学校为主导、家庭为基础、社会为依托,全社会齐抓共管,关心中小学生健康成长的教育网络"。

汤新华在其论文《美国学校与社区的互动及其启示》中描述学校与社区的合作,是一种双向的合作,从学校的角度来说,即社区对学校的支持与帮助。例如,社区给予学校物质上的支持、社区成立多种社团组织来关怀青少年的成长。从社区的角度来说,即学校对社区的服务。例如鼓励学生深入社区、服务社区、学校向社区开放,发展各种各样的学校与社区互动合作的组织。

综上所述,学校-社会联动主要指为完善学校教育工作、提高学校办学质量,学校提供教育给社会、提高社会个体的素养。这是学校与社会之间所进行的一种双向交流活动。本书中的社会参与既包括一般居民、社区团体的参与，也包括社会中工商企业界及其他组织机构的参与。学校-社会合作的最终目的是让学校和社会实现资源共享、互帮互助，不仅提高学校学生的各方面素质，而且也提高学校中的所有教职工、社会中的所有居民及工商企业界的工作人员的共同素质。

（三）学校、家庭、社会联动

家庭教育，简而言之，指全部家庭成员互相进行教育影响并持续终身的教育活动。学校教育，简而言之，是由职业技术型人才在特定的部门，按照特定计划、遵循的流程统一集中进行，依靠事前制订的计划纲要，以按照社会需求为目标对学生进行集中培养的社会实践活动。社会教育，普遍意义上是指与学校教育、家庭教育并行的培养个人身心技能的社会活动；也可以专指社会民办教育机构对人民群众开展的各种技能与知识的教育活动。家校社教育体系指的是经家庭教育系统、学校教育系统、社会教育系统三者首尾相连，组成一个完整的循环，相辅相成、相互促进，使教育功能发挥最大价值。任何一个系统滞后或扭曲，都会导致教育系统的崩坏，破坏完整的教育价值。

在学校、家庭和社会通过交流、活动、投资、决策和其他一些联系来实施促进学生的学习，而学生在这当中是主角、是贡献者，并不是旁观者和接受者。学校、家庭和社会应当是互补合作的关系，而不是分离及相对抗的关系。学校、家庭、社会相互协调、相互配合，使学校、家庭、社会三者之间达到一种理想的合作状态，是近年来世界教育发展的一大趋势，各国都在积极尝试建立和完善学校、家庭、社会的联动发展。本书主要描述的家校社合作是以学校为基础，研究开发出多种适合家庭、社会参与的活动，结合家校联动、学校-社会联动以达到家庭、学校、社会三方联动发展的目的。本书多采用"家校社联动"这个词来代替"学校、家庭、社会联动发展"。

在吴志宏主编的《中小学管理比较》（上海教育出版社 1998 年版）中对学

校、家庭、社区合作的含义写道："学校、家庭、社会合作是指三方为了育人的共同目的，建立友好的伙伴关系，在各项工作中相互关心、相互支持、相互配合。"（表4-1）

表4-1　学校、家庭、社会的教育功能比较

单位	特点	目标、任务	影响方式	接收方式	存在问题
学校	有目的、有组织、有计划，专门的、理性的、基础的	传授知识技能，培养理性、科学价值观，养成理想、情操	主要是集体的	双向的记忆的	偏重于智育，其他各教育相对薄弱，具有一定的封闭性
家庭	非计划的、亲情的、启蒙的	形成文明礼仪、习惯、性格、道德倾向	个别的	习得的服从的	具有智能中心、超常化倾向
社会	宣传的、公共的、大众的、繁杂的	增加见识、拓宽思路、了解社会	公共的	单向的选择的	偏重经济效益、轻视社会效益，教育意识较差

二、家校社联动的法律与政策依据

（一）法律基础

家庭教育法应当属于社会法。我国目前法律界，主流的法律体系思想是三元化的法律体系，即大体地将法律分为公法、私法以及社会法。为了更好地解决家庭教育所面临的问题，制定规范指导家庭教育的专门法已经迫在眉睫。全国人大代表、全国妇联党组成员邓丽联名代表共同提交《关于加快家庭教育立法的议案》，认为应当编撰一部家庭教育法，来保证家庭教育能够实现自身的教育价值；全国人大代表张荣珍建议制定《中华人民共和国家庭教育法》，认为应当通过制定专门的家庭教育法，来解决家庭教育中家长仅注重智力智能教育而忽视对孩子德行操守的培养以及教育缺位等问题。2018年，在万众期盼之下，《家庭教育法》终于正式被列入立法项目之中。根据我国当

前的实际情况而言，自上而下地编撰一部《家庭教育法》，是有一定的理论与数据可供参考的。首先，地方已经出台了地方的家庭教育法或是与家庭教育相关的法律法规，可以为《中华人民共和国家庭教育法》的制定提供一定的基础与数据。例如重庆市实施了《家庭教育促进条例》，江苏省制定了《江苏省家庭教育促进条例》，贵州省颁布了《贵州省未成年人家庭教育促进条例》，上海出台了《家长教育行为规范》《上海市家庭教育指导内容要点》。其次，教育部与妇联联合颁布的《家长教育行为规范》，也可以为《家庭教育法》提供思想指导。

相比较成体系的学校教育和专门政策进行规划的社会教育，加之一贯以来的"以学校教育为重"的思想影响，在家庭学校社会教育体系中，家庭天然处于弱势地位，家庭教育法正是为了调整保护家庭成员各自的权利义务，这正符合社会法保障弱势群体的宗旨。同时，家庭作为社会活动的重要组成单元，家庭活动的和睦与否，家庭教育的价值是否成功实现，都对构建和谐社会，维护社会整体利益起到巨大影响。而家庭教育法的宗旨正是调节家庭内部个人的活动以及与家庭外部的联动。同时，家庭教育作为与学校教育和社会教育同级的存在，《家庭教育法》也应当与《义务教育法》等学校法律和其他社会教育相关法律一样，被归属到社会教育法律体系。

家庭教育法需要调整的两方面内容分别是家庭教育与外部的学校、社会以及政府的法律关系，包括学校对家庭教育的指导、社会对家庭教育的参与、政府对家庭教育的促进等；以及家庭教育内部的法律关系，包括家长如何教育孩子、家庭成员的教育互动、共同学习共同进步以及家长自身的权利义务。一方面，在家庭教育对外的部分，家庭教育强调与外部的联动。将参与家庭教育活动中的家庭、学校以及社会作为独立的个体，服从于政府之下，必须严格遵照政府的要求进行活动。在这一部分中，家庭教育法注重强调政府的作用，详细规划了相关部门的分工，构建相对完善的家庭教育服务机构，强化学校与家庭的联动，指出促进家庭教育的发展是政府与社会的责任，这些正体现出了家庭教育法具备公法的一面。另一方面，在家庭教育对内的部分，家庭教育法主要调整父母的行为活动。将父母和子女作为法律关系的主体，关注父母与子女的私人利益。指导父母如何与子女互动，指出父母应以何种目的进行家庭教育，说明父母应当如何完成自身义务。将家庭活动的参与者作为独立个体来进行考量，正体现出了家庭教育法具备私法的一面。《家庭教育法》的目的是为了解决家庭教育中产生的问题，促进家庭教育的发展，完善家庭学校社会教育体系，通过家庭成员之间的相互教育交互活动，从根源上解决现在社会的热点问题。

（二）政策保障

当前，国与国、地区与地区之间日趋激烈的竞争归根结底是人才的竞争，强大的人才竞争力无疑是提升国家综合竞争力的基础和保障。无论是学校教育、家庭教育还是社会教育，都担负着为国育人、多出人才、推动我国从人口大国迈向人才强国的使命。《国家中长期教育改革和发展规划纲要（2010—2020年）》指出："深化教育体制改革，关键是更新教育观念，核心是改革人才培养体制，目的是提高人才培养水平。"人才培养体制改革，成为中国教育六大改革的第一改革，在新时代背景下显得尤为重要。家庭教育是最基础、最持久、对个人影响最大的教育。社会教育作为重要平台，对塑造人格、培育人才起着不可忽视的作用。《中国教育现代化2035》提出"重视家庭教育和社会教育"。2017年9月中共中央办公厅、国务院办公厅印发的《关于深化教育体制机制改革的意见》指出："健全全员育人、全过程育人、全方位育人的体制机制……加强学校教育、家庭教育、社会教育的有机结合，构建各级党政机关、社会团体、企事业单位及街道、社区、镇村、家庭共同育人的格局。"

习近平总书记2018年9月在全国教育大会上指出："办好教育事业，家庭、学校、政府、社会都有责任。"在教育中，学校是专业机构，家庭和社区则是非专业单位。但是，学校、家庭和社区不是教育"孤岛"，而是彼此联系、互相补充的"环岛"。在政府的引导下，家庭、学校、社区合作共育，将会达到最佳的教育状态。当前，学校、家庭与社区合作促进学校教育、家庭教育的模式，越来越受到教育界的广泛关注。1993年国务院颁布的《中国教育改革和发展纲要》以及之后颁布的《中共中央、国务院关于深化教育改革，全面推进素质教育的决定》中，对加强家庭教育指导有明确具体的要求。"家庭教育的发展水平已经成为衡量社会文明程度的标准，对家庭教育实施科学的指导已经成为社会的客观要求。家庭教育是教育体系的基石，是个体健康发展的第一场所，也是最重要的场所，是个体实现更高发展的重要基础。"家长素质的提升是国民素质提高的重要组成部分，而家长教育在提升家长素质中发挥着不可替代的重要作用。家庭是人生的第一所学校，家长是孩子的第一任老师，要给孩子讲好"人生第一课"，帮助扣好人生第一粒扣子。教育、妇联等部门要统筹协调社会资源支持服务家庭教育。全社会要担负起青少年成长成才的责任。2019年6月，中共中央、国务院发布了《关于深化教育教学改革全面提高义务教育质量的意见》。此前，教育部已颁布了《关于加强家庭教育工作的指导意见》，北京市教委也下发了《北京市关于进一步加强中小学家庭教育指导服务工作的实施意见》。家庭、学校、社会是相互联系和相互推动的，家庭教育指导、学校生活参与、家校互动沟通、社会融合协作。家庭、学校、社会共育，能促进父母对于教育机构的信任与支持，能培厚学校教育的土壤，也能在全社会形成关心教育的氛围。随着信息技术的深入发展，传统的教育方式也正面临深刻变革。

三、家校社联动的意义

个体从生物实体转化为社会实体，从一种水平的社会实体转化为另一种水平的社会实体，成为具有历史规定性的人、一定社会精神生活的积极参与者，必须通过教育完成。当教育发展到终身教育时代，终身学习成为个人成长之追求,学校教育、家庭教育和社会教育也必然走向合作育人。可以说,家校社合作育人是教育自身发展的历史选择。

(一) 家校社合作育人是人自身发展的需要

梁漱溟认为:"教育宜放长及于成年乃至终身。"个体从自然人转化为社会人是在家庭、学校、社会诸多因素的作用下实现的,离开其中任何一个因素,教育的效果都可能受到影响。作为培养人的社会实践活动,学校教育、家庭教育和社会教育虽然在教育目的和方向上一致,但在教育内容、途径和方法上存在差异,具有各自不可替代的优势。

(二) 家校社合作育人是社会发展的要求

改革开放以来,我国市场经济逐步确立,极大地解放了生产力,人们的思想观念发生巨大变化。同时,全球化、信息化使得传播方式和交往方式都发生了深刻变革,自媒体技术的普及给身处其中的每个人都带来了挑战和机遇,这些都给学校、家庭和社会教育带来深远的影响。从家庭来说,一是家庭结构和家庭生活方式发生了变化。对当代中国家庭结构影响最大的是计划生育政策,导致独生子女教育与成长问题的出现;家庭模式正逐渐向核心家庭转变,家庭逐渐小型化与核心化,家庭教育更多依赖父母本身。二是城镇化进程中人口流动的频繁和工作压力的增加引发家庭成员分居、儿童留守、隔代抚养等一系列问题;新一辈婚恋观念更加开放,闪婚闪离更为普遍,离异家庭、重组家庭增多。三是相比传统家庭,新生代家庭在子女养育责任的承担上比较薄弱,新生代父母在生活观念上强调个人幸福,常常将子女的养育职责委托给祖辈或社会机构。四是随着信息技术的普及,家庭生活日益电子化,家庭成员间互动减少……这些都对学校教育和社会教育提出了更高的要求。

从学校和社会来看,一是信息社会对学校提出了严峻的挑战,提高了对人才的要求，增加了学校教育的困难，尤其是在学生的个体社会化方面。因此，学校除了适时改进自身机制外，还必须积极寻找合作伙伴。二是现代学校教育承担着由应试教育向素质教育转轨的历史重任。现代中国的素质教育旨在培养人的综合素质，教人"学会求知、学会做事、学会共处、学会生存与发展"，这都有赖于家庭教育和社会教育的支持。目前教育注重知识传授，忽视能力培养，学生中"高分低能"的现象依然存在，创造力、实践能力及人格培养成为素质教育的难点。少年宫、博物馆等校外教育机构可以发挥其在素质教育方面的优势，与学校、家庭协同互补，实现素质教育的育人目标。

（三）家校社合作育人是现代学校制度建设的现实要求

家校社合作育人是现代教育制度建设的重要组成部分，是提高学校办学质量和家长家庭教育能力的重要举措，也是培育健康、全面发展的人的必然要求。孩子的全面发展是学校、家庭和社会的共同目标，因此学校、家庭和社会应协同一致、共同努力。在传统教育背景下，"学校管理主体单一，学校只看重校长和领导班子的力量，无视教师、学生、家长的主体作用，将他们排斥在学校管理的框架之外"。目前，很多家长与学校之间的矛盾与冲突事件都是在学校与家庭信息不畅、缺乏沟通、互不信任的前提下发生的。在现代学校制度框架下，学校发展将参与原则视为民主化办学的重要原则，主张"在教育实践的各个环节——决策、咨询、制订目标、课程改革、教学组织、发展评价、学校管理等方面，最大限度地调动各个社会机构、组织、家庭以及个人的积极性，使更多的人成为教育改革、发展和评价的主体"。有学者认为："应鼓励学校积极探索与学生家庭合作模式，引导学生家长积极参与到学校教育教学活动中来。"也就是说，家校社合作是中小学建立现代学校制度的标志。

现代学校制度以学生的发展为核心来构建校内制度和校外制度，把学校视为开放的组织，它不仅关注学校内部的运作过程，也重视学校与家庭和社会的互动过程。因此，现代学校制度建设要求学校必须与家庭、社会深入合作，协同作战，实现全面育人、全方位育人的素质教育目标。

第二节　家校社联动的理论基础

交叠影响域理论最初形成于美国，美国对家庭与学校之间关系的认同经历了漫长时间的发展。19 世纪 70 年代，为保障大众接受义务教育的权利，美国政府做了相应立法上的努力，改变了家长没有重视到学校教育重要性的观念，使学校教育地位逐渐上升，占据主导地位。这种以学校教育为主导的局面持续到 20 世纪 50 年代，后来还出现了家庭教育和学校教育对立的极端局面。20 世纪 60 年代的"开端计划"，使这种对抗开始有所改善。该计划涉及教育父母如何与孩子相处。美国 20 世纪 70 年代的有效学校运动倡导家长参与，促使家庭积极支持学校的工作并认识到家庭教育对教育子女的重要作用。

一、生态系统理论视域中的三教联动

（一）家庭系统理论中的家庭教育

1. 家庭系统理论

被喻为"开创家庭治疗的哥伦布"的维吉尼亚·萨提亚女士认为，家庭是一个系统，当孩子出现行为问题时，往往是这个家庭系统功能出现问题，孩子的行为问题只是系统出现问题的信号。

家庭系统理论认为，每一个家庭都受系统的支配。在支配家庭的系统中，主要内涵其一是交流，其二是规则。家庭系统理论将分析的重点从关注

个体家庭中的行为转变为关注家庭运作的方式。每个家庭的系统运作方式都存在着很大的差异。即便是细微的变化，也会影响到整个系统和系统中的个体。早期教育工作者在运用家庭系统理论的观点看待儿童时，就会意识到，他们不能仅靠自己就能改变儿童的行为，因为儿童是家庭系统的一个部分。

琳达·克里斯汀（Linda G. Christian）在一篇关于家庭系统及其与早期教育工作者的关系的论文中，列出了在与家庭合作时有助于理解家庭的六个系统。这六个系统分别是界限、角色、规则、层级、气氛和平衡。她指出，每一个家庭都存在这六个系统，但是，这些系统在不同的家庭中存在着很大的差异。显然，早期教育工作者也都是来自某种家庭系统，就如同我们要理解自己的文化一样，我们也需要理解自己的家庭系统，只有这样，我们才不会只是朝外看。

家庭系统理论把家庭看成是一个由若干子系统所组成的系统，是更大的社会系统的有机组成部分。每个子系统之间既有联系又有牵制，从而促成家庭系统有序运转，家庭的功能得以充分体现。

杜赫提出了若干理论假设[①]：

（1）家庭关系是影响人们心理健康与个人是否病态的主要因素；

（2）家庭的互动模式可以代代相传；

（3）家庭的健康是建立在家庭的向心力及个别家庭成员是否被尊重的平衡点上（即两者都要被重视）；

（4）家庭越有弹性，就越有良好的功能；

（5）家庭互动的分析，需要从家庭具有婚姻和亲子关系的角度探讨；

（6）个人问题常和家庭的互动模式及家庭价值观有关；

（7）任何家庭小系统的改变，都有可能引起家庭主要系统的改变；

---

① 邓伟志，徐新.家庭社会学导论[M].上海：上海大学出版社，2006：24—25.

（8）实务工作者介入家庭,即成为家庭的一个新系统。

也有学者根据系统理论,指出家庭内成员之间的相互关系[1]:

（1）家庭的每个成员是相互关联的;

（2）对家庭系统的了解,要和家庭其他子系统联系起来;

（3）如果只是分别了解家庭中的各个子系统,则不能全面了解家庭的功能;

（4）家庭的结构和组织是决定家庭成员行为的重要因素;

（5）家庭系统的转换模式也会影响家庭成员的行为。

2. 家庭系统中的家庭教育

家庭是社会最基本的单位,也是整个生态系统中最小、最基础的部分。因此,要了解影响家庭教育发展的诸多因素及其相互关系,就应全面系统地分析家庭环境和家庭教育的关系和影响。

（1）家庭幸福是社会和谐的基础和保障

“天下之本在国,国之本在家,家之本在身。”好的家风不但关系小家的兴衰,更关乎整个社会的风气。因此,传承良好家风会让家庭更幸福、社会更和谐。家庭幸福是和谐社会的基础和保障。

家庭的幸福和谐靠每一位家庭成员的努力。对于家长而言,正确处理好工作与家庭生活非常重要。家长需要正确面对和有效缓解工作压力,可采用暂停工作、多做运动、学会倾诉、多做准备、寻求支持等方式,积极应对工作及外在因素影响带来的压力。坚韧、坚持、坚强等品格是应对压力和解决问题的重要心理状态,需要家长正确观察、分析、体验、反思,以积极的心态去应对,保持家庭和睦和生活幸福。

为了家庭幸福和美好生活需要,社会需要培养一支家庭教育专兼职指导队伍,用以支撑和支持家庭教育和儿童身心健康发展。

---

① 周月清.家庭社会工作:理论与方法[M].台北:五南图书出版公司,2001:76—77.

（2）健康中国行动中的健康家庭建设

2016 年，中共中央、国务院印发了《"健康中国 2030"规划纲要》；2019 年 7 月，国务院印发《关于实施健康中国行动的意见》；健康中国行动推进委员会发布《健康中国行动（2019—2030 年）》；2020 年底，国家卫生健康委办公厅等部门印发《关于开展以健康家庭建设为重点深化创建幸福家庭活动的通知》，要求 2020 年底前，将加快家庭建设活动规划纳入健康中国建设总体部署，全面启动健康家庭建设工作；2021 年 3 月 12 日，我国"十四五"规划中明确指出要"全面推进健康中国建设"。

目前，我国有 14 亿人口，4.9 亿个家庭。要让每一个家庭都树立起健康生活的理念，让追求文明健康的生活方式变成每一个家庭的思想和行动自觉，让每一个家庭成员都成为文明健康生活方式的实践者、推动者、获益者。

健康家庭建设关键在于提升家庭成员的健康素养。为此，社区和家庭应积极开展家庭卫生清洁、垃圾分类、择菜做饭、文明就餐等居家劳动主题教育活动，引导青少年儿童和其他家庭成员、社区居民等养成热爱劳动、热爱健康生活的良好品质，促进孩子德智体美劳全面发展，同时以"小手拉大手"带动整个家庭参与社区治理，践行健康生活方式。

家庭成员之间要互相关爱身心健康，尊老爱幼，构建和谐、平等、信任、宽容的人文环境，采取积极有效的措施预防和制止家庭暴力、歧视和性骚扰等。

（二）教育生态系统中的家校合作

1. 教育生态系统理论

社会是一个开放的系统，教育作为社会大系统中的一个子系统不断与外界进行物质、能量、信息的交流，使之处于动态平衡的状态。从教育与外部的关系看，需要协调好教育与政治、经济、文化等其他子系统之间的关系；同样，教育自身也是一个生态系统，存在着不同种类、不同层次教育机构或组织之间的互动关系。

人工智能将催生教育新生态。随着人工智能的到来，创新能力、思维能力、社会交往能力、心理调适能力将成为教育的重要内容。

国外教育生态学研究最早可以追溯到 20 世纪 30 年代，美国学者沃勒提出了"课堂生态学"（ecology of classroom）。到了 60 年代，阿什比提出"高等教育生态学"。1976 年克雷明正式提出"教育生态学"。1979 年，布朗芬布伦纳（Urie Bronfenbrenner）出版的《人类发展生态学》（The Ecology of Human Development）成为后继研究参考的理论框架。之后的研究大致围绕区域教育生态学、学校教育生态学、课堂生态学等问题展开。

美国心理学家布朗芬布伦纳提出了生态环境理论（Ecological System Theory）。他的著作《人类发展生态学》对于创立以家庭为中心的早期儿童教育机构产生了重要影响。他强调，不存在抽象的"儿童"概念；教育的着重点也不应放在婴儿和学步儿身上，而是放在家庭上面，因为这些对儿童最大的影响来自家庭。

人类发展生态理论将儿童置于各个同心圆的中心，强调影响儿童发展的众多因素，包括家庭、教师、学校和社区等。由内而外依次是微系统、中间系统、外系统、宏系统。微系统是由儿童在其生活环境中交往和互动最多的人和机构所组成的。家庭、幼儿园（教师和同伴）、小区的游乐场等都可能是微系统的组成部分。中间系统指的是微系统中人们的相互交往，例如父母与幼儿园教师的互动和交往。外系统则是更大的背景，包括人群、服务和环境。宏系统包括某一文化或亚文化的态度、意识形态、价值观、法律和风俗。

生态理论模型的要点在于，系统中的每一个组成部分都会与其他组成部分相互作用，从而构成了儿童成长的复杂背景。该理论模型的另一个要点是儿童并非被动地接受外界环境的影响，儿童与他人互动所产生的影响是双向的。

布朗芬布伦纳强调个人的发展来自个体与环境的互动，其互动模式不只介于同一层环境系统中，而是多层环境系统中的交互作用。每个系统直接或间接地与其他系统互动，且复杂地影响着个人的发展。

我国学者似乎对教育生态系统的研究"情有独钟"。在各个类型、层次的教育内部开展了广泛的教育生态研究。范国睿所著《教育系统的变革与人的发展》(华东师范大学出版社 2007 年版)就是一例。

2. 教育生态系统理论中的家校合作

家校合作，是指家庭与学校共同参与学生的教育活动，通过沟通交流，联合对学生进行教育的过程。

新中国成立以来，我国家校合作走过了 70 多年历程，经历了四个重要发展阶段①：初步萌芽时期(1949—1977)；正式推进时期(1978—1998)；规范提升时期(1999—2012)；战略发展时期(2013 年至今)。尤其是新世纪以来，我国家校合作进入了快速发展时期，家校合作已经成为教育领域的常态工作，特殊时期(例如疫情暴发和防控)家校合作更加紧密和重要。从家庭教育的角度看，家长已经从"配合"学校工作走向了作为教育主体之一的积极"参与"。

家庭与学校进一步要形成一个教育系统，开展协同育人。《国家中长期教育改革和发展规划纲要(2010—2020 年)》进一步提出"树立系统培养观念"，"学校、家庭、社会密切配合"，实现人才培养体制改革。2012 年《国家教育事业发展第十二个五年规划》明确提出探索"协同育人的机制建设"。

(1) 家校合作走向常态化

2003 年，教育部发布《关于加强依法治校工作的若干意见》，首次突出对家长支持以及参与学校管理的重视，并将家长委员会作为重要载体。《国家中长期教育改革和发展规划纲要(2010—2020 年)》将建立家长委员会作为建设现代学校制度的重要内容。教育部在 2012 年出台了专项文件《关于建立中小学幼儿园家长委员会的指导意见》，成为我国规范家校合作的第一份专门文件，也是第一部专门针对家校合育制度化建设的文件。

---

① 边玉芳,周欣然.我国 70 年家校合作：政策视角下的发展历程与未来展望[J].中国教育学刊,2021(3).

《国家教育事业发展"十三五"规划》首次从"全面落实立德树人"的角度提出"全员育人、全过程育人、全方位育人",即要发挥学校、家庭、社会各自优势,凝聚起强大的育人合力,家校合作成为实现立德树人根本任务的关键路径。2019 年发布的《中国教育现代化 2035》则明确提出"推进家庭学校共同育人",显示出家校合作将长期作为教育发展重要任务的战略地位。

随着党和国家对家庭教育的高度重视,以及教育部门与学校在家庭教育工作中作用的进一步增强,家校合作迎来新的发展契机。党的十八大以来,习近平总书记多次强调家风、家教。全国教育大会上,习近平更是从"四个第一"的高度重视新时代家庭教育,并指出"办好教育事业,家庭、学校、政府、社会都有责任,教育、妇联等部门要统筹协调社会资源支持服务家庭教育",第一次将教育部门放在妇联之前,意味着教育部门在家庭教育工作中应发挥更大作用。同时,2015 年发布的《教育部关于加强家庭教育工作的指导意见》,将加强家庭教育列入 2019 年"奋进之笔"攻坚计划,提出了研制指导手册、启动家庭教育立法研究与家校共育机制实践试点等具体措施,有助于相关工作的进一步统筹规划、有效落实。

正如《中国教育现代化 2035》所言:"推进教育治理体系和治理能力现代化……提高学校自主管理能力,完善学校治理结构……推动社会参与教育治理常态化。"可以说,党的十九大以后,家校合作在我国进入战略发展时期,将在今后相当长一段时间内得到长足的发展。

(2) 从家长配合走向家长参与

伴随着 70 年我国经济、社会的发展变迁,家庭和家长对于学校教育的价值与地位也在发生着变化。

在相当长的时期,学校担任教育孩子的"主渠道"作用,家长对于学校来说多是"配合"角色。在相关法律条文中对于两者之间关系以及互动合作的要求并非十分明确,只是提到学校、教师"可以"进行家庭教育指导,家长参与作用的体现也只是源于"支持个人参与学校建设"的要求,尚未显示出家庭对于学校的独特作用。新世纪以来，人们认识到打开学校大门、充分发挥家长参与角色对激发学校内部活力、促进学校教育的重要性，家长逐渐成为学校重要的支持力量。家长权利意识开始觉醒，学校发展、教育需求、孩子成长等多方面现实亟需家长参与和支持。家庭与学校和谐共生、协同合作成为一种理性选择，从而形成真正的育人合力与良好的共育生态。

（3）家庭教育指导成为家校合作的重要内容

学校作为与家庭联系最为紧密的专业教育机构，开展家庭教育指导成为家校合作的一项重要任务。在学校及社会各方推动下，家庭教育逐渐从私人领域走向公共事务。家庭教育一直被认为是私人事务，其教育空间具有私人性。但从育人的视角，从形成良好教育生态的视角，从把每一个孩子培养成社会主义事业接班人的视角来看，家庭教育是家事也是国事。党的十九届四中全会更是将构建覆盖城乡的家庭教育指导服务体系作为中国特色社会主义进入新时代切实保障教育公平的重大战略举措。

（4）家校合作中也要分清责权边界

由于社会教育的主体当下还不十分明晰，目前突出的问题在于家庭与学校间如何相处，简要的原则是既合作，又要分清责权边界[1]。

家校合作是必要的，也是可能的，但不同家庭和学校的情况差异较大，可行的方法是家校在合作中要通过协商划定边界，包括教育内容、责任与权力边界。家庭要避免过度承揽学校教育，也不能认为把孩子交给学校就万事大吉，一切由学校负责。合作中重要的是相互沟通信息，不要相互告状。

北京师范大学儿童与家庭教育研究中心主任边玉芳教授认为[2]，做好家校共育，促进学生心理健康，要从破解难点入手。首先，学校和家长要统一认识，把促进学生的心理健康作为育人的重点任务，并从学生的心理发展需求出发，安排好学生的生活与学习。其次，学校和老师要把提高家长的家庭教

---

① 储朝晖.家庭教育的边界与效力[N].中国妇女报，2020-04-28.
② 边玉芳.要看到孩子行为背后的期待和需求[N].中国教育报，2020-11-19.

育能力,作为家校共育的重要职责,切实提高家长促进学生心理健康教育的能力。最后,是提高教师的家校合作能力,尤其是与家长沟通的能力,包括特殊儿童教育的能力。

(三) 社会生态系统理论

1. 社会生态系统及其相关理论

社会生态系统理论(society ecosystems theory)在社会学、社会工作学界往往被简称为生态系统理论,它是用以考察人类行为和社会环境交互关系的理论,把人类成长的社会环境(家庭、社区、机构、团体等)看作是一种社会性的生态系统,强调生态环境对于分析和理解人类行为的重要性,注重人与环境间各系统的相互作用及其对人类细微的重大影响,是社会工作的重要基础理论之一。

最早提出社会生态系统理论的是著名心理学家布朗芬布伦纳。他的社会生态系统理论是基于对儿童成长过程的分析而提出的。理论基础偏向于生物学,注重周围环境对儿童成长的影响,很少提及个体的能动性,因此一些学者认为他的理论是环境决定论。但不可否认的是,该理论对发展心理学及儿童成长理论的发展做出了重要贡献,拓宽了研究视野和内容,同时也为社会生态系统理论在社会工作的运用提供了理论基础。

在这个理论中,认为一个人会受到四个系统的影响,由主到次分别是:微系统(如家庭)、中系统(如社区)、外系统(如父母工作环境)、宏系统(文化、次文化及其他社会脉络)。

以下再列举一些社会理论作为家庭教育的理论和实践基础。

(1) 社会支持理论。20 世纪 70 年代,社区心理学者用社会支持这一概念来说明与身体健康有关的社会关系。他们一般把社会支持当作网络资源,这种资源可以帮助个人应对日常生活中的问题或危机,增进个人健康和幸福。

根据社会支持理论,有学者提出了关于社会支持概念的四个主要取向,即功能取向、结构取向、互动取向、主观评价取向[①]。功能取向在于帮助某些核心人物实现其个人目标，或者满足其在某一特殊情形下的需要。有研究者把结构取向上的社会支持分为情感支持、社会化、实际支持、经济支持、建议/指导等几大类。互动取向的社会支持被看作是个人与其社会网络中的各个部分之间所进行的连续、复杂的资源互动和交易。主观评价取向上，社会支持的形式被区分为有形和无形两类支持，其中，有形的支持包括物质或金钱的支持和援助，而无形的支持多半属于心理、精神上的，如鼓励、安慰、嘘寒问暖、爱即情绪上的支持等。

（2）社会文化理论。列夫·维果茨基（Lev Vygotsky）是最早阐述文化与教育的相互作用的人。他认为，文化（即社会集团的价值观、信仰和习俗）通过儿童及其长者之间的社会互动传递给下一代。他发现，在他的祖国苏联，每个社区都会教育儿童养成符合当地文化价值观的观念和习惯。在他看来，不管上没上过学，每个人都能在更有技能的社会成员的指导下得到发展，而后者就是思维学徒制中的老师或良师益友。

为了说明这一过程，维果茨基提出了指导性参与这一概念。父母、老师和整个社会都可以用这种方法把该文化所期望的技能和习惯交给新手。老师会加入学习者（徒弟）的学习中，和他们共同活动，不但提供指导，而且会一起参与各种重要的文化实践当中，如讲故事、完成日常事务和做游戏等。

在社会文化理论家看来，所有的文化模式和信念都是社会建构的，而不是自然法则。他们发现，习俗的力量非常强大，影响着每个人的发展。他们还发现，为了让所有人都得到健康发展，一些观念必须转变。

（3）亲社会道德理论。艾森伯格提出的关于儿童亲社会道德判断的发展阶段与柯尔伯格的阶段理论不尽相同。艾森伯格在对学龄前儿童和学龄儿童做了充分的实验研究基础上指出，在儿童（甚至是学龄前儿童）的亲社会

---

① 邓伟志，徐新.家庭社会学导论［M］.上海：上海大学出版社，2006：25.

道德判断中的确也不存在柯尔伯格的第一阶段，也就是说，儿童并不或极少把避免惩罚和权威强力作为其亲社会道德判断的理由。

艾森伯格的研究发现，在儿童的亲社会道德判断中，儿童满足自己的需要而忽视他人的需要时表现为一种自私、享乐主义的思想，而满足他人的需要时表现为一种利他的思想，儿童的这种自私的推理随着年龄的增长呈下降趋势，而儿童满足他人需要的利他思想随着年龄的增长呈上升趋势。

2. 社会生态系统理论中的家校社联动

（1）家庭教育、学校教育、社会教育（社区教育）和谐共生

习近平总书记在全国教育大会上指出："办好教育事业，家庭、学校、政府、社会都有责任。"[①]在教育中，学校是专业机构，家庭和社区则是非专业单位。但是，学校、家庭和社区不是相互孤立的教育"孤岛"，而是彼此联系、互相补充的"环岛"。在政府的引导下，家庭、学校、社区合作共育，将会达到最佳的教育状态。

家校社合作共育的一个基本理念，就是与孩子一起成长。成长不仅仅是孩子的事情，也应该是父母、教师、社会的事情。因此，家庭教育、学校教育和社区教育，都不是单向度地教育孩子，而是在与孩子的沟通交流中，实现父母、教师和社区工作人员的自我教育。这种平等互动的关系，让教育中的多方角色互相促进，共同成长。

家校社合作共育为父母提供了一个重要的学习机会和成长平台。父母参与子女的学校教育，本是父母的权利、义务与责任。参与孩子教育的过程，也是父母树立权利意识和责任意识的过程。通过沟通、协商乃至妥协来解决孩子的教育问题，有助于父母更加积极地投入社会生活。同时，孩子的教育，对于父母也是一种再次成长的动力，让父母在性格、人格、学识的不断进步中，给孩子树立更好的榜样。

---

① 朱永新.家校社合作激活教育磁场[N].人民日报，2019－06－05.作者系全国政协副秘书长、民进中央副主席。

对于教师来说，家校社合作共育使教育工作者能够更加全面、客观地认识学生。在与家长和社会不断互动中，教育工作者也能加强与社会各界的交往能力，既为本职工作增效减负，也能创新教育工作的方式方法，推动教育向更好的方向发展。

家校社合作共育，也是社区相关工作人员学习与成长的过程。家校合作会涉及各个机构的支持与协调，包括政府机关、专业社会组织，以及一些公共服务机构，如图书馆、科技馆、博物馆、少年宫、电影院、医院、商场等。相关人员在工作中可以由学校进行相应的培训，这正是一种相互学习、相互受益的过程。在给孩子的教育提供支撑时，这些公共机构也能为提供更好的公共产品积累经验，增强公共性、公益性。

家庭、学校、社区是相互联系和相互推动的，家庭教育指导、学校生活参与、家校互动沟通、社区融合协作。家庭、学校、社区共育，能促进父母对于教育机构的信任与支持，能培厚学校教育的土壤，也能在全社会形成关心教育的氛围。更重要的是，随着信息技术的深入发展，传统的教育方式也正面临深刻变革。在可以预见的未来，单一化、封闭式的教育，将被更为开放、更为丰富的学习方式取代。在这样的大趋势下，家庭、学校、社区携手前行的家校合作共育机制，也将成为未来教育的一种常态。

家校社合作共育，能形成一个强大的教育磁场，让所有参与者实现精神共振，产生潜移默化的"不教之教"的良好效果，更有着辐射社会并提升全民素养的重要功效。激活这样的教育磁场，有利于家庭增强教育功能，促进家庭、家教和家风建设；有利于学校建立现代学校制度，拓展教育教学资源，提升教育教学质量；也有利于师生、亲子和相关参与者共同成长。

（2）家长应善于利用社会支持系统缓解家庭生活压力

社会支持系统是人们应对压力的社会资源，在系统中能进行各种信息、情感、观点的交流，这些交流能使个体感到自己是被关心的、被爱的、被尊重的、有价值的，归属于一个互惠的、能互相交流的社会网络。

在压力情境下,社会支持系统能够发挥积极作用。首先,它能起到屏蔽或者缓冲的作用,防止或减缓压力事件对个体的消极影响;其次,它通过人的内部认知系统,也就是通过增强个体资源,使个体的应对能力得到提高。机关工作人员应积极构建自己的社会支持系统,提升自己的社会支持感知水平,从而提升主观幸福感,降低心理症状出现的可能性。

其次,家长还应善于寻求专业人员支持,接受心理健康服务。家庭教育指导者队伍通常由专家、教师、志愿者、社区工作人员等组成,他们以公益为先原则为广大家长提供专业性指导服务。人们如果长期处于高压状态下,并且使用上述缓解压力的方法,仍无法摆脱心理上的困扰时,一定要主动接受心理咨询、心理辅导等心理健康服务。接受专业的心理健康服务,有助于家长有效地调适心理状态,以更健康的身心状态面对接下来的工作。这既利于身心健康,又利于维护家庭幸福、社会和谐。

(3) 基层社会治理需要家长做什么?

家长是弘扬优良家教家风和社会风气的最好表率。党的十九届四中全会《决定》提出"注重发挥家庭家教家风在基层社会治理中的重要作用"。家庭家教家风是我国社会治理的精神内核。家庭是社会的细胞,和睦的家庭关系、严格的家教、良好的家风对整个社会风气、社会风尚和社会和谐安定均起着十分重要的作用。习近平总书记指出:"家庭不只是人们身体的住处,更是人们心灵的归宿。"包括每一位家长在内的整个社会都要大力弘扬优良家风,以千千万万家庭的好家风支撑起全社会的好风气。

家长是学习家训典范、发挥良好家风教化作用的主体。中华民族自古以来就有重家教、守家训、正家风的文化传统,中国古代公开出版的"家训"就有120多种,三国时期诸葛亮的《诫子书》、北齐颜之推的《颜氏家训》、宋代司马光的《家范》、清代朱柏庐的《朱子治家格言》等都是传诵一时的经典,孟母三迁、田母拒金、画荻教子、岳母刺字等故事更是脍炙人口、家喻户晓。尊老爱幼、妻贤夫安、母慈子孝、兄友弟恭,睦邻友群、耕读传家、勤俭持家,知书达礼、遵纪守法，家和万事兴等中华民族传统家庭美德，更是铭记在中国人的心灵中，融入中国人的血脉中，是支撑中华民族生生不息、薪火相传的重要精神力量。广大家长要善于从这些最深厚的文化传统中汲取正能量，尊重历史传承，把握文化根脉，取其精华，去其糟粕，吸取崇德尚礼、正心修身的文明智慧，重言传、重身教，教知识、育品德，发挥良好家风的教化作用，为弘扬社会主义核心价值观提供坚强有力的精神支撑。

（4）健全家校社协同育人机制，构建家校社育人新生态

为什么要健全学校家庭社会协同育人机制？

《党的十九届五中全会〈建议〉学习辅导百问》（以下称"《建议》"）提出"全面贯彻党的教育方针，坚持立德树人，加强师德师风建设，培养德、智、体、美、劳全面发展的社会主义建设者和接班人"的总体方向，并且强调要"健全学校家庭社会协同育人机制，提升教师教书育人能力素质，增强学生文明素养、社会责任意识、实践本领，重视青少年身体素质和心理健康教育"。

这是对"十四五"时期建设高质量教育体系、形成广泛共识和协调行动提出的新的更高要求，其政策导向主要有以下两个方面。

第一，这是全面贯彻党的教育方针、坚持立德树人的重要要求。习近平总书记在 2018 年全国教育大会上明确要求，培养德智体美劳全面发展的社会主义建设者和接班人，努力构建德智体美劳全面培养的教育体系，从而对新时代我国教育的培养目标、途径作出新的定位，体现了马克思主义中国化的理论创新在教育方针领域的最新成果。习近平总书记教育重要论述相继进入党的代表大会和中央全会的部署之中，成为中共中央、国务院印发《中国教育现代化 2035》的重要依据，为加快推进教育现代化、建设教育强国、办好人民满意的教育提供了行动指南。

《建议》要求"十四五"时期"健全学校家庭社会协同育人机制"，其主要目的，就是从实现人民对美好生活的向往与事关党和国家前途命运的大局出发，在"培养什么人、怎样培养人、为谁培养人"这一根本问题上凝聚更大共

识，在完善立德树人体制机制上探索更好方式，在学校、家庭、社区和社会各方面汇集更大合力，为把一代代青少年培养成为实现中华民族伟大复兴中国梦的"梦之队"，共同营造健康成长环境和良好文明风尚。

第二，这是我国教育事业"五育并举"和"三全育人"相结合的实现方式。近年来，全国各地通过不断尝试实践，取得了很多新鲜经验。学校是人才培养的主阵地，家庭是人生的第一所学校，社会是人们谋生发展的大环境，"十四五"时期健全学校家庭社会协同育人机制，正是将党中央决策要求落到实处的重要实现方式。在全面建设社会主义现代化国家新征程上，切实打牢全体中国人的共同思想基础，需要把社会主义核心价值观体现到国民教育全过程，动员全党全社会都来积极支持和参与健全协同育人机制。

《建议》在党的十九届四中全会确定的"构建服务全民终身学习的教育体系"的战略部署和"构建覆盖城乡的家庭教育指导服务体系"的要求基础上，进一步提出要在"十四五"时期加强师德师风建设，提升教师教书育人能力素质，增强学生文明素养、社会责任意识、实践本领，重视青少年身体素质和心理健康教育，需要动员学校教育、家庭教育、社会教育相互协调，搭建各方协同育人的有效运行机制和资源网络平台，从而以良好的学校环境、家庭氛围、社会风气巩固育人成果，帮助每一个学生健康成长、努力成为全面建设社会主义现代化国家的有用之才、栋梁之材。

二、交叠影响域理论模型和特点

（一）交叠影响域理论的外部模型

爱波斯坦博士于1987年提出交叠影响域理论。此理论模式主要用来解释和指导有关学校、家庭、社区合作的研究。该理论整合并扩展了布朗芬布伦纳的生态理论，重在共同承担孩子的教育和健康责任。该理论生动地展示了不同的影响层次，确立了一种外在的流动性的影响层次结构，内在的个人之间的交流，儿童与家庭、学校、社区中其他人的互动。这一理论认可并推动了学校教育和使孩子社会化的机构之间的相关发展，随着时间的发展，也展示了家庭、教师、社区人员及学生之间的合作技能和合作活动的变化。外在的流动性的影响层次结构，假定家庭、学校及社区对儿童的责任分担受到来自两方面的影响：一方面受时间的影响，在不同的时代和儿童发展不同的时期出现了不同的互动模式；另一方面受经验的影响，才有了家庭、学校和社区不同的背景特点、理念和实践。内部的影响是指发生在父母、孩子、教育者和社区成员之间的个人关系中，认可了在这种关系中可能积极或消极地影响学生的学习和发展。其中的互动表现在两个层面：机构性层面（比如学校邀请所有的家庭或社区团队参加同一项活动）；个人性层面（比如教师和家长针对同一个学生的作业进行交流）。在结构和个人层面上，模式内部构造出现的教育者、学生、家长及其他人之间的互动，呈现了可能产生"社会资本"的社会纽带。学生是这个模式的中心，由于学生是自身教育过程中的主要角色，也是家庭、学校和社区联系的主要理由。在这个共同关注的中心下，创造出欢迎家长参与，并把每个学生视为个体的"家庭式学校"，以及帮助孩子实现其作为学生角色的"学校式家庭"。

该理论外部模型论述了影响学生学习的三个主体——家庭、学校和社区之间的关系。每一个主体都从经验、价值观和实践三个方面对家校合作和学生的成长发展产生影响。该理论还指出，随着时间的发展、学生年龄和年级的变化，三者彼此交叠面积的大小会发生变化。

交叠影响域理论的模型包括外部结构和内部结构。如图 4-1 所示，外部的结构可以通过条件或者设计被推到一起，或者会由三个主要的力量将各自拉开（三个力量为：家庭的背景和实践经验、学校的背景和实践经验以及时间）。这些力量可以为学校和家庭创造许多分享活动的条件、空间和机会。力量 A 代表了学生、家庭和学校发展的时间和历史线。时间指的是个别的且

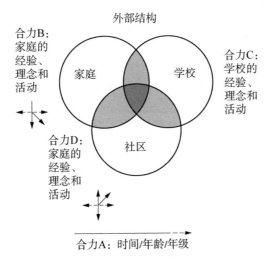

图 4-1　针对儿童学习的家庭、学校、社区的交叠影响域理论的外部结构理论模型

特定的历史时刻，如学生的年龄、年级，以及学生在校期间在该段历史时期的社会条件。力量 B 和力量 C 代表了家庭和学校组织以及它们的成员的经验和压力。这两股力量将交叠部分推到一起或者使它们分离，从而产生更多或更少的家校行动、互动，并且影响了整个时间线的重合区。同理，力量 D 代表了社区组织以及它们的成员的经验、方法和实践。这与力量 B、力量 C 同时产生作用，同时影响着家庭、学校、社区三方的交叠关系。

（二）交叠影响域理论内部模型

该理论的内部模型显示了在哪里以及如何发生家庭、学校和社区之间复杂而又必要的人际关系和影响模式，具有流动性。这些人际关系和影响方式可以在机构之间发生，也可以在个体层面之间发生。学生始终处于模型中心，所有机构层面之间的交互作用最终目的均指向学生一方，即都是为了促进学生的健康发展与成长。另外，内部模型也可用于描述和研究教育工作者或家长与社区团体、机构、服务中心的联系。

图 4-2 仅展示了家庭与学校交叠间的内部结构模型，完整的内部结构

模型还应包括社区以及在社区内的工作人员，与学校、家庭、教师、家长，并以儿童为中心的相互影响相互作用。同理，家庭与社区间的重叠，学校与社区间的交叠，学校、家庭、社区三方交叠的模型，都是以图4-2的形式进行相互影响、相互作用的。内部结构模型制定社会机构和人与人之间的交流线，并且确定位置，且穿越学校、家庭和社区的界线与内部发生怎样的社会互动。社会机构层面的相互影响包括所有的学校、家庭和社区成员和小组，人与人之间的相互影响包括一个学生的家长，一个老师，或一个社区成员这些相互作用的集合也发生在他们交叠的领域里。这个理论整合并延伸了一条长线，是有关生态学的、教育学的、心理学的和社会学的观点在社会组织和关系方面的一条长线以及一条学校、家庭、社区环境和它们的结果的长线。虽然它们之间的相互影响相互作用是错综复杂的，但爱波斯坦的交叠影响理论完全地展现了它们之间是通过外部与内部的相互交叠而产生影响的。

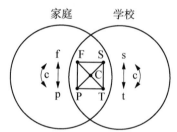

f/F=家庭　　c/C=儿童　　t/T=教师　　s/S=学校　　p/P=家长

图4-2　针对儿童学习的家庭、学校、社区的交叠影响域理论的内部结构理论模型

爱波斯坦博士带领的团队花费了20年时间去研究一个课题，这听起来似乎是很长的一段时间，但是她认为这对于建立新的家校社合作的知识体系并不算长。1981年爱波斯坦博士就和她的同事们开始做有关家长参与小学教育的研究。1987年和1990年他们分别着手家长参与初中教育和高中教育的研究，1987年爱波斯坦博士提出了交叠影响理论，强有力地支持和论证了学校、家庭和社区合作的关系以及必要性。在该理论的指导下，他们这支团队开发了州和学区的政策，并且深入学校开始指导、管理、开展各层面的实地

调查。

为了研究这一理论的实用性,爱波斯坦博士带领其他的研究者和实践者与小学、初中、高中阶段的老师、家长和学生一起开始测量并进行实地研究。他们想要弄清的问题是:合作中哪些实践属于重叠范围或者共同承担着责任的? 可以从这些家校间以及家庭学校社区之间的活动和互动影响的结果中学习到什么? 可以从政策和实践方法中学习到哪些能够帮助学校发展和实施强大的合作项目,以便让所有的家庭都参与进来?

(三) 交叠影响域理论的特点

首先,以往在家校合作中,我们更多强调的是它们之间合作产生的力量。交叠影响域理论则对三方的独特作用做了着重强调,它指出,家庭、学校和社区在对学生教育方面各自有其独特影响力,十分重视个别机构对于学生的独特影响力。其次,之前人们会随着时间的推进,将家庭、学校和社区对学生的影响程度进行次序上的划分。交叠影响域理论则改变了人们的这种思想,使人们正视了在学校阶段,家庭教育的力量仍旧不可小觑,不论在什么阶段,我们都要重视家庭教育在学生教育中的存在价值。

最后,交叠影响域理论将学生置于理论中心,以"关爱"为核心,认为学生在家庭、学校和社区中获得了关爱与鼓励,那么他们就能够竭尽全力地去学习、去获得自我的达成。

交叠影响域理论强调家庭、学校和社会三方面单独的影响,家庭和学校、家庭和社会、学校和社会两两产生的合力影响以及三者的交叠合力影响。爱波斯坦博士等人的一些研究重点落脚在重叠影响模式区域里,目的是弄清和提高一个六类型的参与框架。每个参与类型也许都有几百个可操作的实践,让各学校可以从中挑选出适合它们发展的项目来。那将有或多或少的重叠和共享责任,需要依靠许多六类型参与运作的实践,且每种实践的实施都为教师、家长、学生及情景中的其他人的各种互动、相互作用提供了机会。这六类型阐述了学校怎样与家庭、社区一起工作，无论在家还是在学校都能协助它们有能力地参与孩子的教育中来。该六类型简单的描述如下。

类型 1：养育。协助家庭提高其教养子女的技能，帮助家长了解儿童和青少年的发展特点，为孩子在各个年龄和年级阶段创造良好的家庭条件。

类型 2：交流。采用"学校到家庭"和"家庭到学校"的双向交流方式，经常与家庭对学校项目计划和学生各方面进展状况进行交流。

类型 3：志愿。招募培训家长志愿者，使其服务于学校或其他地方的学生教育工作恰当地安排活动日程，使家庭更方便参与这些活动。

类型 4：在家学习。使家长参与孩子在家的学习，包括家庭作业和其他与课程相关的活动。

类型 5：制定决策。通过家庭教师联合会（PTA）、家长委员会和理事会以及其他家长组织使家庭参与学校的决策、管理，支持学校活动。

类型 6：与社区协作。协调好社区的商业机构、行政部门、高等院校和其他组织机构，合力开发利用一切可以推进学校项目、改善家庭实践、提高学生学习的资源。

这六个类型的每一种都是为了学生成功而进行设计的，并且在实施时都进行特定的考察，每种类型都会对学生、家长或者教师产生一些不同的影响，每一种都得益于家校社合作中不同成员的投入和承担责任。

这六个类型框架也帮助研究者确定参与的测量和他们研究的结果在同样的日程表里，这对于教育者来说都是非常有用的。他们早期的研究产生了许多新的问题。这些研究展示了测量教师、家长和学生的观点，为了识别出个体对于他人存在的知识的空缺的重要性，以及分辨出他们共同的兴趣并进行有效的交流和支持学生在校的成功的重要性。尽管早期的研究确定了家庭参与和学生成绩有着积极的联系，但是也存在一些消极的影响对于家庭参与和学生行为之间的联系。早期的研究说明了学校和家庭的合作对家庭、教师和学生产生了多种的结果。这些研究结果为他们该如何面对未来的更新更广的问题奠定了坚实的实践基础。

在家校合作实施过程中,会面临各种各样的问题,往往出现克服一项问题之后又会出现新问题的情况,因此实施家校合作活动的过程本身也是一个不断解决问题的过程。在此过程中,通过实践、磨合,逐渐找到合适的家校合作方式,以促进学生的发展。

第三节 家校社联动的路径选择

建立家校社合作育人的协同机制,就是突破原有的教育框架,将社会教育、家庭教育纳入教育政策设计,是教育理念、培养模式和体制机制的根本转变。在实现教育的社会功能和促进个体发展过程中,学校、家庭、社会各系统应相互融通与合作,形成协同效应。作为专业教育系统,学校教育居于系统的主导地位,应指导家庭教育,协调社会教育,使教育系统不断向着平衡、和谐、有序的状态发展。

一、树立家校社合作的正确观念

家庭和社区是有待开发的资源,促进学校与家庭和社区这两者之间的合作与联系,最终目的在于促进学生的健康发展。任何家校合作,都不能为了合作而合作。社会资本理论从社会公正和教育公平的角度,为家校社合作提供了有力的价值支持。美国中小学开展的各种家校社合作也普遍表明,有效的家校社合作,不仅有利于促进年轻一代的全面健康发展,而且对家庭、社区和学校的发展与建设以及它们之间的联系都将产生积极的作用,最终惠及整个社会。这种观念在美国家校社合作逐步走向成熟的近年里得到越来越多的认同,并且在很大程度上有效促进了实际的家校社合作项目的开展。同时，由于家校社合作在全美范围内得到了普遍认同，美国教育行政系统在设置和运行机制等方面也都有意识地致力于增加学校家庭社区之间的联系。例如，每个地区的学校委员会在促进当地学校与家长和社区的联系方面起着重要的作用。在它们的职责中，除了政策的制定和实施、学区职员的任用和调度、财政、课程和评估等常规要求，还有一条非常重要的职责就是社区关系。这一职责要求学校委员会不仅要对学生父母提出的要求做出回应，也要应对来自社区其他成员对学校教育方面的要求和期望。此外，学校委员会定期召开的常规会议和特别会议都是向公众开放的，通过这种公开的形式，委员会希望能够让当地的家长、社区成员都能及时了解到当地学校教育的最新情况和存在的问题，从而增加学校和社区的联系，为家长和其他市民了解整个学校系统以及他们关注的其他教育问题提供良好的互动平台。行动反过来也能促进积极态度的形成，形成良性循环。当家庭、社区和学校三者之间形成有效的沟通与合作模式，它们对于促进儿童发展这一共同目标的认识也将更加明确。同时，正如杜威所言，"社会生活不仅和沟通完全相同，而且一切沟通因而也就是一切真正的社会生活都具有教育性"。[①]

家校社三者之间的合作和沟通本身也具有教育性，对儿童的成长能够产生正面的榜样作用，鼓励他们自己主动关注自己的发展。从第三章的六个案例中，我们不难看出，成功的家校社合作都得益于合作者之间对共同价值观的认同，这些认同不仅仅是写在文件里的书面材料，而是在切实开展的合作实践中不断地被实践、修正、明确和强化。

相比之下，目前家校社合作的观念在我国还没有得到普遍的关注和重视。家庭、学校和社区之间缺乏有效的沟通，甚至存在一定的误解，这也是造成目前我国在家校社合作方面不足的重要原因之一。

因此，学校、家长和社区首先要转变观念，消除彼此间的误解，认识到彼

————————————

① 马赵阳.当前美国中小学家校社合作初步研究[D].华东师范大学,2013.

此在学生发展过程中的重要作用,充分挖掘对方的优势资源。例如,教师不能固守"家长根本不懂教育,跟他们没什么可说的、可做的"这种错误的认识,家长和社区也要消除"学校根本不欢迎我们的参与,对于学校,我们也没有什么可做的"等等。三者首先要建立起相互之间的信任,形成共同的核心价值观——学生的发展需要共同的努力。

所有的教育者、家长以及其他公民也都要认识到,家校社合作是教育发展的必然,是促进学生、教育和社会发展的必要举措,在后现代社会,你只有把各种力量结合起来才能更好地完成教育工作。对任何一个单独群体来说(例如教师)这一任务均过于复杂。

只有社会广泛认识到家校社合作的重要性和必要性,才能形成积极的家校社合作氛围,推动一系列与之相关的活动的开展。

二、构建以校为本的家校社合育模式

学校,从出现以来,特别是工业化革命以后,在儿童正规教育中一直占据着主导地位,即使在日益成熟的美国家校社合作中也大多处于主动地位。相比较而言,家庭和社区在儿童的正规教育中,无论在观念还是行动方面,参与的主动性都有待加强。另外,学校教师作为教育方面的专业人员,大多数具备较高的文化素质和教育技能。相比之下,家长和社区成员群体的整体文化素质参差不齐。因此,在家校社合作方面,拥有较多资源的学校应当发挥积极主动的作用,充分利用自身优势,鼓励和促进家长和社区的参与,从而更好地促进学生发展。

首先,学校应当充分认识到家庭和社区在儿童成长过程发挥着不可替代的作用,是重要的潜在资源,亟待得到充分的挖掘和利用。特别是家长,作为儿童的第一任教师,他们自身的经历、兴趣爱好、生活态度、职业、社会地位等都对儿童的成长具有潜移默化的影响,这种影响就像一种烙印,伴随儿童的整个人生。当家庭没有与学校和社区形成持续的合作关系、在儿童教育方面没有得到来自学校的指导，他们帮助儿童成长和发展的知识和行动方式在很大程度上只能依靠自身所接受过的教育，并很可能受到所处社会阶层的影响，他们中的一些人曾经经历过的在教育等各方面的不平等很可能会延续到下一代。因此，学校作为社会公共机构，有责任积极主动地与家长和社区建立有效联系与合作，充分利用家庭和社区资源，全方位促进儿童的成长和发展。

具体而言，学校可以从以下几个方面主动构建家校社合作。

首先，与家庭和社区建立信任关系。信任是建立任何有效合作的前提，对于家校社合作来说，建立家庭、学校和社区之间的相互信任，既是手段，也是目的。正如何瑞珠教授所言，"学校里，'信任'是组织运作的润滑剂"，具有信任关系的组织，人们不需要浪费精力在互相猜忌中，而能全情投入组织内的工作。学校应当努力创设一种欢迎家庭和社区参与的氛围，消除家长和社区成员的顾虑，明确三者之间的共同追求目标，建立互相信任的沟通关系，为家长和社区志愿者参与学校教育提供机会和平台。例如，学校可以邀请从事不同行业的家长走进课堂，向学生介绍自己的职业；如果有些家长本身学历比较高，学校可以邀请他们协助老师辅导学生的作业；与社区成员合作开展实践活动，等等。当合作项目与行动关注于在学校、家庭和社区之间建立互相尊重与信任关系时，他们能够更有效地构建家庭、社区与学校之间的合作。

其次，积极开展人员培训。教师是家校社合作中重要的协调者与推动者，他们自身的态度和技能直接影响到家校社合作的开展。一方面，教师是学校里与学生接触最多的人，通过教学与班级管理，他们对学生的学业、在校行为等各方面的了解最全面。另一方面，教师也是与家长直接接触最多的人，在学生培养方面，他们与家长之间的共同话题最多。因此，如何提高教师在家校社合作中的积极性、自我效能感、沟通技巧以及合作协调能力显得尤为重要。学校首先应当帮助所有教职员认识到家校社合作的必要性，了解到家庭和社区在学生发展以及学校发展中发挥的作用、他们各自具有的优势。其次,学校应当为教师如何与家长和社区成员建立相互信任的合作关系和有效交流提供各种培训机会,并组织教师之间交流经验。同时,学校也应当开展对家长和社区成员的培训。正如迈克尔·富兰在《变革的力量:透视教育改革》中指出的那样,实际上,如果没有个人的力量,协作多半是形式而不是内容。个人掌握的内容和小组掌握的内容在学习机构中互相促进,人们需要互相学习和共同完成任务。

这一点也说明了在家校社合作中,对教师、家长和社区人员进行技能培训的重要性。如果教师、家长和社区人员不具备合作所需要的技能,他们的合作只是形式上的,即使产生一些效果,也是肤浅和短暂的。他们只有在合作中不断学习和探索,才能在更深层面上进行更加持久的合作。

三、引入专业机构推动家校社合育共建

在我国,社区的概念还不是非常清晰。就家校社合作这个主题来看,其中社区的概念可以定义为有着一套完整的政府机构、教育单位、工商企业、医疗保险、房地产业等居住环境的聚居区。

那么,社区教育就包括对社区中所有这些员工、居民的教育。政府应加强对社区教育的发展等重大方针性问题的指导与调控,从而推动社区教育向更高层次发展,并不断改善学校、家庭、社区的合作机制。学校、家庭、社区这三方互为作用互相影响,这是一种三项互动的服务关系。社区提供服务给学校、家庭,同样家庭、学校亦可提供服务给社区。随着社区教育的完善,社区教育将和学校教育、家庭教育更好地结合在一起,建立密切的合作关系,共享各自的有利资源,共同为社区繁荣与学生成功而一起努力。

学校、家庭、社区合作,需要有人在其中穿针引线。在我国高校、科研机构中有不少教授、学者致力于教育研究,其中又有不少十分关注家校社合作

这个主题。可以将这些智慧、力量整合起来，在研究的基础上开发适合我国国情发展的家校社合作实践模式。

爱波斯坦博士所建立的"全国合作学校关系网（NNPS）"、俄罗斯的"社会教师"、德国的"家长委员会代表"就起到了这个作用。他们奔走于学校、家庭、社区之间，为各方沟通信息，传递合作意向，联络具体事宜。可以说，是他们把学校、家庭、社区联系在了一起，是他们不懈努力促成了三方的共同合作。单个家庭、一个单位的力量都是有限的、分散的，只有建立相应的组织机构，才能将这些有限的、分散的力量聚合起来，使之发挥出巨大的整体效能。这样的组织机构构成了学校强大的后援团，从各方面给予学校大力的支持。此外，欧美的一些国家还有校长-企业家联谊会之类的组织。这类组织加强了校长与企业界、社区其他各界人士的联系，使校长能更直接地向社会各界介绍学校的情况，争取他们的合作机会。各专业学术团队协助研究设置适合各地各学校的项目计划，协助各省市自治区的教育部门做好评估考察科研工作，以研究为基础的合作方式，不断在实践中改进研究模式，改进量表与项目计划，并鼓励各地区各学校发展创新精神，提供有效的合作实例，供所有学校、所有地区互相学习，共同在实践中进步。

第三篇

家庭教育指导服务篇

2019 年 5 月,全国妇联、教育部等九部门联合发布《全国家庭教育指导大纲(修订)》,明确针对新婚夫妇、孕妇、18 岁以下儿童家长(父母或其他监护人)开展家庭教育指导服务。儿童发展既有连续性又有阶段性,家庭教育指导服务应依据家庭和儿童在不同发展阶段进行科学的家庭教育指导。同时,随着国家社会经济的发展和社会的转型,家庭规模逐步由大变小,家庭结构也逐渐由复杂变简单,因此家庭类型呈现出多样化趋势,出现了核心家庭、祖辈家庭、单亲家庭、重组家庭、留守儿童家庭、流动人口家庭、服刑人员家庭等多种形式。鉴于不同类型家庭的特殊性,家庭教育指导服务有必要分情况和类型进行科学的家庭教育指导。

第一章
新婚期及孕期的家庭教育指导

第一节　新婚期及孕期家庭的主要发展特点

　　男女双方在领取结婚证的那一刻,其夫妻关系的法律地位便已确立。男女双方在举办了婚姻仪式之后,其婚姻关系便得到了社会的认可。伴随着这两个仪式而来的就是双方角色的转变,从双方在原生家庭中作为孩子的角色,转变成为新家庭中的丈夫或妻子的角色。与此同时,夫妻双方各自都多了对方的父母,因此家庭角色中又同时多了女婿、儿媳等角色。因此,在新婚期最主要的家庭发展特点便是多了一些新角色。家庭的任务就是去努力适应双方的家庭,适应彼此的亲戚网络,转变角色、适应新的角色。

　　随着婚姻生活的继续,随之而来的便是准备迎接新生命的到来。怀孕,对家庭来说,是一宗具有重大社会学意义的事情:孩子是夫妻恩爱的结晶;孩子的孕育和出生对夫妻双方的角色牵制和经济牵制有维持家庭完整的功能;孩子的孕育和出生使夫妻的生命有了延续感,夫妻可以从孩子身上寄托家庭的未来。怀孕,对个体来说,是生命的起点。有了受精过程,孕期发育的历程就开始了。怀孕的 38 周内所发生的巨大变化通常可以分为三个阶段[①]：受精卵期、胚胎期、胎儿期。第一个阶段是受精卵期，从受孕到着床。在这个阶段，发育中的受精卵将牢牢地固着在子宫壁上，受精卵期一般历时10—14天。第二个阶段是胚胎期，从第3周开始，到第8周结束。在这个阶段，几乎所有的重要器官已初具雏形，心脏也开始跳动。第三个阶段是胎儿期，从怀孕的第9周一直到胎儿出生。在这个阶段，主要器官都开始发挥功能，有机体迅速发育。表1-1可以帮助我们了解孕期各阶段发育的重要标志[②]。

表1-1 孕期各阶段发育的重要标志

三月期	时期	周	身体和体重	重要标志
第一个阶段	受精卵期	1		单细胞的受精卵分裂增殖，形成胚泡。
		2		胚胎在子宫内膜着床。为发育中的生命提供营养和保护的组织开始形成——羊膜、绒毛膜、卵黄囊、胎盘、脐带。
第二个阶段	胚胎期	3—4	6毫米	脑和脊髓出现。心脏、肌肉、肋骨、脊柱和消化道开始发育。
		5—8	2.5厘米；4克	身体外部结构（面部、手臂、腿、脚趾、手指）和内部器官出现。触觉开始形成，胚胎可移动。
第三个阶段	胎儿期	9—12	7.6厘米；不足28克	开始迅速发育。神经系统、器官、肌肉之间开始建立组织和联系，新的行为能力（踢腿、吮手指、张嘴、胎儿式呼吸）出现。外生殖器已经形成，胎儿的性别可见。
		13—24	30厘米；820克	胎儿继续迅速发育。此阶段中期，母亲可以感受到胎动。胎儿皮脂和胎毛防止胎儿的皮肤在羊水中皴裂。脑的大部分神经元到24周时已形成。眼对光线敏感，胎儿对声音有反应。
		25—38	50厘米；3400克	如果此时出生，胎儿有机会存活。胎儿继续发育，肺发育成熟。脑的迅速发育使感觉和行为能力得以拓展。此阶段中期，皮下脂肪层出现。从母体内输入的抗体保护胎儿免于疾病。大多数胎儿旋转为头下脚上的姿势，为分娩做好准备。

① 琼·利特尔菲尔德·库克，格雷格·库克.儿童发展心理学[M].和静，张益菲，译.北京：中信出版社，2020.

② 劳拉·E·伯克.伯克毕生发展心理学[M].陈会昌，译.北京：中国人民大学出版社，2012.

过去，人们对胎儿在子宫内是什么样的状态感到很好奇，因为胎儿生活在我们肉眼看不到的子宫里。但是，随着超声影像和其他科学技术的发展和应用，我们逐渐了解到胎儿在子宫内的发育情况。通过超声这个窗口，我们可以看到胎儿在子宫内的生活情形以及他们对各种刺激的反应。胎儿的运动能力、听觉能力、味觉和触觉能力、视觉能力都在子宫内得到发展。胎儿不仅有活跃的特殊节律、有目的的运动，而且已经具备看、听、尝、触等许多能力。

第二节　新婚期及孕期家庭发展任务

一、新婚期家庭发展任务：践行夫妻彼此间的承诺

新婚期是从夫妻两人的结合开始到两人之间有了第一个孩子为止。这是一个家庭刚刚建立的阶段，也可以说是一个家庭的"诞生"。家庭的中心是夫妻双方，主要的家庭任务是践行夫妻间彼此的相互承诺。夫妻双方需要适应从独身一人转变进入两人世界，学习如何共同生活，如何扮演好自己在生活中的各种角色，最终能在居家、饮食、财务、相互接纳、沟通、个人空间、性关系等物质和心理层面上达成一致，以建立双方都满意的婚姻生活。在这个阶段，夫妻双方还应学习一些关于生育及怀孕方面的知识，为日后孕育孩子做准备。

二、孕期家庭发展任务：为即将成为父母做好准备

怀孕虽然是一件让人幸福的事情，但准妈妈在孕育生命的过程中会很辛苦。在怀孕期间，准妈妈会出现不同程度的妊娠反应，如恶心呕吐、疲劳嗜睡、心情烦躁等。当准妈妈被这些妊娠反应所困扰的时候，就可能会拿自己

的丈夫撒气。很多准爸爸无法理解自己妻子的孕期反应，他们常常认为妻子是无理取闹。虽然妊娠期内的妊娠反应很不舒服，但丈夫的不理解更会让准妈妈心里感到难受。所以，在孕期，夫妻双方要共同了解怀孕后准妈妈可能会出现的各种妊娠反应和心理状况，以便积极应对。同时，父母有效的抚育对婴儿的生存和最佳发展是至关重要的，准爸爸和准妈妈要提前了解胎儿在每个阶段生长发育的状态以及准妈妈可能会遇到的各种问题，明确双方各自的不同分工，并做好迎接新生儿的准备工作，为即将成为父母做好心理准备和物质准备。

第三节　新婚期及孕期的家庭教育指导内容

一、新婚夫妇要做好怀孕准备

备孕夫妇应提前学习优生优育优教的基本知识，并为新生命的诞生做好思想上、物质上的准备。具体而言，夫妻共同的准备工作包括：提前半年开始计划怀孕准备工作。夫妻双方需要提前制订一个育儿计划，提前半年学习必要的孕前知识并开始做一些准备工作，做到优生优育。可以准备的工作包括：进行体育锻炼、强身健体；合理安排家庭生活，保持夫妻关系和谐；防止病毒感染，慎服药；提前到有关医疗服务机构进行孕前检查和咨询；等等。做好孕前的生理准备和心理准备：生理上要调养身体素质、加强锻炼；心理上要做好妊娠准备和生育准备。备孕夫妇要参加健康教育、健康检查、风险评估、咨询指导等专项服务。不孕不育的夫妇，应到专业机构进行科学诊断、对症治疗，如有需要可以寻找专业心理辅导。[1]

---

[1] 《全国妇联、教育部等九部门关于印发〈全国家庭教育指导大纲（修订）〉的通知》（妇字〔2019〕27号），http://www.yueyang.gov.cn/yywomen/53944/content_1535437.html。

二、提前了解胎儿生长发育规律，做好育儿准备

提前了解胎儿生长发育的规律是一门必修的课程。准爸爸和准妈妈了解胎儿在每个阶段生长发育的状态以及准妈妈可能遇到的问题，明确双方各自的不同分工，并有的放矢地做好迎接新生儿的准备工作。同时，准爸爸和准妈妈要学习育儿基本知识和方法，购置新生儿生活必备用品和保障母婴健康的基本用品；做好已有子女对新生子女的接纳工作；妥善处理好生育、抚养与家庭生活、职业发展的关系；统一家庭教育观念，营造安全、温馨的家庭环境。①

三、优化胎儿的生长环境

对于准备怀孕的夫妻来说，应该做好身体内环境与生活外环境的双重准备。身体内环境是指要保持健康的身体和心态，做适当的体育运动，调整好生活方式。生活外环境是指生活居室要保持清新爽洁，尽量把小家庭布置得浪漫温馨，营造一个和谐轻快的氛围。怀孕以后的女性，要保证舒适安静、空气新鲜的居住环境；要注意科学地增加饮食营养；要慎重用药，切勿滥用药物，严防外界感染；要注意保持愉快良好的心境，尽量多听音乐，有选择性地看书报、电影、杂志，进行自我心理调节；多到公园散步，多接触一些美好的事物，注意少生气，避免惊吓等不良的刺激出现。做到以上这些对生一个健康聪明的孩子是十分有帮助的。

---

① 《全国妇联、教育部等九部门关于印发〈全国家庭教育指导大纲（修订）〉的通知》（妇字〔2019〕27号），http://www.yueyang.gov.cn/yywomen/53944/content_1535437.html。

四、注重孕期的保健

孕妇及其家庭照顾者应掌握优生优育知识，配合医院进行孕期筛查和产前诊断，做到早发现、早干预；避免烟酒、农药、化肥、辐射等化学物理的致畸因素，预防病毒、寄生虫等生物致畸因素的影响；科学增加营养，合理作息，适度运动，进行心理调适，促进胎儿健康发育。对于大龄孕妇、有致畸因素接触史的孕妇、怀孕后有疾病的孕妇以及具有其他不利优生因素的孕妇，应做好产前医学健康咨询及诊断[①]。要特别重视孕期环境，药物、烟草、酒精、辐射环境污染、传染病、母亲营养、情绪压力等。如表 1-2 所示，基于对孕期保健的讨论，在这里列出健康妊娠中"应该做什么"和"不该做什么"[②]。

表 1-2　健康妊娠中"应该做什么"和"不该做什么"

应该做什么	不该做什么
在怀孕之前接种能预防对胚胎和胎儿有危险的传染病（如风疹）疫苗。在孕期接种大多数疫苗都是不安全的。	未向医生咨询前服用任何药物。
发现可能怀孕时要马上去医院检查，并在整个孕期坚持定期检查。	主动吸烟，吸入二手烟。
怀孕前和怀孕期间的饮食要充分平衡，并根据医生的处方补充维生素和矿物质。体重逐渐增加 11—14 公斤。	饮酒。
适当运动，保持身体健康。可以参加一个孕妇锻炼班。	接触可能使胎儿受影响的危险环境（如辐射或污染）的活动。
情绪良好，多寻求感情支持。	参与可能使胎儿受到传染病损害的活动。
充分休息。	节食。
从医生、图书馆和书店获取一些关于孕期发育和保健的资料。	吃未煮熟的食物，处理动物的排泄物。

————————

① 《全国妇联、教育部等九部门关于印发〈全国家庭教育指导大纲（修订）〉的通知》（妇字〔2019〕27号），http://www.yueyang.gov.cn/yywomen/53944/content_1535437.html。

② 劳拉·E·伯克.伯克毕生发展心理学[M].陈会昌，译.北京：中国人民大学出版社，2012.

续表

应该做什么	不该做什么
夫妻一起参加有关妊娠和分娩教育相关的课程，做到心中有数。	不控制体重，可能引起并发症的发生。

五、重视为胎儿提供所需营养

足月分娩的婴儿的体重是受精卵的 10 亿倍，而从出生到成人，体重却只增加 20 倍，足以说明胚胎和胎儿的发育是一个非常迅猛的过程。胎儿生长所需的全部营养物质只能来源于母体，所以孕妇的营养是非常重要的。孕妇营养不足会导致新生儿体重低下，甚至流产和早产等。更重要的是，营养不足可引起胎儿脑发育不良[1]。因此，孕期应注重热量、蛋白质、维生素、叶酸、常量元素和微量元素的供给，重视饮食平衡和多样。

第四节　新婚期及孕期的家庭教育指导专题

一、调整家庭角色，以适应新生儿诞生

（一）向父母角色转变

首先，迎来了第一个孩子的父母必须要转变自我认知：我们现在成为爸爸妈妈，不仅仅是两个个体或一对夫妻了。新手父母必须学着为刚出生的婴儿分配时间、精力和情感。新手父母要成功地适应自己的新角色，以积极的方式应对处理各种压力和问题，使得所有家庭成员的需求都能得到充分满

---

[1] 鲍秀兰,等.0—3岁儿童最佳的人生开端[M].北京：中国妇女出版社,2020.

足。在这一特殊时期，爸爸的角色显得尤为重要，建议要做好以下工作。

第一，要多分担育儿事务。养育孩子并不是妈妈一个人的事情，爸爸要一起分担。所以，从孩子出生开始，爸爸就要开始帮忙。爸爸可以多抱抱孩子，给孩子换尿布，帮孩子洗澡，哄孩子睡觉，拍嗝，等等。

第二，要为妻子分担劳累。妻子刚刚经历分娩，还处在虚弱劳累的状态中，需要良好的睡眠、充足的营养、愉快的心情等，这些都能帮助新妈妈快速恢复身体。所以，作为丈夫，要尽可能地帮助妻子做家务、抱孩子、换尿布等，还要多与妻子沟通，疏导妻子的情绪，多给予妻子支持，让她尽快恢复身心。

第三，做好爸爸的准备。从怀孕到分娩，准妈妈要经历漫长、辛苦的时光，但正因有这样一个过程，当孩子出生以后，准妈妈就可以迅速投入"母亲"这个角色之中。但对于准爸爸来说，当孩子出生后，他们往往会显得有些手足无措，无法适应自己已经是"爸爸的角色"。因此，爸爸要提前做好心理准备，对孩子到来后可能会遇到的问题有心理预期。

孩子出生以后，爸爸和妈妈要相互支持、鼓励、帮助，以便双方都能够全身心投入地去哺育孩子。同时，爸爸和妈妈在共同育儿的过程中，也能共同成长，增进彼此的感情。

（二）成为哥哥或姐姐

在二孩家庭里，自从新的孩子出生后，家里的"老大"很难面对自己不再是"宇宙的中心"这一事实。在新的孩子出生的前几个月里，"老大"常会出现的问题包括[①]：不听话、入睡困难、退缩、黏人、有攻击行为和如厕问题等等。这些问题的出现大多是由于家庭育儿策略不当，爸爸妈妈与老大单独相处的时间较少或家庭经济压力增加而导致，并非由新出生的孩子所致，所以这些突发状况大多数情况下都是短暂的。此外，很多孩子对新诞生的弟弟或妹妹

---

① 琼·利特尔菲尔德·库克,格雷格·库克.儿童发展心理学[M].和静,张益菲,译.北京：中信出版社,2020.

也适应得非常好,很少表现出消极抵触,甚至会出现积极的改变。所以,爸爸妈妈应该意识到的很重要的一点是,孩子过渡到哥哥或姐姐的过程中不可能没有冲突,但是让家中"老大"成为哥哥或姐姐是一个很重要的变化,这一变化对于学龄前的孩子来说尤其难以适应。因此,爸爸妈妈要做的是帮助他们调整适应。具体可以参考以下几条建议。

第一,和孩子一起讨论家里的变化,接纳孩子的负面情绪并尽可能增加与他们独处的时间。

第二,与孩子讨论,成为家里的哥哥姐姐时可能需要扮演的角色和任务。

第三,让孩子有足够的机会和时间与他的好朋友一起玩耍,同时要鼓励孩子和自己有更多的交流和互动。

第四,爸爸妈妈要积极面对新生儿的诞生,为孩子树立榜样,使孩子意识到生活还可以像以前一样幸福和有安全感,与孩子一起积极过渡到家庭生活的新阶段。

二、提倡自然分娩

自然分娩有诸多好处,对新生儿呼吸的益处尤为突出。和剖腹产婴儿相比,顺产婴儿能更快地开始呼吸,血氧浓度上升更快,在出生后的前几个小时很少会出现呼吸方面的问题。在自然分娩中,最有意义的就是对婴儿神经系统的影响。一些证据表明,分娩时的子宫收缩,即使是产前的假性宫缩,也会促进胎儿的大脑发育。

三、科学合理进行胎教

胎教是指根据胎儿发育的不同阶段和生命特征,通过调节母体孕期的内外环境,促进胎儿中枢神经系统释放神经递质及内分泌物质,使生物化学和生物物理环境相互渗透，干预胎儿的大脑发育，启迪智能，改善胎儿的生命素质、促进胎儿的健康发育成长，从而起到教育的作用。因此，准父母应正确认识胎教、科学合理地进行胎教。胎儿在子宫内已逐步具备运动、感觉、听觉、触觉等能力[①]，因此进行科学的良性刺激有助于胎儿各项能力的发展。

孕妇可以做如下胎教：（1）听音乐。孕妇应选听明朗轻快的音乐，选择的乐曲节奏要和人的心率基本协调一致，这样会使胎儿感到安全、轻松。（2）唱歌。孕妇唱歌时，歌声与她的呼吸、心跳和胸腹腔运动是协调一致的，会给胎儿以和谐的感觉和情绪上的安宁感。（3）抚摸腹部。孕妇可在每天做胎动自我监护的同时，轻轻抚摸胎动的地方，加深母子之间心灵的交流，让胎儿感觉到母亲的爱抚和温度。（4）和胎儿说话。建议给胎儿起个小名，每天给胎儿讲故事、说话，这些可以有效刺激胎儿记忆能力的发展，这也为胎儿日后语言的发展奠定了良好的基础。（5）沐浴阳光。孕妇要适当运动，多到有树林、花草的地方散步，沐浴大自然的清新空气和温暖阳光，让胎儿得到更好的发育。总之，准父母要用不同的胎教形式促进胎儿的神经心理发育。

第五节　新婚期及孕期的家庭教育典型问题

一、最佳生育年龄

问题：多大年龄生孩子比较好？最佳生育年龄是多少？

从医学角度出发，好的年龄意味着最大程度降低不良风险。单从医学来说，所谓"好的年龄"就是医学上各种不良结局的发生率达到最低。从并发症的角度来说，25—34 岁怀孕，风险更低；如果综合胎儿异常的情况，25—29 岁

---

① 鲍秀兰，等.0—3 岁儿童最佳的人生开端[M].北京：中国妇女出版社，2020.

怀孕，更加理想。什么时候生孩子好，要看个人状态，准备好了就好。

1. 孕产相关并发症与年龄

曾有研究对全美 2009 年 700 多万住院人口进行统计，列出了孕产妇相关并发症与年龄的关系。其中的并发症包括：早产、宫内感染、产褥感染、低出生体重、产后出血、胎儿窒息、高血压、轻度子痫前期、重度子痫前期、子痫、前置胎盘。最终发现它们大体呈一个 U 形曲线，两头高中间低。

也就是说，年龄很大和年龄很小，风险都会增高，而中间段的年龄，发生风险的概率相对较低。当然，不同疾病的情况有所不同。比如高血压疾病，年龄越大，发生率越高；而早产的话，低龄的发生率更高。

没有绝对的最佳生育年龄。25—29 岁发生不良生育的风险较低，但这只是概率学上的"最佳"，不值得纠结。什么时候生孩子好，完全看个人，准备好了就好。各个年龄组中，发生过上述任意一种并发症的发病率笼统地称为"孕期并发症的发生率"。如果不说某种具体并发症，就笼统地看孕期出现并发症的风险，那么 11—14 岁风险最高，其次是超过 40 岁，而 30—34 岁最低。

2. 胎儿畸形发生率与年龄

由于各种畸形大样本统计比较困难，这里只说说染色体异常的情况，比如常说的唐氏综合征。

分析染色体异常发生率和年龄的关系，发现染色体异常发生率的最低年龄是 19—21 岁，此后逐年增高，只是增高的程度不是很大。35 岁之后，幅度开始增大，等到了 40 岁时，胎儿染色体异常发生率为 1/62，47 岁是 1/10，49 岁是 1/6。也就是说，49 岁怀孕的话，6 个人里就有 1 个是有染色体异常的——如果你还能怀得上的话。

医学给出的只能是一个风险概率，而且那些并发症的风险都是以"千分之几"为基础的。即使是并发症发生率最高的年龄组，出现任意一种并发症的概率也没有超过 30%；就算是风险最低的年龄组，也有超过 18% 的并发症风险。

因此,对于医学上的概率问题关键还是在于如何理解、如何解读。当我们在讨论"最佳生育年龄"时,一定要记住,这个最佳只是一个概率上的"最佳"。从来不是说你不在这个年龄生孩子,就意味着你要低人一等,或者孩子就会出现什么问题;也不意味着你在这个年龄生孩子了,就一定能顺顺利利。

（案例作者：浙江大学医学院临床医学硕士,妇产科主治医师,丁香医生医学总监田吉顺）

二、顺产比剖腹产更有利于孩子的协调性

问题：顺产的孩子比剖腹产的孩子聪明吗？

这其实不是聪明不聪明的问题,而是协调性的问题。有些剖腹产出来的孩子的协调感觉会出现问题,比如,他很难顺利地走一条直线,或者会有注意力不集中等问题。这是因为剖腹产出来的孩子不像顺产的孩子经过产道几小时或十几个小时的挤压,这个挤压的过程有利于孩子的外周皮肤的感觉神经和大脑中枢之间建立一个非常好的链接、磨合和锻炼,经历这个过程会让孩子的协调性发展得更好。所以,我们鼓励孕妈妈有条件的话尽量顺产。

（案例作者：上海市第一妇婴保健院产科主任医师、教授,博士研究生导师段涛）

三、与丈夫慎重讨论育儿问题

问题：夫妻双方谁的父母来照顾孩子？宝宝出生后,两家的妈妈都希望参与到孩子的教育和抚养中,我应该怎么选择和处理呢？

到底由谁的妈妈来带孩子,要视自己家庭的情况来定,没有绝对答案。面对3岁以内的宝宝,养育人最重要的品质是温和、耐心和爱,其他都是次要的。无论是谁家老人来带孩子,带养孩子都是既辛苦又甜蜜的过程。孩子在

与多个教养人的相处过程中,感受到不同人对自己的呵护和关爱,学到与不同人互动的方式和策略,这也是祖辈家长介入的优势所在。建议夫妻双方一起慎重讨论这件事情,同时也要做好有新成员加入而带来家庭结构调整的心理准备。

值得提醒的是,在商量这件事情的时候,一定是商量谁的妈妈比较有空,或者耐心比较好,而不是谁的妈妈更好,谁的妈妈不好,等等。否则,可能会引来一场家庭战争,却解决不了任何问题。

第二章
0—3岁儿童的家庭教育指导

第一节　0—3岁儿童主要身心发展特点

0—3岁是儿童身心发展最快的时期。儿童的身高和体重迅速增长,神经系统结构发展迅速;感知觉飞速发展;遵循由头至脚、由大动作至小动作的发展原则,逐步掌握人类行为的基本动作;语言能力迅速发展;表现出一定的交往倾向,乐于探索周围世界;对家长有强烈依赖感;道德发展处于前道德期①。具体表现在以下几个方面。

一、身体发育

刚出生时,新生儿的头身比例就已经超过成年人的一半。到36个月时,平均身高男孩为97.26厘米,女孩为96.28厘米;平均体重男孩为14.73千克,

---

① 《全国妇联、教育部等九部门关于印发〈全国家庭教育指导大纲(修订)〉的通知》(妇字〔2019〕27号),http://www.yueyang.gov.cn/yywomen/53944/content_1535437.html。

女孩为 14.22 千克①。相比于躯干和腿，婴儿大脑和头部的生长和发育更靠前。有了大脑和神经系统，我们才会有思维、情绪和行为。动作发展自上而下、由躯体中心向外围、从粗大动作到精细动作的发展规律。由抬头、坐、爬、站，到走、跑、跳等，人类的基本动作都已掌握。动作发展主要包括大动作发展和精细动作发展，大动作发展是指婴儿对在环境中进行四处移动的动作的控制，如爬、站立、行走。精细动作发展指对小一些的动作的控制，例如能伸手够物和抓握等。表 2-1 大致列出了这一阶段孩子获得各种大动作技能和精细动作技能的平均年龄，绝大多数（不是所有，存在个体差异）儿童遵循这样的顺序。②

表 2-1　动作技能与年龄

动作技能	到这个技能的平均年龄	90% 的婴儿学会这种技能的年龄范围
被竖直抱着时能稳稳地直着头	6 周	3 周—4 个月
歪倒时能用胳膊撑住自己	2 个月	3 周—4 个月
侧躺时翻身或仰卧姿势	2 个月	3 周—5 个月
抓握木块	3 个月 3 周	2—7 个月
仰卧时翻身成侧卧姿势	4 个半月	2—7 个月
独自坐着	7 个月	5—9 个月
爬	7 个月	5—11 个月
抓住东西站起来	8 个月	5—12 个月
玩拍手游戏	9 个月 3 周	7—15 个月
自己站	11 个月	9—16 个月

---

① 《上海市精神文明建设委员会、上海市教育委员会、上海市妇女联合会关于印发〈上海市 0—18 岁家庭教育指导内容大纲〉（试行）的通知》（沪教委德〔2009〕28 号），http://www.xuhui.gov.cn/h/xhxxgkN/xhxxgk_jyj_bmwj_bmwj/Info/Detail_2782.htm.

② 劳拉·E·伯克.伯克毕生发展心理学[M].陈会昌，译.北京：中国人民大学出版社，2012.

续表

动作技能	到这个技能的平均年龄	90%的婴儿学会这种技能的年龄范围
自己走	11个月3周	9—17个月
搭两块积木	11个月3周	10—19个月
兴奋地涂鸦	14个月	10—21个月
在帮助下上楼梯	16个月	12—23个月
跳	23个月2周	17—30个月
用脚尖走	25个月	16—30个月
走路开始有节奏,能跳远、双脚跳、投接东西、简单穿脱衣服。	26—36个月	24—40个月

二、语言发育

0—3岁是儿童知觉和认知发展的关键时期,这一时期也为婴儿语言的发展奠定了重要基础。在7—12个月左右,婴儿能区分自己语言的基本发音,把连续的语音流分割成单词或短语,也开始理解一些词语的意思;在12个月左右,婴儿会说第一个词;在1岁半到两岁左右,婴儿会说双词句。因此,0—3岁是婴儿语言发展的重要关键期。其中,1—3岁是婴儿学习语言发音的关键期,2—3岁是婴儿掌握基本语法和句法的关键期,3岁左右是婴儿基本掌握母语语法法则系统的关键期①。表2-2对婴儿早期语言发展的重要阶段作了一个概括②。

---

① 《上海市精神文明建设委员会、上海市教育委员会、上海市妇女联合会关于印发〈上海市0—18岁家庭教育指导内容大纲〉(试行)的通知》(沪教委德〔2009〕28号),http://www.xuhui.gov.cn/h/xhxxgkN/xhxxgk_jyj_bmwj_bmwj/Info/Detail_2782.htm。
② 劳拉·E·伯克.伯克毕生发展心理学[M].陈会昌,译.北京:中国人民大学出版社,2012.

表 2‒2　婴儿早期语言发展的重要阶段

大约年龄	重要标志
2个月	以咕咕声发出愉快的元音。
4个月以上	出现咿呀语,在咕咕声中加入一些和谐的声音并重复音节。7个月,咿呀语中开始加入许多口语发声。成人玩轮流游戏如躲猫猫时,婴儿在一旁饶有兴致地看。
8—12个月	能够理解一些词语。 当养育者给婴儿正注视的物体命名时,婴儿能准确地与养育者形成共同注意。 主动地参加轮流玩的游戏,与养育者互换角色。 使用前言语姿势,如通过展示和用手指来影响他人行为。
12个月	咿呀语中包括婴儿语言共有的声音和语调模式。 说出第一个能被别人听懂的词。
18—24个月	口语词汇从50个增加到200个。 说出双词句。
25—36个月	已能掌握基本词序。

三、情绪发展

婴儿出生后不久,很快就能对周围人所展现出的情绪信号做出反应。我们会注意到,只要有一个新生儿开始哭泣,其他新生儿基本也会跟着哭。这种现象叫作情绪传染,即一个个体所表现的情绪信号能在其他人身上产生类似信号或情绪状态的倾向。2个月大的婴儿能对开心的和不开心的面孔做出不同的反应,5个月大的婴儿能够区分生气、难过和害怕的表情。7个月大的婴儿对害怕的表情比对开心的表情或者没有表情的面部关注时间更长。到1岁时,婴儿能够理解其他人所表达的一些表情意义。

在依恋情绪方面,婴儿出生前,母亲的子宫为他提供了一个安全的生活环境。婴儿出生后,他就要面对一个陌生的新世界。所以,0—18个月是母婴依恋阶段,对母亲的强烈依恋是这一时期婴儿的最基本需要。这个时期,母亲如能在婴儿需要的时候做到及时回应婴儿,婴儿便会觉得回到了原来的安全、舒适的母体里。但是,如果婴儿的需求得不到及时回应,婴儿便会感到无助和绝望。18—36个月是母婴依恋分离阶段。在孩子的生存环境稳定后,他们的兴趣从吸引母亲的注意力逐渐地转向了探索周围的世界,婴儿开始想要离开母亲的呵护去探索他们周围的空间。这一时期的孩子一方面需要尝试越来越多地离开母亲身边,从而证实自己日益增长的独立性;另一方面,他们心中充满了对于未知的恐惧和失去母亲呵护的害怕,因此他们同时又不断地要求得到安全感。

四、人际交往发展

在社会交往方面,2个月大时,婴儿对和他们差不多大的孩子产生浓厚兴趣,他们会相互凝视,专注地看着彼此。6个月大时,婴儿常常会通过相互咿呀、微笑、触摸来表达对彼此的兴趣。这是婴儿要与父母以外的人进行的首次社交活动。快到1岁时,婴儿会通过彼此模仿以及共享和摆弄彼此的玩具来游戏。2岁时,婴儿所能区分的他人所表达的情绪数量进一步增加,他们开始选择互相喜欢的玩伴。

第二节　0—3岁儿童家庭的主要发展特点与发展任务

一、0—3岁儿童家庭的主要发展特点

这一阶段是从第一个孩子出生开始,到这个孩子3岁为止。此时,家庭中不再是夫妻二人的世界,而是加入了第三位成员——第一个孩子。随着第一个孩子的出生,家庭结构也会随之发生变化。家庭中原本仅有的夫妻亚系

统,变成了现在的夫妻亚系统、亲子亚系统和父母亚系统等,使得家庭中的各种家庭关系开始变得复杂。复杂的家庭关系使得家庭中需要沟通和协调的问题更多,这也是考验家庭成员间的理解度和信任度的时刻,使家庭心理变得微妙、晦涩、复杂。因此在这一阶段,每一位家庭成员及时调整自己的角色,在合适的情境下扮演合适的角色显得非常重要。

与此同时,有了孩子以后,夫妻之间由浪漫的情感伙伴变为务实的养育伙伴;家庭的业余休闲生活不再以自己为中心,而是时刻要考虑孩子的需要;一部分家庭支出将向孩子倾斜;不能再只为事业而拼命,因为有一个小生命视你的健康、安全和近距离接触为他的安全支柱。有了孩子,家庭出现了"一个中心"和"两个基本点",即形成以孩子为中心、以爱情和事业为两个基本点的三角关系①。因此在这一阶段,家庭成员需要及时调整家庭界限,将孩子纳入系统中。

二、0—3岁儿童和家庭发展任务

(一) 0—18个月儿童发展任务: 建立信任感

这一时期是家庭教育的第一阶段,也是个体心理发展的第一步。孩子开始以自己的方式观察、接触环境,此时横亘在个体心理发展面前的是"信任与不信任"的矛盾。0—18个月的孩子能与主要哺育者建立起安全关系,孩子就会将照护者视为自己的安全基地,以此出发进行探索,并且将其视为自己在疲惫、沮丧或害怕时能够回归的港湾。如果孩子得不到慈爱的护理和细心的照顾,他们会对周围的环境产生不信任感。父母作为本阶段的主体教育者,要细心观察孩子的变化,满足孩子的一切需求,使他能够舒适地进食、安

① 晏红.家庭生命周期与家庭教育系列(之二)为做幸福的父母而准备[J].家长教育,2004(3):34—35.

稳地睡眠、保持温暖，由此孩子会对周围环境产生信任。

信任感源于孩子和妈妈（或者其他主要哺育者）的早期经验。当妈妈情绪稳定或养育环境稳定良好时，孩子就会信任妈妈。一旦开始拥有这种信任，即使妈妈不在跟前，孩子也不会对此感到不安或生气，而是能够维持正面的情绪和自我肯定。父母如果能够为孩子提供亲密稳定的养育环境，满足其基本需求，孩子就会建立对周边环境的信任，同时培养起对未来的正确期待和乐观态度。相反，如果这一时期的需求没有得到满足，经受的负面挫折太多，孩子就会缺乏信任感，而这通常会伴随孩子的一生，对孩子今后的成长发展也存在影响。

（二）18个月—3岁儿童发展任务：获得自主性

这个时期，孩子身体各方面的机能开始得到发展，孩子慢慢能够主导自己的身体，他们在这个阶段学会爬、拉、抓握、放开等一系列动作技能，此时他们想要独立去探索周围的环境。此时孩子通常容易出现不听话、耍赖等异常表现，因而也被人们称为"可怕的两岁"。如果主要养育者可以耐心地对待他们，鼓励他们做一些力所能及的事情，在孩子做错事情的时候也能运用合理的方式和他们进行交流，那么孩子便会顺利地平衡自主与害羞和怀疑的矛盾，获得一种自主感从而形成初步的意志力。自主性源于成就感，这种成就感则来自我们能够掌控自身及抑制个人的欲望和冲动。当父母对孩子的教育恰当时，孩子就能够建立起正确的自信心和自控力。相反，如果父母过度干涉孩子的自主行为，频繁教训孩子，就会使孩子产生羞耻感和自我怀疑。因此，父母在这一过程中应该适当地管教孩子，帮助其建立起良好的自律体系。值得一提的是，父亲的角色这时就显得十分重要，父亲应当耐心地支持孩子离开母亲去探索他们周围的世界，这个世界可能是客厅、餐厅、厨房、厕所等，甚至是公园、社区等等。父亲在带着孩子离开母亲的视野后，再逐渐地让孩子离开自己。这时，一个智慧的母亲应该在安全的前提下尽可能地鼓励孩子"探险"，不对孩子的各种"冒险"行为横加干涉，不应该对孩子显示出的独立倾向感到不安,要明白这是孩子成长必须要走的道路。

综上所述,孩子信任感和自主性的培养来自温和、敏锐的父母养育行为和对冲动进行控制的合理期望。如果孩子在最初三年对养育者没有足够的信任,没有形成健康的个体感,就容易埋下心理失调的种子。在婴儿期没有完成信任和自主任务的儿童,成年后将很难与他人建立起相互信任的关系。他们要么对自己所爱的人过分依赖,要么在遇到困难时怀疑自己的能力。因此,针对0—3岁的儿童,建立信任感、获得自主性是这一时期非常重要的任务。

(三) 0—3 岁儿童家庭发展任务:扮演好父母角色

这一阶段,新爸爸和新妈妈都缺乏为人父母的经验,家庭的主要任务就成了学习如何扮演好父母角色。因此,父母两人所要学习的内容则是一些关于孩子成长所需要的生理学和心理学知识,以及如何调整自己的居家作息时间,以配合婴幼儿的需要;如何重新分配各自所要承担的家务事,调整时间以保证两人都不会有太大的压力;另外,夫妻之间学会沟通在这个阶段非常重要,尤其是对于丈夫而言,要理解在这个阶段的妻子由于生育期过后的特殊生理状况以及抚养孩子造成的压力,往往会出现焦虑和烦躁的心理状况,所以更需要经常和妻子沟通,体贴妻子,协调好家庭内部成员之间的关系,以维持良好的家庭氛围。这种良好的家庭氛围不仅有助于维持整个家庭的发展,对于孩子的身心发展也有着很重要的影响。最后,如果夫妻双方都有工作,需要请祖辈或其他人员来照看孩子,则需要学习如何与对方进行协调,保证双方对孩子教养的一致性。

综上所述,这一阶段家庭的主要发展任务是[①]:(1)重新调整家庭界限,将孩子纳入系统中。一方面,父母需要花更多的时间和精力照顾抚养孩子;

———————————

① 李彩娜,赵然.家庭治疗[M].北京:中国轻工业出版社,2009.

另一方面,夫妻也要注意不要将过多的精力放在照顾孩子身上,而忽略了夫妻双方的感情培养。(2)重新调整家庭分工。有了孩子以后,夫妻在抚养孩子、赚钱和做家务方面也需要一个合理的责任分工。比如在产后,母亲在孩子喂养和陪伴方面责任更重大,父亲则应该在家务和赚钱方面承担更重要的角色。(3)重新调整与原生家庭的关系。在需要的情况下,夫妻要适当地将丈夫或妻子的父母纳入家庭系统中,一方面满足祖辈对孙辈的情感,另一方面祖辈也可以协助夫妻料理家务,照看孩子,使夫妻可以更好地适应新生命降临后的生活。

第三节　0—3岁儿童家庭教育指导内容

一、尽早建立情感联结

当谈到母亲与婴儿之间的关系时,我们常会使用"联结"这个词语,因为婴儿与主要哺育者(尤其是母亲)的情感联结是以后所有人际关系的基础,所以建议主要哺育者(尤其是母亲)要尽早与婴儿接触。随着孩子的成长,父母要认识到陪伴对于孩子成长的重要性,学会建立良好的亲子依恋关系,不用电子产品代替家长陪伴孩子,多与孩子一起进行亲子阅读;学习亲子沟通的技巧,与孩子建立开放的沟通模式;关注、尊重、理解孩子的情绪,合理对待孩子过度情绪化行为,有针对性地实施适合孩子个性的教养策略,培育孩子良好情绪;处理好多子女家庭的亲子关系、子女间的关系,让每个孩子都得到健康发展。

二、发挥家庭各成员的角色作用

对于孩子处于这一时期的父母来说,可能还没有转换好角色,对抚养孩子过程中的困难估计不足,遇到困难和挫折时容易出现焦躁情绪。年轻父母应该知道,抚养孩子是做父母的职责,也是一件耗费精力、财力和时间的事情。

父母作为孩子潜移默化的教育者,这个角色的转换并非要求父母要像学校老师一样有计划、有步骤地对孩子进行规范的教育。在家庭中,教育主要还是随机的生活教育。孩子的主要学习特征是模仿,而最容易让孩子模仿的对象就是父母。通过在生活中观察父母不经意间的动作、言辞、对别人的态度等,孩子会在不知不觉中吸收和消化。有些父母意想不到的因素也会影响到孩子,父母的素质还会以社会化的形式影响或传递给孩子。从这个意义上说,父母的教育角色在很多情况下是对自我的教育挑战和超越,只有自己有了良好的生活态度和积极的心态及行动,孩子的教育才有了榜样和氛围的保证。同时,还要积极发挥父亲在家庭教育中的作用,尤其是孩子出生后,父亲要多抱抱孩子。虽然不能给孩子喂奶,但是父亲可以给孩子换尿布,跟孩子一起玩,还可以给孩子洗澡,等等;同时要了解和发挥祖辈联合教养的正面价值,适度发挥祖辈参与的作用,引导祖辈树立正确的教养理念。

三、父母要善于学习,在了解儿童的基础上进行科学养育

(一)健康哺育

提倡母乳喂养。世界卫生组织在全球提倡的母乳喂养,其意义是多方面的,它既能保证婴儿吸收丰富的物质营养又能促进婴儿的心理健康发展。据研究,母乳喂养大的孩子,一般身体强壮,情绪健康,情感丰富,品行善良。建议新妈妈要加强乳房保健,在产后尽早用正确的方法哺乳;在睡眠、情绪和健康等方面保持良好状态,科学饮食,增加营养;在母乳不充分的阶段采取科学的混合喂养,适时添加辅食。

（二）父母要主动学习儿童日常养育和照料的科学知识与方法①

父母要让儿童多看、多听、多运动、多抚触，带领儿童开展适当的运动、游戏，增强儿童体质。按时为儿童预防接种，培养儿童健康的卫生习惯，注意科学的饮食调配；配合医疗部门完成相关疾病筛查，做好儿童生长发育监测，学会观察儿童，及时发现儿童发展中的异常表现，及早进行干预；学会了解儿童常见病的发病征兆及应对方法，掌握病后护理常识；了解儿童成长的特点和表现，学会倾听、分辨和理解儿童的多种表达方式。

（三）帮助儿童养成良好的生活习惯

良好的生活习惯将会为儿童一生发展奠定基础，婴儿期是儿童行为习惯形成的关键时期。良好的睡眠习惯、饮食习惯、如厕习惯和洗漱习惯是生活习惯培养的主要内容。习惯的形成需要训练，需要时间积累，一旦形成将很难改变。在训练时，父母要注意方法和态度。鼓励孩子做自己可以做的事情，利用婴幼儿喜好模仿的特点，多采用直接示范的方法，激发孩子的主动性和积极性。当孩子控制不好时，不能责骂和惩罚，要耐心、和蔼地给孩子以帮助，否则就会使孩子幼小的心灵，笼罩上一层焦虑和恐惧的阴影。同时，父母要制订生活规则。父母要了解儿童成长规律及特点，并据此制订日常生活规则，按照规则指导儿童的行为；采用鼓励、表扬等正面教育为主的方法，培养儿童健康生活方式。

四、发展儿童动作的灵活性和协调性

婴儿期感知觉和动作的发展都遵循一定的顺序，并具有各自的年龄特点，感知觉和动作的发展在儿童早期发展中占据重要地位，它对扩大孩子认

---

① 《全国妇联、教育部等九部门关于印发〈全国家庭教育指导大纲（修订）〉的通知》（妇字〔2019〕27号），http://www.yueyang.gov.cn/yywomen/53944/content_1535437.html。

识和交往的范围,获取外界信息、形成感性认识和产生个体体验,发展高一级心理能力具有重要意义。要经常抚触、按摩和拥抱孩子,满足孩子皮肤触觉的需要。父母不应急于让刚学会独自坐起的孩子学习走步,而应创造条件引导孩子多练习爬行。父母还可以创造良好的活动环境条件,提供丰富而适宜的刺激,进行符合年龄特点的训练,开展感兴趣的游戏,循序渐进地提出发展要求等,促进孩子感觉动作的发展。父母要创设儿童充分活动的空间与条件,充分利用日常生活环境中的真实物品和现象,让儿童在爬行、观察听闻、触摸等活动过程中获得各种感知经验,促进感官发展。同时,父母要多关注孩子的需求。为孩子提供抓握、把玩、涂鸦、拆卸等活动的机会、工具和材料,用多种形式发展孩子的小肌肉精细动作和大肌肉活动能力;分享孩子的快乐,满足孩子好奇、好玩的认知需要,激发儿童的想象力和好奇心。

五、注重培养儿童的语言能力

1—3岁的儿童,逐步学会了独立行走,与周围环境的接触愈来愈多,视野扩大了,语言也迅速发展起来。1—1.5岁的儿童开始能理解言语和说出几个有意义的单词。1.5—2岁的儿童能说简单句,他们开始能和父母交谈生活情节中的一些事件。2—3岁时的儿童,复合句开始得以发展,在成人的教育指导和帮助下,他们已经基本掌握了言语。这时候他们不但能理解成人的简单语言,自己也能够以言语与成人交往,尤其喜欢向长辈不停地询问。父母对此不应表示厌烦,而应多给孩子言语交往的机会,并且可以通过歌谣和讲故事,来训练孩子的语言能力。[1] 父母要为孩子创设宽松愉快的语言交往环境,通过表情、肢体、语言等多种方式与孩子交流;提高自身语言表达素养,为孩子提供良好的言语示范;为孩子的语言学习提供丰富的机会,运用多种方法

---

[1] 《全国妇联、教育部等九部门关于印发〈全国家庭教育指导大纲(修订)〉的通知》(妇字〔2019〕27号),http://www.yueyang.gov.cn/yywomen/53944/content_1535437.html。

鼓励孩子表达；积极回应孩子，鼓励孩子之间的模仿和交流。

六、父母要帮儿童做好入园前的准备工作

未能做好孩子入园前准备工作将会影响孩子参与幼儿园活动，不利于孩子身体健康成长和智能、情感、社会性的正常发展。一些孩子入园后在亲子分离、作息时间、生活自理、师生沟通、伙伴交往、集体活动、规则遵守等方面出现诸多不适应，这正是由于父母对幼儿园教育不了解，对入园前的准备工作不重视，必要的家庭准备工作不到位而产生的不良影响。父母要认识孩子社会性发展的重要性，珍视幼儿园教育的价值。[①] 入园前，父母要有意识地培养儿童一定的生活自理能力及对简单规则的理解能力；入园后，父母要与幼儿园教师积极沟通，共同帮助儿童适应幼儿园环境，平稳度过入园分离焦虑期。

第四节 0—3岁儿童家庭教育指导专题

一、做好产后心理的调整

经历了分娩，孩子终于顺利出生，这是母亲生命中最重要的时刻。这时的母亲会发现自己很难入眠，满脑子想的都是孩子。产后也会出现一些难以控制的心理状况，例如心情变得难以把握、落寞、脾气失控、不胜负荷、沮丧、抑郁、爱哭等。这些通常是由生活和激素水平突然改变所引起，是一个比较普遍的现象。专家估计大概有半数的产后女性会出现或多或少的心理异常状况，而这些状况将随着时间的推移和他人的帮助而逐渐得到缓解。

[①]《全国妇联、教育部等九部门关于印发〈全国家庭教育指导大纲（修订）〉的通知》（妇字〔2019〕27号），http://www.yueyang.gov.cn/yywomen/53944/content_1535437.html。

如果母亲在产后遇到这样的异常心理状况,可以告诉丈夫以及身边的亲人,请求他们的帮助。也可以寻求专业人士的帮助,或者参考相关书籍。同时还要多善待自己,补充睡眠,多休息。

二、母乳喂养更有助于婴幼儿的健康发展

(一)母乳喂养对婴儿有诸多好处

1. 母乳喂养让宝宝更聪明

母乳中有诸多有益的成分:它富含对大脑和视力发育至关重要的不饱和脂肪酸,而且它自带脂肪分解酶,使得脂肪能够充分吸收;它是一种特殊蛋白质,里面含有容易消化的乳清蛋白,不会对宝宝的肠胃和肾脏造成额外的负担,即"代谢负荷过重"。另外,母乳中含有大量牛磺酸,是大脑发育重要的营养物质;母乳中含有更多的乳糖,使得它不仅香甜、易于消化,而且更符合婴儿大脑发育的需要;母乳中有更多生物利用率非常高的维生素和矿物质。

研究显示,相较于配方奶喂养,母乳喂养的宝宝平均智商更高,并且这种优势和母乳喂养时间呈正相关。相关研究显示,母乳喂养的孩子相比配方奶喂养的孩子表现出明显的认知优势;不论是在1—2岁的智力发育测试、学龄前的各项智力测试,还是10岁时在校考试之中,他们都能得到更高的分数。此外,很多研究表明,在婴儿出生后的第一年里,母乳喂养时间越长,配方奶吃得越少,宝宝的智商或者学习成绩就越高。

除了提供与宝宝视力和大脑发育相关的营养物质之外,哺乳时母亲更能以宝宝为中心进行较多的母子互动,这也是母乳喂养的好处之一。

2. 母乳喂养让宝宝更健康[①]

母乳不仅可以预防很多疾病,而且可以治疗很多疾病,因为母乳像血液

---

① 鲍秀兰,等.0—3岁儿童最佳的人生开端[M].北京:中国妇女出版社,2020.

一样是活性物质，每一滴母乳中含有100万个白细胞，因此母乳也被称为"白色的血液"。

（1）初乳。在出生后最初的几天里，新生儿容易受到细菌感染。初乳不仅含有很多的白细胞和其他抗感染物质，更重要的是含有更多的抗体。这些抗体覆盖在未发育好的肠壁上，防止细菌渗透到血液中。

（2）填补免疫空当期。宝宝出生后6个月内，从母体获得的抗体逐渐消耗，自体产生有限，和配方奶相比，母乳中的抗体和白细胞正好弥补这个空当。

（3）不断更新宝宝的免疫力。母婴同时接触同样的病菌，与宝宝尚未发育完全的免疫系统相比，母亲完善的免疫系统可以及时反应并且产生抗体，再通过母乳传递给宝宝，帮助宝宝战胜病菌。

（4）易进易出。母乳中含有大量的酶，因此宝宝容易消化和吸收，同时大便也不会臭不可闻。

（5）吐奶较少。配方奶产生的硬块酪蛋白较难消化，在胃里清空的时间是母乳的2倍，因此宝宝易吐奶。

（6）较少腹泻和便秘。母乳有利于肠道内益生菌的生长，尤其高乳糖有利于双岐乳杆菌的生长，因此宝宝较少患消化道疾病。

（7）预防过敏。初生宝宝的肠道像筛子，潜在的过敏原能够透过肠壁进入血液引发过敏，母乳中含有的抗体可以对宝宝的消化道进行封闭保护。同时，母乳中还含有表皮生长因子，可以促进宝宝肠道黏膜的生长。

（8）减少中耳炎的发生。这和过敏有关。豆类或牛奶导致过敏可能会造成宝宝中耳内液体堆积，弄湿鼓膜的同时为细菌繁殖提供了条件。很多语言发育迟缓的宝宝都有中耳炎频繁感染的经历。

（9）预防婴儿猝死。近期理论表明，婴儿猝死可能是由于睡得太沉，在呼吸暂停的几秒内没能及时醒来，而母乳喂养儿不会睡得过沉。

（10）降低心血管疾病的发生。由于母乳中胆固醇含量较配方奶中高，婴儿肝脏可以代谢胆固醇,长大后血液中胆固醇含量反而低,心血管疾病发生率较低。

（11）预防糖尿病发生。研究表明,母乳喂养宝宝体内胰岛素水平显著高于配方喂养儿,可以有效预防糖尿病的发生。

（12）减少日后打呼噜和睡眠呼吸暂停的问题。这源于母乳喂养的宝宝鼻腔较大。

3. 母乳喂养让宝宝有更好的外形和心态

（1）不容易超重。母乳中的脂肪多为不饱和脂肪酸,母乳中的热量也会随着宝宝的发育阶段而发生变化,6—12个月母乳中的脂肪含量会逐渐降低,因此,母乳喂养的宝宝不容易超重。

（2）更好的外形①。母乳中的钙质最容易吸收,因此吃母乳的孩子骨骼发育较好。而好的容貌与骨骼的发育有很大的关系,因为骨骼的发育决定脸型和体形。在一项研究中,仔细测量 327 个人的脸部骨骼,发现他们骨骼发育的情形与婴儿哺育母乳的时间长短有关。结论是:出生后 6 个月内吃母乳可以决定日后的脸型。研究指出,吃母乳的孩子必须用力吸吮,脸部的肌肉运动量大,因此脸型比喝配方奶的孩子发育得更好。

（3）让宝宝更有安全感。宝宝躺在妈妈的怀里吮吸母乳,能够让宝宝感到平静、安全和满足,有助于宝宝更勇敢地探索周围的世界,也有利于宝宝身心健康与亲情培养,这些都对宝宝以后的人格发展有着重要作用。

（二）母乳喂养对妈妈有诸多好处

母乳喂养对妈妈也有着很多好处②。第一,亲喂母乳可以帮助产妇子宫收缩,使子宫早日恢复正常,减少乳母乳腺癌或卵巢癌等疾病的发生。第二,对于妈妈来说,母乳喂养可以帮助她尽快减去孕期所增加的体重,恢复

---

① 鲍秀兰,等.0—3岁儿童最佳的人生开端[M].北京:中国妇女出版社,2020.
② 鲍秀兰,等.0—3岁儿童最佳的人生开端[M].北京:中国妇女出版社,2020.

到正常的状态。从经济与节约的角度来说，母乳喂养可以减少家庭在配方奶上的一些经济开支。第四，母乳喂养简单省事。母乳常保持合适的温度，不必像人工喂养那样花更多的时间购买配方奶、清洗消毒奶具等。第五，能使母亲心情更加放松，因为刺激乳汁分泌的催乳素对抗压力和催眠很有效果。

（三）母乳喂养有利于母性的形成

当女性知道自己怀孕以后，身体和心理就开始为做妈妈而准备了。分娩之后，便是做妈妈的开始。每当孩子想要喝奶的时候，妈妈都应当把孩子抱起来，并进行哺乳。通过哺乳和照料，让女性自然而然地形成了母性，让女性逐渐转变成为一位真正的母亲。

综上所述，母乳喂养有诸多好处。一方面，母乳为婴儿提供了所需的所有营养、热量、蛋白质、脂肪。并且，初乳中所包含的重要抗体也为婴儿对抗各种感染、病毒、疾病提供了保护。另一方面，母乳喂养对于母亲的健康也有重要益处。比如促进子宫更快恢复、减少分娩后的出血量、快速恢复身材、有效降低患卵巢癌和乳腺癌的风险等等。

三、多让婴幼儿接触水、阳光和空气[①]

父母要开展三浴锻炼，满足婴幼儿接触外界的感官体验需求。足够的户外阳光浴和空气浴使婴幼儿身体更健康、强壮，还能促进婴幼儿智力发展和良好情感的形成。父母须摒弃错误的育儿观念和陋习，保持居室空气新鲜；保证孩子每天 1—2 个小时的户外活动，利用空气和日光锻炼身体；从孩子的

---

① 《上海市精神文明建设委员会、上海市教育委员会、上海市妇女联合会关于印发〈上海市 0—18 岁家庭教育指导内容大纲〉（试行）的通知》（沪教委德〔2009〕28 号），http://www.xuhui.gov.cn/h/xhxxgkN/xhxxgk_jyj_bmwj_bmwj/Info/Detail_2782.htm。

实际情况出发,尽量早开展三浴锻炼,但要循序渐进地进行;选择安全、合适的场地进行,掌握适宜的时间和温度,并及时观察和了解孩子的情况,预防意外事故发生。

四、及时培养婴幼儿良好的日常生活习惯[①]

婴幼儿生活习惯的培养主要包括良好的睡眠、饮食、排便及卫生习惯的养成。婴幼儿良好习惯的养成,能为其一生发展奠定基础。良好的睡眠习惯,有利于婴幼儿的大脑和身体发育;良好的饮食习惯,能保证婴幼儿摄取足够的营养和正常的生长发育;良好的排便习惯,对于婴幼儿正常的饮食、睡眠等都很有好处;良好的卫生习惯,能增进婴幼儿的基本生活自理能力。父母要积极为孩子树立良好的榜样,用自己的言传身教影响孩子;创设有利于良好生活习惯形成的环境,如创设安静温馨的睡眠、进食环境,利用日常生活各环节进行随机教育,采用鼓励表扬的正强化教育措施等。

五、积极支持婴幼儿的爬行活动[②]

爬行对婴幼儿的身体和智力发育都非常重要。父母需了解爬行能促进婴幼儿全身肌肉与大脑的协调发展,能锻炼婴幼儿的触觉、听觉、视觉等感觉器官,有助于其方位感和距离感的建立,同时能满足婴幼儿用自己的手脚去接触、探索世界的内在需求。父母可以运用各种方式逗引、支持婴幼儿爬行;

---

① 《上海市精神文明建设委员会、上海市教育委员会、上海市妇女联合会关于印发〈上海市 0—18 岁家庭教育指导内容大纲〉(试行) 的通知》(沪教委德〔2009〕28 号),http://www.xuhui.gov.cn/h/xhxxgkN/xhxxgk_jyj_bmwj_bmwj/Info/Detail_2782.htm。
② 《上海市精神文明建设委员会、上海市教育委员会、上海市妇女联合会关于印发〈上海市 0—18 岁家庭教育指导内容大纲〉(试行) 的通知》(沪教委德〔2009〕28 号),http://www.xuhui.gov.cn/h/xhxxgkN/xhxxgk_jyj_bmwj_bmwj/Info/Detail_2782.htm。

为婴幼儿创设一个安全、卫生的爬行环境；从婴幼儿的实际出发，确定适宜的爬行时间和距离；给婴幼儿穿着适宜爬行的服装；爬行后及时帮助婴幼儿洗手、整理服饰、喝水、补充食物并给予精神鼓励。

六、支持婴幼儿的探索行为

随着婴幼儿粗大动作和精细动作的发展，婴幼儿的动作技能得到提高，他们开始进行诸多的探索行为，因此父母要多支持婴幼儿的探索行为。例如"涂鸦"、拆卸等行为，因为这是婴幼儿进行想象的手段，是发展想象力的途径，能促进婴幼儿思维的发展，是开发婴幼儿智力的重要方式。在生活中，父母要为婴幼儿提供"涂鸦"、拆卸的活动空间，给婴幼儿准备足够安全的工具材料，引导并陪伴他们进行"涂鸦"、拆卸行为，鼓励婴幼儿在安全范围内进行更多的勇敢探索。

七、多与婴幼儿进行语言交流

0—3岁正是婴幼儿牙牙学语的关键时期，是培养孩子口语交际能力的重要阶段。这一阶段的婴幼儿具有与成人语言交流的需要，父母要积极回应婴幼儿的言语需求，为婴幼儿提供正确的口语示范。同时，父母要为婴幼儿的语言学习和模仿提供充裕的环境条件，利用生活中的一切机会，让他们多听多说，运用多种方法（如游戏法）积极逗引、鼓励婴幼儿开口说话[1]。良好的心理、物质环境的创设是促进婴幼儿语言发展的重要条件，表2-3提供了一些策略作参考。

---

[1]《上海市精神文明建设委员会、上海市教育委员会、上海市妇女联合会关于印发〈上海市0—18岁家庭教育指导内容大纲〉（试行）的通知》（沪教委德〔2009〕28号），http://www.xuhui.gov.cn/h/xhxxgkN/xhxxgk_jyj_bmwj_bmwj/Info/Detail_2782.htm。

表2-3　促进婴幼儿语言发展的策略

策略	结果
以言语和词对咕咕声和咿呀语作出反应。	鼓励孩子试着发音,这些发音后来会融入最早说出的词的发音中去。
和孩子一起注意孩子看到的事物并评论。	能预测较早的说话和词汇的快速发展。
玩拍手游戏和躲猫猫等社会性游戏。	提供轮流说话的经验。
鼓励孩子玩假装游戏。	促进会话能力的发展。
鼓励孩子多交谈。	可以预测婴儿期语言的快速发展和学习成绩良好。
经常给孩子读书,就书的内容展开对话。	可提供各种语言环境,包括词汇、语法、交往技能和有关书写符号、故事结构的知识。

八、进行适合婴幼儿的"早期阅读"

早期阅读能给予婴幼儿脑部良性的刺激,促进婴幼儿大脑更好地发育。2—3岁的婴幼儿已经开始出现早期阅读的兴趣和行为,这时父母应为婴幼儿选择合适的阅读内容和材料,例如:图画色彩丰富的书籍、故事简单有趣的阅读内容、婴幼儿自己感兴趣的阅读材料等等。同时,建议父母每天在固定的时间段与婴幼儿一起进行亲子阅读。亲子阅读能使父母与婴幼儿的情感得到沟通,增进良好的亲子关系,对婴幼儿人格的良好发展也非常有益。

九、正确应对婴幼儿的"第一反抗期"

婴幼儿在2岁前后,开始进入"第一反抗期",表现为调皮、任性、爱走极端,故意做成人禁止做的事。"第一反抗期"是婴幼儿心理发展的必经阶段,也是婴幼儿成长的标志①，父母需做好相应的心理准备和应对策略。父母首先要理解婴幼儿，尊重婴幼儿，不轻易干涉，以平等姿态，征询孩子的意见；其次，相信孩子，满足他们的好奇心和合理要求；第三，采取讲道理、转移注意、冷处理等方法终止孩子的不合理要求；第四，把握自己的言行，做孩子的榜样。

十、鼓励婴幼儿的社会交往

婴幼儿也有交往的需求，交往是个体不可缺少的社会化学习的重要内容，婴幼儿良好的心理素质也是在交往中逐渐形成和发展起来的②。所以父母要利用各种机会，多与婴幼儿交往，教授其一些基本的交往技能。鼓励婴幼儿邀请玩伴到家里做客，学做"小主人"。父母还要多带婴幼儿走出家门，与各种对象进行交往，帮助婴幼儿学习处理交往过程中发生的冲突等等。

第五节　0—3岁儿童家庭教育典型问题

一、母乳喂养的时长

问题一：母乳喂养多久比较合适？

国际上很多权威机构都有"母乳喂养应该持续更久"的建议。美国儿科学会建议，只要妈妈和宝宝愿意，母乳喂养应该持续一年以上。世界卫生组

---

① 《上海市精神文明建设委员会、上海市教育委员会、上海市妇女联合会关于印发〈上海市0—18岁家庭教育指导内容大纲〉（试行）的通知》（沪教委德〔2009〕28号），http://www.xuhui. gov.cn/h/xhxxgkN/xhxxgk_jyj_bmwj_bmwj/Info/Detail_2782.htm。
② 《上海市精神文明建设委员会、上海市教育委员会、上海市妇女联合会关于印发〈上海市0—18岁家庭教育指导内容大纲〉（试行）的通知》（沪教委德〔2009〕28号），http://www.xuhui. gov.cn/h/xhxxgkN/xhxxgk_jyj_bmwj_bmwj/Info/Detail_2782.htm。

织则建议,婴儿在 6 个月(180 天)时开始接受辅食,并继续母乳喂养至 2 岁或以上。总而言之,母乳喂养无论是对妈妈还是宝宝都是最好的选择。只要妈妈愿意喂,宝宝愿意喝,母乳喂养到什么时候,都可以!

二、婴幼儿的需求要立即回应

问题:孩子一哭到底要不要马上抱?

家里老人都说,经常抱孩子,会把孩子宠坏,以后有的累! 孩子哭了,到底要不要马上抱?

对于婴幼儿来说,安全感是他最需要的。特别是对于 1 岁以内的宝宝来说,他们还不会很好地用语言表达自己,哭泣是他们表达内心需求的一种诉说。如果一次次等不到爸爸妈妈的回应,会阻碍他们安全感的建立,对孩子的身心造成一定的伤害。所以,我们建议,父母要"无条件地及时回应"孩子,这对他们建立安全感是非常有帮助的。抱他,并不会宠坏他,而是在帮助宝宝,成为一个更好更健全的人。

三、光脚可以促进孩子的大脑等感知觉的发育

问题:到底要不要让孩子光脚?

我看书上说让孩子光脚可以促进孩子的大脑等感知觉的发育,但是每次孩子奶奶见到后都会在后面追着穿袜子,奶奶说孩子寒从脚入,受凉对孩子身体有危害,到底该听谁的?

可以让孩子光脚,光脚对孩子有诸多好处:(1)刺激神经末梢发育。宝宝的双脚分布着丰富的神经末梢,是重要的触觉感受部位。光脚行走,宝宝就能感受到不同质感的地面传来的刺激,更加有助于刺激触觉神经的发育,促进他们的感官和大脑建立联系,从而完成各种精细动作。这样,身体会更

灵活,更协调,宝宝也就更聪明、更敏捷。(2)让宝宝更好地学会走路。在孩子会走路之前,不用买学步鞋,因为走路是自然发育的结果,不是靠学步类产品学出来的。光脚走路却能让宝宝用脚掌"抓地",随时感受地面的高低变化,这样走路会更稳,妈妈们也可以随时观察宝宝的站姿和走姿是否正常。小脚不用受到鞋子的束缚,脚形也可以自然长成,预防宝宝扁平足和脚内翻、外翻等。所以,对于学步期的孩子,光脚学走路最好。(3)增强孩子体质。光脚可帮助宝宝的脚正常发育,更有利于肌肉组织的生长,控制脚趾的活动发育。而且宝宝光脚时束缚是零,能够自由活动,这样也可以锻炼宝宝的踝关节,增强踝关节的灵活性,避免摔倒。

不过,给孩子光脚也有一些注意事项。(1)室内光脚,注意防滑。宝宝光脚时,妈妈们一定要确保地面安全,没有异物,有没有水渍。另外,地面要打扫干净,宝宝玩了一段时间后,也要及时清洗,免得孩子吃脚抠脚再吃手。(2)空调房里光脚,温度适宜,不直吹。夏季房间里一般都会开空调。如果宝宝是光脚的,妈妈们就要注意把控空调的温度,不要让空调的风口直接对着宝宝吹。注意温度控制在24℃—26℃。(3)孩子不爱光脚也不要勉强。当然,也不是所有的娃都喜欢光脚,如果孩子不愿意也不要勉强,孩子舒心最好。

总之,让宝宝适当光脚有利无害,妈妈们更是无须担心。

(案例来源：丁香医生公众号)

四、把握三个关键点,做好英语启蒙

问题：孩子几岁开始学英语好？

我自己学生时代英语不好,比较在乎孩子的英语,几岁做英语启蒙比较好,家长该怎么做？

孩子几岁开始学英语并没有固定的答案,但是要把握好三个关键点：

一、要把握 2—4 岁敏感期。对中国孩子来说,2—4 岁就是英语启蒙的敏感期。特别是口语,受年龄影响最深。越早接触外语,孩子越容易掌握标准的发音。

二、在家投入固定的英语学习时间。孩子学得快,忘得也快。要达到理想的效果,需要每天都保证一定时间的学习。而传统幼儿园、课外班没法达到这个频次。所以,最合适的学习环境,无疑还是在家庭。

三、在理解的基础上给孩子输入。学习英语不是简单地让孩子去听去看,更重要的是和孩子使用英语进行教学和交流。比如我们经常会用到的互动游戏、亲子共读等等,都可以加深孩子对语言的理解。

五、妻子在和丈夫分配家务时要讲究技巧

问题:父亲缺位怎么办?

自从有了孩子后,每天的生活都是打仗一般,既要准备三餐又要照顾孩子,老公却根本不帮忙,我快要疯了。父亲缺位怎么办?

孩子身上一半的基因来源于爸爸,因此爸爸们在养育孩子这件事情上也应该付出相应的责任。对孩子付出过少,这在现代文化上并不占理。无论怎么说,育儿和家事必须由夫妻双方共同承担。同时,妻子在和丈夫分配家务时也要讲究技巧。盲目地抱怨自己辛苦并不能有效解决问题,反而会伤害彼此的感情。

第一,要客观明确地看待当前遇到的问题。是事情太多时间不够,还是希望有人帮助自己,或是遇到了用钱解决不了的问题?要对此进行梳理。接着要计算自己每天投入在每件事情上的精力,看看工作和家务各需要花费多少时间才能处理完,将花在孩子和自己身上的时间成本记录下来。这样就能一眼看出,究竟在哪些部分付出的时间不够多。例如睡眠时间不足,哪怕是在周末晚上也应该拜托丈夫帮忙照顾照顾孩子,使自己能放下一切去补充睡眠。

第二,理清了问题所在,接下来就需要按照重要程度给自己手中的事情排序。家务事、工作、陪伴孩子、提升自我、休息。要想清楚这些事情的先后

顺序，什么才是自己必须做的。如果认为陪伴孩子才是首要的，那么即使没有很好地完成工作和家务事，也不必感到不安。

第三，给丈夫分配任务时，要多将男人擅长的事情交给他们，这样才能提升效率。男人们重视目标，如果看不到事情的必要性和成果就无法产生做的动力。因此他们会对女人整天闲聊感到不耐烦。他们希望自己占据主导，如果事情从头到尾都在自己的计划和掌控之中，男人们就会充满干劲。相反，男人们很难理解孩子们的需求，对待育儿这个陌生领域更是提不起兴趣。因此在分配任务时，与其让男人们承担家务事，不如安排他们带孩子去公园玩耍。如果要吩咐他们做家务，就需要划定好具体的范围，让他们自己安排如何完成。要多多称赞丈夫，告诉他"多亏了你带孩子去公园玩，我才能把堆着的事情全部解决了，谢谢你"，让他们知道自己为解决问题提供了很大帮助，从中获得成就感和满足。

第四，不要过于绝对地对半分配任务。"衣服是我洗的，卫生当然就该由你来打扫，这样才公平"，说这样的话只会引起争吵。在共同作业时，时常需要抱着我多做一点，让对方轻松一点的念头，才能真正算得上某种公平。"在育儿和家务上，丈夫已经算是帮了很多的忙"，拥有这样的心态才能找到双方协商的平衡点。丈夫们同样如此。要知道尽管自己已经提供了很多的帮助，但最辛苦的仍然是妻子。

第五，妈妈们不仅可以依靠丈夫，还可以请求双方父母、兄弟姐妹、朋友等的帮助。实在不行还可以雇用保姆帮忙。需要再次强调的是，只有妈妈们感到舒适孩子才会变得更加幸福。

六、帮助孩子成为一个独立的个体

问题：孩子突然很黏人，怎么办？

孩子 4 岁了，最近突然变得很黏人。白天特别需要我抱抱她，晚上睡觉

也一定要我陪在旁边，一刻不离。4 岁之前她可不是这样，怎么好像突然倒退了一样？

　　从儿童心理发展的角度来说，这一时期的孩子开始进入一个新的阶段。在这之前，孩子更多地把自己和妈妈看成一体，孩子通过密集的联结从妈妈那里吸收安全感。在这之后，孩子的自主性、独立性开始发展，他开始脱离重要哺育者，尝试成为一个独立的个体。在被强烈独立意识召唤的同时，又要面对与重要哺育者分离的焦虑，非常的反复与矛盾。所以，作为家长要理解孩子这一时期的特点，当孩子提出黏人的要求时，妈妈尽量满足孩子就好。当孩子得到安全了，内心才会自然而然地生出一股力量，勇敢地去成为一个独立的个体。

第三章
3—6岁儿童的家庭教育指导

第一节　3—6岁儿童主要身心发展特点

这个年龄段的儿童处于身心发展的黄金时期,是儿童身心快速发展的时期,具体表现在以下五个方面。

一、身体发育

3—6岁的儿童在身高、体重、营养、神经、动作技能等方面获得较大发展,充足的营养对这一时期的儿童健康和发育至关重要。这一时期儿童平均每年长高5—7厘米,体重增加2.5千克。儿童的身体比例也会发生变化,相对于身体其他部位,头部尺寸变小,上半身和腿变长,肚子更加扁平,身体也更加修长。同时,3—6岁期间大脑的发育可以帮助儿童更加全面地融入群体环境。在粗大动作和精细动作的发展方面,到了3岁左右,儿童可以自己穿鞋、扣纽扣、洗脸洗手等等,他们还可以用勺子吃饭;到了4岁左右,他们可以独立穿裤子和衣服、刷牙、系鞋带;到了5—6岁左右,大部分儿童可以很好地控制精细动作,他们能自己倒饮料,自己吃饭,而且不会撒出来。他们还可以自己系鞋带、扣纽扣、拉拉链,他们也可以比较准确地使用铅笔、剪刀和其他工具。

3—6岁儿童动作技能发展的总体情况如表3-1所示。

表3-1 3—6岁儿童动作技能发展情况

年龄	动 作 技 能
3岁左右	上下楼梯、踢球、自己吃饭、原地跳、举手过肩去投球、控笔有所进步、能搭积木、能手端一杯液体走路而不过量洒出、能扣纽扣、拉拉链、会洗手擦手等。
4岁左右	单脚跳、爬台阶、跑、能将黏土塑性、有目的地涂和画、能比较准确地用锤子敲打钉子、能串珠等。
5岁左右	能后退走、在没有帮助的情况下上下楼梯、会走平衡木、能熟练骑车并控制方向、很好地控笔等。

二、语言发展

随着额叶的发育,幼儿在学习语言方面取得了重大进展。3岁以后,儿童的词汇量迅速增长,他们也会吸收在生活中所听到的语言结构和语法,并开始逐渐明确词义并有一定的概括性,基本上掌握了各种语法结构,并可自由地与他人交谈。随着词汇量的增加,这一时期的许多儿童能够很快学会用语言表达自己的思想、需要与感情。

三、思维发展

这一时期,儿童的思维逐渐由直觉行动思维向形象思维过渡。直觉行动思维是指直接与物质活动相联系的思维,这种思维在2—3岁的儿童身上表现得最为突出,他们常以外部相似点为依据进行直觉判断。而形象思维是介于直觉行动思维和抽象逻辑之间的一种过渡性思维。比如,在两个完全一样的烧杯中倒入同样多的液体,问孩子"两个杯子中的液体是不是一样多",孩子通常回答"一样多"。然后,让儿童将一个杯子中的液体倒入另一个更高更细的杯子,再问孩子,这时孩子的回答大多是"更高的烧杯里的液体更多"。由此可以明白,这一时期的儿童习惯用直觉行动思维,并且容易被误导。但是随着孩子年龄的增长和生活阅历的丰富,他们能逐渐意识到直觉行动思维不足以解释身边的事情,由此形象思维也逐步发展起来。

四、社会交往

这一时期的儿童喜欢与同伴一起玩,且玩伴的数量随着年龄而增加。但是,他们的玩伴关系不够稳定且经常变化。儿童选择玩伴时开始显现出性别偏好,他们倾向于与同一性别的伙伴玩耍、交往。此外,他们能更好地控制自己的情绪,并开始有能力处理较为复杂的情绪问题。

五、个性发展

这个阶段是儿童个性形成的关键时期,他们的自我独立意识增强,开始表现出一定的兴趣、爱好、脾气等个性倾向。他们开始体验到一个新的现实世界,并想知道该如何与周围世界进行互动,从而让自己成为一个独立的个体。所以,他们开始尝试把自己从精神上与父母区分开来,逐步确认"我是谁"。为了获得这一答案,他们会通过角色扮演或在各种游戏中寻找自我,从而形成自我。儿童在此阶段开始形成自己最初的个性倾向并会在一生中都保留其痕迹,因而这一时期在人的心理发展中具有重要作用。父母应十分注意对这一时期的孩子进行个性的培养与引导。

第二节　3—6岁儿童家庭的主要发展特点与发展任务

一、3—6岁儿童家庭的主要发展特点

这个阶段从孩子3岁开始,到孩子6岁为止。这个阶段中,父母进入而立之年,也是家庭生命中最具有活力的阶段。父母身强力壮、精力充沛、事业刚有起色,父母有很强的反思能力和教育欲望。同时,孩子逐渐长大,开始发展出自己特有的个性和人格,并开始尝试生理上的独立,孩子的人格特质也逐渐显现。

二、3—6岁儿童和家庭发展任务

(一)3—6岁儿童发展任务:发展主动性

这个阶段的儿童总是非常以自我为中心,充满热情和竞争意识。任何事情都想亲自尝试,并且认为自己的想法是绝对正确的。因为,随着儿童运动机能和智力的发展,他们逐渐开始能够掌控自己的身体,对周围的世界充满好奇,有较强的探索欲望。在这个阶段,如果儿童能够正确地表达自我、主导局面,他会成功积累起经验,从而开始拥有主动性。反之,如果儿童没有获得表达自我意见的机会,或在试图展现自我时受到挫折,就会变得消沉,对自己的行动感到内疚,无法很好地发挥自身潜能。所以,孩子处于这一时期的父母要给予孩子支持、鼓励和引导,鼓励孩子接触世界,探索世界,发展主动性。

(二)3—6岁儿童家庭发展任务:接纳孩子的人格特质

这是学龄前孩子的家庭阶段,这一阶段,孩子在说话、走路等基本的生理

方面已经趋于成熟,精力旺盛,并且开始萌发自身特有的个性和人格,好奇心和兴趣都十分广泛。家庭在这一阶段的主要任务就是接纳孩子的人格特质。对于父母而言,这一阶段所应该学习的最重要一点,就是要呵护好孩子的蒙昧童年。蒙昧不是无知,而是一种潜力巨大有待开发的状态。父母在这一阶段需要学习如何对孩子进行良好的启蒙教育。一方面,要给予一定的教育以促进孩子的身心发展,为以后打下基础;另一方面,不能将教育的火烧得过旺,揠苗助长地给孩子灌输过多的知识技能。所以,这个阶段的父母所要学习的,就是如何调整自己对孩子的期望和对孩子的启蒙教育之间的关系,保护好孩子身心发展的自然力量。

第三节　3—6岁儿童家庭教育指导内容

一、培养儿童朴素的爱国情感

父母要通过和儿童一起外出游玩、观看影视文化作品等多种形式,让孩子了解有关家乡、祖国各地的风景名胜、著名建筑、独特物产等,适时向儿童介绍国旗、国歌、国徽的含义,带领儿童观看升国旗、奏国歌等仪式,培育儿童对家乡和祖国的朴素情感。[①]

二、帮助儿童养成各种良好的行为习惯

首先,要养成儿童良好的饮食习惯。父母要根据儿童的个人特点,寻找科学合理又能被儿童接受的饮食方式;科学搭配儿童饮食,做到营养均衡、比

[①] 《全国妇联、教育部等九部门关于印发〈全国家庭教育指导大纲(修订)〉的通知》(妇字〔2019〕27号),http://www.yueyang.gov.cn/yywomen/53944/content_1535437.html。

例适当、饮食定量、调配得当,科学管理儿童的体重。家庭中给孩子调配饮食的原则是饭菜多样化,组成"平衡膳食",使食物供应在物质上能满足幼儿对各种营养的需求。[①] 其次,要养好良好的睡眠习惯。这一时期儿童的神经系统发育尚未完善,大脑皮层神经细胞的耐力小、容易疲惫,需要睡眠的时间较长。最后,要有意识地培养儿童生活自理能力和劳动意识。要鼓励儿童做力所能及的事情,学习和掌握基本的生活自理方法,参与简单的家务劳动,在生活点滴中启发儿童的劳动意识,保护儿童的劳动兴趣[②]。这一阶段的儿童既是养成良好习惯的关键时期,也是容易沾染不良习惯的危险期。好习惯是经过不断重复和反复练习才形成的,所以父母对儿童行为习惯的形成要有决心、有耐心和有信心。

三、注意保护儿童的好奇心和求知欲

(一)丰富儿童的感性经验[③]

父母要重视生活的教育价值,为儿童创设丰富的教育环境,带领儿童关心周围事物及现象,多开展接触大自然的户外活动,如参观科技馆、博物馆、美术馆等,开阔儿童的眼界,丰富儿童的感性经验。同时,要尊重和保护儿童的好奇心和学习兴趣,支持和满足儿童通过直接感知、实际操作和亲身体验获取经验的需要,避免开展超出儿童认知能力的超前教育和强化训练。

(二)注重儿童语言能力方面的发展

父母应遵循儿童语言发展的特点进行培养。父母要帮助儿童掌握丰富

---

① 《全国妇联、教育部等九部门关于印发〈全国家庭教育指导大纲(修订)〉的通知》(妇字〔2019〕27号),http://www.yueyang.gov.cn/yywomen/53944/content_1535437.html.

② 《全国妇联、教育部等九部门关于印发〈全国家庭教育指导大纲(修订)〉的通知》(妇字〔2019〕27号),http://www.yueyang.gov.cn/yywomen/53944/content_1535437.html.

③ 《全国妇联、教育部等九部门关于印发〈全国家庭教育指导大纲(修订)〉的通知》(妇字〔2019〕27号),http://www.yueyang.gov.cn/yywomen/53944/content_1535437.html.

的词汇，理解词义，确切地运用词语组成最简明的语句，使儿童能正确、熟练地表达自己的思想。要多给儿童语言刺激，丰富儿童的生活经验，为儿童树立学习语言的榜样。父母需要有意识、有计划、有目的地对孩子进行语言能力的培养。

我们建议父母从提供儿童宽松的语言环境、拓展生活经验、引导孩子阅读等方面促进儿童语言的发展。首先，在提供宽松的语言环境方面，父母要尽量让孩子爱说、有机会说，并用鼓励的眼光看着，给予积极回应，适时用简洁的语言提炼孩子的请求或描述。其次，在拓展生活经验方面，父母要多带孩子到大自然中去，丰富的环境和活动可以丰富孩子的语言。比如，春天来了，带孩子到野外踏青、赏花，让孩子描述春天的景象，有了感性经验，孩子的讲述会更加丰富；父母要带孩子走出家庭，增加孩子的交往，丰富孩子语言交往的经验。最后，在阅读中发展孩子的语言方面，父母要在家庭教育中为孩子创设良好的阅读环境，开展多种形式的亲子共读活动。家中要有孩子的书柜，方便孩子拿取。要多引导孩子阅读，父母也要做示范，创造每日相对固定的亲子共读时间。这个时间可以安排在睡觉前，周围环境比较安静，父母和孩子都可以平静下来专心阅读；父母要开展多种形式的亲子共读活动。亲子共读有多种形式，可以爸爸妈妈读给孩子听，还可以爸爸妈妈和孩子一起讲。在此过程中，孩子逐渐意识到阅读的意义，掌握了阅读的方法，获得了文字阅读的能力。而且，孩子长期与图书相伴，使阅读成为孩子生活的一部分。这种良好的习惯和情操，会使孩子终身受益。

（三）促进儿童注意力、记忆力、想象力方面的发展

父母可以通过组织孩子的游戏、学习、劳动等活动来培养他们的有意注意。父母要培养孩子早期学习兴趣和记忆的目的性、自觉积极性，养成孩子及时复习的习惯。父母在培养孩子的想象能力时，要让孩子广泛接触、观察、体验生活，以丰富知识，储存信息，促进想象力的发展。儿童旺盛的求知欲和

好奇心,是儿童自身发展的动力。家庭教育的一个重要任务就是保护孩子这一发展动力。父母要做一个有心人,多为孩子提供在生活中探究和学习的机会。不仅要充分利用生活中的资源,还要创造各种学习和探究的机会,比如种植和饲养,可以和孩子一起养一养植物和动物,借此机会,孩子可以观察他们的生长,了解他们的习性,培养观察和兴趣和能力。同时,还可以带孩子参观各种博物馆,博物馆里的科普介绍让孩子了解生活中的科学原理,为孩子提供了广阔的探究天地,有助于开阔孩子的视野。家庭中的探究和学习,有的需要父母精心设计,有的是随机性、偶然性的,有的是需要创设环境和条件的,但都与孩子的真实生活紧密联系。最重要的是,父母要为孩子的发现和学习提供支持和引导,让孩子的学习自然而然地发生,在轻松和愉悦中获得注意力、记忆力、想象力等各方面的发展。

四、使儿童初步学会与他人交往

(一)培养儿童规则意识,增强社会适应性[①]

父母要结合儿童生活实际,为儿童制订日常生活规范、游戏规范、交往规范,遵守家庭基本礼仪;要求儿童完成力所能及的任务,培养责任感和认真负责的态度;有意识地带儿童走出家庭,接触丰富的社会环境,提高社会适应性;在儿童遇到困难时以鼓励、疏导的方式给予必要的帮助与支持。

(二)引导儿童关心、尊重他人,学会交往[②]

父母要培养儿童尊重长辈、关心同伴的美德;关注儿童日常交往行为,对

---

① 《全国妇联、教育部等九部门关于印发〈全国家庭教育指导大纲(修订)〉的通知》(妇字〔2019〕27号),http://www.yueyang.gov.cn/yywomen/53944/content_1535437.html。
② 《全国妇联、教育部等九部门关于印发〈全国家庭教育指导大纲(修订)〉的通知》(妇字〔2019〕27号),http://www.yueyang.gov.cn/yywomen/53944/content_1535437.html。

儿童的交往态度、行为及时提供帮助和辅导；结合实际情境，帮助儿童理解他人的情绪，了解他人的需要，做出适当的回应；引导儿童学会接纳差异，关注他人的感受；培养儿童多方面的兴趣、爱好和特长，增强儿童与人交往的自信心；经常带儿童接触不同的人际环境，为儿童创造交往机会，帮助儿童学会与同伴相处。

（三）注重儿童良好情绪情感的培养

父母应把孩子的良好情绪情感的培养作为家庭教育的重要内容，采取有效措施，促进孩子情绪情感的健康发展。首先，要培养孩子稳定乐观的情绪。父母平时要尽可能表现得愉快、喜悦、乐观向上，孩子长期受到感染，就容易形成愉快乐观的情绪。其次，要对孩子进行爱的双向引导，培养孩子的善良仁爱之心。要让孩子懂得人与人之间应互谅互让、互敬互爱、互帮互助。

五、帮助儿童逐步适应幼儿园的集体生活

入园初期，多数儿童会产生不安全感，他们离开了自己熟悉的家庭环境，表现出焦虑、害怕、厌恶甚至反抗等情绪，严重影响到该阶段儿童的正常生活。父母需在儿童入园前一段时期有意识地减少儿童对家人的依恋，让儿童多融入同龄人的活动；在入园后，要随时关注儿童在家中的情绪、胃口、睡眠等情况。当儿童出现较为强烈的情绪反应时，不要采用骂、压、恐吓等方法，而是要通过不断的情感交流来稳定儿童的情绪。同时，还要经常与幼儿园老师进行沟通，了解儿童的适应情况，寻找原因并共同商讨和采用恰当对策。[①]

这一时期的父母应承担起教育子女学习知识，培养子女学习能力的责

---

① 《上海市精神文明建设委员会、上海市教育委员会、上海市妇女联合会关于印发〈上海市 0—18 岁家庭教育指导内容大纲〉（试行）的通知》（沪教委德〔2009〕28 号），http://www.xuhui. gov.cn/h/xhxxgkN/xhxxgk_jyj_bmwj_bmwj/Info/Detail_2782.htm。

任,万万不可认为这些仅是学校独立承担的责任。① 父母还要重视儿童幼儿园与小学过渡期的衔接适应,充分尊重和保护儿童的好奇心和学习兴趣,帮助儿童形成良好的任务意识、规则意识、时间观念,学会控制情绪,能正确表达自己的主张,逐步培育儿童通过沟通解决同伴问题的意识和能力。

第四节　3—6 岁儿童家庭教育指导专题

一、给儿童以性别角色教育

根据性别认知发展的三个阶段可知：2.5 岁前是儿童产生性别认同的阶段,此时儿童具备了正确认识自身及他人性别的能力;4—5 岁是性别稳定期,儿童认识到性别是一个稳定特征,不随时间改变而改变,即男孩还是男孩,女孩还是女孩;6—7 岁是性别恒常性阶段,也叫性别一致性阶段。儿童认识到性别稳固不变,不随发型、服装等外部形象变化而变化。由此可见,3 岁以后,儿童的性别角色得到了发展,开始意识到男女之别,并且开始学习性别角色的不同职能。因此,在这一过程中,父母应该给儿童正确的性别角色教育,对儿童性别角色的发展予以正确的引导,父母的教养方式对儿童性别角色的发展起到了导向的作用。

二、开展家庭体育活动促进儿童体质发展②

加强儿童的心肺功能、腿部力量是增强该年龄段儿童体质健康发展的首

① 《全国妇联、教育部等九部门关于印发〈全国家庭教育指导大纲(修订)〉的通知》(妇字〔2019〕27 号),http://www.yueyang.gov.cn/yywomen/53944/content_1535437.html。
② 《上海市精神文明建设委员会、上海市教育委员会、上海市妇女联合会关于印发〈上海市 0—18 岁家庭教育指导内容大纲〉(试行)的通知》(沪教委德〔2009〕28 号),http://www.xuhui.gov.cn/h/xhxxgkN/xhxxgk_jyj_bmwj_bmwj/Info/Detail_2782.htm。

要任务。生动活泼、形式多样、方便易行的家庭体育活动，是十分有效的增强幼儿体质的手段。父母应确保儿童每天有 1—2 小时的体育活动时间，让儿童多在阳光下玩耍、多呼吸新鲜空气；节假日带儿童外出活动，在自然环境中锻炼儿童的体质；父母可利用民间的传统游戏因地制宜地开展体育活动，全家一起参与；同时，建议父母定期（如半年）对儿童的体质发展情况进行检查。

三、重视儿童良好个人卫生习惯的养成

儿童的个人卫生习惯包括用眼卫生、口腔卫生、饮食卫生、个人整洁等多方面的要求。在用眼方面，0—6 岁幼儿的视力逐年增加，到六七岁时，视觉系统基本发育完全。3 岁时的视力达到 0.5—0.6，6 岁时正常视力已达 1.0。所以，这一时期的视力保健非常重要，不容忽视。父母在家中要避免儿童连续长时间观看电视、玩电子游戏，要引导其多做户外运动；父母要保证阅读活动场所有足够的照明，并保持正确的阅读姿势，不过近、过远或躺着看书；父母要带儿童定期检查视力并及早做好不良视力的矫正。在口腔卫生方面，父母要教育儿童适当控制甜食，特别是不在临睡前吃糖。鼓励儿童坚持饭后漱口，早晚刷牙，并学会正确的刷牙方法，养成个人良好的口腔卫生习惯[1]。儿童的视力和牙齿保健与他们的良好个人卫生习惯密切相关，父母要加以正确引导。

四、增强儿童的抗挫能力[2]

抗挫能力是一个人生存竞争和适应社会的必备条件，挫折伴随着孩子成

---

[1] 《上海市精神文明建设委员会、上海市教育委员会、上海市妇女联合会关于印发〈上海市 0—18 岁家庭教育指导内容大纲〉（试行）的通知》（沪教委德〔2009〕28 号）。http://www.xuhui. gov.cn/h/xhxxgkN/xhxxgk_jyj_bmwj_bmwj/Info/Detail_2782.htm。

[2] 《上海市精神文明建设委员会、上海市教育委员会、上海市妇女联合会关于印发〈上海市 0—18 岁家庭教育指导内容大纲〉（试行）的通知》（沪教委德〔2009〕28 号），http://www.xuhui. gov.cn/h/xhxxgkN/xhxxgk_jyj_bmwj_bmwj/Info/Detail_2782.htm。

长的每一步。父母要有意识地让孩子受点苦和累、受点挫折。当孩子遇到挫折时，父母要以肯定、鼓励的方式加以引导，并给予其必要的帮助。在生活中，父母应给孩子树立面对挫折时的良好榜样并积极暗示孩子，增强其面对挫折的自信心。父母可以充分利用现有条件，利用图画、文学作品、影视作品等传播媒介达到教育的目的，让孩子在各种实践活动中体验生活、经历挫折，给孩子提供更多的锻炼机会。

五、培养儿童的安全意识

意外伤害已成为影响儿童健康成长的"第一杀手"，因而亟需加强儿童的安全教育，采取必要的安全措施保护儿童。一方面，父母应适时适当地对儿童进行自我保护的教育，要减少对儿童各种活动的包办代替，增加儿童接受锻炼的机会，使其掌握多种生存技能。父母可以结合生活实际事例，随时随地对儿童开展有针对性的安全教育，从小培养孩子分辨是非、善恶的能力，提高自我保护意识。另一方面，父母应提高监护意识，尽可能地消除环境中的一切伤害性因素，妥善保管剪刀、刀具等锐利物品，防止儿童拿取；同时父母还应掌握诸如食物中毒、烫伤、溺水等突发事件的急救措施。

六、做好离园与入学的衔接

一般来说，孩子对进入小学读书充满期待和兴奋，但又因对新环境的无知而感到忐忑和不安。对于儿童来说，进入小学是一个充满挑战的事情，需要他们做好生理、心理、学习、社会性适应等多方面的准备，这些准备工作需要父母的协助才能完成。因此，父母要在儿童入学前有意识地带他们到小学参观了解，较早和小学老师接触；父母要经常与儿童聊天，介绍入学读书的快乐、要求和应该注意的一些事情；父母要有意识地培养儿童的专注力，延长儿童专注于完成某一项活动的时间，还要有意识地注意培养儿童良好的学习习惯等等，为儿童顺利适应小学生活打好基础。

第五节　3—6岁儿童家庭教育典型问题

一、重视饮食全面和均衡

问题：怎样才能让孩子愿意吃更均衡的饮食呢？

营养不足或不均衡会导致孩子发育迟缓，也会导致孩子智力低下。父母要给孩子提供种类齐全并且看起来很有趣的食物。比如用全麦面粉做迷你披萨，在披萨上用小片水果或蔬菜做成"笑脸"，让孩子对食物产生兴趣；父母为孩子挑选食物时，既要包括他们喜欢的食物，也要增加一些新的食物，让孩子的饮食逐渐全面和均衡；与此同时，请不要把餐桌变成争吵的场所，父母要保持冷静，坚持立场。如果孩子发脾气，就让孩子离开餐桌并冷静下来后再坐下吃饭。此外，父母自己也应该健康饮食，为孩子做出榜样。

二、不建议孩子过早接触电子产品

问题：孩子多大可以看电视？

我是一位全职妈妈，带孩子很辛苦，所以电视、iPad、手机都成了我的育儿神器。每当我想让孩子安静一会儿时，就给他看电子产品。我想问，孩子究竟多大可以看电视？有什么危害吗？

据2018年美国儿科学会的观点：不建议给18—24个月以下的儿童使用电子设备；18—24个月的儿童，需要在大人的陪同下观看；2—5岁的儿童，限制每天观看1小时的高质量节目。同时，北京同仁医院眼科主任、主任医师魏文斌建议：学龄前儿童尽量减少电子产品使用，看动画片时间每次不宜超过 15 分钟，每天累计不超过 1 小时。

所以，儿童过早观看屏幕会对儿童的语言能力、专注力都有负面影响。

三、与孩子沟通时应注重环境创设和聊天技巧

问题：如何与幼儿园的孩子沟通，帮助他适应幼儿园生活？

孩子刚上幼儿园，对他在幼儿园的状态特别担心：孩子有没有吃饱？有没有受委屈？午睡怎么样？在幼儿园是不是开心？每次孩子回来想问他又不回答，无从下手。想请教专家，如何与幼儿园的孩子沟通？

首先，父母要创造合适的问话环境。(1)向孩子表达爱意。孩子放学回来，父母要给孩子送上一个大大的拥抱，让孩子感受到满满的爱意，让孩子心理放松，心情愉悦。(2)应察言观色，伺机而动。要观察孩子的情绪，如果情绪不佳，或疲倦劳累，就把问话转化为关心的行动。如果孩子心情不错，再伺机展开聊天。(3)谈话氛围应自然随意。在放学后的路上或车上、孩子晚上入睡前、晚饭后一家人散步的时间等，都是进行亲子沟通的绝佳时机。轻松愉快的谈话氛围，会让孩子更愿意说。

其次，聊天也要有技巧。(1)一次只问一个问题。孩子的思维还较简单，问话笼统、无重点，则孩子无从答起。父母要有针对性地提问，引导孩子从点到面，侃侃而谈。(2)启发式提问，拒绝封闭式问题。封闭性的提问容易造成孩子思维的惰性，启发式提问让孩子放松，它会告诉大脑去回忆、思考、寻找答案。让孩子通过思考，表达自己的想法，有助于开阔孩子的思维，还能练就寻找问题、思考问题和自己解决问题的本领。(3)学会倾听，不轻易做评判。孩子在回答问题时，往往蕴含着自己的兴趣点和价值观。你可以认真倾听，不要打断他的思路，鼓励他表达自己的观点，不用成人的标准去评判对错，等孩子说完后再和他开展进一步的讨论。(4)给予信任，让孩子安心。不管孩

子如何回答，你都不要表现出质疑的态度。父母要让孩子知道无论什么时候，发生什么事情，父母都是他坚定的后盾，可以安心倾诉，放心依靠。

四、正确处理孩子出现的性意识

问题：孩子总是抚摸自己的生殖器，应该怎么办？

儿子 6 岁了，有一次突然发现他走进房间，趴在地板上摩擦自己的"小弟弟"，脸涨得通红。孩子这么小就开始有性意识了吗？应该怎么办？

当发现孩子抚摸自己的生殖器时，父母一定会担心孩子过于早熟，害怕他们对性方面的关心过多，自慰上瘾。然而，2 至 7 岁的孩子抚摸自己的性器官其实是发展过程中再正常不过的现象。这个阶段大约有一半以上的孩子会对自己的生殖器充满兴趣。不过这种现象只是暂时的，通常会在孩子上小学之后逐渐好转，父母们不必太过费心。此时，要避免过度教训或责骂孩子，因为这可能会使他们认为生殖器是肮脏或丢脸的事物，长大之后背负罪恶感。再者，当父母发现孩子有这些行为时，要通过其他游戏来转移孩子的注意力，让孩子忘记这件事情。

如果孩子在幼儿园等公共场所自慰，第一，需要告诉他，自慰是非常私人的行为；第二，多让孩子参与画画、折纸等需要使用手部的活动；第三，如果察觉到孩子的自慰是心里不安导致的，则可以让他们一直抱着玩具；第四，多让孩子运动，消耗体能；第五，家人要密切关注孩子的情感需求及情绪问题。如果进入小学之后，孩子还是会在他人看得见的地方明显地自慰，则需要接受专家的治疗。对孩子来说，自慰就像咬手指甲一样，是能够获得某种安慰的行动。但持续出现这种行为，则说明孩子无法自己解决这个问题，需要大人的帮助。首先要了解孩子是否受到了压力，试着给予他们安全感。同时反省家庭生活是否存在问题，孩子是否因为某事受到了惊吓等。

五、二孩出生后要更加关注大孩子的心理感受

问题：生了二孩之后大孩子总是闹脾气，怎么办？

孩子上幼儿园了，一直以来都挺乖的，但自从妹妹出生之后就变得很爱耍赖，甚至出现了尿床的问题，有时还会故意打妹妹，动不动闹脾气，怎么办呢？

二孩出生后，家里的大孩子出现退行行为的现象十分普遍。在老二出生之前，老大一直独自霸占着父母和全家人的爱与关心，等老二出生后，老大自然会担心这些只属于自己的东西被弟弟妹妹抢走。因此他可能会模仿弟弟妹妹，和他们做出同样的举动，例如通过尿床、随意大便等行为来吸引家人的关注。这其实是孩子在向父母传递信号——"我也需要爸爸妈妈的爱呀"，此时父母应该尽力接纳孩子的退行行为，向他表达出充分的爱意。

怀上二孩之后，要提早告诉第一个孩子，让他知道妈妈肚子里孕育着一个小生命，让他抚摸妈妈的肚子，感受胎动。还可以和他一起准备婴儿用品，提前带他熟悉要在妈妈生产期间照顾自己的人。同时，最好不要在生产前对孩子进行控制大小便的训练及让他单独睡觉等，这只会给他带来压力和不安。

二孩出生后，还需要注意以下几个问题。第一，每天至少花15—20分钟时间与大孩子单独待在一起。孩子感受到充足的爱与关心，拥有稳定的心理状态，则不容易出现退行行为。第二，让孩子试着照顾弟弟妹妹。第三，父母要随时反省自己是否做到了一碗水端平，是否因为偏爱而让孩子心里受伤了。第四，要特别关注大孩子的心理感受。还要让他们知道，兄弟姐妹之间要彼此团结才能变得更好。让他们一起整理玩具，一起叠被子，一起抬重物，孩子们会因此体会到彼此的存在给自己带来的积极意义。

六、找出孩子情绪困扰的源头并妥善处理

问题：我的孩子常常会突然生气，并说"我生气了！"但又不说原因。我该怎么找出他情绪的来源，帮助他处理情绪？

孩子的负面情绪可能来源于两个方面：一方面，夫妻关系存在问题会导致孩子的负面情绪；另一方面，孩子自己可能遇到了一些不愉快的事情。父母可以多注意观察问题的来源。如果是第一种原因，夫妻要想办法改善夫妻关系，否则孩子很容易处在一种不安全的环境中。如果是第二种原因，父母要有智慧地引导孩子说出自己的困惑、困难以及遭遇。面对小一些的孩子，可以通过角色扮演等形式引导孩子说出来。当孩子说出自己的遭遇后，家长首先要同理孩子的感受，疏导他的情绪，其次要再教会他一些应对技巧，给孩子提供一些建议。

七、认识到祖辈加入育儿的优势

问题：因为工作繁忙，孩子一般都是工作日由两边的老人带，双休日爸爸妈妈带。请问怎样处理好这种两头带孩子的情况，如何让小朋友适应不同的带养人？

两头带，对孩子来说，一定会有带养方式和观念的差异，但是孩子的适应能力远大于成人，他们甚至可以在不同环境下，对不同的人采用不同的方式来适应。

在祖辈家长协助育儿的家庭中，首先要明确，祖辈家长的介入是来帮忙的，父母要心怀感激、有包容度，小事不要计较，应向祖辈家长表达爱意和感激。其次要和祖辈家长协商、明确带养的"底线"。最后，建议父母下班回家后尽量自己带孩子。尤其是 3 岁之前的这段时间，是父母进行有效陪伴、建立良好亲子关系和孩子习惯养成的重要时段。

第四章
6—12岁儿童的家庭教育指导

第一节 6—12岁儿童主要身心发展特点

这一阶段儿童的生理发展处在相对平稳、均衡的时期,入学学习是儿童生活中的一个重大转折。初入学的小学生在很大程度上保存着幼儿后期的生理、心理特点,而临近小学毕业则已接近青春期。在此期间,小学生的生理、心理都经历了重大的变化,各个生理系统都在迅速地发展。

一、身体发育

刚进入童年阶段,儿童身体发育放缓,他们能够更好地控制和协调身体。身体发育主要有以下几个特点[①]:(1)身高、体重随年龄的增长而增长,在小学末期进入了第二个发育高峰期,而且骨骼、肌肉的力量也在迅速增强;

[①]《上海市精神文明建设委员会、上海市教育委员会、上海市妇女联合会关于印发〈上海市0—18岁家庭教育指导内容大纲〉(试行)的通知》(沪教委德〔2009〕28号),http://www.xuhui.gov.cn/h/xhxxgkN/xhxxgk_jyj_bmwj_bmwj/Info/Detail_2782.htm。

(2)10岁以前,是动作机能掌握的关键期;(3)脑重量迅速增加,12岁时已接近成人水平,脑皮层的发育也逐步完善。这些都为小学生进入学校学习奠定了物质基础。

二、思维发展

小学阶段是思维发展的关键期,小学生的思维从以具体形象思维为主要形式逐步向以抽象逻辑思维为主要形式过渡,其转折点大约为10岁,但他们的抽象逻辑思维在很大程度上仍直接与感性经验相联系,具有很大成分的具体形象性。[1] 处在小学低年级的儿童,只能将精力集中于充满特点的事物或自己感兴趣的部分,无法综合性、全面性地思考。而到了小学高年级,他们逐渐会针对事物和状况进行全面的思考和把握,他们开始能够进行系统地、有逻辑的思考。小学阶段,儿童开始系统地学习,在掌握新知识的同时体验着快乐和价值感,渴望收获他人对自己的肯定,并想要通过自己的力量完成事情来获得成就感。

三、情绪发展

随着年龄的增长,小学生的情感也逐渐变得更加稳定、丰富和深刻。低年级的小学生虽已能初步控制自己的情感,但还常有不稳定的现象。到了小学高年级,他们的情感更为稳定,自我尊重、希望获得他人尊重的需要日益强烈,道德情感也初步发展起来。同时,随着语言能力的发展,他们开始能够理解抽象事物,并能够运用更加丰富的词汇来正确表达自己的情感和体验。

---

[1] 《上海市精神文明建设委员会、上海市教育委员会、上海市妇女联合会关于印发〈上海市0—18岁家庭教育指导内容大纲〉(试行)的通知》(沪教委德〔2009〕28号),http://www.xuhui.gov.cn/h/xhxxgkN/xhxxgk_jyj_bmwj_bmwj/Info/Detail_2782.htm。

四、社会交往

这一时期,儿童逐渐开始与社会接触,学习与同龄人相处并去适应校园生活,他们的社会交往能力增强,开始有了较为稳定的同伴关系。他们在集体活动中培养自己的社交能力,通过在自身所属集体中扮演的新角色,逐渐显现出个人特质,慢慢形成了自我。校园生活为他们今后的社会生活打下了基础。

五、道德品质发展

小学生认知发展的同时,其道德品质也在逐步得以完善。例如,幼儿时期的孩子知道不能打碎盘子,但他们无法理解"无意中"打碎和"故意"打碎的区别。然而6—12岁的儿童开始懂得,相比事情的结果,动机往往更为重要。这一阶段的儿童能够辨别,无意中打碎15个盘子和因为背着妈妈偷吃糖而打碎1个盘子之间,后者的行为更为恶劣。①

第二节　6—12岁儿童家庭的主要发展特点与发展任务

一、6—12岁儿童家庭的主要发展特点

这个阶段从儿童6岁开始,到12岁左右为止。儿童将离开家庭进入正式的社会化机构——学校,他们开始更多地接触同龄人,并将接受较为正式

———————

① 宋炯锡,等.家庭心理百科[M].任李肖垚,译.北京:九州出版社,2020.

的社会化。这一阶段的家庭也是两个黄金时期的相撞，孩子上了小学以后，是锻炼"童子功"的黄金时期；而迈入中年的家长，因转型社会的巨变和呼唤，也迈入了继续学习和"充电"的黄金时期。两代人都开始面临挑战，不同家长面临不同关键词：下岗、竞聘、升迁、继续求学、改善经济条件……而孩子面临的关键词有：择校、陪读、提高学习成绩、培养性格、养成习惯……可以说，处于这一生命周期的家庭是最具有进取性的。原因是：一方面，家长面临着谋职就业和改善家庭状况的压力，必须不断上进；另一方面，孩子要接受长达五六年的义务教育，是全面打基础的时期，如果没有练就好的"童子功"，以后的教育成就和职业生涯都将受到影响[①]。因此，犹如骏马奔腾的生命节奏让家庭也面临着诸多考验。

二、6—12岁儿童和家庭发展任务

（一）6—12岁儿童发展任务：勤奋

这个阶段是勤奋感和自信心培养的关键时期。到了小学，儿童开始学习各种各样的知识技能，这些知识技能需要儿童反复练习，因此他们难免会感到枯燥乏味。但正是通过这些枯燥乏味、无聊的过程，儿童才慢慢感受到自己能力的提升，获得成就感和自信，并因此变得更加勤奋。因此，在这个阶段，儿童学习到的不仅是枯燥的技巧，更重要的是勤奋这一品德。获得这一品德的儿童成年后，即使在职场生活或家庭生活中遇到难题，也不会轻易放弃。因为他们体验过坚持就能获得成功的快感，他们的抗压能力会更强，也能够充满力量地解决许多问题。相反，如果儿童在练习中放弃，自卑情绪便会如潮水般涌来。因此，父母要在这一时期鼓励孩子学习，有意识地创

---

① 晏红.家庭生命周期与家庭教育系列（之五）锻炼真正的"童子功"[J].家长学校,2004(6)：34—35.

造机会,让孩子感受到成功的积极情绪体验,让孩子体验到"只要努力了、勤奋了,就能得到肯定",帮助孩子了解自我,建立正确的学习目标,获得成功感。

(二) 6—12岁儿童家庭发展任务:帮助儿童适应学校生活

家庭在这一阶段主要的发展任务是帮助孩子适应学校生活。随着孩子渐渐长大,其活动需求也渐渐增多,需要更多地和同龄人相处,此时,孩子需要进入学校集体生活。因此,家庭教育中父母所要侧重的是:一、为孩子进入学校生活做好各方面的准备工作;二、指导孩子参与学习与课外活动,满足孩子的各种活动需求;三、指导孩子以正确的方式与同龄人相处;四、注重孩子多方面的发展。父母需要认识到,对于孩子的发展而言,其素质的提高才是最重要的。

第三节　6—12岁儿童家庭教育指导内容

一、注重培养儿童的爱国情感

父母要重视优秀传统文化的价值,带领孩子了解家乡特色习俗和中华民族的共同习俗,过好中国传统节日和现代公共节日;父母要给孩子开展家国情怀教育,多给儿童讲述仁人志士的故事、中华民族传统美德、国家发展的成就等等[①]。在家庭中培养儿童朴素的爱国情感,让儿童了解优秀的传统文化,培养儿童作为中华民族一员的归属感和自豪感。

[①]《全国妇联、教育部等九部门关于印发〈全国家庭教育指导大纲(修订)〉的通知》(妇字〔2019〕27号),http://www.yueyang.gov.cn/yywomen/53944/content_1535437.html。

二、培养儿童良好的习惯[①]

（一）培养儿童良好的学习习惯

进入小学阶段后，学习成为孩子主要的任务，因而培养其良好的学习习惯变得十分重要。良好的学习习惯是提高学习效率，保证学习质量的关键。学习习惯比学习成绩更重要，好的学习成绩是一时的，好的学习习惯则可使儿童终身受益。父母要注重儿童学习兴趣的培养，保护和开发儿童的好奇心，鼓励儿童的探索行为；引导儿童形成按时独立完成任务、及时总结、不懂善问的习惯，成为学习的主人；同时，父母也要正确对待儿童的学习成绩，设置合理期望，不盲目攀比；用全面和发展的眼光看待、评价儿童，增强儿童学习信心。

（二）培养儿童健康的生活习惯

父母要引导儿童关注个人卫生和环境卫生，养成良好的卫生习惯；父母要培养儿童良好的作息习惯，保证儿童睡眠充足，每日睡足 10 小时；父母要为儿童提供良好的学习环境，注意用眼卫生并定期检查视力；父母要引导孩子养成科学用耳的习惯，控制耳机等娱乐性噪声的接触，并定期检查听力；父母要引导并督促儿童坚持体育锻炼，培养一到两项能够终身受益的体育爱好；父母还要科学安排儿童的饮食，引导儿童养成健康的饮食习惯。

（三）培养儿童的劳动习惯

父母要正确认识劳动对儿童成长的价值；坚持从细微处入手，提高儿童

[①] 《全国妇联、教育部等九部门关于印发〈全国家庭教育指导大纲（修订）〉的通知》（妇字〔2019〕27 号），http://www.yueyang.gov.cn/yywomen/53944/content_1535437.html。

的生活自理能力,养成生活自理的习惯;父母要给儿童创造劳动的机会,教授儿童一定的劳动技能,培养劳动热情,树立劳动创造价值的观念;父母应根据儿童的年龄特征、性别差异、身体状况等特点,安排适度的劳动内容、时间和强度,做好劳动保护。

三、注重培养儿童各项重要品质,提升儿童道德修养

(一)培养儿童强烈的自信心、责任心

自信心作为坚信自己的能力和行为的健康心理品质,是激发人的积极性和创造力的内在心理机制。为树立孩子强烈的自信心,父母可以为孩子提供展示能力和特长的平台,让孩子勇于表现自我;责任心是孩子将来立足社会、家庭幸福和事业成功的必要条件,父母应当坚持让孩子"自己的事情自己做",明确学习是孩子自己的事。

(二)培养儿童良好的品德习惯

良好的品德习惯,是每个人一生的财富。儿童的可塑性极强,童年期是培养孩子道德品质的最佳时期,因而父母要重视童年期儿童的品德习惯的培养。良好的品德习惯表现在诚实、守信、尊重他人等方面,所以父母要以身作则,更要在日常生活中随时进行品德教育,帮助儿童形成良好的品德习惯。父母要提升自身的道德修养,处处为儿童做表率,结合身边的道德榜样和通俗易懂的道德故事。从大处着眼,从小事入手,及时抓住日常生活事件教育儿童孝敬长辈、尊敬老师,学会感恩、帮助他人,诚实为人、诚信做事。要创设健康向上的家庭氛围,培养儿童良好的道德行为习惯。

(三)培养儿童珍惜生命、尊重自然的意识

父母要将生命教育纳入生活实践中,带领儿童认识自然界的生命现象,

帮助儿童建立热爱生命、珍惜生命、呵护生命的意识；父母要善于抓住日常生活事件，有意增长儿童居家出行的自我保护意识及基本的自救知识与技能；此外，父母还要引导儿童树立尊重自然、顺应自然、保护自然的发展理念，养成勤俭节约、低碳环保的良好生活习惯。

四、积极参与家校社协同教育

家庭教育是一切教育的基础，是孩子成人的主要场所。学校教育是家庭教育的延续，是孩子成才的场所。社会教育是家庭教育和学校教育的有机结合，是孩子成为人才的场所。这三者的教育要协调一致，互相配合，才有利于实现整个教育的紧密衔接，从而保证孩子成为一个全面发展的人。因此，父母要主动与儿童所读的学校沟通联系，了解儿童在学校的学习、生活、人际交往等情况，使学校教育和家庭教育形成合力和良性循环，从而达到良好的教育效果。此外，父母要多参与学校相关活动，如家委会、家长学校、家长会活动以及亲子活动等，主动接受家庭教育指导；父母还要积极参与学校管理，主动根据需要联系社会资源，与学校共创良好育人环境。

第四节　6—12岁儿童家庭教育指导专题

一、帮助儿童迈好入学第一步

上小学对孩子来说是人生的巨大变化之一，是孩子人生发展中的一个重要事件，小学阶段的教育更是为以后的发展夯实基础，因此，父母应根据自己孩子的实际情况，提供有针对性和有效的帮助。大多数孩子早就向往着这一天的到来，对新生活抱有极大的兴趣和好奇心。父母要充分理解他们，保护好他们的这种积极性。为了避免孩子在生活突然转变时适应不良,父母可以在入学前带孩子到学校转一转,熟悉环境;并且合理安排好家庭生活作息时间,在作息制度上进行必要的训练,如按时起床、刷牙、盥洗、休息等;有意识地培养孩子的独立生活能力,以适应学校生活的要求;并有意识地培养孩子社会交往的能力,创造机会和条件让孩子多结识一同上学的同伴并鼓励孩子多参与集体活动,主动结交新的同伴,等等。

入学初期,除提供必要的学习用品和创设良好的学习环境外,父母要经常观察孩子的情绪状态和学习表现,经常与孩子亲切交谈,了解孩子对入学的想法和要求,进行有效的帮助和指导;当孩子遇到实际困难时,不要简单批评指责,而应耐心分析,帮助其想出解决问题的办法;要主动与教师取得联系,协调学校与家庭的教育措施;不能太看重提前教育的短期效应,应更注重培养其学习的兴趣和意愿。①

学龄儿童的家庭教育中最重要的工作之一就是帮助孩子适应学校生活,这种帮助不仅体现在功课方面,更体现在人际关系方面。父母可以从几个方面来了解并且帮助孩子,第一,要了解孩子在学校班级中的人际关系,并有针对性地加以引导,帮助孩子更好地与同学相处。第二,要了解孩子所在的同伴群体,并鼓励孩子扩大同伴交往范围。第三,要帮助孩子正确处理交往中的一些问题。

二、营造良好的家庭学习环境

家庭的学习环境包括硬件和软件两大部分。在家庭硬件建设方面,父母可根据自身条件为孩子创设必需的学习物质条件,如书桌、书柜、藏书、

---

① 《上海市精神文明建设委员会、上海市教育委员会、上海市妇女联合会关于印发〈上海市 0—18 岁家庭教育指导内容大纲〉(试行)的通知》(沪教委德〔2009〕28 号),http://www.xuhui. gov.cn/h/xhxxgkN/xhxxgk_jyj_bmwj_bmwj/Info/Detail_2782.htm。

报刊等。如不能给孩子独立的房间，最好能给孩子一个学习用的固定的书桌，当孩子对学习地点的定向得到巩固，一坐下，学习情绪就应开始形成，学习的愿望就会自然产生。室内保持空气流通，书桌和窗户角度要摆正，光线从左边照来，桌子不能与窗户平行，直接投入眼帘的自然光使孩子感到晃眼。光线昏暗的时候要开灯，尽可能使用护眼灯，使孩子的眼睛看不到光源和耀眼的光线。当孩子在家里学习时，家长应注意不和孩子说话，不干扰孩子，不大声喧哗。家庭的硬件建设虽会受到家庭经济水平的制约，但家庭的软件建设更为重要。在家庭软件建设方面，要通过民主的亲子关系来构建安全、温馨的家庭心理氛围，父母要通过自身上进和不断学习为孩子做出好的榜样，能对孩子的学习起到积极的影响。父母要把为孩子营造良好的家庭学习环境作为自己关心和支持孩子学习的重要内容。

三、帮助儿童养成良好的学习习惯

小学低年级是学习习惯养成的关键期。良好学习习惯的养成需要长期、反复的训练及父母与子女双方的坚持，良好的学习习惯对于孩子而言是受益终生的。首先，父母要让孩子树立起把学习当作重要而严肃的事情来对待的态度，让孩子感觉自己在完成一件很重要的事情，不要随意中断孩子的学习；其次，父母要帮助孩子养成全神贯注、集中注意力完成学习任务的习惯。在学习之前做好各种准备工作，避免孩子以找学习用品等为由中断学习。最后，父母应该身体力行，让孩子沐浴在良好的家庭学习氛围之中，着重培养孩子独立学习的能力。例如，自己负责检查作业，不依赖父母；发现错误及时纠正；正确使用学习用品，不随意因玩弄学习用品而浪费时间；保持作业本清洁；等等。

父母在培养孩子良好学习习惯时，要做到循序渐进，每次提出一、二项要求,孩子做到后要及时且恰如其分地表扬、鼓励,使孩子产生积极的情绪体验,会极大鼓舞和激励儿童学习的兴趣和求知欲望以及探索精神。[1]

四、帮助儿童掌握正确的学习方法

掌握正确的学习方法,不仅能提高学习效率,获得事半功倍的效果,而且还有助于潜能的发挥和学习能力的提高。在学习方法的指导上,父母要让孩子认识到方法比答案更重要。当孩子遇到不懂的问题时,告诉孩子不要急于问他人,不要依赖他人给出答案,而是要自己先思考、探索和实验,从而培养孩子自学的能力和自信的心理品格;此外,父母要帮助孩子学会自我检查,自我检查有助于孩子发现学习中遇到困难的成因。请为孩子准备一本"纠错本",帮助孩子梳理薄弱部分,加强训练,提升学业水平;父母还要让孩子养成良好的阅读习惯,父母可以和孩子一起共读书目,培养孩子的阅读兴趣,逐渐培养孩子独立阅读的能力,养成阅读的好习惯。

五、努力激发和维持儿童的学习与活动兴趣

兴趣是学习的先导,是需求的动力。只有找到孩子真正内在的兴趣,孩子才会将"要我学"转化为"我要学"。儿童生性好动、好奇,有探索世界的强烈欲望,有着多种多样的兴趣爱好,父母应该循着孩子的兴趣爱好着意培养。小学生能较长时间从事某一项感兴趣的活动,当他们学习掌握了一些本领和技能时,父母要及时赞扬,让孩子获得成功的体验,从而形成相对稳定的兴趣。同时,父母还要适度引导,将其兴趣转移到其他学习、任务和活动中,使

---

[1] 《上海市精神文明建设委员会、上海市教育委员会、上海市妇女联合会关于印发〈上海市 0—18 岁家庭教育指导内容大纲〉(试行)的通知》(沪教委德〔2009〕28 号),http://www.xuhui. gov.cn/h/xhxxgkN/xhxxgk_jyj_bmwj_bmwj/Info/Detail_2782.htm。

兴趣得到进一步发展，也能促进孩子的全面成长[①]。

六、继续关心儿童良好生活习惯的养成

父母要培养小学生良好的作息习惯。孩子晚上睡得晚，早晨醒不来，将会影响到健康和学习。有规律的作息制度对小学生非常重要，因此要培养孩子按时睡觉和按时起床的好习惯。同时，父母要培养小学生良好的劳动习惯。让孩子参与劳动中才能真正体会到劳动成果来之不易，懂得尊重他人的劳动成果，也能够培养责任意识。父母应指导孩子从小事做起，从身边做起，从现在做起，如指导孩子叠被子、洗袜子、扫地、洗碗、整理书架、收拾房间等，设法使孩子从劳动中感受成功的喜悦，获得肯定。

七、在社会实践中扩大眼界、增长阅历[②]

父母在闲暇时间要多让孩子走出家门，去观察、实践和体验。多带孩子外出参加一些适合他们身心发展特点的社会实践活动。如陪孩子接触自然、亲近自然，通过寓教于乐的实地体验活动，让孩子热爱自然、欣赏自然和保护自然；培养孩子热爱自然界的生命，与孩子一起养花或饲养小动物，让孩子近距离接触生命，感受自然的魅力，获得积极的情感体验；通过自己的环保行为去引导孩子保护环境，如节约用纸、不乱扔垃圾、不乱扔废旧电池和爱护树木等等。

---

① 《上海市精神文明建设委员会、上海市教育委员会、上海市妇女联合会关于印发〈上海市 0—18 岁家庭教育指导内容大纲〉（试行）的通知》（沪教委德〔2009〕28 号），http://www.xuhui.gov.cn/h/xhxxgkN/xhxxgk_jyj_bmwj_bmwj/Info/Detail_2782.htm。
② 《上海市精神文明建设委员会、上海市教育委员会、上海市妇女联合会关于印发〈上海市 0—18 岁家庭教育指导内容大纲〉（试行）的通知》（沪教委德〔2009〕28 号），http://www.xuhui.gov.cn/h/xhxxgkN/xhxxgk_jyj_bmwj_bmwj/Info/Detail_2782.htm。

八、要做孩子快乐的玩伴[①]

玩耍是小学生的天性。这种天性是孩子首要的学习方式,能促进他们的智力发展,也是促进孩子成长的最佳方式。父母要重视玩耍的作用,鼓励孩子玩耍,激发孩子玩耍的兴趣。给孩子一个安全清洁的玩耍环境或场所,保证孩子每天的玩耍时间和适当的活动量;保持孩子"社交玩耍"和单独玩耍的平衡,欢迎孩子的伙伴和孩子一起玩耍,鼓励孩子去寻找玩伴;陪孩子一起玩,做孩子的玩伴;帮助孩子在玩中学、学中玩;调节玩的内容,引导孩子健康地玩,有益地玩;有条件的父母给孩子准备一些适宜的玩具,也可在玩的过程中,教会孩子简单的玩具制作技能及一些基本工具的使用方法。

九、积极预防常见疾病

近视和肥胖是小学生最常见的疾病,家长要做好预防工作。父母要为孩子提供良好的学习环境,定期检查视力,要多带孩子到室外活动,保持视力健康。此外,小学生肥胖是最常见的营养问题,童年时期与成年时期一样,超重可能导致一系列严重的健康问题,包括心脏病、糖尿病、哮喘、睡眠呼吸暂停、抑郁和低自尊。为了对抗肥胖问题,专家给出以下建议:

- 每天吃五种水果和蔬菜。
- 在家做饭,全家人一起吃饭。
- 每天吃早餐。
- 少吃蔬菜和外卖,少到外面去吃。

[①]《上海市精神文明建设委员会、上海市教育委员会、上海市妇女联合会关于印发〈上海市 0—18 岁家庭教育指导内容大纲〉(试行)的通知》(沪教委德〔2009〕28 号),http://www.xuhui.gov.cn/h/xhxxgkN/xhxxgk_jyj_bmwj_bmwj/Info/Detail_2782.htm。

- 每天至少进行 1 小时体育活动。
- 每天对着屏幕时间不超过 2 小时。

十、积极开展家庭体育锻炼

小学生正处于生长发育阶段,体育锻炼不仅有利于身体健康,也能促进儿童的智力发展。父母可利用双休日、节假日与孩子一起开展体育锻炼。开展体育锻炼时要注意循序渐进的原则,安排的体育锻炼项目要由简到繁,不要使儿童产生畏难情绪。孩子通过体育锻炼可以培养克服困难、遵守规则的个性品质。体育锻炼也能增进快乐,调节情绪。

十一、关注儿童青春前期的变化

处于青春前期的孩子,生理开始发育,性意识刚刚萌动,意识到两性差异,开始关注异性。儿童的性成熟平均年龄已提前到 12 岁左右,性激素的分泌,不仅影响着生理的变化,同时也影响着心理、情绪和行为上的变化。父母应正确看待由性发育带给孩子的困扰,并及时疏导孩子的负面情绪,避免孩子正常的性发育受到社会负面因素的影响。家庭是小学生性教育的主要场所,父母是家庭性教育的主要承担者。青春前期家庭性教育的主要任务包括:帮助孩子获得科学的知识,树立正确的性意识,培养健全的性心理。父母应该学习青春期儿童的性心理和性心理特点,了解家庭性教育的方法;观察孩子身体、生理和心理上的变化,了解孩子的困扰;用自己的亲身经历,消除孩子的紧张,提供有关的知识,进行必要的指导;鼓励孩子与异性进行正常的交往;教授自我保护的方法,提防性骚扰和性伤害,对留守儿童特别是留守女童给予特殊的关注;合理饮食,控制软饮料、洋快餐的进食,防止性早熟。

十二、加强儿童的安全意识

（一）生命教育

生命教育是提高孩子生存技能和生命质量的需要,是解决孩子成长过程中已经出现或可能出现的有关生命方面问题的需要。父母要帮助孩子认识自然界的生命现象,使其喜爱充满生机的世界;父母还要培养孩子掌握基本的生命自救技能和方法。[①]

（二）自我保护

培养小学生基本的自我保护的意识和技能,包括初步掌握交通安全、防溺水、灾害时的自救等基本技能,了解家庭用气用电安全、饮食安全等自我保护知识。让小学生学习必要的自我保护技能,学会识别可疑的陌生人等。父母要告诉孩子平时尽量避免走偏僻的小路,天黑后回家一定要结伴而行。如果遇到可疑的尾随者,不要慌张,尽量朝有灯光的地方走,或进入店铺、居民小区,求得门卫或售货员的保护。自尊自爱也很重要,告诉孩子不能随便接受他人的礼品和邀请,不要养成追求虚荣、贪图小利的习惯等。[②]

（三）安全教育

随着家庭现代化,家庭伤害事故隐患增多。不少小学生安全意识薄弱;对事故的防护常识缺乏;自我保护和事故应变能力较差。父母应当尽力预防

[①] 《上海市精神文明建设委员会、上海市教育委员会、上海市妇女联合会关于印发〈上海市0—18岁家庭教育指导内容大纲〉(试行)的通知》(沪教委德〔2009〕28号),http://www.xuhui. gov.cn/h/xhxxgkN/xhxxgk_jyj_bmwj_bmwj/Info/Detail_2782.htm。
[②] 《上海市精神文明建设委员会、上海市教育委员会、上海市妇女联合会关于印发〈上海市0—18岁家庭教育指导内容大纲〉(试行)的通知》(沪教委德〔2009〕28号),http://www.xuhui. gov.cn/h/xhxxgkN/xhxxgk_jyj_bmwj_bmwj/Info/Detail_2782.htm。

和消除家庭中存在的安全隐患,对孩子进行必要的安全教育和自护自救教育,当孩子发生事故时采取措施给予及时、妥善的救护;支持和配合学校安全教育。具体的安全教育主题包括以下几类①。

第一,家庭安全。父母和看护人可以采取很多措施创造更为安全的家庭环境。将家中危险物品移除或放好;收拾房子时要考虑儿童可能会在家满屋子找东西玩;家里装上烟雾探测器和一氧化碳检测仪;预演火灾发生时家庭应急逃生方案;热水器温度调低,避免烫伤;将房内门窗锁好,确保安全;教孩子家庭安全、急救、不让陌生人进门等安全知识。

第二,汽车安全。大多数死于交通意外的人都没有系安全带。在外出时,请确保所有孩子安全坐在安全座椅内,或系好合适的安全带,儿童不能坐在有安全气囊的前座,要让儿童坐在后排位置。

第三,行路安全。儿童过马路时,成人必须在旁监护,直到儿童掌握了保护自身安全的技能和判断力。教育儿童走人行道,在路口过马路,注意车辆倒车。告诉儿童不许为了捡球或其他原因横穿马路。如果父母自己开车,倒车前一定要仔细检查,在儿童游戏场所附近要减速。

第四,骑车安全。大多数自行车意外事故都与非机动滑板车有关,滑板相关事故也很常见。戴头盔可以将儿童受到严重头部和脑部损伤的概率降低85%。父母和其他成年人可以戴头盔给孩子树立榜样,并告诉孩子安全骑车的交通规则。如果父母自己开车,一定要记得在路上为自行车预留空间,儿童多的地方要减速。儿童不太注意交通情况,有时可能突然转向或冲到马路中。很多儿童的协调性和运动技能发展也不够充分,无法很好地控制自行车,有危险靠近时也不能及时刹车。不能让儿童在黑暗环境中骑车,应该鼓励他们利用社区提供的安全骑车设施。

第五,戏水安全。溺水是儿童意外死亡的另一个原因。儿童在水边玩耍

① 琼·利特尔菲尔德·库克,格雷格·库克.儿童发展心理学[M].和静,张益菲,译.北京:中信出版社,2020.

时需要严密监护,所有儿童都应具备一定的游泳技能,但请记住,即使游泳再好,这个年龄的儿童由于认知发展不够成熟,无法准确判断离岸距离、水流和疲劳的影响。千万不要让孩子单独待在水边,也不要让孩子独自游泳。划船或参与水上运动时,一定要保证儿童穿戴合适的救生设备。

第六,儿童性虐待。儿童性虐待在儿童中期和青春期较为普遍。性虐待更多发生于熟人作案,而且犯案人往往与受害者家庭保持长久的联系。很多人以为只有男性会实施性虐待,事实并非如此。性虐待的危险因素包括:不健康的家庭环境、婚姻破裂、个人因素。不健康的家庭环境是指如果家庭成员之间存在不正当或不和谐的关系、缺乏健康的依恋关系、没有父母或父母不关心子女、家庭矛盾和家庭暴力较多、儿童不与亲生父母生活在一起等,则儿童遭受性虐待的概率就会增加;婚姻破裂是指夫妻分居或离婚的家庭、再婚家庭出现儿童性虐待概率更高;个人因素主要是指性格孤僻、朋友较少的儿童更易遭受性虐待。同时,外貌较好的儿童和较早进入青春期的儿童也易受性虐待。父母要注意,儿童遭遇性虐待之后会出现不同症状,表 4 - 1 列出了常见表现。

表 4 - 1　儿童遭遇性虐待的可能表现

儿童遭遇性虐待的可能表现
1. 儿童主动报告遭到虐待
2. 怀孕或患上性传播疾病,特别是 14 岁以下儿童
3. 生殖器区域出现红肿或皮疹
4. 患上尿道感染
5. 担心自己的生殖器是否出现问题
6. 变得抑郁、内向、或者不信任大人
7. 出现行为问题,表现出愤怒、叛逆、攻击性行为
8. 逃跑
9. 出现自杀行为
10. 表现出怪异、诱惑性,成熟或异常的性知识或性行为
11. 做噩梦或尿床
12. 行走或端坐有困难
13. 出现焦虑症状,如慢性头痛或胃痛
14. 胃口突变
15. 突然拒绝参加体育活动

16. 突然拒绝换衣服上体育课
17. 行为"过于完美"
18. 偷偷摸摸,独来独往
19. 嫉妒家庭成员,控制欲强等

第五节　6—12岁儿童家庭教育典型问题

一、正确看待孩子出现的情绪行为反应

问题：我的孩子小学四年级了,一直以来他都是个情绪稳定、善良温和的好孩子,但最近说话做事却变得有些异常,让我很担心。他动不动就发脾气,面对训斥也不以为然,还时常顶嘴。孩子是提前进入青春期了吗?

孩子到了小学四年级左右可能会表现出一些特点,比如敏感、易怒、情绪波动大、叛逆等等,这是由于孩子在这一阶段的逻辑思维能力得到进步和发展、开始具备抽象思维能力的表现。孩子的部分认知发展表现出了与青春期孩子相似的特征,却并不是青春期的提前到来,只是孩子自身的想法变得强烈了而已。因此,孩子也就变得固执起来,他们明明看起来还很稚嫩,却像大人一样说话做事,也常与父母产生摩擦。这一时期,父母需要耐心地与孩子进行沟通交流,多倾听孩子的心声,了解他们感兴趣的事情,一起分享意见与感受。父母要充满耐心地等待孩子,直到他们在认知、情绪、道德、社会能力等方面找到平衡。

二、小学生也有可能患抑郁症[①]

问题：孩子只要一去学校就说自己肚子痛。带她去医院却检查不出问

---

① 宋炯锡,等.家庭心理百科[M].任李肖垚,译.北京：九州出版社,2020.

题,说是压力导致的。这么一说我才觉得她最近的确话也变少了,总是看起来郁郁寡欢的,请问这是这么回事呢?难道小孩子也会得抑郁症吗?

人们常认为小孩子都是很活泼的,不会有抑郁情绪。然而孩子和成年人一样,他们在遭遇挫折或丧失感时也可能患上抑郁症,且这样的情况并不少见。尽管抑郁症是在神经递质失衡等生物学、遗传和环境因素的综合影响下产生的,但对于孩子来说,罪魁祸首就是环境因素。儿童抑郁症多数是由家庭矛盾、学业落后、难以适应学校生活、和朋友关系破裂等问题导致的。抑郁会遗留在孩子的个性里时可能蔓延一生,带来长期的不利影响,因此一定要尽早帮助孩子确受治疗。

儿童抑郁症的诊断标准与成年人有所不同。成年人在遭受了突如其来的压力或持续困于人际关系问题、性格问题之后,通常会感到大脑疲惫不堪,时常产生愤怒、自责等情绪,这时抑郁症便开始萌生。儿童抑郁症则不一定是长期的压力或性格问题导致的。天生的气质问题、父母与周边家人的矛盾纠纷等也可能引发抑郁。成人抑郁主要表现为持续心情低落、活力丧失、几乎感受不到任何乐趣等。而小学阶段的孩子如果患上抑郁症,则可能表现出与平时不同的异常行动,如闷闷不乐,总是欺负弟弟妹妹,或容易因为小事生气,通常父母难以察觉。如果孩子突然开始欺负班上比较弱小的同学,偷父母的钱给朋友买礼物,或出现不肯做作业、沉迷于游戏,且时常嚷嚷自己头痛腹痛的现象,则需要考虑孩子是否正在经受抑郁症等情绪性压力的折磨。同时需要细心观察孩子是否存在久睡不醒、暴饮暴食、爱发呆、行动过度迟缓、过度焦虑、成绩突然下降等问题。而当观察到孩子有厌学、无法与朋友友好相处等障碍时,一定要尽早接受医生治疗。

父母在平时要多多关注孩子的心理状态,敏锐察觉出他的行动变化。减少孩子看电视的时间,鼓励他多与别的小朋友一起玩耍。要营造出良好的家庭氛围,让孩子能够轻松表达自己的情感。父母要多多称赞孩子的良好行为,减少惩罚和强制手段,时常向孩子传达正面的信息,让他产生自我肯定,知道自己是个好孩子。同时可以全家一起玩游戏，让孩子感到"父母是爱我的，他们都很关心我"。出现问题时不要着急解决，多多倾听孩子的话，一边点头一边表示肯定、认同。不要一味责怪孩子，要表达出自己的理解和共鸣。

三、父亲参与育儿会给孩子带来正面的影响

问题：我是孩子的爸爸，孩子一直都挺怕我的。听说最近"像朋友的爸爸"比较受孩子的欢迎，有没有能和孩子变亲近的方法呢？[①]

孩子进入小学之后，父亲的角色会变得更加重要。这个时期两性特征和差异更明显，同性别的孩子之间聚力增强，男孩和女孩开始关心起不同的领域，产生不同的玩耍乐趣。弗洛伊德称这一阶段为"较为平静的潜伏期"，即此时孩子几乎不关心"性"。可实际上，此时的孩子们仍会因为异性感到害羞，要求自己的行为举止要"像个男人"或"像个女人"。受此影响，男孩会更加强烈地将自己与爸爸等同视之，女孩则对妈妈产生认同（identification）。因此这一时期，与孩子同性别的父母的角色便显得极为重要。此时男孩既恐惧父亲，也可能因为父亲没有建立起恰当的权威形象（authority figure）而产生蔑视心理。

父亲对育儿的参与会给孩子的社交能力、认知发展和成就等带来正面的影响，并且有助于提升父亲本人的心理成熟度，对和谐夫妻关系和良好父子父女关系的形成大有裨益。研究显示，爸爸越多地参与到育儿过程中，孩子在面对陌生人时表现出的不安感也就越轻，而相反，爸爸在育儿中缺位时，孩子就明显更怕生。这表明和爸爸的接触越多，孩子就越能够适应陌生环境。可真正身处陌生环境时，常是妈妈抱着孩子，爸爸则远远旁观。如果说妈妈是孩子的安全基地，爸爸则应该是孩子在广阔的运动场上奔跑时裹在场边的

---

① 宋炯锡，等.家庭心理百科[M].任李肖垚，译.北京：九州出版社，2020.

一张围栏网。

然而，让父母纯粹成为"孩子的朋友"却并不现实。"要成为像朋友一样的父母"是指我们该多多理解孩子，与孩子进行良好的沟通交流，而不是真的像孩子的同龄朋友一样说话做事，与之相处。在孩子的成长过程中，父母应该承担起保护、教导、爱他们的责任，并能够在重要的时刻做出正确的决定，阻止、纠正孩子的错误行动，并进行必要的惩罚。对于孩子，最重要的是让他们拥有信心，建立起依恋关系，知道"父母是站在我这边的"。之后，父母则需要教会孩子在世界上独自生活。父亲要扮演起引导孩子的角色，培养他们的社交能力，让他们将来进入社会后能够与他人和谐相处。父母关怀备至并不一定是坏事，只要父母能做到后退一步保持适当的距离观察孩子，在他们表现良好时不吝鼓励，犯错时合理训斥。

父亲可以运用多种多样的交流方式来与小学阶段的孩子建立起良好关系。肢体接触、非语言性交流等都是可行的。可以抽出时间去参加学校的活动，从中观察孩子的状态，认识孩子的朋友，且时常倾听孩子的想法。带孩子去露营、做运动或许都是很好的交流方式。

四、父母要重视校园霸凌现象，积极帮助孩子解决问题

问题：我家孩子比较单纯善良，有一次突然哭着回到家，说朋友们欺负他。到现在这样的状况已经不知道发生过多少次了。我家孩子这是被欺凌了吗？

霸凌是指一名学生持续反复地受到一名以上学生欺压的问题。小学阶段孩子的霸凌行为大多是由于调节冲动和执行能力的额叶部分发育不够成熟，孩子难以抑制对他人的愤怒，也不懂得站在他人的角度思考问题所造成的。极度敏感、易怒、邋遢的孩子也容易成为同龄人攻击的对象。这些孩子常常因为不懂得拒绝他人或过分没有主见而遭到朋友轻视。父母应该多鼓

励孩子学会明确表达自己的想法。如果孩子表现出讨厌或极度害怕上学，则应及时接受专业人士咨询，了解问题的症结所在。即使孩子只是遭受了轻微的捉弄或欺负，父母同样要予以重视，积极帮助他解决问题。

五、帮助孩子建立好的习惯

问题：孩子上一年级了，老师都夸她很爱学习，上课认真听讲，回答问题很积极，掌握知识也很快，全家人都很高兴。可是慢慢地，妈妈也发现很多问题，孩子总是丢三落四的，不是今天橡皮没有了，就是明天铅笔找不到了。为此，妈妈觉得很苦恼，怎么一个女孩子这么不细心呢？该怎样帮她改掉丢三落四的毛病呢？

首先，我们要弄明白孩子为什么总是丢三落四。其实，案例中的孩子的问题不是个例。一般来说，如果孩子心智没有什么问题，丢三落四主要是因为不良习惯造成的。特别是现在大部分孩子是独生子女，家长认为丢一两件小东西也没关系，反正还可以再买，久而久之就养成了孩子丢三落四的坏习惯。

我们分析孩子丢三落四主要有这样几点原因：一、家长"包办到底"导致孩子不熟悉自己的东西。由于家长的过度保护、包办到底，导致孩子不熟悉、不在意自己的物品，丢了东西也不知道。二、东西"来之太易"导致孩子不珍惜自己的物品。三、孩子缺乏责任心导致经常丢东西。四、丢东忘西也是一种抵抗方法。有时候孩子不是真的忘了，而是故意忘了，以此来逃避责备。

那么如何让孩子不再"丢三落四"呢？我们提供以下几点建议：一、告诉孩子自己的事情自己做；二、不要轻易地满足孩子的要求；三、培养孩子的责任心；四、训练孩子的记忆能力；五、让丢三落四的孩子吃点苦头；六、了解孩子的真实意图。

第五章
12—18岁儿童的家庭教育指导

第一节　12—18岁儿童主要身心发展特点

12—18岁儿童的发展分为两个阶段,分别是12—15岁的初中生和15—18岁的高中生。

一、12—15岁儿童主要身心发展特点

这是儿童从童年向成年的过渡期。儿童的生殖器官逐步发育,出现性冲动和性好奇;整体身体素质好;大脑发展迅速,抽象思维能力增强,记忆和观察水平不断提高;自尊心强,重视外表,建立自我同一性成为本阶段儿童最重要的任务;情绪波动大,敏感易怒,容易有挫折感,情感内隐;易和家长产生冲突;重视同伴交往及其评价,对父母依恋减少;责任心增强,自我控制能力有明显发展。①

---

① 《全国妇联、教育部等九部门关于印发〈全国家庭教育指导大纲(修订)〉的通知》(妇字〔2019〕27号),http://www.yueyang.gov.cn/yywomen/53944/content_1535437.html。

这一阶段儿童正处在告别幼稚走向成熟的过渡时期，即青春期。青春期的孩子面临着生理和心理上的"突变"，在生理发展方面，青春期的儿童一般表现出以下特点①：（1）进入青春期的儿童的生理发展，到了人体生长发育的第二个高峰，生理上发生巨大变化，身高、体重迅速增长，各脏器如心、肺、肝脏等功能日趋成熟，各项指标达到或接近成人标准。（2）多数情况下，女孩比男孩早一年左右进入青春期，从乳房开始发育到月经初潮，大约需要 2 到 3 年，继而长出腋毛、阴毛，骨盆变大，全身皮下脂肪增多，形成女性丰满的体态；男孩则会长出胡须、喉结突出、声音低沉、肌肉骨骼发育坚实，形成男性的魁梧体格。在心理发展方面，一般表现为以下特点：（1）伴随着青春期的性发育，初中生的性心理也发生了质的飞跃，大多数学生表现出一系列性心理行为，主要表现为性心理的朦胧性和神秘感、动荡性和压抑性等。（2）渴望独立又事事依赖家长。进入初中以后，孩子们开始探索真正的自我，渴望独立，自己决定自己的事情，但由于思维发展、生活技能和社会经验还没完全成熟、完善，仍要依靠父母。此时，父母与孩子的"代沟"表现比较明显。（3）自负和自卑矛盾交织。进入青春期后，他们开始学习自我观察和评价，但这些评价具有相当强的主观性和片面性，常常容易发生极端变化，经常处于自负与自卑的内心冲突之中。（4）认知的发展变化迅速，如逻辑思维、逻辑记忆都得到快速的发展。

二、15—18 岁儿童主要身心发展特点

这一阶段的儿童已经进入青春中后期。儿童在外貌上与成人接近，身体

---

① 《上海市精神文明建设委员会、上海市教育委员会、上海市妇女联合会关于印发〈上海市 0—18 岁家庭教育指导内容大纲〉（试行）的通知》（沪教委德〔2009〕28 号），http://www.xuhui.gov.cn/h/xhxxgkN/xhxxgk_jyj_bmwj_bmwj/Info/Detail_2782.htm。

各器官逐步发育成熟，发育进入相对稳定期；认知结构的完整体系基本形成，抽象逻辑思维占据优势地位；情绪不稳定，情感内隐，易感到孤独；重视同性和异性的友谊，并可能萌发爱慕感情；自制力和意志力增强但仍不成熟；独立性强，有决断力；观察力、联想能力迅速发展。① 这一阶段的儿童在经过青春期的急骤发育后，进入了相对稳定阶段，也就是发育成熟和定型阶段。他们的身体生长，主要表现在形态发育、体内器官的成熟与机能的发育、性生理成熟等几个方面。此外，高中生的心理发展呈现出如下特点②：（1）认知结构的完整体系基本形成，思维能力基本上完成了向理论思维的转化，抽象逻辑思维占了优势地位，辩证思维和创造思维有了很大的发展。（2）观察力、有意识记能力、有意想象能力迅速发展，思维的目的性、方向性更明确，认知系统的自我评价和自我控制能力明显增强。（3）自我意识的能力和水平提高，内容进一步丰富和深刻，表现在自我明显分化、对自己形象的关注、自我评价能力进一步提高、自尊心与自卑感并存等方面。（4）在情绪情感方面，以外显为主向以内隐为主发展，以冲动为主向以自制为主发展，以直接、具体为主向以间接、抽象为主发展，以生理需要为主向以社会性需要为主转变。（5）在性意识方面呈现身心发展不平衡、对身体发育的关心和烦恼、对异性的兴趣增加等特点。

综上所述，12—18岁是儿童跨入成人的过渡期。这一时期，儿童在生理上趋于成熟、性意识和性冲动萌发，心理上渴望独立和得到尊重、自我意识逐渐增强，但不成熟的心智和不确定的职业取向，常常使他们处于一种不稳定的状态。

---

① 《全国妇联、教育部等九部门关于印发〈全国家庭教育指导大纲（修订）〉的通知》（妇字〔2019〕27号），http://www.yueyang.gov.cn/yywomen/53944/content_1535437.html。

② 《上海市精神文明建设委员会、上海市教育委员会、上海市妇女联合会关于印发〈上海市 0—18岁家庭教育指导内容大纲〉（试行）的通知》（沪教委德〔2009〕28号），http://www.xuhui.gov.cn/h/xhxxgkN/xhxxgk_jyj_bmwj_bmwj/Info/Detail_2782.htm。

第二节 12—18 岁儿童家庭的主要发展特点与发展任务

一、12—18 岁儿童家庭的主要发展特点

这个阶段从儿童 12 岁左右开始，到 18 岁左右结束。这个阶段是一个非常特殊的关键阶段，家有青春期的孩子是家庭生命周期里的一个重要的里程碑。这一阶段，孩子开始尝试在心理上独立，并确立自己较为明确的社会与性别角色，他们在为离开家庭独立生活做准备。所以，青春期的孩子可能会突然出现"叛逆"，会让父母难以接受，从而出现很多家庭矛盾。对家庭来说，中年夫妻也承受着巨大的工作进取压力，还面临着婚姻生活多元压力的考验，家庭生活也面临巨大的经济和精神压力。因此，这一时期对孩子和父母来说都会造成许多困扰，这是一个特殊的时期，家庭面临着较多的考验。

二、12—18 岁儿童和家庭发展任务

（一）12—18 岁儿童发展任务：形成自我同一性

自我同一性的建构包括明确我是谁、我的价值观和我选择的未来生活方向。这种关于自己的什么是正确和现实的探索，推动着儿童做出各种选择，包括职业、人际关系、社会参与、性别取向以及道德、政治理想。前面提到的 0—12 岁儿童分别要发展的信任感、自主性、主动性、勤奋感都在为这一时期自我同一性的形成创造条件。缺乏信任感的青少年很难找到可以坚持的信念；缺乏自主性或主动性的青少年在面临选择时难以进行积极探索；缺乏勤奋感的青少年常常不能找到适合自己兴趣和能力的职业。因此，帮助 12—18

岁的孩子形成自我同一性是十分关键的,这会影响到孩子是建立身份认同还是
陷入自身认知的混乱。这一阶段的孩子会为了建立起自我身份认同而不断努
力。在复杂的社会条件下,青少年会经历同一性危机,这是青少年在确立自己
的价值观和目标之前进行尝试的一段痛苦的时期。对于某些青少年来说,同一
性的发展是创伤性的和备受困扰的,但他们一般会经历先进行探索,再诉诸行
动的过程。当他们努力尝试时,他们会收集有关他们自己以及周围环境的重要
信息,并做出决定。如果孩子没有很好地度过这一阶段,就会面临认知混乱及
角色混乱的问题,出现性别认同危机。因此,父母应该引导儿童正确看待生理
发展的现象,帮助儿童构建良好的人际关系,促进其自我同一性的形成。

那么,怎样支持这一时期儿童健康的同一性发展呢?我们提供如下建议
(表5-1)。

表5-1　促进儿童自我同一性形成的措施

步骤	举例
进行亲切而开诚布公的交流。	既在情感上给予帮助,又允许对价值观和目标进行自由探索。
在家庭和学校开展可促进高水平思维的讨论。	鼓励从不同的信仰和价值观中作出理性而深思熟虑的选择。
提供参加课外活动和职业培训项目的机会。	允许青少年探索成人的真实工作环境。
提供机会与曾有过同一性问题的成人和同伴交流。	提供成熟地获得同一性的榜样,对怎样解决同一性问题提出建议。
提供机会了解自己国家的文化并在尊重氛围中了解他国文化。	鼓励在各领域都获得同一性和群体接纳,这会支持对别人同一性的探索。

(二) 12—18岁儿童家庭主要发展任务：接纳青春期的孩子

此时家庭的主要任务是接纳青春期的孩子。父母需要学习一些青春期
儿童特有的心理和生理方面的知识,理性地面对孩子的"叛逆"。同时,父母
也要学习如何与青春期孩子有效地沟通,在亲代和子代的冲突中寻找融合之

处,在彼此尊重的基础上对孩子进行关键的指导。这一阶段家庭的主要发展任务是[1]：(1)增加家庭界限的灵活性,允许孩子的独立性。随着孩子身心逐渐成熟,父母在教养方式上必须做出相应的调整和变化,给予孩子一定程度的进出家庭系统的灵活性,要与孩子共同成长,学会以朋友的身份与孩子相处,多一些倾听与理解。同时,父母还要适当关注孩子的动向,关注学校对孩子的评价、孩子与同伴的交往等问题,防止孩子偏离了发展的主流轨道。(2)维护中年期的婚姻关系。中年夫妻承受着巨大的工作进取压力,还面临着婚姻生活多元压力的考验,此时要将更多的精力放到夫妻亚系统及夫妻各自的事业发展上,这对于中年期的婚姻关系极为重要。(3)开始照顾老人。此阶段,夫妻双方的父母都开始步入老年,越来越需要子女的陪伴、关爱和物质的照顾,夫妻双方需要共同面对较大的经济和精神压力。

第三节　12—18 岁儿童家庭教育指导内容

一、12—15 岁儿童家庭教育指导重点

(一)重视价值观的教育

父母要理解、践行社会主义核心价值观,以身作则,为儿童树立榜样;结合发生在家庭、学校和社会的事件开展价值观教育,培育儿童正确的思想观念和价值取向;通过儿童喜闻乐见的方式,讲好中国故事,用爱国主义激发儿童的梦想,让儿童能够结合自己的现实和未来,自觉践行爱国、敬业、诚信、友善等价值准则;让儿童学习正确认识与分析问题,分辨是非[2]。

---

[1] 李彩娜,赵然.家庭治疗[M].北京：中国轻工业出版社,2009：11—13.

[2]《全国妇联、教育部等九部门关于印发〈全国家庭教育指导大纲(修订)〉的通知》(妇字〔2019〕27 号),http://www.yueyang.gov.cn/yywomen/53944/content_1535437.html。

（二）帮助儿童平稳地度过青春早期

重视儿童青春期人格发展。父母要认识青春期儿童发展特征，不断调整教养方式，正确对待儿童"叛逆"行为。父母应引导青春期儿童以合理的方式宣泄情绪，积极调控心理，预防和克服各种可能产生的青春期心理困境。此外，父母还应着重培养儿童应对挫折适应环境的能力和坚毅品格，当儿童遭受困难和挫折时，不应竭力帮儿童逃避困难和挫折，而应教会儿童如何以积极乐观的心态战胜挫折，提高儿童的抗逆力。

对儿童进行性教育。父母应充分了解青春期儿童的生理卫生知识，对儿童开展适时、适度的性教育，让儿童了解必要的青春期知识，从而使儿童对青春期生理的变化有一定的心理准备。父母可在合适的时间，用合适的方式与儿童谈论有关异性交往、生殖健康等方面的话题，让儿童对性知识有一个正确的认识。父母在与青少年儿童谈论性的时候如果更有知识、更自如的话，会获得更好的效果。

（三）构建良好的亲子关系

青春期是考验和建立亲子关系的关键时期。首先，父母应了解和学习青春期的生理、心理以及社会性特点，及时调整教育方法，顺应青春期儿童的身心发展的规律。其次，父母要与儿童平等相处，理解儿童的自主愿望，保持平和的心态与儿童沟通。再次，父母要给儿童一个相对自由成长的空间，尊重他们的隐私权。最后，父母还应控制自己的情绪，学会倾听、尊重和欣赏、儿童的想法，以此更好地促进良性亲子沟通，构建良好的亲子关系。

（四）提高儿童信息素养

信息素养在当前的人工智能时代、大数据时代会越来越重要，因此培养儿童的信息素养是非常必要的。父母要正确认识媒介对儿童的影响，应从两方面入手培养儿童的信息素养。第一，培养信息素养意识。父母要了解儿童使用各种媒介的情况,培养儿童对信息的是非辨别能力和加工能力。第二,培养信息技能。父母要鼓励儿童在使用网络等媒介的过程中学会自我保护、自我尊重、自我发展。同时,在培养儿童信息素养的过程中,父母要丰富儿童的生活,预防儿童形成网络依赖。

二、15—18岁儿童家庭教育指导重点

(一)让儿童正确处理好与自我、与他人、与社会的关系

第一,引导儿童树立国家意识。父母要引导儿童树立国家意识,增强儿童的公民意识和社会责任感,关注社会发展,将个人理想与国家需要相结合,认识国家前途、命运与个人价值实现的统一关系,学会将个人理想与国家的发展、现实的奋斗相结合。

第二,培养儿童法治观念。父母要加强法律知识学习,正确理解自由、平等、公正、法治的内在含义及其要求,成为儿童尊法、学法、守法、用法的榜样;掌握家庭法治教育的内容和方法,引导儿童树立权利与义务相统一的观念,养成尊法守法的行为习惯,学会在法律和规则框架内实现个人的自由意志;与儿童建立民主、平等的关系,切实维护儿童权益。

第三,培养儿童的责任意识。父母要通过召开家庭会议等形式,与儿童平等、开放地讨论家庭事务,共同分担家庭的责任和义务,培养儿童的家庭责任感;引导儿童树立社会责任感,正确处理个人与自我、与他人、与社会的关系,勇于承担责任。[①]

第四,引导儿童积极进行社交活动和正常的异性交往。父母要鼓励儿童在集体生活中锻炼自己,学会与人相处,体验与人合作的快乐。同时,还要帮

① 《全国妇联、教育部等九部门关于印发〈全国家庭教育指导大纲(修订)〉的通知》(妇字〔2019〕27号),http://www.yueyang.gov.cn/yywomen/53944/content_1535437.html。

助儿童学会宽容待人,正确对待友谊。在与异性交往的过程中,父母要适时进行性教育,给予儿童正确的引导。

(二) 加强儿童美育教育

父母要在生活实践中去培养儿童正确的审美观,使儿童具有发现美、欣赏美、表现美的能力。父母要让儿童接触、欣赏自然美,培养儿童热爱自然环境、热爱祖国美好河山的情感。父母要培养儿童欣赏文学和艺术的爱好,发展儿童的想象和表现美的能力。父母要引导儿童理解内在美与外在美的关系,领悟劳动能创造美。

(三) 传递正确的性理念、性知识

高中阶段的学生有了朦胧的性意识,渴望了解异性,对性知识充满好奇。父母要向孩子传递正确的性理念、讲解性知识、教孩子处理性行为的方法。告诉孩子必要的性知识,使孩子在遇到相关状况时能够从容应对。同时应当明确告诉孩子,不能在未成年之前发生性关系,更不能随意和别人发生性关系。要让孩子明白性是真爱的产物,且真爱中包含责任感。

第四节　12—18岁儿童家庭教育指导专题

一、12—15岁儿童家庭教育指导专题[①]

(一) 认真对待儿童人生的又一个转折点

升入初中,孩子面临的最突出问题是"三多、二难",即课本多、课时多、作

---

① 《上海市精神文明建设委员会、上海市教育委员会、上海市妇女联合会关于印发〈上海市0—18岁家庭教育指导内容大纲〉(试行)的通知》(沪教委德〔2009〕28号),http://www.xuhui.gov.cn/h/xhxxgkN/xhxxgk_jyj_bmwj_bmwj/Info/Detail_2782.htm。

业多以及作业难、时间安排难，这些可能会造成孩子学习的不适感。父母要加强和孩子的沟通、交流，继续重视孩子学习兴趣、方法和态度的培养。同时，由于初中毕业将面临首次升学考试，部分父母难免更关心孩子的学习成绩，而疏于关注孩子的品德、情感和心理等方面。父母要知道，学习固然重要，但此阶段是孩子身心健康、人格完善的重要时期，也是初中生交往能力、实践能力、自我控制和调节能力等发展的重要时期，这些方面不仅会影响孩子的学业，而且关系到孩子的成人和成才。因此，父母要全面了解学校这一阶段的培养目标和孩子身心发展的特点，树立全面发展的家庭教育观。

（二）科学对待青春期儿童的生理、心理变化

初中生处于一个身心突变的关键期，需要父母的加倍关心、爱护和引导，帮助他们安全、顺利地度过这一关键期。父母要鼓励孩子科学安排时间，养成锻炼身体的好习惯；帮助孩子认识及适应自己的生理变化，以合理的方式宣泄情绪；父母要加强性道德观念教育，引导发展健康的性道德情感，指导儿童养成良好的性道德行为，并注意控制家庭微环境的性刺激；要积极为孩子营造一个宽松、温馨的家庭心理环境，指导、鼓励孩子多参加有益的群体活动，与男女同学友好相处；注重心理沟通，引导孩子以合理的方式宣泄情绪。

（三）高度重视儿童的睡眠、营养和用眼卫生

初中阶段的学习难度加大、作业增多，因而营养摄入不均、睡眠时间大大减少、视力受损等问题日趋严重。父母对于孩子平时的健康不仅要关注，更要讲究科学教养。要保证必要的睡眠时间，使孩子得到足够的休息。一般情况下，孩子 13—14 岁需要 9—9.5 小时的睡眠时长，15—16 岁需要 8.5—9 小时睡眠时长。父母要创造良好的睡眠条件，保护好孩子的睡眠；引导孩子根据身心发展水平，科学健身，劳逸结合；要为孩子准备合理平衡的膳食，尽量保持食物的营养成分；要注意指导并培养孩子养成良好的饮食习惯，增强免

疫力;培养孩子养成科学卫生用眼、做眼保健操的好习惯。

(四) 引导儿童掌握科学的学习方法

父母要形成正确的成才观念,不要把分数看成教育孩子唯一的目标,要更关心孩子学习方法、学习态度和全面、健康的发展。要引导孩子注重学习过程中的能力锻炼,将写、讲、想结合起来,加深对知识的记忆和运用;开展合作学习、共同分享;在面对学习困难时,鼓励孩子养成轻松接纳、认真对待的态度。

父母要经常和孩子进行学习情况的交流,定期进行自我反思、自我调整、自我教育。重视对孩子合理、科学使用时间的指导,和孩子共同制订学习计划,正确利用零星时间和切割使用在家的小块时间,善于安排休息和业余文体活动时间。通过正确的引导和帮助,使孩子学会学习。

(五) 正确对待儿童的学习成绩

初中阶段是学生升学、分流的关键时期,因而父母对于孩子的考试成绩往往比较敏感。父母平时更多地关注孩子的学习过程和情况,与任课老师保持联系,了解孩子的学习情况和学业发展水平,科学地开展升学指导;发现孩子的学习出现问题,父母应与相关的学科老师一起分析,找寻原因,商讨对策;每次考前,父母不要给孩子增加心理压力;指导孩子做好考前复习,增强自信心;关注孩子考前保证身体健康,注意饮食卫生;指导孩子树立正确的考试观,重过程,避免纠缠于结果;父母要教育孩子以平常心对待每一次考试;要教会孩子一些克服考试怯场的方法;在孩子因考试而产生挫折感时给孩子更多的心理抚慰和鼓励,帮助孩子挖掘自己学习上的潜能和闪光点。

(六) 引导儿童正确使用网络

中学生的各种网络问题日渐严重,亟需对其加以引导。父母要与学校紧密合作,主动引导孩子正确使用网络,培养网络道德习惯,与孩子一起学习有关法律法规,引导孩子做个遵纪守法的"小网民";父母要教育孩子正确对待网络,学会自我尊重、自我发展;父母要帮助孩子学会控制自己,让孩子把电脑和网络当成增加知识的工具;教育孩子正确把握上网时间,共同制定"家庭网络公约",相互督促,严格遵守,预防用网过度;引导孩子在网络交友中一定要注意加强自我防范和保护,不能在网上毫无保留地暴露自己的信息,不在网上与对方以朋友结交的名义发生金钱上的交易和关系,交往中要保持与对方的距离,不要背着父母与网友单独见面等。对有网瘾的孩子,父母更要多给予关心、理解、尊重、激励、宽容、信任,并积极向专业矫治人士求助。

（七）充分了解并尊重儿童

初中阶段,孩子的自我意识和独立人格开始觉醒,他们开始感觉到生活中有自己的秘密和隐私,不愿意和父母沟通,但他们各方面的发展尚不成熟,也缺乏足够的生活经验和社会阅历。因此,需要父母给予更多的了解和关注。父母要了解孩子身心发展的情况,如身体发育素质、习惯养成、情绪特征、兴趣倾向、智力特点等,从中把握孩子成长中的各种问题。面对青春期的孩子,父母要学会倾听、沟通,注意了解孩子的生活状况、学习状况,关心孩子的心情和心事;告诉孩子遇到事情要主动与父母商量,寻求解决办法;父母未经孩子同意,不要私拆、隐匿、毁弃孩子的信件、邮件;保持和孩子的亲密感情关系,与孩子共同创造生活的乐趣,营造平等、宽松的亲子关系,才能帮助孩子健康成长。特别是当孩子犯错时,父母要善于以积极平和的态度与孩子一起分析原因、制定对策。

（八）正视儿童成长过程中出现的问题

父母要掌握孩子成长的规律和身心特点,正确对待孩子在走向独立过程中不可避免的正常现象;教会孩子控制情绪方法,激励孩子良好的言行,避免孩子养成不良的情绪表达习惯;承认并接受孩子的个别差异,孩子的体能、兴趣、智力、志向都不相同,父母要多欣赏、多赞美其优点,帮助其克服弱点。

父母要培养孩子面对挫折的勇气,给予支持与鼓励,培养其耐挫力并引导其从中吸取教训和启示。在孩子遭遇挫折时,应给予协助而不是责备;帮助其分析原因,避免推诿,避免孩子对挫折过度自责,要多加安慰,给予支持性的谈话等。无论孩子犯了什么错误,父母一定要成为孩子心灵的依靠。否则,孩子在成年人中找不到依靠,就会转向任何能给他们以"帮助"的人,有可能离正常的道路越来越远。

(九) 重视培养儿童的独立自主能力

缺乏自主、独立是目前初中阶段孩子中比较突出的问题。具体表现为缺乏自主学习的意识、能力和习惯,生活上依赖,自理能力较弱,抗挫折能力较差等。科学文化知识是学生学习的重要内容,但是,非智力因素对人的影响同样重要。特别是孩子的独立自主能力,对他们日后的工作、生活影响很大。父母要在现实生活中培养孩子的劳动观念,学习体验并掌握多种技能。父母不能因为孩子的学业负担而减少他们的家务责任,而应尽可能让他们承担一定的家务;同时,要注意培养和发展孩子各方面的非智力因素,并为他们提供独立判断、独自解决问题的场合与机会;从最贴近孩子的学习入手,重视培养孩子的自主学习能力。针对初三学生的身心在不断走向成熟、兴趣与能力特点逐步增强的特点,父母应当引导孩子学会自己去面对人生的选择,并为此担负起应尽的责任。

(十) 引导儿童作出适合自己的升学选择

在初中阶段,父母要学会引导孩子做学习的主人并自己去面对人生的选择。在升学前夕,父母应主动与教师沟通,了解孩子的学业情况,并与孩子一起具体分析其现有的学业水平、学习能力、兴趣爱好、从业意向,科学合理地对孩子进行升学指导。在升学选择的过程中，父母要确立更科学合理的成才观；应充分考虑到孩子自身的实际和发展需求，并为此担负起应尽的责任。父母要明白"条条大路通罗马"的道理，宽容地对待孩子的选择；不要不顾孩子实际与发展意向替孩子设计人生道路，而要与孩子一起具体分析其现有的学业水平、学习能力、兴趣爱好、从业意向等，引导孩子客观地对待自己的学业及前程，客观地选择适合自己的高一级学校。

二、15—18岁儿童家庭教育指导专题①

（一）跨越代沟，建立和谐的亲子关系

高中阶段孩子遇到问题更倾向于和同学、朋友交流，而和父母的交流趋于减少，因而常会产生代沟问题。亲子沟通是父母与孩子之间信息交流的过程，是家庭教育的基础，也是一种实现家庭教育功能的重要方式。父母要加深亲子之间的相互理解，掌握亲子沟通的技能和艺术。父母要倾听孩子的心声，不要急于批评，要试图理解，学会换位思考；家庭的事情，也可以和孩子商量，听听孩子的想法，特别是孩子成长中的问题，孩子要有发言权；要创造良好的家庭气氛，多看孩子身上的优点，并给予充分的肯定。跨越代沟需要亲子双方的共同努力，父母和孩子都要不断学习，正确处理家庭中的权威与民主、平等之间的关系。父母要学会欣赏孩子，提高孩子自身形象，让孩子获得和感受自信；父母要看到孩子的成长，要相信孩子有独立处理事情的能力，尽可能支持他们，在他们遇到困难时，给予安慰和鼓励；父母要尊重孩子的人格，不使用过分惩罚手段去维持在孩子面前的权威。

---

① 《上海市精神文明建设委员会、上海市教育委员会、上海市妇女联合会关于印发〈上海市0—18岁家庭教育指导内容大纲〉(试行)的通知》(沪教委德〔2009〕28号)，http://www.xuhui.gov.cn/h/xhxxgkN/xhxxgk_jyj_bmwj_bmwj/Info/Detail_2782.htm。

（二）指导儿童建立和谐的人际关系

良好的人际关系涉及孩子的自我认识、交往技能、对他人的尊重和对他人帮助的感恩等等方面。父母的人际关系及家庭关系对孩子建立健康的人际交往具有潜移默化的教育作用，家庭中的相互尊重、相互合作、平等交流是对孩子进行人际关系教育的最重要的环节。家庭中要致力于创建良好沟通的人际环境；重视对孩子的诚信教育、感恩教育和尊重他人、文明礼仪的教育；父母要支持孩子多参加学校组织的集体活动，在人际交往中学会与人合作；父母要指导孩子正确处理人际交往中的冲突，使孩子在交往中严于律己，宽以待人，以诚恳、公平、宽厚态度对待别人；对孩子在人际关系处理中的困惑，要及时与孩子沟通交流，不要简单地用父母的权威和经验取代孩子的体验和思考。

（三）指导儿童学会与异性交往

高中阶段的学生有了朦胧的性意识，渴望接近异性、了解异性、欣赏异性、仰慕异性，并由此引发各种心理和行为困扰。父母对孩子与异性交往不要过度敏感，更不能以此为理由私拆孩子信件、偷听孩子电话、翻看孩子日记等，这些做法容易伤害孩子的自尊，而无益于问题的解决；父母要帮助孩子划清友谊与爱情的界限，使孩子认识到早恋对自我发展的不利影响，正确进行异性交往；父母教育孩子在异性交往中要学会自律，帮助孩子认识早恋对自我发展的不利影响；父母要抓住日常生活中的相关事件，对孩子进行青春期性生理、性道德教育，包括抵制毒品和防控艾滋病等教育。

（四）指导儿童在生活中学会负责

负责是现代公民的基本素养，也是孩子社会化的最重要的品行。责任感的家庭培养是其他教育无法取代的。没有承担责任的经历和体验，孩子的责任感难以形成；让孩子学会合作的首要条件是引导其发现团队的重要性和他人的长处。家庭成员的地位应该是平等的，把孩子对家庭的重要性告诉孩子，引导其共同分担家庭的责任和义务。父母要放手让孩子掌握多种生活技能，提高孩子的独立生活能力；要把家庭中遇到的困难告诉孩子，培养其主动为家庭分忧解难的意识。有关孩子的决定要征求孩子的意见，并告诉孩子要勇于对自己做出的决定负责。充分创造机会让孩子品尝与人合作的快乐，在感悟合作中进行自我调整。鼓励孩子积极参加社会实践活动，在活动中承担责任，学习合作。

（五）指导儿童确立正确的消费观，学会理财

由于社会经济发展和家庭物质生活改善，今天孩子的消费往往出现误区，主要表现为：吃喝消费向广告看齐，用品消费向名牌看齐，人情消费向朋辈看齐，美容消费向明星看齐等。在家庭中，父母应重视对孩子进行正确的消费观和理财能力的教育。引导孩子从小懂得对需要什么和想买什么加以区别；经常举行家庭会议，让孩子了解"家情"，共同参与家庭决策，共同面对家庭危机与不幸；在家庭生活中，通过父母与孩子角色互换，让孩子学会操持家务，当家理财；教会孩子懂得区别物品的贵和贱，使他们对理性花钱有初步概念；指导孩子熟悉、掌握基本的金融知识与工具，培养他们的理财意识。

（六）加强"珍惜生命"教育，培养健康人格

生命教育是家庭教育内容的重要组成部分，开展生命教育是家庭教育的重要职责。高中阶段的生命教育着重于帮助和引导学生形成科学、合理的性生理、性心理和性道德观念，学会尊重他人、理解生命、热爱生命，提高保持健康、丰富精神生活的能力，培养积极的生活态度和人生观等。父母的人格和生活方式会对孩子产生直接影响，科学良好的家庭生活方式是热

爱、珍惜生命的具体体现。父母要积极营造乐观健康的家庭生活氛围,让孩子感受家庭的温暖和幸福,感受到亲人的爱;父母应该对生活持有积极的态度,敢于向命运挑战,并引导孩子正确面对困难和挫折。父母不仅要关心孩子的学习,更要关心孩子人格的健全发展,要教会孩子怎样做人。

(七) 指导儿童在网络面前不迷失自我

计算机网络已成为人们工作、学习和生活不可或缺的工具。网络信息将是高中学生成长最丰厚的学习资源,因此,如何引导他们正确利用网络资源、培养网络道德,应当成为现代家庭教育的重要内容。

预防高中阶段孩子网络沉溺的最有效方法就是要多与孩子互动、沟通,营造温馨和谐的家庭关系及亲密的亲子感情,充分了解孩子的心理需求,并给予关怀;父母要以身作则,在上网时间、上网地点、上网内容、上网方式等方面为孩子做出榜样;父母要在引导孩子把电脑当成学习工具的同时,积极为孩子的课外活动提供条件;父母要关注孩子的异常表现,及时发现孩子在上网方面存在的问题,冷静对待,切忌采取随意粗暴的方法,要着眼于培养孩子的自律能力。

(八) 以平常心指导儿童面对高考

高考对每个孩子来说,都是一个非常重要的转折点。父母、老师的高期望普遍超过孩子可接受的程度。父母要适度期望,但不过高期望,更不无期望;父母对孩子既要有学历期望,更应有能力期望和全面素质发展的期望。应发现并开发孩子的潜能,给孩子提供一个健康成长的平台;父母要科学合理安排孩子的生活,让孩子劳逸结合,身心愉快;父母要引导孩子树立自信心,消除自卑感和忧虑感,有条不紊地复习强化所学的知识,以泰然自若的心情去应付考试;父母要培养孩子良好的作息习惯,做到有张有弛,劳逸结合,科学用脑；父母要尊重和理解孩子选择的志愿，为孩子减压助考，帮助孩子树立信心，让孩子感受成功。

（九）指导儿童树立理想、规划未来

高中阶段的孩子处于充满理想和抱负的金色年华。理想是他们走向成功的先决条件，如果没有理想，就没有目标，就没有方向。父母要及时指导孩子树立人生理想、规划未来发展。父母要以身作则，成为孩子的楷模，在担任好家庭角色的同时，更应担任好社会角色；父母要教育孩子确立国家意识，增强社会责任；父母从孩子实际出发，不断调整对孩子的期望，引导孩子确立远大目标并正确处理社会需求与个人追求之间的关系；父母要教育孩子学会把树立理想与平时的学习生活工作结合起来。父母要尝试与孩子就社会热点问题进行对话交流，让他们从健康的视角看问题；引导孩子阅读经典，让优秀的作品唤起孩子的高尚情怀和崇高的思想；鼓励孩子参加各类社会实践、志愿者活动，培养孩子的社会责任感；从孩子实际出发，不断调整对孩子的期望，帮助孩子正确处理社会需求与个人追求之间的关系。

第五节　12—18岁儿童家庭教育典型问题

一、父母要给青春期孩子足够的理解、信任和爱

问题：大女儿从小就跟我很亲近，特别听话乖巧。但是现在到了青春期，我说一句话她就不高兴，整天发脾气。我有时候也会凶她，我们的关系变得很疏远。我该怎么办？

青少年期的孩子会一直生活在矛盾之中。他们一方面还想要依靠父母，一方面又渴望着独立，因此会产生一些自我认知方面的混乱，这正是这一时

期孩子们心理变化最显著的特点之一。就像幼年时期的孩子会甩开父母的手独自学习走路一样，青春期的孩子也总是想要寻求独立，因此会抗拒父母的情感支持，甚至反感一些好的建议和意见。这是孩子们不断试错并得以成长的时期，需要给予他们充足的耐心，让他们知道父母一直在身后默默注视并关心着他们。孩子在青春期阶段如果没有得到父母充分的爱与关心便可能极度缺爱，或走向另一个极端，成为情感冷淡不懂得表达爱意的人。面对青春期的孩子们，除了要给予他们鼓励、理解、信任和爱等内在的东西之外，还需要多拥抱他们，常带他们多去亲近大自然等。

二、与孩子沟通时应注意方式方法

问题：孩子上了初二之后好像不喜欢和父母在一起了。他喜欢和同龄人在一起玩，每次对着我们都是一副不耐烦的表情，让我们感到非常难过。我们该如何与青春期的孩子正确沟通？

孩子进入青春期后，兴趣爱好都会发生极大的改变。此时如果父母还用以前的方式对待他们，难免会让孩子感到幼稚。他们会更加倾向于与能够理解自己、一起分享生活的朋友交流。所以父母与孩子沟通时需要做到以下几点。

第一，不贬低或轻视孩子。不要随意评价孩子，减少冗长的说教，认可孩子现阶段的状态，理解他的情绪起伏，即使不赞成也尽量接纳他的言行和选择。

第二，要努力分享孩子的兴趣爱好。可以试着与孩子一起打游戏或跳舞。所谓沟通应该是双向且对等的，父母如果想与孩子维持长久的亲密关系，就要学会从孩子年幼时起便认真倾听他说话。

第三，获得孩子的尊敬仍是必要的。父母要从各个方面为孩子做好示范和榜样，例如读书、学习、工作、兴爱爱好等。让孩子对父母产生好奇和询问的欲望，也只有这样才能让他产生试图对话的念头。

第四，孩子为了摆脱干涉可能会故意做出无视父母，或过度强化夸大的自我的举动，这些情况则需要加以警惕，深入了解孩子的内心，准确把握他对于父母的看法和感受。

这一阶段，父母常会因为孩子的言行举止而感到失落。但这其实不过是孩子成长发展的一个阶段，父母也需要正确认识这一点。在失落情绪流露出来之前，可以先宽慰一下自己："孩子是从我这里出发的，他还会回来的。"等过去一段时间之后，孩子就能够更好地理解父母的心意了。

三、正确进行青春期性教育

问题：我的儿子好像会自慰，而且他好像还看了黄色视频。我们应该如何对青春期的孩子进行性教育？

青少年期的自慰行为可以帮助孩子进一步理解自己的身体，了解与性相关的身体反应，同时完善自我的性别认知。如果孩子出现类似情况，父母最好不要反应过度。这与性教育问题不同，如果对其强加干涉，则极可能导致孩子在性方面产生自卑感。自慰属于正常行为，爸爸应该出面为儿子讲解一些基础的性知识，告诉他如何不被发现，更加隐秘地进行自慰。这样便可以减轻孩子心中的不安和羞耻感，降低自慰带来的负面影响。如果父母本身怀有偏见，认为性是肮脏的坏东西，或自身不具备充分的性教育知识，以及因为害羞或觉得孩子看起来还很年幼而索性放弃性教育，转而责骂或限制他们，便可能带来极为严重的后果。

青少年期的性欲在很大程度上受内在情绪的影响，其中可能包含对爱意的渴望、试图缓解孤独、强化自身性别认同、提高自尊感，或表达愤怒、摆脱无聊等诸多目的，父母要注意了解问题产生的源头，有针对性地采取措施。

四、正确处理青春期孩子对自身外表的过分关注

问题：女儿上高一了，她原本是个性格活泼开朗的阳光孩子。但自从进入高一后，她的情绪表现出有些抑郁和敏感，并且开始减肥，也因此暴饮暴食变得很胖。现在开始威胁我说如果不让她去整容便再也不去学校了，我该怎么办？

青春期阶段最为重要的一个成长过程便是对他人视线的觉醒，开始在意别人是如何看待自己的，会突然开始注重外表。然而，有的孩子却过于极端地执着于外表和减肥问题，严重时会引发厌食症或暴食症等进食障碍。作为父母，要运用智慧改变孩子看待他人的方式和对他人视线的想象。父母可以引导孩子通过阅读、玩游戏、旅行等方式丰富自己的经历和眼界，让他们学会从多个角度去评价他人和自己，发掘自身外表以外的其他优点，建立自信。

第六章
社会转型期不同类型家庭的教育指导

第一节　核心家庭的家庭教育指导

一、核心家庭中的关系

在由农业社会向工业社会转变的过程中,特别是由传统社会向现代社会转型时期,中国城市现代家庭模式的主要特点是它正经历着一个"核心家庭化"的过程,这是不可改变的总趋势。所谓核心家庭化主要是指家庭结构和关系越来越趋于小型化和简单化,家庭内部保持着夫妻、亲子、兄弟姐妹三种基本的家庭关系的家庭。这种家庭的层级关系是两代人,垂直的关系就是亲子关系,水平的关系是夫妻关系和兄弟姊妹关系。在核心家庭中维持着如图6-1所示的基本三角结构。

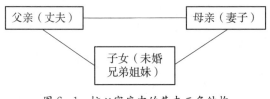

图6-1　核心家庭中的基本三角结构

核心家庭的关系特点是：一是家庭关系简单，对亲属网的依赖性小，家庭生活中的矛盾和纠纷较少；二是具有很强的独立性、灵活性、机动性，有利于家庭的流动、迁徙；三是容易形成家庭中的平等关系、平等权利和民主气氛，有利于培养家庭中青年人的独立性。但核心家庭也淡化了两代人之间的关系，在老人赡养和儿童抚育方面存在一些困难。核心家庭是工业社会的产物，是现代社会最主要的一种家庭类型。①

二、核心家庭教育的优势

核心家庭由父母和子女组成，家庭结构较为简单，因此家庭关系也相对简单。家庭成员之间关系密切，内聚力较强，容易形成教育合力，达到的教育效果也较好。与此同时，核心家庭中父母具有权威性，亲子关系比较融洽，子女易于接受父母的教诲；父母对子女的期望值很高，教育投入多；父母对子女的教育比较容易达成一致，即使出现矛盾，也比较容易协调处理，达到家庭教育的一致性。

三、核心家庭存在的教育问题

（一）家庭角色结构倾斜，父亲教育权逐渐丧失

在现实生活中，由于传统的"男主外、女主内"思想观念，使一些父亲放弃了教育子女的责任。此外，如果母亲过分地关心、关注、担心孩子，也容易导致父亲没有空间和机会介入孩子的教育中。长此以往，家庭角色结构就会逐渐倾斜，使父亲教育权丧失。父亲教育的缺失，是家庭教育中的隐痛，是孩子一生都无法弥补的缺憾。父亲角色的弱化和缺失会给孩子带来不安全感；父

---

① 黄河清.家庭教育学[M].上海：华东师范大学出版社，2014.

亲教育缺失会使孩子形成性格缺陷,甚至产生心理疾患;父亲教育缺失不利于儿童性别社会化。

（二）养育之路较为艰难

核心家庭中的父母如果是双职工,在社会支持系统不完善的情况下可能缺少教养和爱抚孩子的时间。受工作时间和空间的限制,父母要同时扮演多重角色,因此在经营家庭、养育子女上负担重、困难多,年轻的父母成为孤立的教育者。与此同时,他们缺乏教育子女的经验,也很难从祖辈那里得到经验,精神上难免有孤独感,会觉得疲惫不堪。

四、核心家庭的家庭教育指导内容

（一）父亲和母亲需要形成互补和合力,为孩子的成长提供更全面的家庭教育

家庭教育是父亲和母亲共同的责任,缺失任何一方都不利于孩子的成长和发展。为此应该做到以下三点。

首先,母亲不可取代父亲教育。父亲和母亲在关注孩子成长和发展的时候,往往侧重点是不一样的。母亲关注的大多是孩子生活和情感上的需要,给予孩子生活上无微不至的照顾和情感上的关怀。而父亲通常更多的是以理性方式从大的方向引导孩子,为孩子留下较大的自由空间。父亲教育和母亲教育存在诸多差别,父亲教育和母亲教育都有其宝贵的价值和意义,二者不可互相替代。

其次,重新认识父亲角色是非常必要的。斯杜普(Stoop)指出,父亲有四种角色对孩子的人格成长非常重要[1]:（1）在孩子5岁前,扮演养护者角色,

---

[1] 郭佳华.有效父职教育方案之研究[J].中国家庭教育,2002(4).

灌输子女力量,并充分与子女情感交流,让他们觉得安全;(2)在子女读小学阶段,父亲是规范者,为子女规范道德,以身示教,协助子女判断是非对错;(3)面对青少年孩子,父亲转为战士与保护者,和子女并肩面对变化与挑战,并引导孩子走向独立、自我负责;(4)孩子即将成人,父亲是他们的精神导师,协助子女规划生涯,并不断祝福、鼓励他们追求梦想。

最后,重新理解父职内涵也是必要的。从我国实际情况出发,父职的内涵至少应包括以下几点[①]:(1)发展良好的父亲关系,共同抚养孩子成长;(2)承担父职分工担当的责任,包括对孩子经济的、生理的、心理的、社会的照顾与抚养;(3)发展亲子关系,维护良好的亲子沟通,给予孩子必要的教养;(4)做一个适应时代需求的"新父亲"兼具双性优良特质,为孩子提供性别角色示范。

(二) 充分利用社会支持系统缓解家庭压力

首先,父母可以考虑聘请合适的家政服务员加入家庭,妥善安排家政服务员的家务劳动时间,发挥家政服务员的优势,使父母从繁重的家务劳动中得到解放,确保有更多的亲子共处时间,提高和孩子相处的质量,增加家庭教育的实效性。其次,父母可以考虑把孩子送入相关社会支持机构,让父母能获得短暂的放松和休息,从而更好地投入到教养工作中。最后,父母要保持与自己原生家庭的沟通和交流,多从自己的家庭处获取教养经验和情感支持,使自己的身心得到健康发展。

第二节　祖辈家庭教育指导

祖辈家庭又称"隔代家庭",作为一种家庭教养方式,尤其在中国,已经成

---

① 陈建强.新世纪的父亲角色:父亲研究的新视角与新发展[J].家庭教育(中小学家长),2002(1).

为具有鲜明"中国特色"的家庭教育文化。上海的一项调查显示，祖辈教养已经成为占据主流的一种家庭教养形式。祖辈与孙辈婴幼儿同住率达到76.5%，祖父母与外祖父母参与带养率达88.9%。"隔代教养"已成为我国目前不可忽视的一种社会现象，对为数众多的儿童成长、发育乃至以后的人生发展都将产生重要的影响。

一、祖辈家庭中的关系

祖辈家庭的隔代教养是相对于亲子教养而言的，主要是由祖辈担当起对孩子实施教育、抚养的责任。隔代教养家庭可以大致分为两种类型，一种是父母亲很少或根本没有履行亲职，完全由祖父母担负孙子女照顾及教养责任；另一种像三代同堂，或晚间父母、周末父母、假期父母等情形，父母亲多少仍履行若干亲职。

在祖辈家庭中一般存在三种关系：夫妻关系、亲子关系、祖辈和孙辈的祖孙关系。①

（一）夫妻关系

在这三种主要关系中，夫妻关系是首要关系，在家庭中它属于平行关系。如果夫妻关系是原配的夫妻，则家庭情况较为简单。如果是再婚或单亲家庭，则情况相对复杂一些。祖辈家庭的夫妻关系有两对，一对是祖辈的夫妻关系，一对是父辈的夫妻关系。

（二）亲子关系

亲子关系是家庭中的垂直关系。在家庭中有两类亲子关系，第一类亲子

---

① 缪建东.家庭教育学[M].北京：高等教育出版社，2014.

关系中存在着祖辈和父辈的亲子关系,这个时候的亲子关系越来越表现出朋友的一些特质,平等协商的氛围越来越浓,而且随着祖辈年龄的增大、精力的衰减以及社会影响力的消退,亲子关系的主动权逐步向父辈转移;另一类亲子关系是新生的亲子关系,是随着第三代的出生而出现的。作为父辈的父母在两个亲子关系中的角色是双重的,对于祖辈而言他们是子辈,对于第三代来说他们是父辈。这就需要父辈在这个过程中学会处理和协调这二者之间的关系,并做好角色转换。

(三) 祖孙关系

随着第三代的出生,第三种关系——祖孙关系也随之诞生。祖孙关系是家庭中的垂直关系和隔代关系,这个关系也将是孩子成长和家庭教育过程中的一个很重要的影响因素。对于由三代人组成的家庭联盟的所有成员来说,最重要的任务是建立情感上平稳的,相互能接纳的,自由、独立的,又是友好合作的关系。只有这样解决了与家庭结构复杂性相联系的矛盾之后,才有助于建立教育孩子所必需的积极的情感环境。

二、祖辈教养的优势

祖辈家庭中的祖辈和父辈各具优势,在家庭教育中可以取长补短,对子女的健康成长很有好处。祖辈和孙辈之间生来就有一种亲情,他们常常比孩子的父母更能理解孩子的需求,更能和孩子融洽相处。这种融洽往往是因为他们对孙辈没有教育的责任和义务,能以慈祥和宽容的方式对待孩子。此外,祖辈家庭人际交往比较复杂,子女在家庭中能够体验到多种角色的思想情感,有助于子女社会化的发展,也能够从中学习尊老爱幼、谦逊礼让、助人为乐的好品质。同时,祖辈的心态直接影响到家庭教育的态度和方式,祖辈会从孙辈的成长中获得精神补偿;祖辈个人积累的人生经验可以用来指导儿孙。需要时，祖辈可兼父母之职去照顾和教育孙子女，从中体会到被人需要和老年人生活的价值，体验到充满乐趣的老年生活，同时使祖辈得以保持年轻人的心态。

三、祖辈家庭存在的教育问题

（一）祖辈家长存在的教养特点，降低了儿童的求知欲和探索欲

儿童时期是孩子求知欲强、体力和脑力活动充沛的时期，这个阶段需要给他们合理的智力刺激和活动量。但是，随着祖辈家长年龄的增大，体力的衰退，他们可能无法跟上儿童好动的特性，所以时常会把孩子的活动范围限制在较小的范围内。同时，较强的安全意识也让祖辈家长处处为孙辈"护驾"，限制了儿童的自由探索。这样的教养特点不符合孩子的生理心理发育特点，会降低孩子的求知欲、探索欲，容易使孩子形成内向的性格，养成不爱活动的习惯，对儿童的成长不利。

（二）祖辈家长的溺爱与迁就，易阻碍儿童良好性格的养成

祖辈家长往往对孙辈过度疼爱、过度关怀、过度保护，容易形成对孙辈的溺爱与娇惯，这种对孩子无原则无保留的溺爱，极易衍变为对孙辈的纵容、包办、迁就、百依百顺，无形中助长了儿童的各种不良品性，阻碍儿童良好性格的养成。

（三）两代人存在教养模式冲突，使家庭教养矛盾突出

受中国传统的家族观念的影响，祖辈在帮助子女照顾孙辈的过程往往会越过家庭子系统的边界限，干预孙辈的教育，两代人在教育孩子方面难免会产生分歧。年轻父母可能会对孩子严格要求，因此当他们对孩子作出批评或

提出严厉要求时,祖辈家长容易祖护孩子并进行介入,使得教育孩子变得难以进行,也容易使得年轻父母和孩子之间产生情绪抵触和情感隔阂。祖辈家长的干预使得年轻父母无法及时矫正孩子的过失,既影响孩子的身心健康发展,也容易导致家庭关系失和。两代人的思想观念、生活经历、身体状况都存在差异,因而在教养孩子的问题上常常产生分歧,甚至形成相互矛盾的教育方式,从而削弱家庭教育的效果。

四、祖辈家庭的家庭教育指导内容

(一)明确家庭子系统的边界权限,不干预孙辈教育问题

在祖辈家庭中存在着几个子系统——夫妻子系统、抚养子系统和兄弟姊妹子系统。这些子系统之间应该界限清晰,这有助于家庭系统的各个次级单元及它们的相互互动过程,也能确保家庭子系统成员在执行任务的时候不受过多的干扰,同时又足够开放。对于祖辈而言,要明确父母是养孩子的责任主体,亲子教育才是家庭教育的主导和核心,隔代教育只能是补充,不可能替代亲子教育。祖辈要把自己放在配角、助手的位置上,协助年轻的父辈做好家庭教育。遇到分歧要能够放下身段与孩子的父母互相协商与沟通,避免专断、宠溺行为。同时还要注意积极创造让孩子与父母相处的时刻,帮助他们建立和谐的亲子关系。

与此同时,子女也要做到尊重老人,经常和老人聊聊天,讲讲科学养育孩子的新经验,虚心接受老人的指点;子女可买一些科学育儿的读物,与老人交流学习体会,帮助老人接受新事物;对老人宠爱孩子等错误的做法,既要坚决表明自己的态度又要耐心和老人商量,尽量减少正面冲突。

总之,在祖辈家庭中,只有两代人相互积极协调,一切以孙辈的健康成长为出发点,才能在隔代教育中取得双赢的效果。

（二）祖辈家长保持持续学习的能力，发挥祖辈家庭教育的作用

祖辈家长应该建立终身学习的理念，不断加强自身的学习，多了解家庭教育的新知识，接受新观念，用科学的教育方法管理孩子，促进其健康快乐成长。同时，父母也要关注祖辈家长教养儿童的情况，加强对祖辈家长教养儿童的指导，帮助其掌握现代先进的教养理念，掌握科学的教养方法。此外，父母要看到祖辈家长带养的力量，也要意识到不能仅靠祖辈家长替代父母的教养责任。要引导祖辈家长把教养儿童的主要责任还给父母，学会协助父母，与父母的教养保持协调一致。

第三节　特殊类型家庭的家庭教育指导

特殊类型的家庭主要指离异和重组家庭、农村留守儿童家庭、流动人口家庭、服刑人员家庭、残疾儿童家庭。之所以称之为特殊是出于研究和描述的方便，这些家庭因为夫妻婚姻关系以及儿童状况的差异而在教育中表现出一些不同的特征。作为非常规的家庭类型，它们广泛存在于现实社会之中，它们的存在、发展对成长中的孩子构成了一定的影响。

一、离异和重组家庭的家庭教育指导

离异家庭主要是父母由于种种人为原因分离，成为单亲家庭。随着单亲家庭的增加，重组家庭也不断增加。有研究者指出，重组家庭与核心家庭相比，有不同的特性[①]。第一，两个家长只有其中一人是亲生父或母；第二，孩子通常只

---

① 重组家庭儿童问题心理分析及教育策略［EB/OL］.［2021 - 03 - 02］.http://docin.com/p-3426688.html# .

会亲近一个家长;第三,亲生弟兄姐妹可能同住或不同住;第四,同住的孩子外貌很少有相似之处;第五,亲子关系比婚姻关系更早建立;第六,亲生父母或继父母角色不清晰;第七,家庭成员角色和职位须重新界定;第八,新一段婚姻和新组的家庭开支等增加,家长时常会争执亲生子女和继子女的生活费等。

(一) 离异和重组家庭面临的共性问题

重组家庭成员从建立新家庭开始会经历七个阶段:新的开始、努力同化、醒觉、重新建构、作出行动、整合以及解决变成两个核心家庭的问题。在这些生活周期中,非常容易遭遇一些共性的问题①。

(1) 家庭成员常有失落感与情绪投射反应。在进入再婚关系前,离异家庭通常会经历一段与亲人分离的失落感与悲伤历程。再婚后,这些情绪往往继续投射在重组家庭的家庭成员身上。

(2) 过去分歧经验影响新家庭观感与行为。重组家庭成员拥有各自不同的家庭背景与经验,因此,无论父母或子女都会将此经验带入新家庭中,这足以影响他们对新家庭的观感,也可能形塑出他们日常生活中的行为。

(3) 继父母的角色含糊不清需要摸索学习。由于重组家庭尚未制度化,继父母应扮演何种角色并不明确,而且缺乏可以学习的对象,因此继父母都需要一段摸索学习才能找合适的模式。

(4) 亲生父母与继子女间羁绊连结难拆开。由于亲生父母与子女曾共同生活一段相当长的时间,其连结不易被拆开。因此,继父母常有一种被排除在外的感觉,若要打入原有亲子系统中,则需要更大的努力。

(5) 继子女分属两个家庭且面对两套家规。父母再婚后,子女成为两个家庭的成员。多数重组家庭子女不仅与目前的家庭牵连,也与未获监护权的父母之一方的家庭有往来。在此情况下,子女经常要面对两套不同的家规与

---

① 黄河清.家庭教育学[M].上海:华东师范大学出版社,2014.

期待。当冲突发生时，子女被夹在中间，或是协助其中一方以对抗另一方。然而，这并不能解决实际问题，只会徒增双方冲突。

（6）婚后亲子关系优先于夫妻关系的经验。初婚时，夫妻双方在子女出生前通常有充分的机会彼此沟通与协调，但对重组家庭而言，再婚后，亲子关系的实际问题立即呈现，夫妻间可说没有蜜月期。因此，再婚后的亲子关系经营往往先于夫妻关系经营。

（7）重组家庭需要较长调适与付出较多努力。重组家庭的发展任务主要是基于彼此的认同和功能上。一般而言，重组家庭若要达成一般社会期许的家庭任务与功能，则其家庭成员需要经历一段较长时间的调适历程，付出较多努力。

（二）离异和重组家庭的家庭教育指导

1. 正确认识和处理婚姻存续与教养职责之间的关系

父母对儿童的教养责任不因夫妻离异而撤销，父母不能以离异为理由拒绝履行家庭教育的职责。要强化非监护方的父母角色与责任，增强履职意识与能力，定期让非监护方与儿童见面，强化儿童心目中父（母）亲的形象和情感。此外，也可以调动亲戚、朋友中的性别资源给儿童适当的影响，帮助其性别角色充分发展。父母还要学会调节和控制情绪，不在儿童面前流露对离异配偶的不满，避免将自身婚姻失败与情感压力迁怒儿童。同时，父母也不能简单粗暴或者无原则地迁就、溺爱儿童。

2. 减轻儿童的心理压力，创设良好的家庭氛围

现实生活中，一些继父母对子女的感情投入不足。情感的疏离使得继父母在子女的教育中缺乏说服力。亲子沟通不畅，也导致继子女对继父母的言行更为敏感，造成教育的失败。因此，继父母对继子女的爱及无私的付出是重组家庭子女教育的基础。同时，离异和重组家庭的孩子会感到孤单、寂寞、无助，他们对情感的渴求更为强烈，这就要求重组家庭的夫妻要多关心、帮助和亲近儿童，减轻儿童的心理压力，帮助儿童正视现实。夫妻要对双方子女

都一视同仁,加强家庭成员间的沟通,创设平和、融洽的家庭氛围。

二、农村留守儿童家庭的家庭教育指导

(一)农村留守儿童家庭特征

留守儿童家庭是指父母一方或双方常年在外工作,孩子仍留在家乡或城市生活的情况。一般分为单亲外出留守和双亲外出留守。在双亲外出留守中按照其监护情况分为三类：(1)隔代监护,即由爷爷奶奶或外公外婆担任监护和教育之职,这是留守儿童的主要类型;(2)父母同辈监护,即由父母的同辈人(如叔叔、伯伯或者姨妈、姑妈等)承担监护和教育职责,这种类型所占比例不高;(3)子女同辈监护和自我监护型,主要由留守儿童的年长的同辈人如哥哥姐姐担任监护或由孩子自己承担起监护的职责,这种情况在三者中最少。

(二)农村留守儿童家庭存在的家庭教育问题

1. 父母监护缺失

父母外出打工,儿童留守在农村,最直接的影响是儿童缺少了父母的监护。儿童在需要爱的时候感受不到爱,在需要保护的时候得不到及时的保护,在需要帮助的时候无法得到及时有效的帮助,因而可能会出现心理创伤、安全隐患和诸多困难。

2. 情感陪伴不足

家庭是个人社会化的重要场所。对于一般儿童而言,从出生到完全独立进入社会,大致有三分之二的时间都在家庭中度过,家庭的教育和影响对个人早期社会化具有重要意义。儿童需要在父母的亲情呵护下成长,他们通过与父母的情感交流和互动,感受到爱与被爱;在父母的教导和传授下,习得基本的生活规范和社会规范;在父母的帮助和督促下,学习科学文化知识,从而

在健康的家庭环境中逐渐形成独立而健全的人格和个性。然而，留守子女与父母长期分隔两地，父母对子女的陪伴严重不足，情感陪伴缺失，亲子沟通不畅，难以建立亲密的亲子关系，不利于儿童的健康成长。

（三）农村留守儿童家庭教育指导

1. 关心留守儿童监护人，提高他们的监护能力

父母外出，把孩子留给了其他监护人抚养，这些监护人可能因为诸多原因而无法很好地教育孩子。因此，父母要对孩子监护人加以引导，指导监护人如何安排孩子的家庭生活、管理孩子的行为。与此同时，农村留守儿童父母或被委托监护人应该重视儿童教育，多与儿童交流沟通，对儿童的道德发展和精神需求给予充分关注。

2. 父母应明确自身作为儿童监护责任主体的意识，尽量承担父母的责任

农村留守儿童父母应增强自身是家庭教育和儿童监护责任主体的意识，依法依规履行父母的义务，承担起对农村留守儿童监护和抚养教育的责任，确保农村留守儿童得到妥善监护照料、亲情关爱和家庭温暖。父母应了解陪伴对于儿童成长的价值，尽量有一方在家照顾儿童，有条件的父母尤其是0—3岁儿童母亲要把儿童带在身边，尽可能保证儿童早期身心呵护、母乳喂养的正常进行。

三、流动人口家庭的家庭教育指导

（一）流动人口家庭特征[①]

1. 流动性

流动儿童家庭的特征主要体现在流动上，其家庭结构与随行的父母有关，一般包括随父母某一方流动和随双亲流动。无论随行的是父母一方还是

---

① 缪建东.家庭教育学[M].北京：高等教育出版社，2014.

双方,对于孩子来说最大的问题都是不稳定性:生活的城市在不停地变化,就读的学校在不停地变化,生活的圈子在不停地变化,同学和朋友在不停地变化。流动确实给儿童带来了许多方面的不良影响,因为他们所处的生活条件、家庭教养、社交环境等方面都与城市儿童差异较大,两者在习惯和思维方式以及学习成绩等方面出现比较明显的差异。流动儿童的心理健康水平一般较同龄的非流动儿童低。

值得说明的是,流动不一定会造就问题儿童,流动生活的艰难和苦同时也教会了孩子们独立自主生活的能力。不乏一些流动儿童表现出坚决果断,有毅力、独立自主、乐于帮助他人的良好品质。

2. 封闭性

封闭性是相对城市儿童而言的,相对于留守儿童,父母进城务工,流动儿童进入城市学校学习,家庭经济状况和教育环境得到改善,这在很大程度上改变了流动儿童的学识、眼界乃至价值观,促进了儿童的心理和认知发展。有学者指出流动对儿童创造性思维的发展确实存在一定程度的促进作用。但是,与城市儿童比较,流动儿童缺乏自信、自卑感强。城市里的歧视和排挤让他们心理压力剧增,这无疑会造成各种心理障碍。流动儿童往往对城市人有明显的疏离感,人际交往圈狭隘且单一,受到歧视和排斥的情况比较严重,社会支持力量薄弱,学校满意度低,自我效能感显著低于非流动儿童。

(二)流动人口家庭存在的家庭教育问题

1. 难以给孩子提供足够的学习条件和支持

大部分流动人口家庭住房条件较差,房屋陈旧、面积小,许多孩子没有自己独立的房间,只有一张书桌,少数孩子甚至连书桌都没处放,只能在茶几上、床上写作业;他们用于文化商品上的消费非常有限,除教科书外,绝大多数家庭都很少或没有藏书,孩子的课外书拥有量也很少;流动人口家庭文化氛围薄弱,父母的闲暇生活方式比较单一,大多数父母很少或不能给予子女学习上的辅导。

2. 亲子之间缺乏沟通与交流

流动人口家庭的父母大多职业不稳定，且工作时间较长。家庭成员相聚的时间不多，亲子沟通的频次自然就低。而且在并不多的亲子沟通中，受传统家长意识、家长权威遗存影响，亲子沟通总体上表现出沟通有效性欠佳的状况，很多孩子有心事也不会主动告诉父母。

3. 流动儿童存在心理健康问题

流动儿童的心理健康问题主要体现在性格缺陷、情绪障碍、行为障碍、学习障碍、社会适应障碍五个方面。在儿童人格发展过程中，儿童早期的社会环境和家庭教育是最重要的影响因素。他们的自我评价、自我发展和自尊水平都偏低，人格健康水平也偏低。家庭教育的缺失导致流动儿童心理、行为问题突出。与普通儿童对比，流动儿童往往情绪比较消极，性格上表现出任性、内向和孤独冷漠，他们在生理和心理上的需要往往得不到满足。甚至还有一部分孩子由于对不良的社会行为和生活方式缺乏正确的认知，受到外来不良社会因素影响而成为"问题儿童"。[①]

（三）流动人口家庭的家庭教育指导

1. 更新家庭教育理念，为儿童创造良好的生活环境

流动人口家庭的父母应着力更新家庭教育理念，并在言传身教中树立良好的家长形象。对孩子来说，父母本身就是一种教育因素。这种因素的影响作用往往是在无意之中发挥的，是潜移默化的，但其作用也是最直接、最深刻、最持久的。父母首先应加强自身修养，注意以身作则，用自己的言行去影响孩子，孩子才容易受感染、受熏陶，学到父母的长处和优点。

同时，父母应该制订和实施以子女为核心的家庭成长计划，为孩子营造

---

① 缪建东.家庭教育学[M].北京：高等教育出版社,2014.

一个良好的家庭文化、心理环境。好的文化、心理环境是一种无声的思想工作,它通过一定的情境培养人的优良道德情感。民主、和睦型的家庭教养方式为子女成长提供了现实的规范导向;而放任、专制、溺爱型的家庭教养方式则是导致子女误入歧途,甚至走向犯罪道路的直接原因。因此父母有必要为孩子营造适合其成长的家庭环境。

2. 父母应与学校加强沟通,共同为儿童创造良好的学习环境

父母应多与儿童交流,帮助儿童适应新的环境,了解儿童对于新环境的适应情况,帮助儿童适应新的环境。父母要多了解孩子在学校的适应情况,多与孩子的老师沟通,配合学校工作,让孩子更好地适应学校生活。家校合作是家庭与学校以促进儿童全面发展为目标,家长参与学校教育,通过相互配合、相互支持来为儿童创造良好的学习环境。

四、服刑人员家庭的家庭教育指导

(一)服刑人员家庭存在的家庭教育问题

1. 未成年子女处境艰难、心理敏感、社会支持弱

父(母)亲服刑后,服刑人员未成年子女失去了最基本的家庭生活保障,有的因为交不起学费不得不辍学在家;有的为了照顾家中年幼的弟弟妹妹而放弃学业,过早扛起了照顾家庭的重任;也有的服刑人员未成年子女沦为乞讨者。服刑人员未成年子女又正处于人生观价值观的形成期,面对外界的各种诱惑,面对是非对错还不能够作出正确的判断,容易受到不良环境的影响,也容易使未成年子女出现罪错行为。

同时,未成年子女正处在一个相对敏感的成长时期,父母一方或双方入狱,致使完整的家庭与亲情教育缺失,父(母)亲的服刑对他们内心的打击极大,这在很大程度上又加重了他们的心理敏感度和负罪感。他们家庭气氛较

为紧张,家庭中表现出怨气、争吵、责骂或仇恨,这种紧张气氛也使服刑人员未成年子女与其父母的情感浓度降低,产生情绪障碍。另外,那些必须跟随自己的亲戚生活的服刑人员未成年子女,由于缺少亲生父母的照顾,常常使其有种寄人篱下的感觉。

2. 与父母联系匮乏,对父母的依恋程度较弱

随着父(母)亲的服刑入狱,使得服刑人员未成年子女长久地不能与父母接触,孩子与父母的感情逐渐变得生疏,对父母的依恋程度减弱。即使是与另一方生活,也常常因为周遭的指指点点而排斥自己的父亲或者母亲。孩子往往因为自己家庭的特殊性,有一种自卑的心理,不愿意让外人知道自己的家里情况。这些孩子因家庭现状而产生自卑感,对于父母和家庭并没有那么依恋。

3. 学校的刻板印象,让他们心灵受到打击

服刑人员未成年子女因其成长环境的特殊性,大多数存在心理问题,相较于同龄人他们更加敏感、自闭、自卑等,有的甚至存在一些不良的生活习惯、不爱学习等问题。由于客观条件的限制,学校很难有足够资源给予这一人群足够的关注和支持。另外,受旧的传统观念影响加之个别老师的素质问题,可能使得服刑人员未成年子女遭到老师或同学的排斥和歧视,使得这些孩子心灵上备受打击,内心感到无助与挫败,无法专心投入到学业当中。

(二)服刑人员家庭的家庭教育指导

1. 监护人应多关爱儿童,引导儿童调整心态

首先,监护人要有良好的心态,要时常向孩子提供一种积极、向上的乐观态度,在心态上给予服刑人员未成年子女以积极的引导;其次,监护人要处理好与孩子的关系,在服刑人员未成年子女的父母一方或双方入狱后,监护人更要多关注他们的心理变化,从朋友的角度与其谈心沟通,条件允许的情况下可多与孩子互动,增加其参与传统活动的机会,例如带孩子到户外散心、共

进晚餐等家庭成员共同参与的传统活动,使服刑人员未成年子女能够在参与传统活动的同时敞开心扉;最后,监护人要尽可能弥补角色缺陷,尽量为孩子提供两性平衡的生活环境。

2. 建立亲子联结,满足儿童思念之情,营造良好的成长环境

服刑人员未成年子女渴望家长的关爱,监护人应通过各种途径让孩子定期探望狱中的父(母)亲,让孩子亲近父(母)亲,让父(母)亲走进孩子的内心,建立亲子联结,满足孩子思念之情,为孩子的健康成长提供有利的环境。

此外,服刑人员家庭要积极参加社区活动,通过社区这一桥梁作用,有助于家庭早日步入正常生活。例如,要多参加社区的家庭扶持交流活动,能够有效排解服刑人员未成年子女家庭的烦恼与困境,使家庭成员树立生活的信心,积极面对现状。要多参加社区的文化交流活动,家长之间相互走动,互帮互助,互诉衷肠;孩子之间探讨学习、一起玩耍、打闹,建立友谊,对于服刑人员家庭氛围的改善、服刑人员未成年子女良好性格的养成都具有不可估量的帮助。长此以往,家庭的温馨和睦、孩子的健康成长,对于服刑人员认真改造、改过自新,早日回归家庭和社会具有极大的帮助。

3. 加强与学校的联系,共同为儿童成长创造良好环境

监护人要多了解孩子在学校的适应情况,多与孩子和老师沟通,配合学校工作,让孩子更好地适应学校生活。监护人要时刻关注孩子在学校的情况,一旦发现他们在学校有困难情况,要及时与学校老师商讨解决办法,让孩子安心学习。总之,家校要密切合作,使他们感受到班级和学校的温暖,帮助他们形成健全的人格和健康的品性。

五、残疾儿童家庭的家庭教育指导

残疾儿童亦称"缺陷儿童",本书主要讨论智障儿童、听力障碍儿童、视觉障碍儿童及其他肢体类障碍的家庭教育内容。

（一）智障儿童的家庭教育

根据世界卫生组织（WHO）的国际分类，智障被定义为"精神发育迟滞"，我国一般称为智障。智障儿童的智力活动能力，明显低于一般常人。智障儿童一般分为轻度、中度、重度三类。对于轻度智障儿童，为了提高他们的智商，培养他们的独立生活能力和劳动能力，在义务教育阶段，提倡随班就读，取得良好的成效；对于中度、重度智障儿童，则需要特殊训练与保护，中度智障经训练可适当提高达到生活自理；重度以下智障儿童主要是护理的问题。①

1. 智障儿童的主要心理特点②

在感知方面，智障儿童关于眼、耳、鼻、舌、身五种外感觉的感受性很低，他们不善于分辨颜色、声音、形状、味道、触摸等方面的细微差别；对周围的事物难以获得清晰、正确的认识；他们感知范围狭窄、获得信息容量小；空间、时间知觉发展落后；特别是在对周围人们的表情认知方面反应落后，不善观察和理解、体会他人的情感。在思维特点方面，智障儿童心理发展落后的核心的缺陷在于思维发展落后，主要表现在概括力差，不善于从各种事物的现象和联系上，把握本质和规律。思维的落后还反映在语言障碍上，他们发音不全，词汇贫乏，语法错乱，辞不达意。智障儿童掌握书面语言更加困难，字写不好，造不好句，很难表达完整的思想意念。在情绪、情感特点方面，由于认知发展落后，导致情绪、情感发展的落后。智障儿童的情绪、情感极不稳定，表情贫乏、呆板，有时会出现很多不恰当的表情。

2. 智障儿童家庭教育指导重点③

对智障儿童的教育，涉及医学、教育、心理学及社会福利等，总的要求是"教、医、养"三方面，即抚养、治疗和教育相结合。

---

① 李天燕.家庭教育学[M].上海：复旦大学出版社，2007.
② 叶立群，邓佐君.家庭教育学[M].福州：福建教育出版社，2000.
③ 叶立群，邓佐君.家庭教育学[M].福州：福建教育出版社，2000.

智障儿童家庭教育的目标是：通过家庭教育和训练，使智障儿童获得生活经验，学会一般生活技能，确立其自主人格和自信心，逐步达到自我照料，并能掌握"一技之长"，做到独立生活，自食其力。

轻度智障儿童，可以进普通小学班，通过教育与训练，掌握一定的文化知识和劳动技能，从而长大成人后能参加力所能及的劳动和独立生活；中度智障儿童，通过家庭教育和特殊训练，达到生活基本自理，在特设的部门从事特定的工作，做到自食其力，残而不废。重度智障儿童，主要是养护，但也可以通过耐心、细致的教育和训练，逐步形成一定的生活自理能力。

由于智障儿童的生理、心理落后于常态儿童，因此在教育智障儿童时，必须加强针对性，注意以下问题①：（1）关爱儿童与严格要求。家长要加倍关爱智障儿童，亲人的关照，能医治他们的心理病态，通过耐心启发，使子女懂得什么是对，什么是错，应该怎样去做。对于孩子自己可以做到的事情，应要求子女克服困难去做，家长不可包办代替。（2）因人施教。即使是智障儿童，也同样存在个体差异，家长应根据自己子女的身心特点，进行教育和训练，要随时观察子女的身体、智力的发展状况。应定期带孩子去医院进行全面检查，根据子女生理和智力缺陷的具体情况，配合学校随时调整和改进对子女的家庭教育措施与方法。（3）让孩子体验成功的喜悦。智障儿童的学习、生活中比常态儿童会遇到更多更大的困难，经常遭受失败与挫折。因此，家长在对子女进行教育训练时，应采取有助于他们获得正确答案的方法，给予具体帮助，或尽可能使问题简单化，使子女通过劳动获得成功。成功的喜悦，具有启智效应。（4）反复训练，不厌其烦。智障儿童记忆力差，知识零散，且不准确。因此，要创造条件使他们在理解的基础上反复练习。所以，在传授某种知识或技巧的过程中，家长要反复进行理解性指导。要创造不同情境重复同一训练。（5）采用直观形象的教育手段。针对智障儿童的认知特点，家长可利用

---

① 叶立群，邓佐君.家庭教育学［M］.福州：福建教育出版社，2000.

家庭环境中子女熟悉的生活用具，进行有趣、生动、形象、具体的教育。家长应充分利用和孩子在一起生活、娱乐、做游戏、看电影、电视、游玩的机会，对他们进行生动活泼的教育。(6)循序渐进、因势利导。智障儿童智力发展落后，需针对其身心发展特点，采取相应的训练方法：如早期的感知-活动训练；视听训练、语言训练、触摸训练、肌肉训练、行走训练等；鼓励他们多与正常儿童交往，多参与力所能及的实践活动。

总之，家长要树立医教结合的观念，引导智障儿童听从医生指导，拟定个别化医疗和教育训练计划；通过积极的早期干预措施改善障碍状况，并培养儿童社会适应能力；家长要坚定信心、以身作则，重视儿童的日常生活规范训练，并循序渐进、持之以恒①。对于智障儿童来说，作为家长要精心地教育训练他们，使之学会掌握生存的基本条件和生活的基本本领，并设法使之学会一定的劳动技术，养成劳动能力，使他们从社会的依赖者变成自立者，从家庭的负担成为家庭的快乐。

(二)其他残疾儿童的家庭教育

这里所要讨论的其他残疾儿童主要是指听力障碍儿童、视觉障碍儿童、肢体残障儿童，由于躯体某一部分或某一器官缺陷而引起的心理现象的特殊性。作为家长只有充分了解自己残疾孩子的心理特征，才能有效地进行家庭教育。

1. 残疾儿童及其家庭的心理特点

(1)残疾儿童内心孤独。孤独感是残疾儿童心理最显著的特点，是残疾儿童普遍的心态。随着他们年龄的增长，面对丰富多彩的外在世界，他们会逐渐体会到自己的特殊性，内心的孤独感逐渐产生。

(2)残疾儿童内心敏感、自尊心强。残疾儿童内心敏感，他人的一举一

---

① 《全国妇联、教育部等九部门关于印发〈全国家庭教育指导大纲(修订)〉的通知》(妇字〔2019〕27号)，http://www.yueyang.gov.cn/yywomen/53944/content_1535437.html。

动可能都会被他们放大,从而使得内心产生各种各样的情绪。同时,因为对自己存在的缺陷感到自卑,特别担心不被人重视,因而也会有很强的自尊心。

(3) 残疾儿童家庭氛围容易出现焦虑、消沉现象。残疾儿童是每个家庭都不希望看到的,当不幸降临后不少父母出现怨天尤人的情绪,进而导致孩子本身的孤独感增强甚至产生被抛弃的感觉。残疾家庭容易出现闭锁现象。当家庭出现残疾儿童时,父母和其他家庭成员有着深深的挫败感,这种挫败感会让家庭不自觉地和外界保持距离,尽量不参与或少参与社会活动,甚至连基本的亲戚之间的交流也在减少。残疾儿童的父母对社会和亲属可能出现的歧视,采取回避和封闭的态度,甚至觉得残疾的孩子丢人,而把孩子关在家,使残疾儿童得不到应该有的多元刺激和发展,缺少和同龄孩子相处的机会,得不到同辈群体的相互影响。不知道怎样培养孩子,也不知道自己的孩子存在什么优势,在教育的过程中心中没数,不能系统地教育和训练孩子。

2. 残疾儿童的家庭教育

首先,家长要用优势视角去看待自己的子女及自己的家庭,善于去发现孩子和自己家庭的优势和长处,帮助家庭成员克服自卑心理,学会调节心理,缓解紧张心态,消除内心痛苦。

其次,家长要注意对残疾子女操作能力的培养。家长对残疾儿童采取扬长避短的方法,加强培训训练的针对性,为他们日后的择业打好基础。例如,可以培养视觉障碍的儿童学习按摩、推拿等技能;可以培养听力障碍的儿童学习手工编织、绘画、缝纫等技能;肢体残疾儿童可以根据个人残疾情况选择适当的手工操作技能和心智技能。

最后,针对不同情况的残疾儿童要有重点地进行指导[①]:(1)听力障碍儿童的家庭教育指导。家长应积极寻求早期干预,主动参与儿童语训,在专业人士协助下制定培养方案,充分利用游戏的价值,重视同伴交往的作用,发展

---

① 《全国妇联、教育部等九部门关于印发〈全国家庭教育指导大纲(修订)〉的通知》(妇字〔2019〕27号),http://www.yueyang.gov.cn/yywomen/53944/content_1535437.html。

儿童听力技能和语言交往技能，不断改善儿童社会交往环境，逐步提高儿童的社会适应能力；加强对儿童的认知训练、理解力训练、运动训练和情绪训练。(2)视觉障碍儿童的家庭教育指导。家长应及早干预，根据不同残障程度发展儿童的听觉和触觉，以耳代目、以手代目，提升缺陷补偿。对于低视力儿童，家长应鼓励儿童运用余视力学习和活动，提高有效视觉功能。对于全盲儿童，家长可以训练其定向行走能力，增加其与外界接触机会，增强其交往能力。(3)肢体残障儿童的家庭教育指导。家长应早期积极借助医学技术加强干预和矫正，使其降低残障程度，提高活动机能；营造良好家庭氛围，用乐观向上的心态感染儿童；鼓励儿童正视现实、积极面对困难；教育儿童通过自己的努力，积极寻求解决问题的方法，以获取信心。

第七章
家校社联动的实践探索

第一节　上海地区实践探索的典型案例

一、上海开放大学"上海家长学校"

2020年1月21日,在上海市委、市政府的领导下,在上海市教卫工作党委和上海市教育委员会的指导下,上海开放大学成立"上海家长学校"。上海家长学校秉持"家长好好学习,孩子天天向上"的家庭教育理念,以"服务家校共育,引导终身学习,提升养育水平"为主要任务,以"营造良好的家庭教育社会氛围,整合资源、加强联动、形成合力,构建家庭教育的社会大格局,建设和谐快乐、幸福美满的家庭教育生态系统"为目标愿景,积极构建"政府发动、社会推动、系统联动、家长主动"的家庭教育指导服务体系,助力家长终身学习。

(一)系统联动,构建协同运作体系

上海家长学校注重系统化的体系建设,积极发挥上海开放大学"大学+

平台+系统"的特色，在上海开放大学 20 所分校和上海电视中专挂牌成立"上海家长学校分校"，在街道和村居委层面成立了多个"家庭教育指导站"，形成覆盖全市的"总校-分校-指导站"三级"1+21+X"的家庭教育协同服务体系，为家长提供就近、便利、适切的支持和服务，打通家庭教育指导"最后一公里"。

（二）创新平台，打造全方位"空中课堂"

通过在线课堂、电视栏目、电台节目等多种平台，拓宽线上渠道提供指导服务。在线课堂围绕"生命教育""成才观""亲子沟通"等主题，精选学科来源多样、实践经验丰富的优质师资，以讲座、访谈等多种形式呈现每周一期的直播课程，并联合多家直播平台，面向全市乃至全国同步释放，每期课堂都吸引了全国几十万人次的家长参与学习。联合上海教育电视台开设《智慧父母成长课堂》专题节目，以家庭科学养育理念为基础，聚焦学龄前儿童的身心发展，由知名专家结合案例分析传授家庭教育知识，助力家庭科学养育。凭借电视媒体传播范围广、速度快、穿透力强的优势，节目备受适龄儿童家长们的喜爱，荧屏收视率在同类型节目中位居前列。与上海人民广播电台长三角之声联合推出"上海家长学校家长服务热线"，打通电台端的服务渠道，内容涵盖亲子阅读、异性相处、青春期发展、电子产品使用、学习习惯培养等话题，邀请家庭教育专家走进演播间，以直接对话的形式对家长进行引导和服务。"家长服务热线"以上海为中心，辐射长三角及周边省市地区。

（三）送教上门，分层分类开展线下培训

密切关注家长多样化的学习需求，响应上海各区"全员导师制"的要求，精选师资，打磨课程，主动对接各区教育局、教育学院、家庭教育指导中心、文明办、区妇联等部门，抓住关键人群，提供送教上门服务。举办家长学校负责人、家庭教育工作者、志愿者、家庭教育指导师系列培训，通过家庭教育发展

的宏观背景、教育政策的变化,家校社联动的新机制和新模式,家庭教育优秀示范学校的建设方面的指导,持续深化工作队伍建设。开展隔代养育、进城务工家长公益课堂,普及科学的家庭教育理念,传授先进、实用的家庭教育方法,指导祖辈和广大外来务工家长更好地开展家庭教育,促进和谐家庭的建设。针对上海市有特殊需求的家庭提供有针对性的家庭教育心理疏导服务,纾缓家长焦虑,帮助家长与孩子的有效沟通,解决因亲子关系造成的家庭情绪问题,提升家长养育水平,营造适宜于孩子成长的家庭环境,建设和谐快乐、幸福美满的家庭教育生态系统。

(四) 建设资源,提升家庭教育内涵发展

汇聚家庭教育领域的优秀专家、学者和资深实践者,加强家庭教育研究水平,努力建设家庭教育研究高地。编写出版"智慧父母成长手册"、"隔代养育智慧丛书"和"家庭教育指导丛书"。"智慧父母成长手册"关注父母的成长启迪和智慧生成,侧重传递家庭教育与指导中"爱""情""智""养""权"的意识激发和能力培养,从家庭之爱、情绪管理、学习能力、过度教养、权利边界五个方面,指导家长在教养孩子的过程中成长为"智慧父母"。"隔代养育智慧丛书"分别从隔代养育的理念与方法、祖辈在隔代养育过程中的角色定位、祖辈的心理健康、祖孙三代关系的处理、祖辈参与养育的乐趣五个角度出发,阐述祖辈参与隔代养育的独特价值,分析隔代养育中存在的问题,为祖辈应对育孙过程中的挑战和压力提供建议和参考。为了照顾老年祖辈的阅读习惯,还同步推出在线音频,可以边陪孩子玩,边听书中的养育经验。"家庭教育指导丛书"包括《家庭文化与家庭教育》《身心发展与家庭教育》《学习管理与家庭教育》《家庭关系与家庭教育》《社会发展与家庭教育》五个分册,从五个侧面阐述家庭教育及其指导服务。建设智慧父母成长课堂系列微视频 50 集,汇集"医教养"多方专业资源,从家长育儿实际问题切入,提供操作建议,方便家长利用碎片化的时间观看学习。

二、杨浦："有道学堂"成为百姓身边的"大学堂"①

"教子有道"社会大学堂自 2016 年 1 月在上海家长学校杨浦分校开设以来，每月第三个星期六成为社区家长们期盼的节日，社区家长们亲昵地称它为"百姓身边的大学堂"。通过"教子有道"社会大学堂，上海家长学校杨浦分校实现了终身学习服务在社区教育的"无缝对接"，探索出高校、基础教育学校、街镇社区融合发展的新路径，实现了优质教育资源在学校和社区的交互和共享，在学校、社区共管教育，社区、学校共治社区上做出了有益的尝试。

（一）整合区域资源，铺设家庭教育新讲台

上海家长学校杨浦分校在区教育局的支持下，打破围栏，整合资源，主动和基础教育单位对接，聘请基础教育的"双特级"专家（"特级教师""特级校长"）担任社区家庭教育的讲师团成员，为特级教师、特级校长作用的充分发挥增值赋能，激发和释放了基础教育优质资源的活力。家庭教育的内容主要围绕家庭建设、父母子女关系、夫妻关系和孩子教育问题等展开，主讲者还把杨浦区最美家庭、文明家庭的典型案例融入相关的内容中，使社区百姓能近距离、及时了解和学习身边人、身边事，广受社区家庭的欢迎和好评，讲座报名和预约都非常踊跃，场场座无虚席，甚至出现一票难求的局面。

（二）关注家长需求，实现教育资源精准对接

根据不同学段学生家长的需求，实施教育服务的精准对接。每年 4 月是基础教育各学段的招生季，也是社会关注基础教育的热点时期，更是家长们关注、关切子女入学、升学的焦虑期和敏感期，因此"有道学堂"特别邀请区教

---

① 上海市杨浦区业余大学.教子有道[M].上海：同济大学出版社,2017.

育局高中科、义务教育科、学前教育科等职能科室,开展专题讲座和坐堂咨询,针对"区域基础教育的招生政策"答疑解惑,使家长们能及时了解招生政策;为初三、高三家长开展《家长如何陪伴孩子应对和备战升学季》讲座和咨询,使家长们能科学地把握孩子入学、升学的节奏,掌握陪伴的技巧与方法,做好家庭服务,陪伴孩子顺利度过初三、高三,笑傲考场,亲密家庭关系。

(三)聚焦特殊人群,提供一体化教育服务

根据来沪务工人员、新上海人等对上海的教育和招生政策的了解不足,组织社区家庭的亲子教育、生活技能、中华传统文化等课程学习体验的教育体验日活动、校园开放日活动,开展上海居住证积分制度解读和宣讲、来沪务工人员子女入学政策的解读,消除来沪务工人员和新上海人在子女教育上的困惑,增强他们的融入感。同时,为前来咨询子女入学的来沪务工人员提供学习的机会,帮助他们就读本科、专科来提升自己的学历,实现了父母和子女两代人一起学习、共同成长的终身学习新景象。

(四)融入社区治理,开拓教育参与新渠道

上海家长学校杨浦分校在区教育局、区妇联的支持和指导下,依托社区教育三级网络,建立了上海家长学校杨浦分校、各街镇家长学校或家庭教育联络站、村居委家庭教育活动点相互融合的家庭教育网络,保障了"教子有道"大学堂的有序运行,为教育融入社区治理、实现学城融合提供了保障。上海家长学校杨浦分校建立了领导小组,各部门分工负责的社区家庭教育服务体系。在街镇层面联手街镇职能科室——社区文化教育办公室、社区学校,由社区学校专职副校长具体负责,主要承担在街镇社区的居委学习点,通过居委的文教主任向社区家长宣传家庭教育的内容、报名和联络。因此,社区家庭教育通过"教子有道"大学堂在街镇实现了新的整合,上海家长学校杨浦分校也通过"教子有道"大学堂开拓了教育参与社区治理的新渠道,融入到社

区治理的新舞台，为学城融合迈出了坚实的一步。

第二节　其他地区的实践项目

一、"六个一体化"构建安吉"家校社合育"的大教育圈①

"城乡一体化"是浙江省安吉县总体布局家庭教育指导工作的创新思路，即发展规划一体化、管理机制一体化、平台建设一体化、师资队伍一体化、课程建设一体化、评估标准一体化，各个部分有机结合、互相影响；通过"六个一体化"，构建了安吉县可持续发展的家庭教育指导服务体系。

（一）发展规划一体化：明晰全县家庭教育指导工作的发展方向

安吉县基于地方特点，开展顶层设计，将家庭教育指导工作纳入地方经济发展整体规划，县政协专题调研家庭教育指导工作，同时县府办出台《关于进一步加强家庭教育工作的实施意见》，成立安吉县家庭教育工作领导小组，明确各部门家庭教育指导工作职责。政府层面重点研究发展规划一体化，形成宏观、中观、微观的可持续发展系统。县人大开展调研，做家庭教育专题提案，目前正在编制的家庭教育"十四五"规划被列入安吉县"十四五"备案专项规划。

（二）管理机制一体化：保障全县家庭教育指导工作可持续发展

在管理机制上做到进一步优化，形成"县家庭教育工作领导小组-县家庭

---

① 孙水香."六个一体化"构建安吉"家校社合育"的大教育圈：构建"城乡一体化"家庭教育指导服务体系的实践探索[J].中国教师，2021(2)：25—27.

教育指导中心-乡镇（街道）家庭教育指导服务中心-村级家庭教育指导站、社区（学校）家长学校-家长"的"五位一体"的管理机制。推动并成功争取县府办发文,召开全县家庭教育工作推进大会,在《浙江省家庭教育促进条例》发布前即将家庭教育职能部门拓展至 12 个,并明确县家庭教育工作领导小组的各部门的职责,进一步形成政府支持,妇联、教育局分工合作,部门配合,各乡镇（街道）、学校、村（社区）、企业各司其职的家庭教育工作格局。全县一盘棋,便于系统化开展家庭教育指导工作。

（三）平台建设一体化：引领全县家长提升家庭教育水平

开展家长学校、村级家庭教育指导站全覆盖建设、常态化运行,使家庭教育指导平台真正落到基层。建立家庭教育讲师团、志愿服务团、心理咨询师团队三支队伍。建立"安且吉,家学乐"家长讲堂、"安且吉,爱互通"家庭教育咨询热线平台和心理咨询室三大平台,服务全县家长。建设全县家庭教育网络学习平台,实现线上有课可看、线下有课可学、家长有话可说、课程有人评价的超越时空、城乡一体化学习平台。在城区及周边 40 所学校开启"家长学分制"试点,通过建立家长学籍,开展线下培训,定期网上学习,完成一学年 48学分的系统学习,颁发毕业证书,进入高一学段家长学校;线下 24 个学分旨在努力规范家长学校建设,在要求确保每学年一次主题授课、每学期一次亲子活动、每季度一次家长沙龙、寒暑假一次家长论坛的基础上,实现了家长学校"四个一"常态化。为更好地形成家校合力,县教育局建立并规范家长驻校制度,并提出"共建管理、共建课堂、共建课程、共建平安、共建评价、共建健康"六个"共建",让家长真正走进学校,全方位参与学校各项工作与活动。线上线下同步,过程结果兼顾,让父母和孩子同学习、共成长,走出了一条社会组织牵头,各级政府扶持,学校具体实践的运行体系。

（四）师资队伍一体化：探索本土专业家庭教育指导者培养模式

率先让"家庭教育指导培训"进入教师继续教育选课平台，每年培训教师400余人。与北京师范大学儿童家庭教育研究中心开展合作，重点实施"安老师家庭教育指导者种子培训工程"，实施一年形成了"送出去培训—返回来实践—沉下心带徒"的闭环式磨炼，让"安老师"成为服务于各村级家庭教育指导站的专业力量。

（五）课程建设一体化：构建全县线上线下互补的学习机制

安吉县在创新实践过程中注重系统化课程的构建，形成了本土化、体系化的家庭教育课程。通过政府购买服务构建"家长慕课"系列课程，课程共分15个年段，每个年段20节，根据孩子身心特点讲授，让更多的家长进入线上学习。安吉县开展每年一次的全县教师家庭教育微课大赛，通过分年段设置，择优评选出优秀的微课，这些微课成系统、质量高，是线上家庭教育系列微课的储备资源。"安老师"家庭教育指导者专业团队倾力打造系列课程，以专家孙云晓老师的一套《这样爱你刚刚好》为蓝本，自主选择其中的两本，开发至少两节1小时左右的线下讲座和15分钟的线上微课，线下课程菜单全部上线供学校、村（社区）自主选择，线上微课则提供给家长在线观看学习。

（六）评估标准一体化：促进全县家庭教育指导工作规范化

县妇联从组织保障、家庭教育指导站（家长学校）工作开展情况、家庭教育活动开展情况、创新工作（成效）四个维度进行20项考核评估，并将考核评估的结果纳入县妇联对乡镇（街道）妇联的考核中去。县教育局下发《安吉县关于进一步加强和改进家长学校的意见》，并同时下发《安吉县关于示范性家长学校申报的通知》，强化家长学校的规范性和示范性。县妇联出台《关于村级家庭教育指导站建设的三年行动》，明确每一年的建设任务和标准，有的放矢,县财政每年给予 50 万元专项经费补助,推动了工作的常态化。

二、济南市舜耕小学"家、校、社"教育一体化实践①

济南市舜耕小学始建于 1992 年,因地处"舜耕历山"的"舜文化"发祥地而得名。2009 年 2 月,学校在充分调研和广泛征求各界意见的基础上,成立了以家长为主要力量的组织——济南市舜耕小学"舜友联合会"(即家长委员会,以下简称"舜友会")。"舜"指大舜和以舜文化为代表的舜耕小学,"友"指朋友。这样就表达出了学校和家长之间以朋友身份结成教育的同盟。学校配合"舜友会"制定并不断修订《济南市舜耕小学家长委员会章程》。该章程明确了学校家长委员会的定位和宗旨、组织和职责、权利和义务,建立了完善的组织机构,为家委会规范有序地开展工作提供了保障。

"舜友会"作为一种代表家长教育意愿、凝聚社会教育资源、参与学校教育的新型教育共同体,以其独特优势和作用,开辟了家校合作的新境界。

(一)责任共担:打破学校教育安全瓶颈,教育实践活动重焕生机

近年来,广大中小学校面临的实际问题是校园安全责任压力巨大,不少学校都取消了学生春游、秋游等校外社会实践活动。但是,在舜耕小学,由于家长的广泛参与,学生校外实践活动开展得有声有色。

在三年的时间里,包括摄影比赛、"汉藏一家亲",游学北京、港澳台等大型活动在内,舜耕小学组织的学生校外实践活动多达 70 余次。这些得到家长支持参与的社会实践活动,成为学校开展教育活动、实现育人目标的生动载体,使各种教育资源和力量在广度和深度上达成高度融合,为学校教育提供更丰富的资源和更广阔的空间,而且满足了学生发展的多样性需求。有

---

① 胡爱红.培育家校教育的新型共同体:济南市舜耕小学推进"家、校、社"教育一体化的实践[J].当代教育科学,2012(2):33—34.

了家长的保驾护航，这些丰富多彩的亲子活动底气十足，不仅有教育的广度与深度，更有亲情的暖暖"温度"，蕴藏着无限生机与活力。

（二）资源共享："舜友"成为学校"客座教师"，家长资源全面融入学校课程建设

课程改革的多样性、选择性及社团活动的丰富多彩，对教师素质提出新的要求，有的单靠本校教师根本无法胜任。学校通过"舜友会"融合广大舜友乃至社会丰富的人力与教育资源，使其融入学校教育的主渠道，广泛高效地开展教育教学活动。"舜友会"组织有专业背景的家长，担任学校"客座教师"，家长资源全面融入学校课程建设。

（1）文化课程资源的补充。在以"琴、棋、书、画、茶、食、歌、陶、艺、舞"，以及国学、刺绣为代表的校级选修课中，家委会分别邀请了山东工艺美院的教授、山东省书法协会的会员、舜耕山庄酒店的大厨、舞蹈学院的老师等具有专业素质的家长科学系统地指导，有效提升了学生的文化修养，成为学校课程资源的有益补充。

（2）社会课程资源的补充。社会课程是学校课程体系中较为缺乏的一面。为了让学生全面接触社会、适应社会发展，家委会邀请相关职业的家长，为学生们开设了礼仪、法制、安全、环保、台湾文化等方面的讲座。

（3）生活课程资源的补充。为了全面促进孩子的身心健康成长，家委会组织从事医务工作的家长对学生进行义务查体，并进行用眼卫生、健康饮食、口腔保健等方面的讲座。邀请在银行工作的家长对学生进行"零花钱的使用"讲座，深受学生和家长的好评。

（三）创新参与模式：家长由"被教育者"变为"教育者"，"舜友会"成为提高家长教育素养的重要阵地

（1）搭建学习教育理念的平台。学校请来教育专家向家长介绍教育规

律,普及教育常识;邀请教育局领导为家长讲解先进的教育观念与方法;校长走上讲坛阐释学校"融合"的办学理念;优秀毕业生的学生家长还被请来介绍家庭教育经验与心得;学校创刊的《舜韵报》是面向家庭宣传教育理念的阵地,也成为家校沟通的桥梁。

（2）开展入校教育。2010年9月开学初,针对新生家长对孩子入学教育的困惑,根据自身相关经验与心得,由"资深"舜友组建的"一年级新生宣讲团"奔赴一年级各班,向新生家长就"如何让孩子更好适应小学生活"进行了专题培训,对济南舜耕小学家委——"舜友联合会"做了详细介绍,受到了新生家长的普遍欢迎。

（3）引领教育行为。学校进行了一项数据统计。结果显示,父亲的到场率不足5%。确实,爸爸们比较忙,但是"忙"不应该成为忽视孩子教育的借口。针对现在家庭教育中父亲教育角色的缺失,学校与"舜友会"共同筹划成立了"爸爸俱乐部"。"俱乐部"通过成立理事会,举办家庭教育研讨会等活动机制,以及"远足练意志""热心爸爸好书推荐"等富有特色的亲子活动,增强了父子、父女的沟通,帮助父亲们学会了在家庭教育中应扮演怎样的角色。

（四）建设监督评价机制:广大家长通过"舜友会"成为学校教育的同盟者、实施者、监督者

许多家长在考虑问题时,不再只考虑自己的孩子,而是思考如何帮助学校完善发展。如,2010年3月,福建南平校园伤害事件震惊全国。"舜友会"及时召集家长共同商议如何配合学校保障学生上学放学安全,"爸爸俱乐部"成员主动承担起上学放学时段的轮流执勤任务,组建了"家长护卫队",风雨无阻,与学校共同筑起一道安全防线。

（1）建立家长监督学校工作机制。"舜友会"通过常委会议和代表大会,定期收集、反馈家长的意见建议,搭建起家长与学校沟通的有效平台。每年一次的代表大会,会长都会向全体家委会成员进行工作报告,家长通过率达到 90% 以上才能实施。家长以年级为单位，将意见建议以提案的方式提交，在代表大会闭幕时由学校和家委会进行解答。同时，通过代表大会向全校家长进行问卷调查，征集家长对学校和家委会的工作意见。每学期收到家长建议 100 多份，很多被采纳，取得了良好的效果。

（2）建立家长协调学校工作机制。每月月末的周六，家委会常委会定期召开班级负责人会议，总结交流各班经验，汇集每月一期的《家校对对碰》中家长的意见，向学校提出建议，并会同学校一起与家长沟通、交流，解决问题。这种直接、快速、有效的沟通方式，得到了家长认可，加深了对学校的理解与认同。

（3）建立家长评价学校工作机制。每学期家长对教师师德、业务能力、家校沟通等进行全面评价，分值占教师考核总权重的 30%。家长的评价对学校和教师工作提出了更高的要求，更为学校教育注入了新鲜血液。根据统计，每学期学校通过舜友会接收的家长意见有 100 多份，涉及对教师、学校设施、亲子活动、作息制度等各个方面，很多建议被采纳，取得了良好的教育效果。家长的监督对学校教育提出了更高的要求，更为学校教育注入了新鲜血液，真正形成了教育合力，促进了学校整体办学水平的提升。

三、"天人共育·四育合一"：农村教育区域变革的四川纳溪探索[①]

四川省泸州市纳溪区基于"天人共育·四育合一"的理念，举全区之力，用政府"一号文件"撬动全社会能量，整体设计和推动农村教育区域变革。通过系统化实践，构筑农村教育的区域"大教育"模式，包括多层次建设"天人共育"基地群，建设"天人共育"课程体系，实践"家校社自，四育合一"大教育模式，如实施"本校＋跨校"学校教育、"亲子＋易子"家庭生活教育、"一职＋百

---

① 祝修理,杨文政,李淑玲."天人共育·四育合一"：农村教育区域变革的纳溪探索[J].中小学管理,2015(10).

业"社会实践教育、"此地＋彼地"自然教育等,实现"天人共育"从镇域到区域的普及推广。2012年,纳溪区委、区政府提出"一镇一品"的发展思路,开始"天人共育·教育名镇"建设。

(一)理念探寻:回归本真,构筑"天人共育"的大教育场

"天人共育",是"天人合一"哲学指导下的"大教育"思想。天,是自然;人,是学校,是家庭,是社会。中国传统文化中的"天人合一",强调人类与大自然和谐共处、共存、共生。这里的"天人共育",强调"天育人、人育人、天与人合一育人",是既关注自然教育,又关注家庭教育、学校教育、社会教育,共构"天人共育"大教育场的整体育人思路。这是回归农村教育本真、对中国历史上"将学校教育与农村实际结合"的教育思想的延续与发展。

(二)战略规划:举全区之力,用政府"一号文件"撬动教育变革

基于中国古典哲学《易经》的思维方式,对"天人共育"思想进行了理论解构与建构,并对实践进行系统指导,即"一('天人共育')生二('天育、人育'),二生四('自然万物培育、社会职业蒙养、学校文化教导、家庭生活养育')……"理论研究与战略规划的制定历时半年。紧接着,一场举全区之力推动的,高度组织化的"天人共育"农村教育改革在纳溪区正式拉开序幕。从领导体制、管理机制、行动制度等方面进行了系列的保障建设。首先确立了"天人共育·四育合一"的特色兴区发展战略;同时,区委、区政府出台相关重大文件及相关考核表彰制度,从思想、制度、经费、人事、宣传、实验学校改造、多层次基地建设等方面,对该工作予以保障。

(三)系统化实践之一:多层次建设"天人共育"基地群

目前,该区已经建成42个区级、158个镇级"天人共育"基地。这些基地是切实让农村教育走出校园,实现"家校社自"教育落地的"天人共育"大实验

室、大教育场。基地建设的意义在于,让所有教师及社会各界有"可作、可为、可观感、可迁移"的形象参照,更是促进"四育合一"由基地式、实验式逐渐向普遍性、常态性转化的一根拐杖,一个必要的辅助阶段。按照"政府主导、行业支持、学校主阵、社会参与、市场主体、项目辅助"的原则,将基地建设与全区域旅游、企业发展和社会经济进步等相结合,规划与建设基地群达3万余亩;自主申报全区项目近30个,集中在规划区内建设;专项引进"天人共育"社会资金近1亿元。其中,政府适当投入、社会资金注入、企业投入资金建设的大型基地有自然教育基地(手扒岩)、社会教育基地(学堂坡)、家庭教育基地(杨家大院)、国家级素质教育综合实践基地(太山"家校社自"农村研学基地)。

(四) 系统化实践之二：实践"家校社自,四育合一"大教育模式

首先,指导合面镇中小学进行内部管理体制改革,促其围绕"天人共育"的教育理念,进行制度、课程、教学、活动、教育质量评价、校园环境、学校文化等系列改革,加强教师队伍的专业化培训。其次,开展以"天人共育"为主题的学校教学活动,从教学设计、组织实施、效果评价、学业考核等方面进行教学改进,鼓励教师在校园内开展多样化的"天人共育"课外活动。同时,每所学校的课程和资源各有特色,以往学校与学校之间交流较少,在"我校教育"的基础上,开展"跨校教育",组织学生参与"中心校与村小、农村与城区学校"等多形式跨学校的教育教学活动,如"行走村小"活动,培养全面而个性发展的学生。

学校除了开展好家校共育传统活动外,还依托各个"天人共育"基地,开展"两维度""三层面"基地家教活动。所谓"两维度",即亲子家教、易子家教;所谓"三层面",即基地中由学校教师主导、学生家长参与、农村社会人士协助的家教活动(模拟家庭生活教育活动);挂牌基地(半基地)家教活动;非基地家教活动(即引导家长和孩子一道开展亲子与易子家庭教育活动),促进学生

在真实的家庭生活场中获得发展、自立自强。

"天人共育"的社会教育,实质上是对学生进行真实社会场中的社会职业启蒙与生产劳动实践教育活动,增进学生对各个职业领域和本土文化的了解。"一职"+"百业",指的是在九年义务教育阶段,甚至更长学制农村教育阶段内,要求学生逐渐实现"精进一职""博涉百业"的社会职业意识与实践能力等方面的启蒙发展。"一职"强调与学生个人禀赋、特长兴趣结合;"百业"强调联系更多社会行业,对学生进行多样化社会生产劳动实践影响。

自然教育,即走进自然天地、亲近自然万物,开展"天人共育"下,万物与人之间个性化、自由自在的天性教育活动。农村无所不在的自然万物,是学生最好的教师。将自然教育纳入课时(尽量每周组织学生走出学校,到家庭、社会、自然教育场活动),每个月组织开展学生特别喜欢、教师乐于同行的教育活动,不只接受本村本乡的自然教育,也体验其他地方的彼地自然教育。

最后,支持各学校循序渐进,开展"天人共育"思想下"一育精进""二育合一""三育合一""四育合一"的工作;各学校也定期组织学生去合面镇"家校社自"教育基地开展活动,并逐步尝试在各自的村镇、学校开展工作。随着实践的深入和全面展开,基于区域和学校实际开展了多级、多层面课题研究,取得了一定的教育效果和社会效益,形成了"人人"关心支持参与"天人共育""处处、时时、事事"都可开展"天人共育"的大气象。与此同时,也取得了"天人共育"理论与实践多方面的研究成果,并通过"天人共育"注册网站、简报简讯、论坛、学术研究等多种渠道,进行全方位推进。

主要参考文献

（一）著作类

［１］孟子.滕文公下［M］.北京：中华书局，1979.

［２］房玄龄.晋书·吴隐之传［M］.北京：中华书局，1982.

［３］颜之推.颜氏家训［M］.檀作文，译注.北京：中华书局，2016.

［４］［清］曾国藩.曾国藩家书［M］.北京：京华出版社，2003.

［５］马克思主义百科要览［M］.北京：人民日报出版社，1993.

［６］马克思恩格斯全集（第1卷）［M］.北京：人民出版社，1972.

［７］恩格斯.家庭、私有制和国家的起源［M］.北京：人民出版社，2018.

［８］杜威.学校与社会·明日之学校［M］.北京：人民教育出版社，2004.

［９］马卡连科.马卡连科全集（第四卷）［M］.北京：人民教育出版社，1957.

［10］费孝通.乡土中国［M］.北京：人民出版社，2015.

［11］费孝通.生育制度［M］.上海：华东师范大学出版社，2019.

［12］蔡元培.中国人的教养［M］.成都：四川出版集团，天地出版社，2012.

［13］陶行知.教育的真谛［M］.武汉：长江出版传媒，长江文艺出版社，2013.

［14］陈鹤琴.家庭教育［M］.上海：华东师范大学出版社，2013.

［15］孙培青.中国教育史［M］.上海：华东师范大学出版社，2002.

［16］马镛.中国家庭教育史［M］.长沙：湖南教育出版社，1997.

［17］蔡岳建.家庭教育引论［M］.合肥：安徽教育出版社，2010.

［18］李天燕.家庭教育学［M］.上海：复旦大学出版社，2007.

［19］徐少锦，陈延斌.中国家训史［M］.北京：人民出版社，2011.

［20］夏剑钦.王夫之研究文集［M］.石家庄：河北教育出版社，1995.

［21］邓佐君.家庭教育学［M］.福州：福建教育出版社，1995.

［22］赵忠心.家庭教育学［M］.北京：人民教育出版社，1994.

［23］滕大春.外国教育通史（第1卷）［M］.济南：山东教育出版社，2005.

［24］张法琨.古希腊教育论著选［M］.北京：人民教育出版社，1994.

［25］周采.外国教育史［M］.上海：华东师范大学出版社，2008.

［26］朱家存，徐瑞.外国教育史［M］.济南：山东人民出版社，2008.

[27] 倪世光.中世纪骑士制度探究[M].保定：河北大学出版社,2004.

[28] 冯增俊.当代西方学校道德教育[M].广州：广东教育出版社,1993.

[29] 吴于廑,齐世荣.近代史编（上卷）[M].北京：高等教育出版社,1992.

[30] 陈道华.韩国家庭教育[M].北京：农村读物出版社,2006.

[31] 吴奇程.家庭教育学[M].广州：广东高等教育出版社,2019.

[32] 丁文.家庭学[M].济南：山东人民出版社,1997.

[33] 宋炳锡.家庭心理百科[M].任李肖垚,译.北京：九州出版社,2020.

[34] 杨雄.有机教育[M].北京：北京大学出版社,2019.

[35] 周奇.家庭教育理论与实践[M].北京：科学出版社,2019.

[36] 黄河清.家庭教育学[M].上海：华东师范大学出版社,2014.

[37] 缪建东.家庭教育学[M].北京：高等教育出版社,2014.

[38] 邓伟志,徐新.家庭社会学导论[M].上海：上海大学出版社,2006.

[39] 赵忠心.家庭教育学：教育子女的科学与艺术[M].北京：人民教育出版社,2001.

[40] 孙本文.社会学原理[M].北京：商务印书馆,1935.

[41] 马和民,高旭平.教育社会学研究[M].上海：上海教育出版社,1998.

[42] 缪建东.家庭教育社会学[M].南京：南京师范大学出版社,1999.

[43] 关颖.社会学视野中的家庭教育[M].天津：天津社会科学院出版社,2000.

[44] 杨宝忠.大教育视野中的家庭教育[M].北京：社会科学文献出版社,2003.

[45] 关颖.家庭教育是什么：家长学习读本[M].广州：广东教育出版社,2018.

[46] 谢秀芬.家庭与家庭服务：家庭整体为中心的福利服务之研究[M].台北：五南图书出版公司,1998.

[47] 关颖.家庭教育社会学[M].北京：教育科学出版社,2014.

[48] 吴航.家庭教育学基础[M].武汉：华中师范大学出版社,2010.

[49] 周月清.家庭社会工作：理论与方法[M].台北：五南图书出版公司,2001.

[50] 李莉.儿童家庭教育指导[M].北京：中央广播电视大学出版社,2011.

[51] 孙俊三,等.家庭教育学基础[M].北京：人民教育出版社,1994.

[52] 黄迺毓.家庭教育[M].台北：五南图书出版公司,1996.

[53] 孙云晓.家校合作共育：中国家庭教育的新趋势[M].北京：中国人民大学出版社,2020.

[54] 顾明远.家庭教育是一门科学[M]//王大龙.中国家教百年.武汉：长江出版传媒,湖北教育出版社,2017.

[55] 汪双久.家训金言[M].合肥：安徽人民出版社,2009.

[56] 史孝贵.古今家训新编[M].上海：华东师范大学出版社,1992.

[57] 宋涛.中国传世家训（上）[M].北京：燕山出版社,2008.

[58] 方明.陶行知教育名篇[M].北京：教育科学出版社,2005.

[59] 徐春莲,郑晨.屋檐下的宁静变革：中国家庭 30 年[M].广州：广东高等教育出版社,2008.

[60] 陈晓芬,徐儒宗.论语大学中庸译注[M].北京：中华书局,2011.

[61] 杨伯峻.孟子译注[M].北京：中华书局,2007.

[62] 马忠虎.基础教育新概念：家校合作[M].北京：教育科学出版社,1999.

[63] 陈晓芬,徐儒宗.论语大学中庸译注[M].北京：中华书局,2011.

[64] 周念丽.0—3岁儿童心理发展[M].上海：复旦大学出版社,2017.

[65] 邓佐君.家庭教育学[M].福州：福建教育出版社,2000.

[66] 鲍秀兰,等.0—3岁儿童最佳的人生开端[M].北京：中国妇女出版社,2020.

[67] 马忠虎.家校合组织[M].北京：教育科学出版社,1999：145.

[68] 孙云晓.中国家庭教育蓝皮书(2016)[M].北京：教育科学出版社,2017.

[69] 罗竹风.汉语大词典[M].上海：汉语大词典出版社,1989.

[70] 中国大百科全书·社会学[M].北京：中国大百科全书出版社,1991.

[71] 辞海[M].上海：上海辞书出版社,1979.

[72] 中国大百科全书总编辑委员会《教育》编辑委员会.大百科全书·教育[M].北京：大百科全书出版社,1985.

[73] 中国社会科学院语言研究所词典编纂室.现代汉语词典：第6版[M].北京：商务印书馆,2012.

[74] [美]杰里·本特利,[美]赫伯特·齐格勒,[美]希瑟·斯特利兹.简明新全球史[M].魏凤莲,译.北京：北京大学出版社,2018.

[75] [美]佛罗斯特.西方教育的历史和哲学基础[M].吴元训,译.北京：华夏出版社,1987.

[76] [英]约翰·洛克.教育漫画[M].杨汉麟,译.北京：人民教育出版社,2012.

[77] [苏]苏霍姆林斯基.给父母的建议[M].罗亦超,译.武汉：长江文艺出版社,2017.

[78] [瑞士]葛安妮,葛碧建.0—12岁给孩子一个好性格[M].万兆元,译.贵阳：贵州教育出版社,2016.

[79] [美]罗斯·爱什尔曼,理查德·布拉克罗夫特.心理学：关于家庭[M].徐晶星,等译.上海：上海人民出版社,2012.

[80] [美]伊夫林·M.杜瓦尔.婚姻和家庭发展[M].费城,J.B.利平科特,1977.

[81] [英]肯·罗宾逊,卢·阿罗尼卡.什么是最好的教育[M].钱志龙,译.杭州：浙江人民出版社,2020.

[82] [法]让·雅克·卢梭.爱弥儿[M].彭正梅,译.上海：上海人民出版社,2011.

[83] [英]怀特海.教育的目的[M].庄莲平,王立中,译注.上海：文汇出版社,2012.

[84] [美]阿尔温·托夫勒.第三次浪潮[M].朱志炎,等译.上海：三联书店,1983.

[85] [日]木村久一.早期教育与天才[M].唐欣,译.南京：凤凰出版传媒集体,江苏人民出版社,2009.

[86] [英]乔伊·帕尔默.教育究竟是什么？100位思想家论教育[M].任中印,诸惠芳,译.北京：北京大学出版社,2008.

[87] [美]约翰·杜威.民主主义与教育[M].陶志琼,译.北京：中国轻工业出版社,2017.

[88] [美]琼·利特尔菲尔德·库克,格雷格·库克.儿童发展心理学[M].和静,张益菲,译.上海：中信出版社,2020.

[89] [美]劳拉.E.伯克.伯克毕生发展心理学[M].陈会昌,译.北京：中国人民大学出版社,2012.

（二）报刊文章类

［1］关颖.家庭教育有两个基本点［N］.中国教育报,2015-11-13.

［2］颜琳,傅立群.传承、弘扬、培育良好家风［N］.杭州日报,2015-06-01.

［3］王珏.让"家风"成为一种信仰［N］.光明日报,2015-04-11.

［4］李雨蒙.教育需要陪伴去唤醒［N］.中国妇女杂志,2021-01-27.

［5］边玉芳.要看到孩子行为背后的期待和需求［N］.中国教育报,2020-11-19.

［6］朱永新.家校社合作激活教育磁场［N］.人民日报,2019-06-05.

［7］储朝晖.家庭教育的边界与效力［N］.中国妇女报,2020-04-27.

［8］柏安璇.元代教子诗研究［D］.华东师范大学,2020.

［9］邹强.中国当代家庭教育变迁研究［D］.华中师范大学,2008.

［10］宋春月.奴隶在雅典教育中的作用［D］.东北师范大学,2013.

［11］胡黎霞.务实・理性・创新：古代罗马教育的发展历程及其特色研究［D］.东北师范大学,2008.

［12］王贺兰.当代中国青少年礼仪教育的反思与建构［D］.河北师范大学,2010.

［13］罗善瑜.人的发展：西方体育教育的历史逻辑［D］.山西师范大学,2017.

［14］王树仪.国风文化对日本平安时代教育的影响［D］.河北大学,2017.

［15］黄思记.君子教育与绅士教育的比较研究［D］.河南大学,2015.

［16］杨金铭.韩国礼仪教育研究［D］.哈尔滨工程大学,2016.

［17］李琼.美国宗教教育研究［D］.武汉大学,2011.

［18］王棋.美国新品格教育及其对我国青年道德教育的启示研究［D］.昆明理工大学,2017.

［19］李阿暖.现代美国家庭道德教育的经验及启示［D］.曲阜师范大学,2019.

［20］张雪敏.当代中国家庭结构变化对青少年社会化影响问题研究［D］.华北电力大学,2018.

［21］王永祥.儒家家庭教育思想研究［D］.兰州大学,2017.

［22］南钢.我国家庭教育的近代转型［D］.西北师范大学,2001.

［23］李彩旻.美国学校、家庭、社区合作的实践模式研究［D］.华东师范大学,2010.

［24］马赵阳.当前美国中小学家校社合作初步研究［D］.华东师范大学,2013.

［25］成蓓蓓.上海市中小学校外实践育人模式研究［D］.上海师范大学,2017.

［26］于子洋.家庭教育中的"隧道效应"：关于家族性文化心理结构的代际传承作用［D］.北京师范大学,2016.

［27］曹继光.远逝的箫音：家庭"隐教育"叙事探究［D］.北京师范大学,2017.

［28］徐阳.农村留守儿童教育问题研究［D］.华东师范大学,2006.

［29］尚新丽,李强.我国古代的家庭教育思想［J］.洛阳工学院学报(社会科学版),2001(3)：26-27.

［30］骆风.20世纪90年代以来我国家庭教育研究进展述评［J］.教育理论与实践,2005(9)：51-55.

［31］孙艺格,曲建武.我国家庭教育政策的演变、特征及展望［J］.教育科学,2020,36(03)：91-96.

［32］许晓星.德国家庭教育的特点及对我国大学生工作的启示［J］.江苏第二师范学院学

报,2017(4)：26-29.

[33] 凌红.德国关键能力培养理念及对职业教育的启示[J].中国成人教育,2011(12).

[34] 朱婕.德国家庭教育的经验及对我国教育的启示[J].教育探索,2015(5).

[35] 姜超.德国幼儿家庭教育的特点及对我国的启示[J].内蒙古师范大学学报(教育科学版),2011(12).

[36] 沈国琴.德国教育目标变迁与青少年价值观之转变[J].德国研究,2011(2).

[37] 王葆莳."儿童最大利益原则"在德国家庭法中的实现[J].德国研究,2013(4).

[38] 刘聪.美国明尼苏达州0—5岁婴幼儿家庭教育指导体系建构的启示[J].陕西学前师范学院学报,2020(8).

[39] 刘利民.学校教育与家庭教育的边界[J].中国教育学刊,2017(7)：43-47.

[40] 谢维和.家庭教育：深化教育改革的重要途径[J].人民教育,2015(21)：17-18.

[41] 尹焕三.社会阶层和社会阶级的内涵诠释与界分[J].齐鲁学刊,2002(6)：10-15.

[42] 刘保中,张月云,李建新.社会经济地位、文化观念与家庭教育期望[J].青年研究,2014(6)：46-55+92.

[43] 洪明.教育改革如何从家长教育开始[J].人民教育,2017(Z3)：90-92.

[44] 赵梦雷,古再努尔·阿布都热衣木,黄红亚.新加坡家庭教育的成功经验及启示：以传统儒家孔学思想为视角[J].陕西学前师范学院学报,2017,33(2)：12-17.

[45] 沈奕斐.个体化视角下的城市家庭认同变迁和女性崛起[J].学海,2013(2).

[46] 王会,狄金华."两头走"：双独子女婚后家庭居住的新模式[J].中国青年研究,2011(5)：9-12+30.

[47] 肖索未."严母慈祖"：儿童抚育中的代际合作与权力关系[J].社会学研究,2014,29(6)：148-171+244-245.

[48] 赵东花.中国家庭教育学会第四届理事会工作报告[J].中国妇运,2014(9)：10.

[49] 安超.科学浪潮与养育焦虑：家庭教育的母职中心化和儿童的命运[J].少年儿童研究,2020(3)：5-16.

[50] 陈依婷,杨向东.家庭社会经济地位对数学成绩的影响：亲子沟通和学业自我效能感的链式中介模型[J].应用心理学,2020,26(1)：66-74.

[51] 刘晓云.让传统家训文化重焕生机[J].人民论坛,2017(9)(中)：140-141.

[52] 吴直雄.穿越时空千百载,积淀凝铸好家风：论"凿齿之风"对习氏良好家风形成的影响[J].社会科学论坛,2015(1).

[53] 吴潜涛,刘函池.中华优秀传统家风的主要表征及其当代转换与发展[J].中国高校社会科学,2018(1).

[54] 郝亚飞,李紫烨.中国古代家风建设及当代启示[J].河北大学学报(哲学社会科学版),2015(1).

[55] 党刘栓.涵养传承优良家风是弘扬社会主义核心价值观的有效途径[J].理论导刊,2015(6)：79-82.

[56] 韩晓谦,姚佳彤.论优良家风涵养社会主义核心价值观[J].广西社会科学,2017(12)：28-32.

[57] 吴永德.凝聚家校社三方合力,构建美好教育生态[J].青海教育,2021(Z1)：40-42.

[58] 庞奕.区域性家校社协同育人模式的研究策略[J].基础教育参考,2020(7):11-14.

[59] 刘保中,张月云,李建新.家庭社会经济地位与青少年教育期望:父母参与的中介作用[J].北京大学教育评论,2015,13(3):158-176+192.

[60] 边玉芳,周欣然.我国70年家校合作:政策视角下的发展历程与未来展望[J].中国教育学刊,2021(3):1-6.

[61] 陈建翔.新家庭教育论纲:从问题反思到概念迁变[J].教育理论与实践,2017(4):3-9.

[62] 陈建翔,马婷.改革开放40年来中国家庭教育概念厘定的四次重要变化[J].教育理论与实践,2020(1):13-17.

[63] 徐向阳.探寻魅力之源:江苏省苏州市网上家长学校建设侧记[J].中小学德育,2012(2):24-28.

[64] 全国省级网上家长学校基本实现全覆盖[J].中华家教,2013(3):21.

[65] 白锦婵,常伟,郭惠慧.黑龙江省家庭教育工作情况调查报告[J].中国校外教育,2016(8):1.

[66] 陈立永.学校家长委员会建设范式的转型[J].教育科学研究,2011(7):46-48.

[67] 白芸,孙启艳.新媒介时代的家校关系研究:学校多元治理的视角[J].教学与管理,2018(7):17-20.

[68] 赵吉庆.新媒体视角下心理健康教育家校合作探析[J].教学与管理,2019(27):50-52.

[69] 单志艳.家校社合作育人协同机制初探[J].少年儿童研究,2021(2):66-72.

[70] 张永,张艳琼.家校社合作的反思与重构:基于实践共同体的视角[J].终身教育研究,2020,31(3):41-46.

[71] 孙水香."六个一体化"构建安吉"家校社合育"的大教育圈:构建"城乡一体化"家庭教育指导服务体系的实践探索[J].中国教师,2021(2):25-27.

[72] 胡爱红.培育家校教育的新型共同体:济南市舜耕小学推进"家、校、社"教育一体化的实践[J].当代教育科学,2012(2):33-34.

[73] 祝修理,杨文政,李淑玲."天人共育·四育合一":农村教育区域变革的纳溪探索[J].中小学管理,2015(10):8-11.

[74] 郝世杰.浅析农村留守儿童家庭教育缺失问题及其对策[J].内蒙古教育(职教版),2016(9):8-9.

[75] 吴永德.凝聚家校社三方合力,构建美好教育生态[J].青海教育,2021(Z1):40-42.

[76] 庞奕.区域性家校社协同育人模式的研究策略[J].基础教育参考,2020(7):11-14.

[77] 许珊珊,王清.家长学校的现状及思考[J].成人教育,2017,37(08):62-65.

[78] 洪明.当前我国家庭教育的焦点难点问题透视:基于600份家庭教育咨询案例分析[J].中国青年研究,2012(11).

[79] 孙云晓.培养孩子的责任感是家庭教育的核心任务[EB/OL].(2021-05-08).https://www.sohu.com/a/403379918_120064932.2020-06-22.

[80] 中国网教育频道.劳动教育的重要目的:让孩子拥有幸福生活的能力[EB/OL].(2020-05-02).http://www.360doc.com/content/20/0502/22/17791250_909869818.shtml.

[81] 夏小英.家庭社会经济地位与儿童入学准备的关系:家长参与的中介作用[J].当代教育论坛,2020(5):64-73.

后记

　　1996 年,国际 21 世纪教育委员会为纪念联合国教科文组织成立 50 周年提交了一份里程碑式的报告——《教育:财富蕴藏其中》。这份报告指出:"家庭是一切教育的第一场所,并在这方面负责情感和认识之间的联系及价值观和准则的传授。"国内外大量实证研究显示,家庭教育对学生发展的影响至关重要,在某种程度上与学校教育的影响基本相当,甚至犹有过之。例如,美国约翰·霍普金斯大学科尔曼教授 1966 年向美国国会提交的《教育机会均等的观念》报告,通过调查 4 000 所学校、60 万名儿童,得出这样的结论:"黑人学校和白人学校在办学条件、教师等方面没有太大差别,导致黑人学生文化教育水平低,而且年级越高与白人学生差距越大现象的原因,是学生的家庭,孩子所受的家庭教育,一直在幕后影响着孩子的学校生活,家庭教育是学校教育永远的背景和底色。"可见,家庭教育在孩子整个成长过程中具有不可替代的作用。

　　良好的家庭教育将为儿童、青少年的发展奠定良好的基础,对形成美满、幸福的家庭,促成稳定、进步的社会环境也具有深远的意义。为此,在上海家长学校开展一年多实践并取得一定成效的基础上,上海开放大学组成《家庭教育》编写组,希望为基层家庭教育工作者和广大家长提供一本家庭教育"大全",方便查阅。编者都来自上海开放大学,其中,杨晨、顾凤佳、余小娟、陈劲良编写第一篇"家庭教育发展历程篇",孙传远、应一也、顾凤佳编写第二篇

"家庭教育理论研究篇"，王松华、应一也、王芳、四朗曲珍编写第三篇"家庭教育指导服务篇"，全书由王伯军、杨晨、王松华、孙传远定稿。感谢张志京、钱滨、姚爱芳、王欢、张令、刘婷婷对本书编写和出版所作出的贡献。限于水平和时间，书中不当之处，恳请读者斧正。

编者

2021 年 5 月 8 日